라이노5로 배우는
3D 프린팅

Rhino 5 3D printing as learning

정광섭 저자

Robert McNeel & Associates
the official trainer

머리말

지난 몇 개월간 회사 업무와 강의를 동반하면서 집필한다는 것이 저로서 많은 체력과 정신력이 필요했던 시기가 아니었나 싶습니다. 집필로 밤샘 작업은 물론 회사 업무와 강의로 인해 항상 몸은 지치고 무기력할 때가 많았습니다. 하지만 라이노 3D를 제대로 배우고자 하는 학우 여러분들에게 조금이나마 도움을 주고자 하는 바램으로 이 책을 완성할 수 있었습니다.

저는 이 책을 통해 라이노 3D를 편리하게 사용할 수 있도록 최대한 쉽게 설명하고자 노력을 했습니다만, 부족한 부분도 많을 것입니다. 독자 여러분들의 많은 격려와 조언 부탁드립니다.

라이노 3D를 배우는 목적은 단 하나입니다.
바로 모델링을 쉽고 빠르게 만들기 위해서죠.
어릴 적에 무언가를 그리고자 할 때는 연필로 선을 그리고 그 안에
색을 칠해 그림을 완성했습니다.
라이노 3D도 그림 그리는 원리와 똑같습니다. 연필로 선을 그리는 대신
마우스로 커브를 그리고, 색을 채우는 대신에 서피스를 채우면 모델링이
완성됩니다. 3D 프로그램은 처음 접하는 분들에게는 어렵게 다가올 수
밖에 없을 겁니다. 난생처음 들어보는 용어와 수많은 명령어들 그리고
난해한 3D 공간 좌표는 여러분들을 힘 빠지게 만들고도 남죠.
그런 어려운 점을 재미있고 알기 쉽게 설명하고자
이 책을 선보이게 되었습니다.

정 광 섭

● Robert McNeel & Associates
공식 트레이너
● 그린컴퓨터아트학원 전문 강사

문의 메일: spenart@naver.com

Contents

Chapter 01 라이노 5 알아보기

01. Rhino 3D란? 009
02. NURBS란? 010
03. 3D 프린팅 011
04. 라이노 5 시스템 요구 사항과 시험판 설치하기 012
    - 라이노 5 컴퓨터 권장 사양 012
    - 라이노 5 시험판 다운로드 및 설치하기 013
05. 플러그인(Plug-in) 시험판 설치 020
06. 유효한 사이트 소개 025

Chapter 02 필수 기능들 알아보기

01. Rhino 5 화면 인터페이스 알아보기 028
    - 메인화면 구성 살펴보기 028
    - 메인 툴바 030
    - 상태 표시줄 033
    - 뷰포트(시점) / 그리드 설명 035
    - 화면표시 모드 038
02. 개체(오브젝트) 종류 알아보기 042
03. 마우스 조작 방법 배우기 045
    - 마우스 기능 및 조작 방법 045
    - 팝업 도구함 046
    - 개체(오브젝트) 선택하기 047
04. 검볼위젯 049
    - 검볼 조작 방법 049
    - 폴리서피스 솔리드에서의 검볼 활용 예제 051
05. 레이어 만들기 055
    - 레이어 만느는 방법 055
    - 레이어 활용 예제 056

06. 개체 스냅(Object Snaps) 배우기 059
　　- 개체 스냅 활용 예제 060

07. 좌표 개념 이해하기 061
　　- 절대 좌표 061
　　- 상대 좌표 062
　　- 상대 극 좌표 062
　　- 상대 좌표 활용 예제 063
　　- 상대 좌표 / 상대 극좌표 활용 예제 064

08. 단축키 만들기 065

Chapter 03 주요 기능 알아보기

01. 명령어 모음 알아보기 068
02. 커브 도구함 072
　　- 커브 필릿 072
　　- 커브 모따기 073
　　- 커브 블렌드 074
　　- 커브 일치 076
　　- 커브 간격띄우기 078
　　- 커브 연장 079
　　- 2뷰로부터 커브 080
　　- 단면 프로파일로 부터 커브 081
　　- 커브 재생성 086

03. 서피스 만들기 091
　　- 평면형 커브를 사용한 서피스 091
　　- 커브 네트워크를 사용한 서피스 095
　　- 로프트 098
　　- 2,3, 또는 4 가장자리 커브를 사용한 서피스 100
　　- 패치 102
　　- 절단평면 104
　　- 그림 프레임 105
　　- 직선 돌출 105
　　- 1개 레일 스윕 107
　　- 2개 레일 스윕 109
　　- 회전 / 레일 회전 112

04. 서피스 도구함 ... **117**
- 서피스 필릿 ... 117
- 서피스 연장 ... 118
- 서피스 모따기 ... 120
- 서피스 블렌드 ... 121
- 서피스 간격띄우기 ... 123
- 서피스 일치 ... 125
- 서피스 재생성 ... 127

05. 솔리드 도구함 ... **132**
- 부울 합집합 ... 132
- 부울 차집합 ... 133
- 부울 교집합 ... 134
- 부울 연산 분할 ... 135
- 쉘 ... 136
- 평면형 구멍 끝막음 ... 138
- 동일 평면 상의 모든 면 병합 ... 144
- 가변 반지름 필릿 ... 146
- 가변 반지름 모따기 ... 152

06. 개체로 커브 만들기 ... **154**
- 투영 ... 154
- 가장자리 복제 ... 156
- 테두리 복제 ... 157
- 면 테두리 복제 ... 158
- 아이소커브 추출 ... 159
- 와이어 프레임 추출 ... 160
- 개체 교차 ... 161
- UV 커브 만들기 ... 162
- 2D 도면 만들기 ... 164

07. 변형 도구함 ... **166**
- 이동 ... 166
- 복사 ... 167
- 2D 회전 ... 168
- 3D 크기 조정 ... 169
- 미러 ... 170
- 서피스상의 방위 지정 ... 171
- 직사각형 배열 ... 173
- 원형 배열 ... 174
- 구부리기 ... 175

- 점_설정 …………………………………………………………………………… 176
- 케이지 편집 …………………………………………………………………… 178
08. 배경 비트맵 ……………………………………………………………………… **182**
09. 가장자리 도구함 ………………………………………………………………… **186**
- 가장자리 분석 옵션창 알아보기 …………………………………………… 187
- 가장자리 표시 ………………………………………………………………… 187
- 가장자리 예제 활용방법 …………………………………………………… 190

Chapter 04 모델링 만들기

01. 베이비 로션 용기 ………………………………………………………………… **206**
    1. 타원형 용기 …………………………………………………………………… 208
    2. 나선형 입구 …………………………………………………………………… 220
    3. 펌프형 캡 ……………………………………………………………………… 224
02. 커피 머신 ………………………………………………………………………… **238**
    1. 드립 트레이 …………………………………………………………………… 240
    2. 드립 그리드 …………………………………………………………………… 245
    3. 커피 머신 측면 ……………………………………………………………… 250
    4. 커피 머신 물통 ……………………………………………………………… 261
    5. 커피 머신 전면 ……………………………………………………………… 268
    6. 컵 받침대 ……………………………………………………………………… 272
    7. 캡슐 컨테이너 ………………………………………………………………… 279
    8. 슬라이더 ……………………………………………………………………… 287
    9. 조작부 ………………………………………………………………………… 296
    10. 커피 추출구 ………………………………………………………………… 307

Chapter 05 V-ray for Rhino

01. V-Ray For Rhino 메뉴얼 알아보기 ………………………………………… **328**
02. V-Ray Material Editor 의 레이어 알아보기 ……………………………… **328**
03. 렌더링 적용할 개체 만들기 …………………………………………………… **331**
04. V-Ray 주변 환경 기본 세팅 값 불러오기 ………………………………… **335**
05. 칼라와 반사도 재질 입혀보기 ………………………………………………… **338**
06. 구 개체에 빛 넣기 ……………………………………………………………… **342**
07. 이미지 맵핑하기 ………………………………………………………………… **345**
08. 투명 재질 만들기 ……………………………………………………………… **349**
09. 투명 재질에 칼라 넣기 ………………………………………………………… **350**

CHAPTER 01
라이노 5 알아보기

01. Rhino 3D 란?

02. NURBS 란?

03. 3D 프린팅

04. 라이노 5 시스템 요구 사항과 시험판 설치하기

05. 플러그인(Plug-in) 시험판 설치

06. 유효한 사이트 소개

1 Rhino 3D 란?

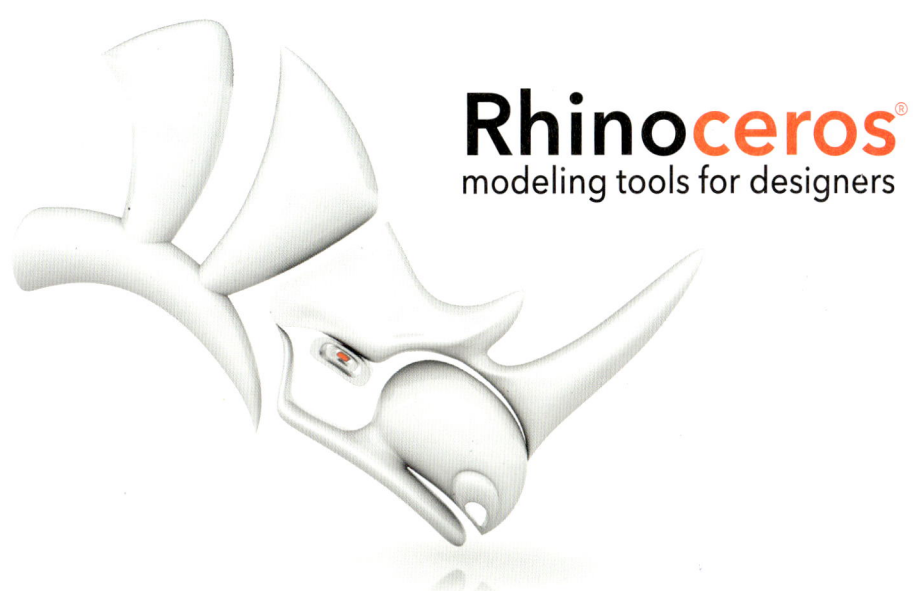

Rhino 3D는 미국의 Robert McNeel & Associates에서 개발한 자유형식의 3D모델링 프로그램입니다.

라이노 3D는 NURBS 기반의 3차원 모델링 툴로서 제품, 주얼리, 건축디자인 분야에서 많이 사용되며, 우리가 상상하는 모든 형태를 3D 모델링으로 구현할 수 있습니다. 디자이너들이 보다 쉽고 정확하고 편리하게 작업할 수 있는 인터페이스를 포함하고 있는 것은 물론, 디자인/설계, 프로토타입 제작, 엔지니어, 분석, 제조 공업에서 요구하는 정확성을 지니며 다른 소프트웨어 파일과도 호환이 됩니다.

Rhino의 최대 장점은 사용하기 쉽다는 것입니다.

쉽게 배우고, 사용할 수 있는 인터페이스는 디자이너들에게 보다 빠르고 편리한 최상의 작업환경을 제공합니다.

저자 정광섭 / Rhino3D 창업자 밥 맥닐

2 NURBS 란?

NURBS는 쉽고 편리하면서 정확하게 실행할 수 있는 컴퓨터 공식입니다.

NURBS (Non-Uniform Rational B-Splines : 비균일 유리 B 스플라인)는 간단한 2D의 선, 원, 호뿐만 아니라, 3D 자유 형식의 유기적 서피스와 솔리드까지 어떠한 형태도 구현할 수 있는 수학적 표현 방법입니다. NURBS 모델은 그 유연성과 정확성으로 인해 일러스트레이션, 애니메이션 및 제조에 이르기까지 어떠한 과정에도 사용할 수 있습니다.

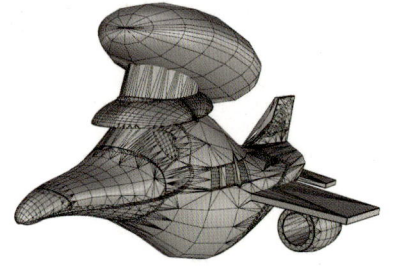

MESH Surface

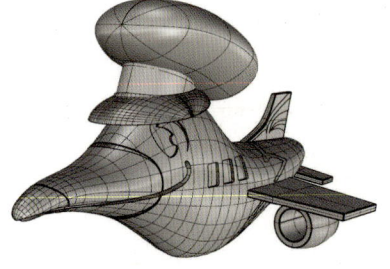

SUBDIVISION Surface

NURBS Surface

NURBS 쉽게 이해하기

커브를 그릴 때 시작점을 찍고, 원하는 모양을 그리고 나서 마지막으로 끝점을 찍어서 완성을 합니다. 그러면 커브의 시작점과 끝점 사이에 그려진 커브를 원하는 모양으로 변형 가능한 것이 바로 NURBS입니다.

3 3D 프린팅

3D 프린팅은 3차원(3D)의 입체적 모양을 프린트하는 출력 기술입니다.

3D 프린터는 3차원 모델링을 찍어내는 프린터로, 입체적인 3D 모델링만 있으면 종이를 인쇄하듯 3차원 공간 안에 실제 사물을 만들어 낼 수 있는 기계입니다.
1984년 처음 개발되었으며 그간 3D 프린터기기와 소재가 값비싸 대중적으로 사용되지는 못했지만, 3D 프린팅 관련 핵심기술들의 특허 보호기간이 만료되면서 성장 가능성 및 규모는 더욱 커졌습니다. 예전에는 플라스틱 소재로만 제한되었으나 현재는 미국, 독일, 일본에서 보급형 제품이 출시되고, 부피도 많이 줄어들면서 일반인들도 쉽게 접할 수 있는 기회가 많아졌습니다.

3D 프린팅은 샘플용만 찍어내던 것에서 벗아나 주얼리, 콘텐츠, 전자, 자동차, 의료용품 등 보다 많은 분야까지 완제품 생산으로 활용 범위가 넓어지고 있습니다. 우리나라는 선진국에 비해 3D 프린팅 기술 개발에 비교적 늦게 뛰어들었지만 정부, 강소기업에서 3D 프린팅을 신성장분야로 인식하며 지원을 아끼지 않고 있어 앞으로도 관련 시장 규모는 더욱 커질 것으로 예상됩니다.

다시 한번 말씀드리지만, 3D 프린팅은 산업의 고부가가치화뿐만 아니라 창조적 산업 육성 및 신성장 분야에 기여하는 차세대 기술인것은 확실합니다.

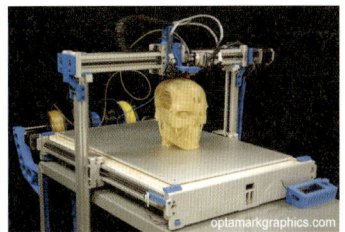

4 라이노 5 시스템 요구 사항과 시험판 설치하기

라이노 5 컴퓨터 권장 사양

라이노 5 는 Windows 용과 Mac 용 2개의 컴퓨터 운영체에서 실행됩니다.

Windows 용

- 메 모 리 : 8 GB 이상
- 디스크공간 : 600 MB 이상
- 그래픽카드 : NVIDIA / AMD 그래픽카드 OpenGL 2지원
- CUP : Intel CPU 63 코어 지원이하
- 운 영 체 제 : Windows 7, 8, 8.1, 10, Windows Vista, Windows XP(32비트)서비스팩3

참고 : 32 비트와 64 비트 버전은 64 비트 Windows 시스템에 설치됩니다.

Mac 용

- 메 모 리 : 8 GB 이상
- 디스크공간 : 600 MB 이상
- 그래픽카드 : NVIDIA / AMD 그래픽 프로세서
- CUP : Intel 프로세서가 탑재된 Apple Mac
- 운 영 체 제 : OS X 10.11, OS X 10.10, OS X 10.9.5, OS X 10.8.5

라이노 5 시험판 다운로드 및 설치하기

Windows 용과 Mac 용 Rhino 5 시험판

90일 동안 사용할 수 있는 시험판 버전입니다.
90일이 지난 후 라이선스를 구매하지 않으면 저장 또는 플러그인이 실행되지 않습니다.

Windows 용 Rhino 5 시험판을 설치해 보도록 하겠습니다.

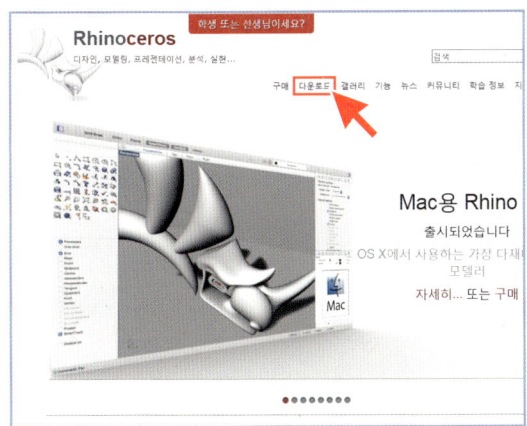

01. 먼저 URL 주소에

    https://www.rhino3d.com 입력합니다.

02. 라이노 홈페이지에서 **다운로드**를 선택합니다.

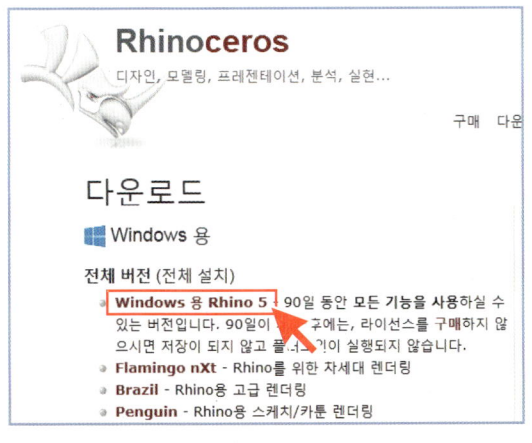

03. **Windows 용 Rhino 5**를 선택합니다.

04. 본인의 **이메일 주소**를 입력한 뒤 **다음**을 선택합니다.

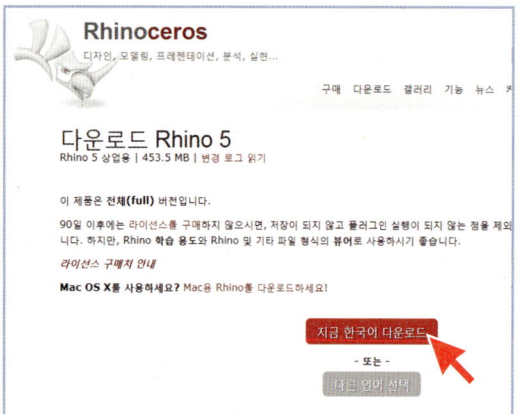

05. **지금 한국어 다운로드**를 선택합니다.

06. 바탕화면에서 라이노5 설치 아이콘을 클릭합니다.

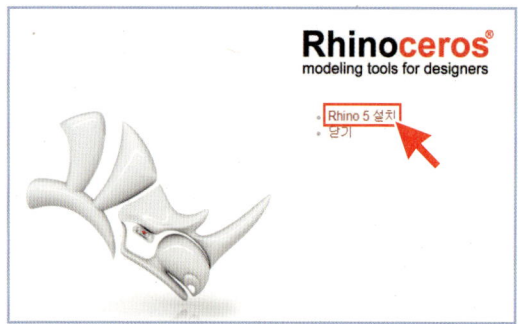

07. **Rhino 5 설치**를 클릭합니다.

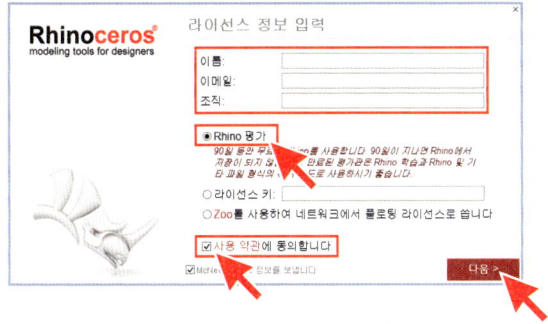

08. **이름, 이메일, 조직란**에 기입하고 **Rhino 평가**와 **사용약관** 동의에 체크한 뒤 **다음** 버튼을 누르면 라이노 5가 설치됩니다.

09. 설치완료.

10. 바탕화면에 라이노 5 실행 가능한 아이콘이 생성되었습니다.

Mac 용 Rhino 5 시험판을 설치해 보도록 하겠습니다.

01. 먼저 URL 주소에 https://www.rhino3d.com 입력합니다.

02. 라이노 홈페이지에서 **다운로드**를 선택합니다.

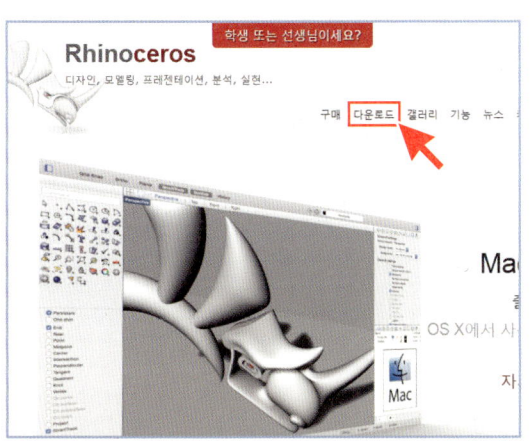

15

03. **Mac 용 Rhino 5** 를 선택합니다.

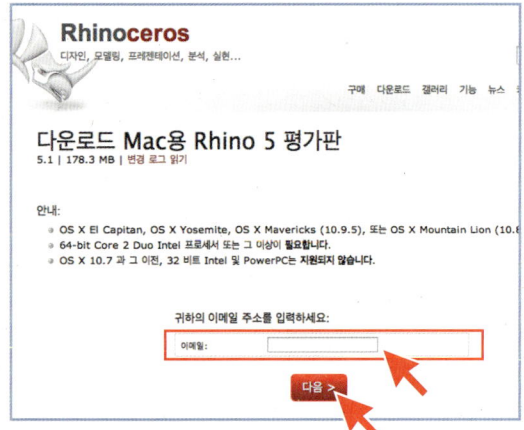

04. 본인의 **이메일 주소**를 입력한 뒤 **다음**을 선택합니다.

05. 본인 이메일에 받은메일함을 열어서 ❶ **라이센스 코드** 를 복사합니다.

06. ❷ **Mac용 Rhino 5 평가판 다운로드** 링크를 눌러 들어갑니다.

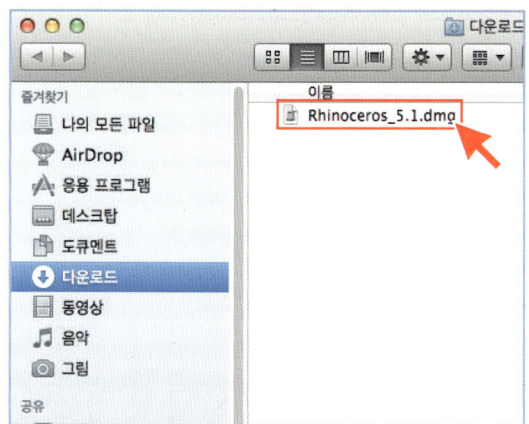

07. 다운로드 폴더안에 Rhinoceros_5.1.dmg 설치 파일을 클릭합니다.

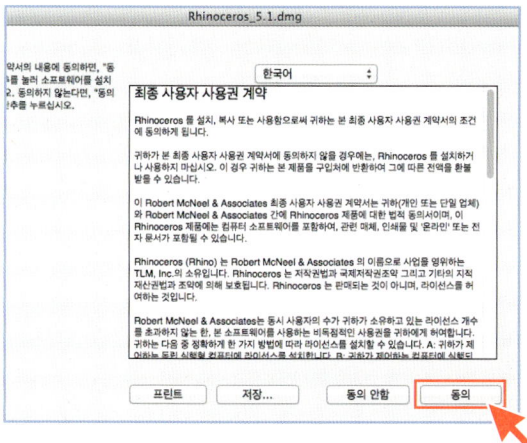

08. 동의 버튼을 누릅니다.

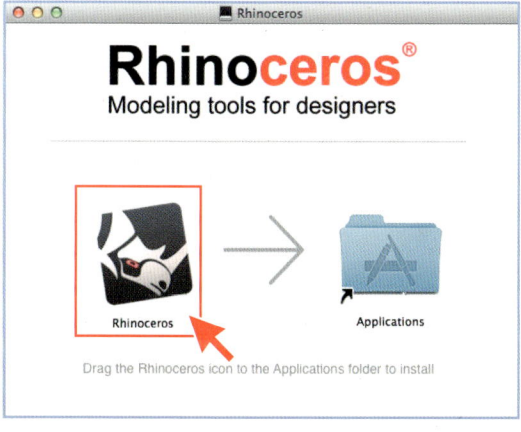

09. Rhinoceros 아이콘 버튼을 클릭합니다.

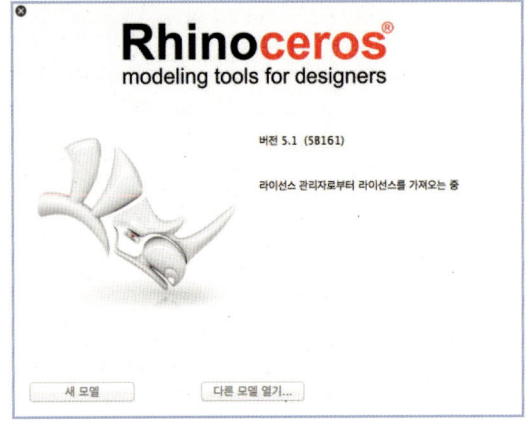

10. 라이노 설치 진행 파일이 열립니다.

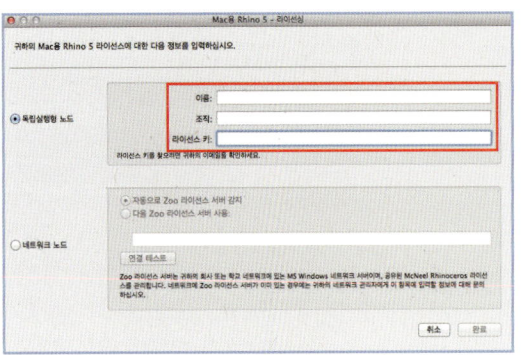

11. **이름, 조직란**에 기입한 후 **라이센스 키** 항목에는 받은 이메일함에서 복사했던 ❶**라이센스 코드**를 붙여넣습니다.

Rhinoceros 5

12. 설치완료.
13. 응용프로그램에 라이노 5 실행 가능한 아이콘이 생성되었습니다.

Mac 용 Rhino 5는 Windows 용 Rhino 5와 같지 않습니다.

Mac 용 Rhino 5에는 Windows 용 Rhino 5에 있는 모든 명령이 전부 포함되어 있는 것은 아닙니다. Grasshopper, 레이아웃, 작업 세션, 애니메이션 도구는 Windows 와 전혀 다릅니다.

참고 : https://www.rhino3d.com/mac-feature-compare

Mac 용 Rhino 5 화면

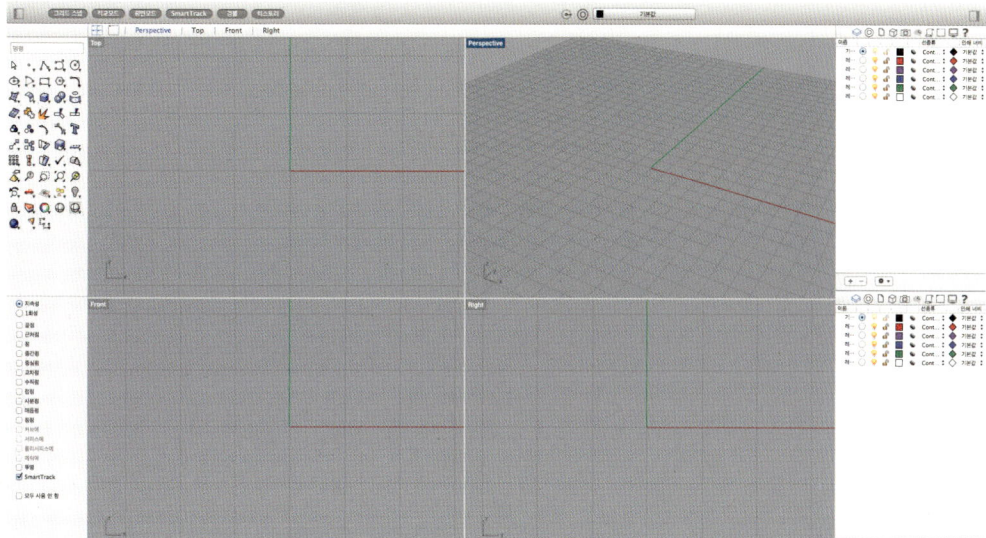

Windows 용 Rhino 5 화면

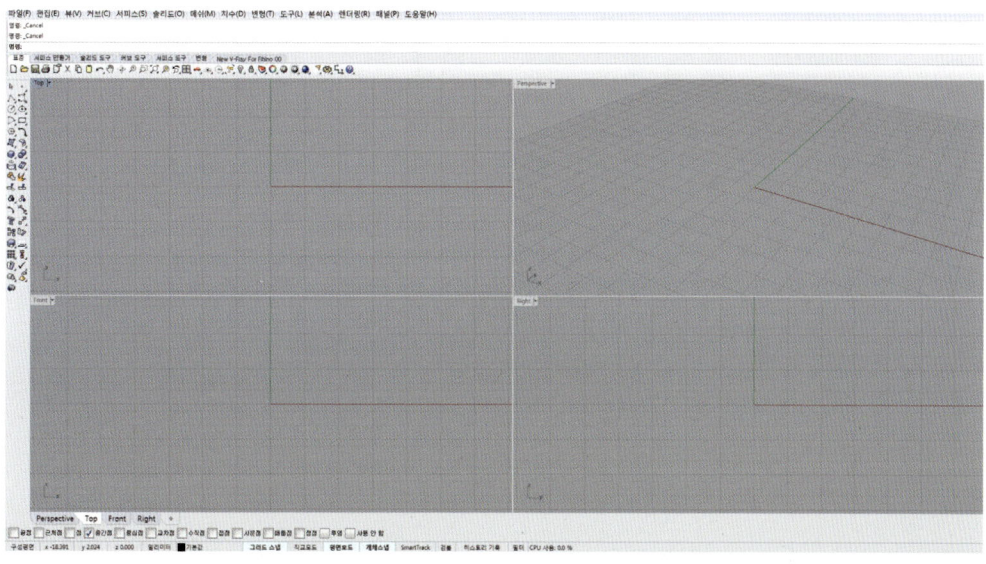

5 플러그인(Plug_in) 시험판 설치

라이노에서 많이 사용하는 렌더링 플러그인은 브이레이와 키샷입니다.

라이노는 실사 이미지를 구현할 수 있는 렌더러 엔진이 포함되어 있지 않습니다. 그래서 완성된 모델링에 재질과 질감, 조명을 입혀 사실적인 이미지를 구현할 수 있는 타 프로그램이 필요합니다. 그것이 바로 브이레이 or 키샷렌더링 프로그램으로서 플러그인으로 지원하고 있습니다.

브이레이는 광학적인 빛의 산란 효과로
사실적인 이미지를 만들어내는 렌더링 프로그램입니다.

키샷은 간단한 조작으로 빠른 시간 내에
결과물을 만들어내는 실시간 렌더링 프로그램입니다.

*이 책에서는 KeyShot 설치 및 활용 방법은 설명하지 않습니다.

V-Ray for Rhino 시험판 다운 및 설치하기

01. 먼저 URL 주소에 http://www.chaosgroup.com 을 입력합니다.

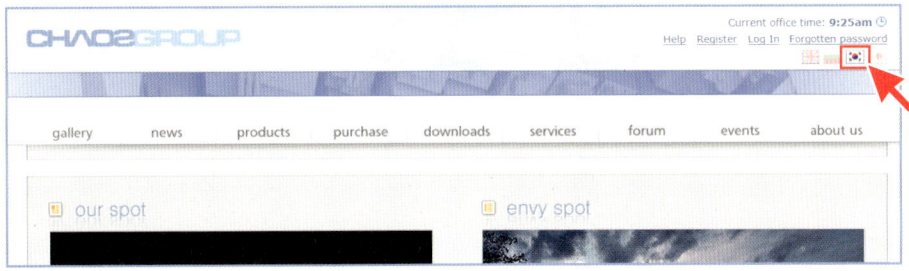

02. 브이레이 홈페이지에서 오른쪽 상단에 **대한민국 국기**를 선택하면, 한글 번역으로 볼 수 있습니다.

03. 다운로드 > **V-Ray Rhino** 선택합니다.

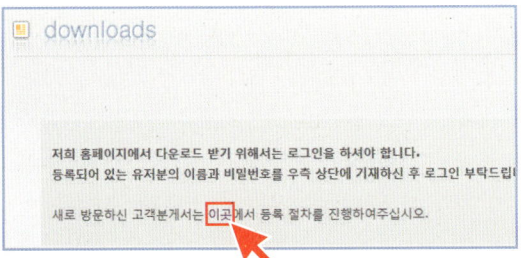

04. downloads에서 **이곳**을 눌러 들어갑니다.

05. 왼쪽 그림처럼, **기입란**에 정보를 입력한 뒤 **REGISTER**를 클릭합니다.

06. **USERNAME** 와 **PASSWORD**를 입력한 뒤 **SIGN IN**을 클릭하면 브이레이 홈페이지에 로그인 됩니다.

07. V-Ray Rhino를 선택합니다.

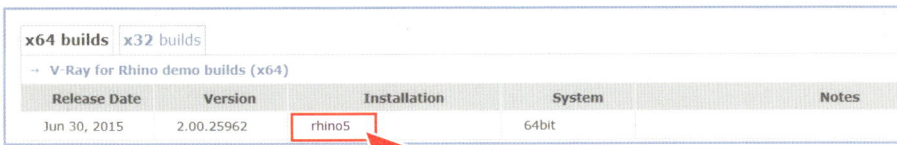

08. **rhino 5**를 선택하여 다운받습니다.

vray_demo_2
0025962_rhin
o5_x64

09. 바탕화면에 생성된 **브이레이 설치** 아이콘을 눌러 설치합니다.

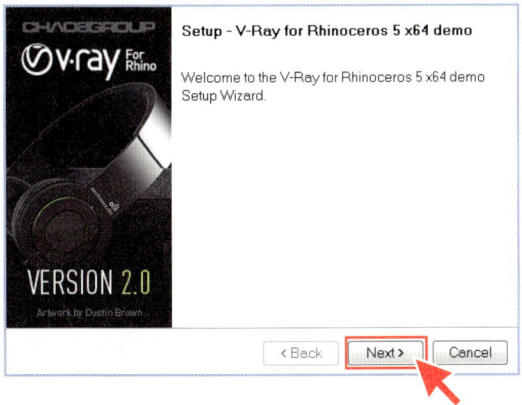

10. **Next** 를 선택합니다.

11. **I accept the agreement** 를 체크한 뒤 **Next** 를 선택합니다.

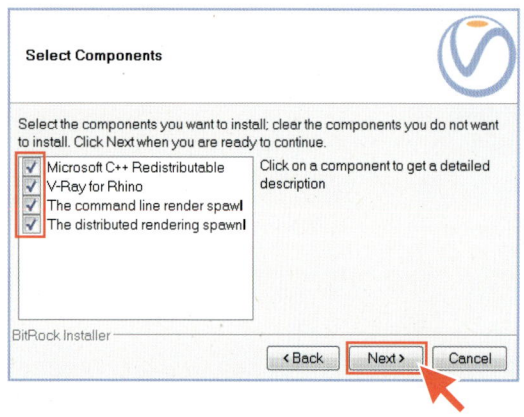

12. 왼쪽 그림처럼 4개 항목을 전부 체크한 뒤 Next 를 선택합니다.

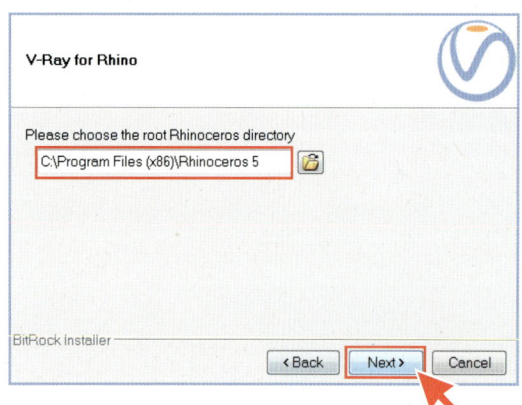

13. 열기에 들어가 C:/Program Files (x86)/Rhinoceros 5 폴더를 선택한 뒤 Next 를 선택합니다.

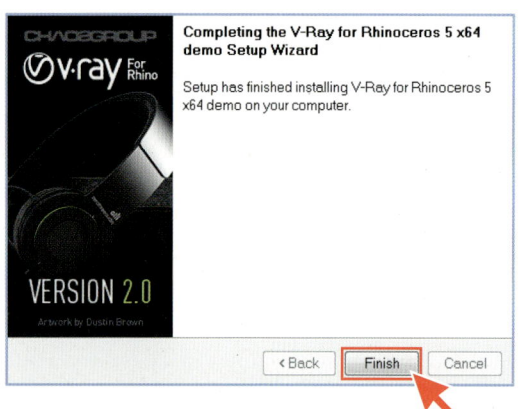

14. Finish 를 선택합니다.
    브이레이 설치가 완료되었습니다.

6 유효한 사이트 소개

라이노 참고 사이트
https://www.rhino3d.com
http://digitaltoolbox.info
http://designreform.net/learning/rhino

렌더링 참고 사이트
http://docs.chaosgroup.com/dashboard.action
http://www.keyshot.com

그래스호퍼 참고 사이트
http://www.grasshopper3d.com
http://designreform.net/learning/grasshopper

모델링 참고 사이트
https://grabcad.com/library
https://flyingarchitecture.com
http://www.the-blueprints.com
http://humster3d.com
http://www.evermotion.org

건축 참고 사이트
http://blog.archpaper.com

쥬얼리 참고 사이트
http://tdmsolutions.com

CHAPTER 02
필수 기능들 알아보기

01. Rhino 5 화면 인터페이스 알아보기
02. 개체(오브젝트) 종류 알아보기
03. 마우스 조작 방법 배우기
04. 검볼 위젯
05. 레이어 만들기
06. 개체 스냅(Object Snaps) 배우기
07. 좌표 개념 이해하기
08. 단축키 만들기

1 Rhino 5 화면 인터페이스 알아보기

메인화면 구성 살펴보기

라이노 5 화면은 간결하고 조작하기 쉬운 명령어 툴바 위주로 구성되어있습니다.
화면은 크게 Top, Front, Right, Perspective 4개 뷰로 구성되어 있고, 명령어들이 모여있는 메인 툴바와 명령어를 입력하는 프롬프트 그리고 입력한 명령어 내역을 볼 수 있는 사용내역창으로 구성되어 있습니다.

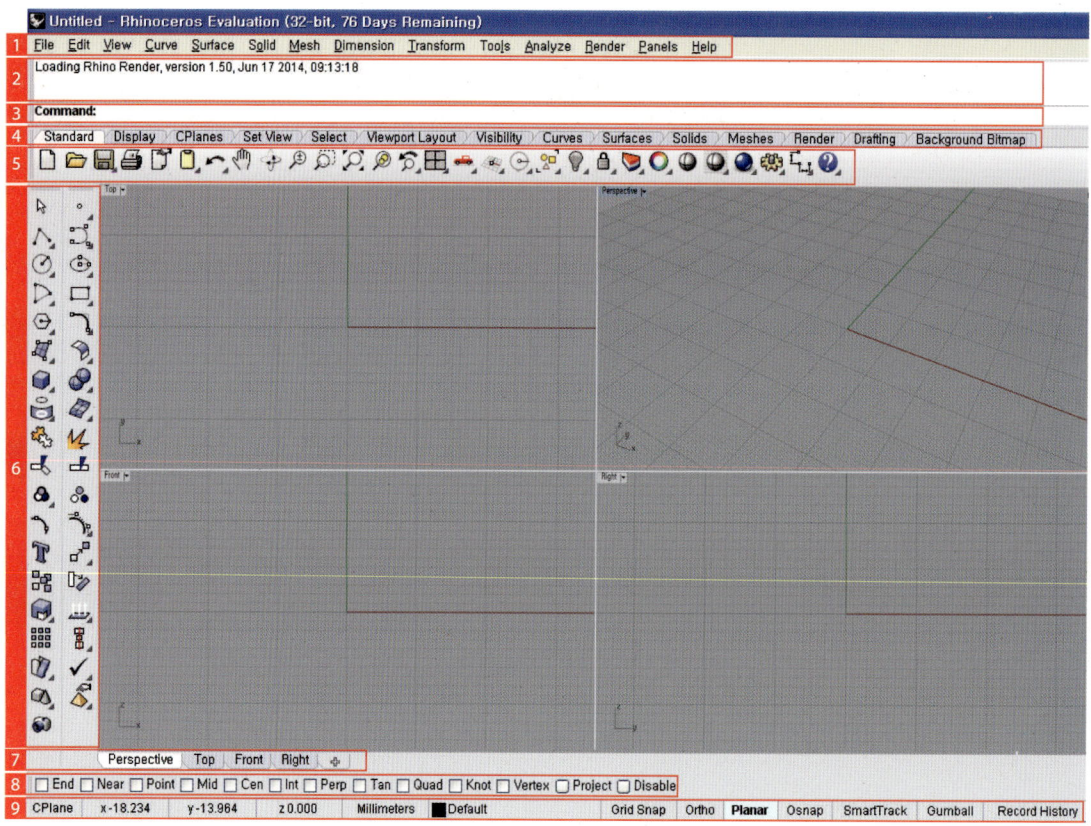

1 Menu Bar   화면상에 사용자가 선택할 수 있는 필수 명령어들이 배열되어 있습니다.

2 Command History Window   입력한 명령어를 표시하여 실행 관련 정보를 볼 수 있습니다.

3 Command Prompt   명령어를 직접 입력하면, 다음 실행 방법을 알려주며 옵션을 지정할 수 있습니다.

4 Tabbed Toolbar   그룹 박스 안에 명령어를 모아둔 툴바

5 Standard Toolbar   자주 활용하는 기능들을 모아 놓은 툴바

6 Main1 / Main2 (Sidebar Toolbar) 자주 사용하는 명령어 툴바

7 Viewport Tabs 뷰 추가 및 삭제가 가능합니다.

8 Osnap Toolbar 특정 지정에 간편하게 스냅 할 수 있습니다.

9 Status Bar "상태표시줄" 이라고 불리며, 마우스 포인터의 X, Y, Z축 위치및 단위와 현재 레이어를 알려줍니다. 그리고 모델링 작업하는데 있어 아주 유용한 도구 모음들이 있습니다.

메인 툴바 (Side Toolbar)

메인 툴바가 없다면 사용하고자 하는 명령어들을 매번 메뉴에서 찾아야 하는 번거로움이 있습니다.
그래서 메인 툴바에 있는 특정 명령 아이콘을 실행하면 쉽고 편리하게 사용할 수 있습니다.

선 (Line, Curve) 관련한 명령어

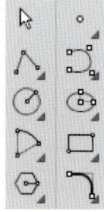

- 취소 현재 선택된 오브젝트 또는 명령어를 취소할 때 사용합니다.
- 단일점 한 개의 점을 만들 때 사용합니다.
- 다중점 다수의 점을 만들 때 사용합니다.
- 폴리라인 직선선을 그릴 때 사용합니다.
- 제어점 커브 자유곡선 커브를 그릴 때 사용합니다.
- 원: 중심점, 반지름 원형 커브를 그릴 때 사용합니다.
- 타원: 중심점에서 타원 모양의 커브를 그릴 때 사용합니다.
- 호: 중심점, 시작점, 각도 포물선을 그릴 때 사용합니다.
- 직사각형: 모서리에서 모서리로 사각형 선을 그릴 때 사용합니다.
- 다각형: 중심점, 반지름 다각형 커브를 그릴 때 사용합니다.
- 커브 필릿 커브의 각진 모서리에 반지름 필릿을 만들 때 사용합니다.

서피스 (Surface) 관련한 명령어

- 3또는 4개의 모서리점을 사용한 서피스 3, 4개의 점을 꼭짓점으로 하는 서피스를 만들어냅니다.
- 서피스 필릿 서피스 가장자리(각진 모서리)에 반지름 필릿(라운드)을 만들 때 사용합니다.
- 상자: 모서리에서 모서리로, 높이 육면체 솔리드를 만들어냅니다.
- 부울 합집합 폴리서피스, 솔리드 끼리 하나로 합칠 때 사용합니다.
- 커브 투영 커브를 서피스에 투영(옮길때) 할 때 사용합니다.
- 서피스/폴리서피스로부터 메쉬 서피스를 메쉬로 전환시킬 때 사용합니다.

선 (Line, Curve) 과 서피스 (Surface) 를 편집하는 명령어

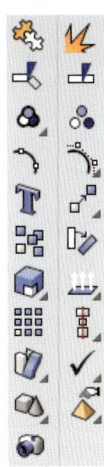

결합 같은 개체끼리 하나로 합칠 때 사용합니다.

분해 결합된 개체를 전부 분해할 때 사용합니다.

서피스 추출 선택한 서피스만 분해할 때 사용합니다.

트림 개체 중 일부분을 잘라내어 삭제할 때 사용합니다.

트림 해제 삭제된 서피스를 원상 복원시켜줍니다.

분할 개체를 잘라서 나눌 때 사용합니다.

그룹 여러 개의 개체들을 하나로 묶어줍니다.

그룹 해제 그룹으로 묶어있는 개체를 풀어줄 때 사용합니다.

편집점 켜기 커브를 편집할 수 있는 편집점을 보여줍니다.

점 끄기 편집점을 숨겨줍니다.

점 표시 커브 또는 서피스를 편집할 수 있는 점을 표시합니다.

점 끄기 점 표시를 숨깁니다.

텍스트 개체 텍스트를 개체(커브, 서피스, 솔리드)로 만들 때 사용합니다.

이동 개체를 지정한 위치로 이동할 때 사용합니다.

복사 개체를 복사할 때 사용합니다.

2D 회전 개체를 두 방향으로만 회전할 때 사용합니다.

3D 회전 개체를 3개의 방향으로 회전할 때 사용합니다.

3D 크기 조정 개체를 전체크기를 확대,축소할 때 사용합니다.

2D 크기 조정 개체를 두 방향에서만 확대, 축소할 때 사용합니다.

방향 분석 개체의 방향을 표시할 때 사용합니다.

직사각형 배열 개체를 복사하여 사각형 배열로 정렬할 때 사용합니다.

개체 정렬 개체를 지정한 위치로 정렬할 때 사용합니다.

서피스를 따라 흐름 서피스에 옮길 오브젝트를 지정된 위치와 크기로 배치합니다.

개체 검사 문제가 될 가능성이 있는 개체를 검사할 때 사용합니다.

🅐 블록 정의 복사한 개체를 똑같은 모양으로 편집해 주는 기능입니다.

🅑 히스토리 설정 명령이 설정된 지오메트리로 그 결과 생성한 개체 사이의 연결을 기억하고, 입력된 지오메트리가 변경되면 그에 따라 결과 개체도 업데이트됩니다.

예를 들어, 히스토리 기록과 업데이트가 켜져 있는 상태에서 로프트로 만든 서피스는 원본 커브를 편집하면 이에 맞춰 변형됩니다.

명령어 선택 방법 알아보기

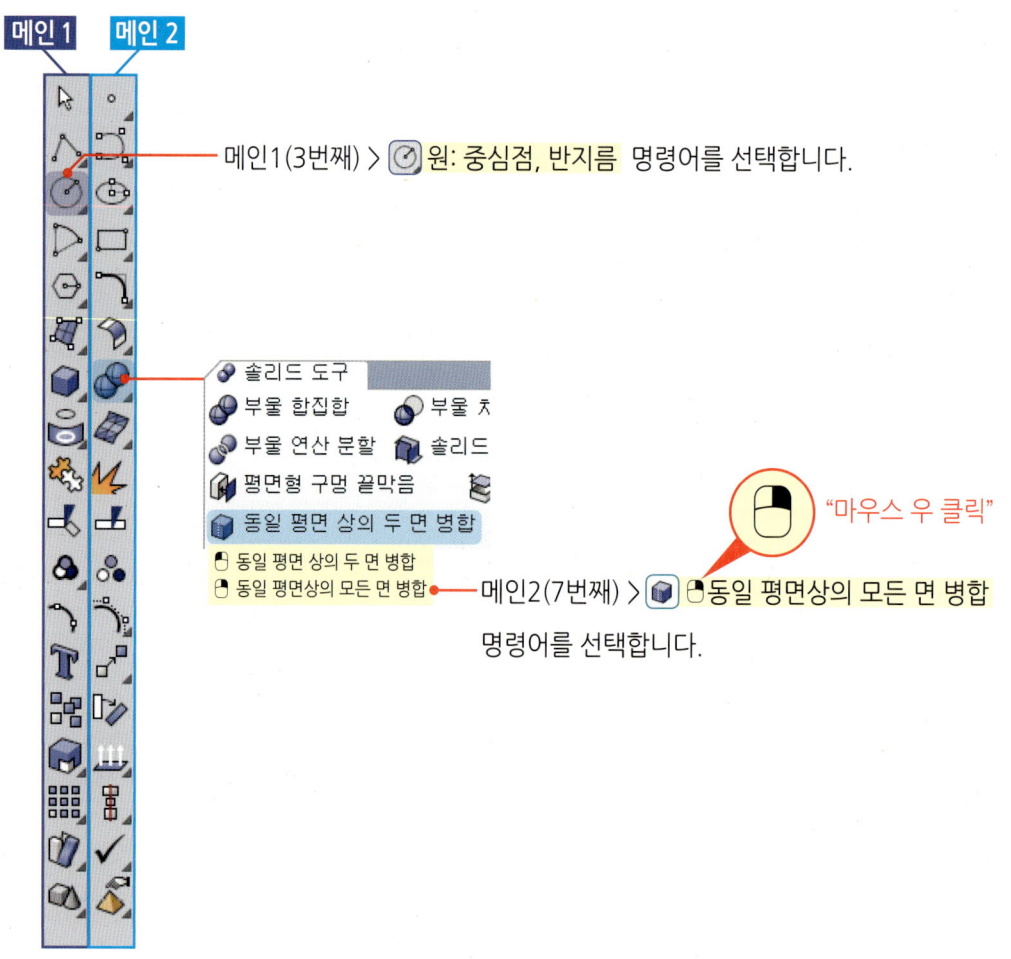

상태 표시줄

현재 작업 상황이 다양한 정보로 표시되는 부분입니다.

1 View ports   현재 뷰설정

2 개체스냅   개체의 특정 지점에 간편하게 스냅할 수 있습니다.

    ☐ 끝점   커브의 끝점, 서피스 모서리 끝점에 스냅

    ☐ 근처점   커브의 근처, 서피스 가장자리의 근처점에 스냅

    ☐ 점   점을 스냅

    ☐ 중간점   커브의 중간지점, 서피스 가장자리의 중간지점을 스냅

    ☐ 중심점   원과 호 또는 정형화된 도형의 중심점에 스냅

    ☐ 교차점   개체가 서로 교차된 지점에 스냅

    ☐ 수직점   마지막에 선택한 점이 수직을 가리키는 곳에 스냅

    ☐ 접점   마지막에 선택한 점이 곡률의 수직 방향에 스냅

    ☐ 사분점   원의 사분점(좌우상하) 또는 자유곡선의 최상단에 스냅

    ☐ 매듭점   곡률이 극변하게 바뀌는 시작점에 스냅

    ☐ 정점   메쉬의 가장자리 끝 모서리 점에 스냅

    ☐ 투영   좌표 0지점에 스냅

    ☐ 사용안함   개체스냅 on/off

3 절대좌표   마우스 포인터의 X, Y, Z축의 위치

4 밀리미터   현재단위

5 Layers   현재 레이어

6 그리드 스냅   그리드 각 모서리 끝부분에 스냅된 상태로 그릴 수 있습니다.

| 7 | 직교모드 | 직교 방향(수직, 수평)으로만 그릴 수 있습니다.
| 8 | 평면모드 | 3D 커브를 그리고자 할 때 항상 평면 모드(Planar)를 켜놓고 작업을 시작해야만 합니다.
| 9 | 개체스냅 | 개체 스냅 On/Off
| 10 | Smart Track | 좌표 축의 방향, 거리를 미리보기 형식으로 표시합니다.
| 11 | 검볼 | 개체의 원점을 중심으로 이동, 회전, 크기 변형을 조정하는 위젯 (Widget)입니다.
| 12 | 히스토리 기록 | 명령에 입력된 지오메트리와 그 결과로 생성된 개체 사이의 연결을 기억하고, 입력된 지오메트리가 변경되면 그에 따라 결과 개체도 업데이트됩니다.
| 13 | 필터 | 컴퓨터 상태 확인

> **8 평면모드** 와 **9 개체스냅** 이 항상 켜져 있는 상태에서 작업하여야 보다 정확하고, 편리하게 작업할 수 있습니다.

뷰포트(시점)

라이노 뷰포트는 위(Top), 앞(Front), 옆(Right), 3D 조감도 투시(Perspective)인 4개 시점으로 나눠져 있습니다. 뷰를 추가할 수 있고, 줄일 수도 있으며 확대 및 축소도 가능합니다.

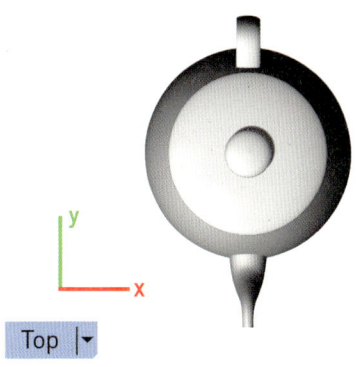

Top
위에서 아래로 바라보는 뷰 (X,Y축)

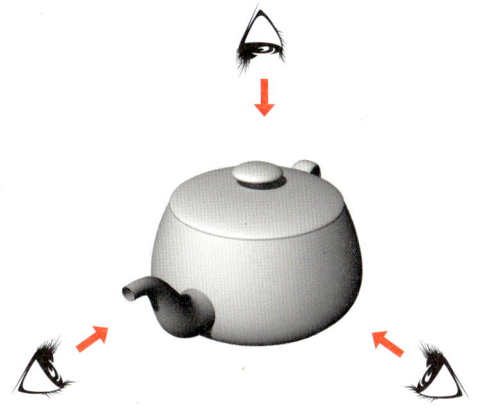

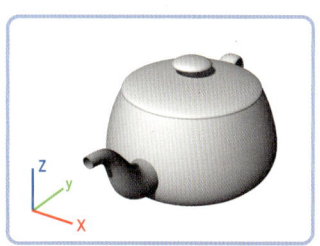

Perspective
모든 시점에서 볼 수있는
3D 조감도 뷰 (X,Y,Z축)

Front
정면에서 바라보는 뷰 (X,Z축)

Right
우측면에서 바라보는 뷰 (Y,Z축)

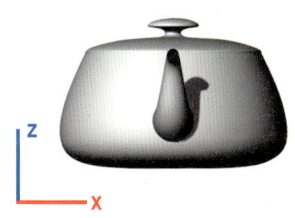

그리드 설명

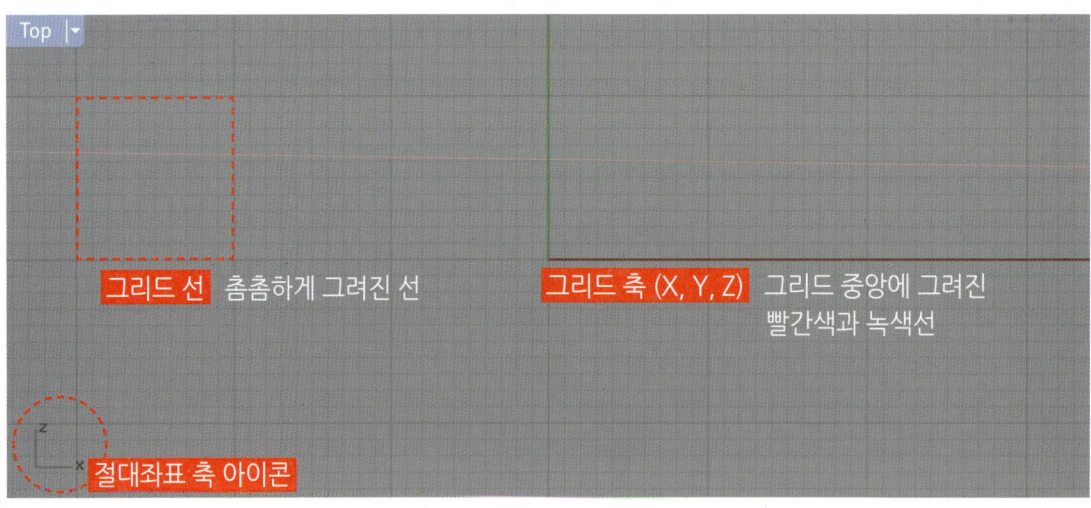

뷰(화면) 확대/축소

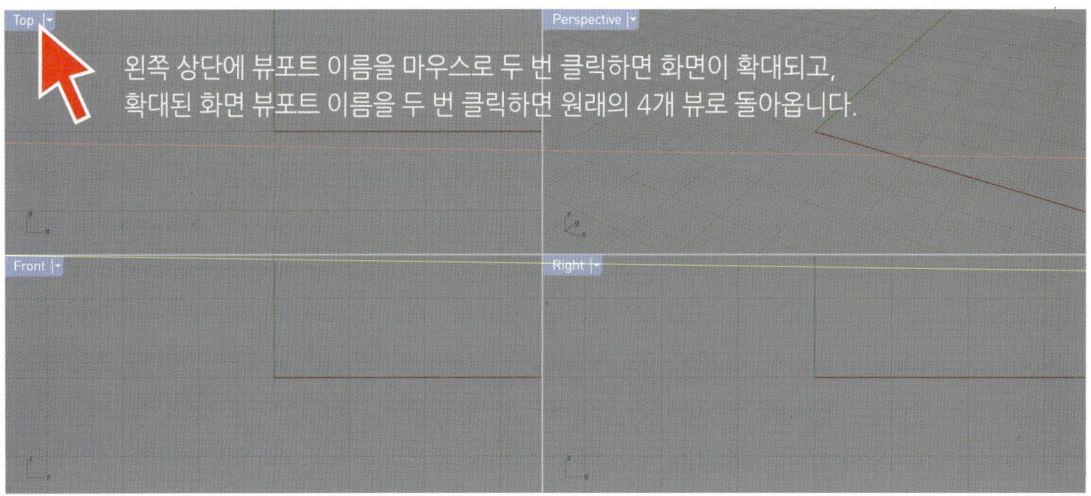

초기의 4개 뷰(화면)로 돌아가기

처음 뷰 상태로 돌아가는 방법은 ❶ **표준** > ❷ **4개 기본 뷰포트** 명령어를 선택하면 됩니다.

뷰(화면) 크기 조정

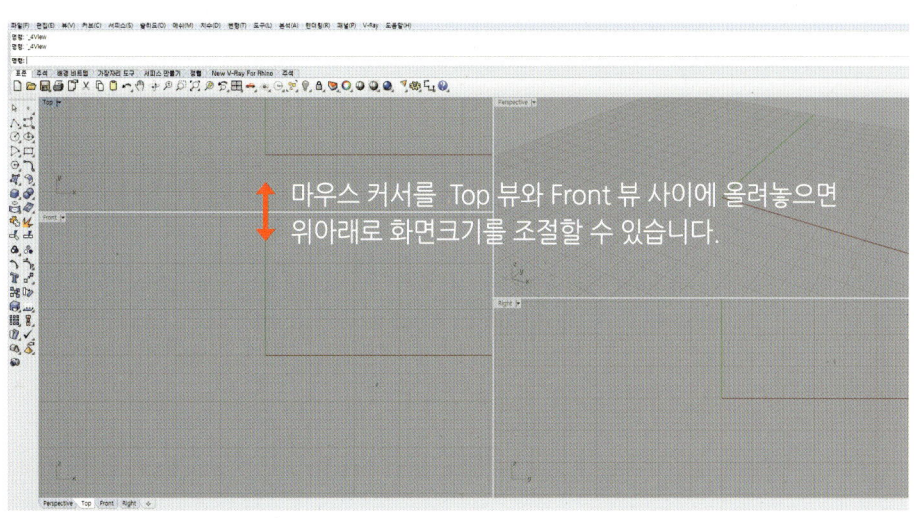

마우스 커서를 Top 뷰와 Front 뷰 사이에 올려놓으면 위아래로 화면크기를 조절할 수 있습니다.

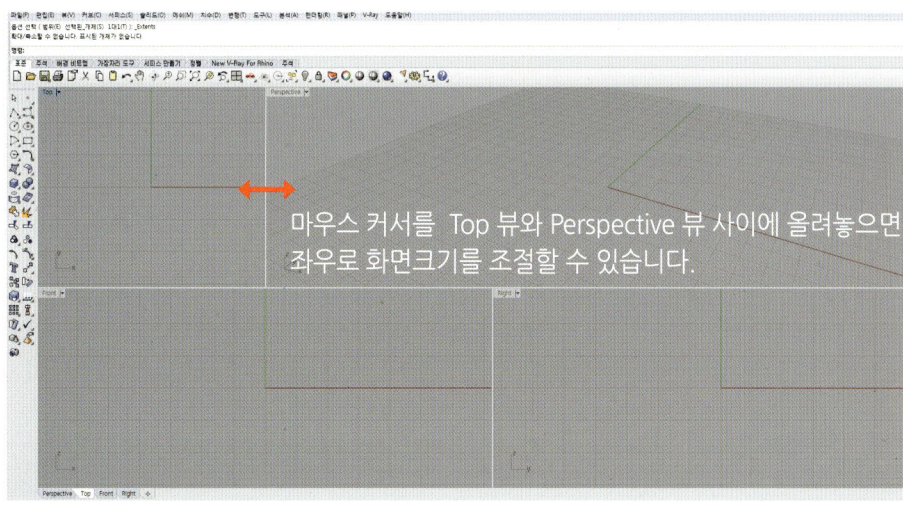

마우스 커서를 Top 뷰와 Perspective 뷰 사이에 올려놓으면 좌우로 화면크기를 조절할 수 있습니다.

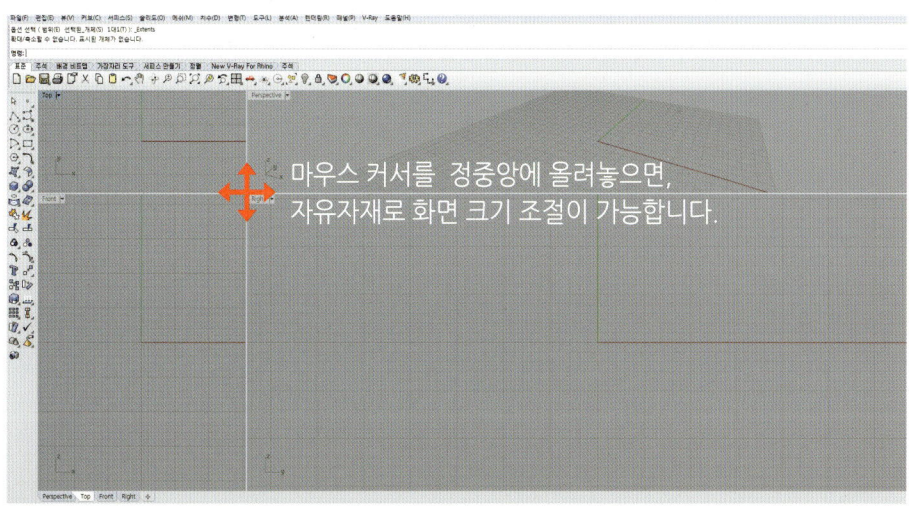

마우스 커서를 정중앙에 올려놓으면, 자유자재로 화면 크기 조절이 가능합니다.

화면 표시 모드

라이노 5 화면 표시는 8개의 다양한 모드가 있으며 모든 뷰포트 탭(Top, Front, Right, Perspective 뷰)에서 아래 그림과 같은 화면 모드를 선택할 수 있습니다. 여러 개의 모드가 존재하는 이유는 만일 오브젝트를 하나의 뷰(와이어프레임[선])으로만 본다면 그것이 제대로 만들어지고 있는지 판단하기가 상당히 어렵기 때문입니다.

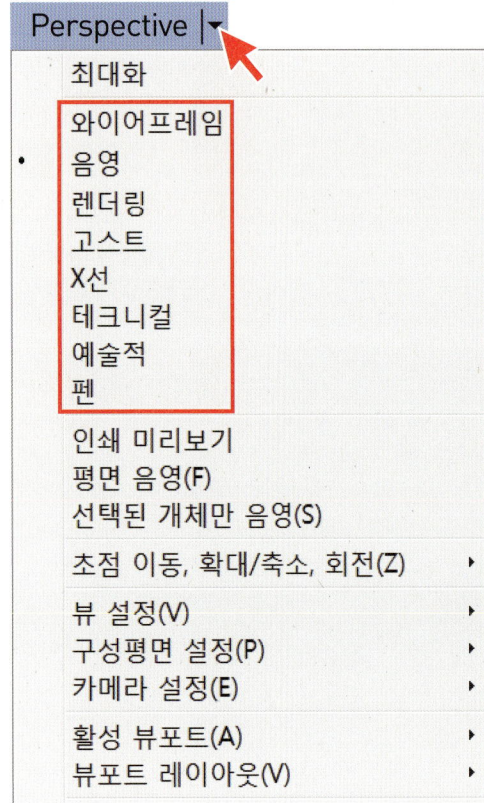

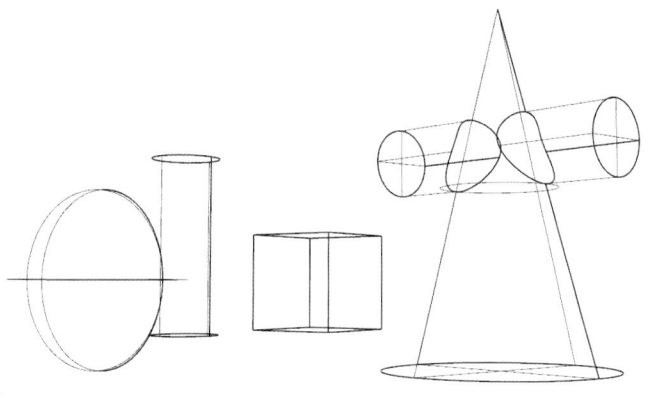

와이어프레임 Wireframe
커브 또는 서피스 가장자리와 아이소 커브만 보여주는 모드입니다. 커브만 그릴 때 주로 보는 모드입니다.

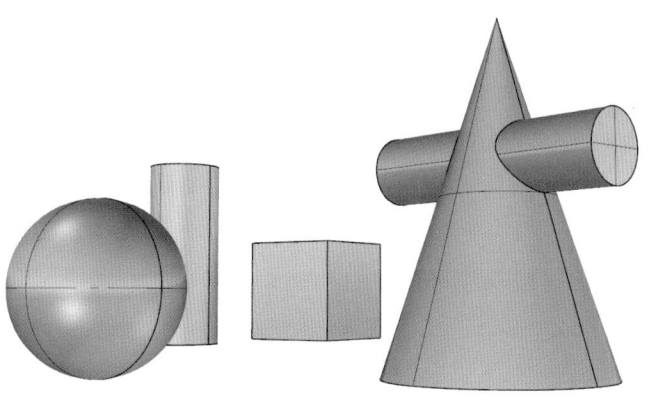

음영 Shaded
서피스의 볼륨감과 가장자리와 아이소커브를 한눈에 볼 수 있는 모드입니다.

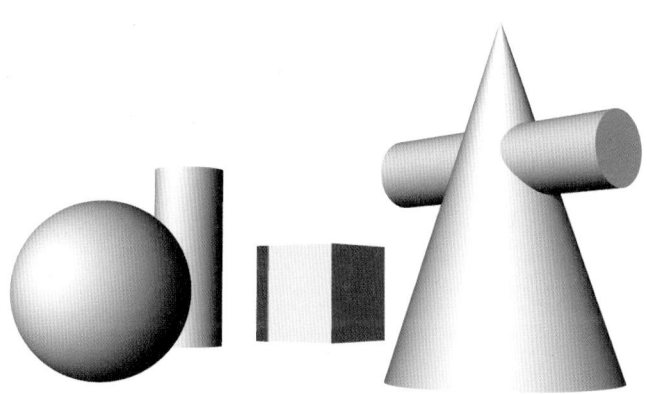

렌더링 Rendered
서피스 곡면을 확인할 때 보는 모드입니다.

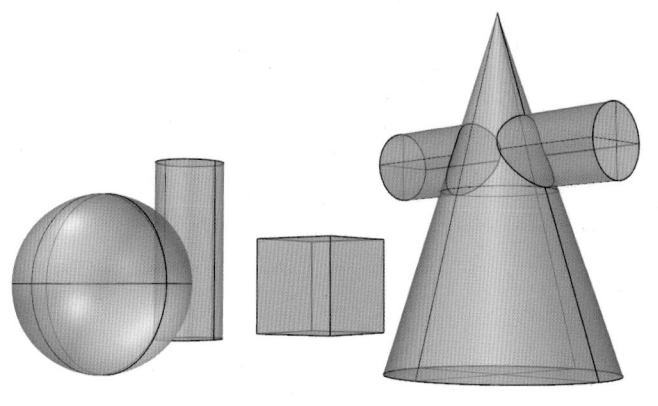

고스트 Ghosted
서피스 내부를 반투명하게 들여다 볼 수 있는 모드입니다.

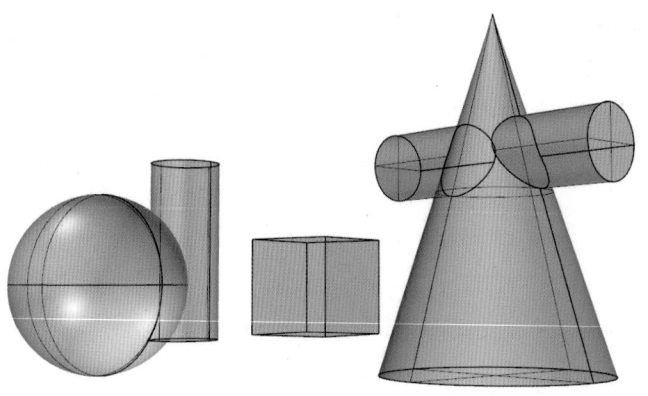

X선 X-Ray
서피스 외부와 내부를 완전히 투명하게 볼 수 있는 모드입니다.

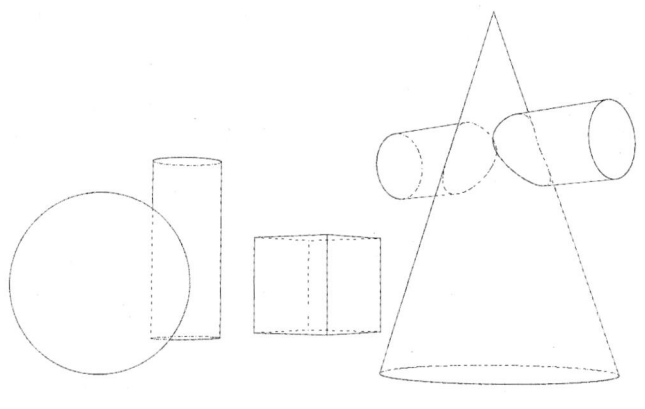

테크니컬 Technical
가장자리는 실선, 숨겨진 선은 점선으로 보여주는 모드입니다.

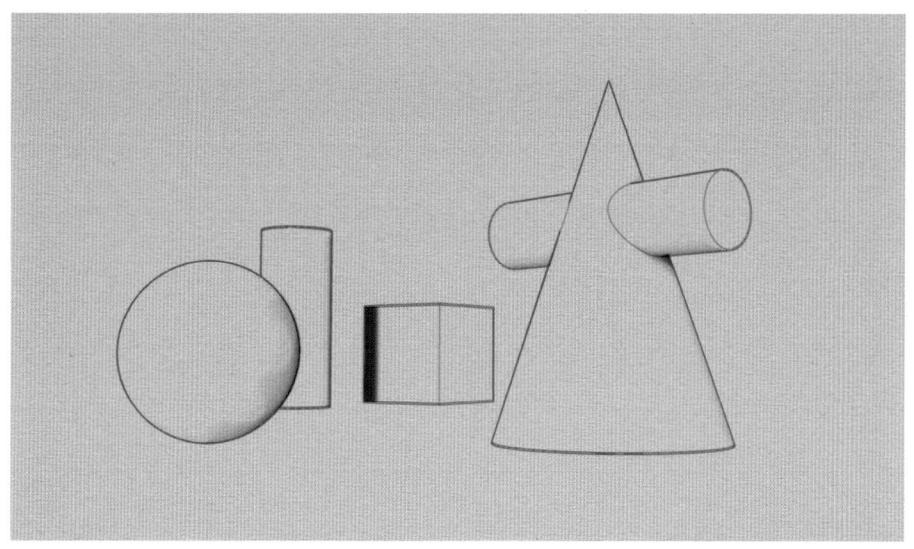

예술적 Artistic
갱지(누런 종이)에 연필로 그린 것처럼 보여주는 모드입니다.

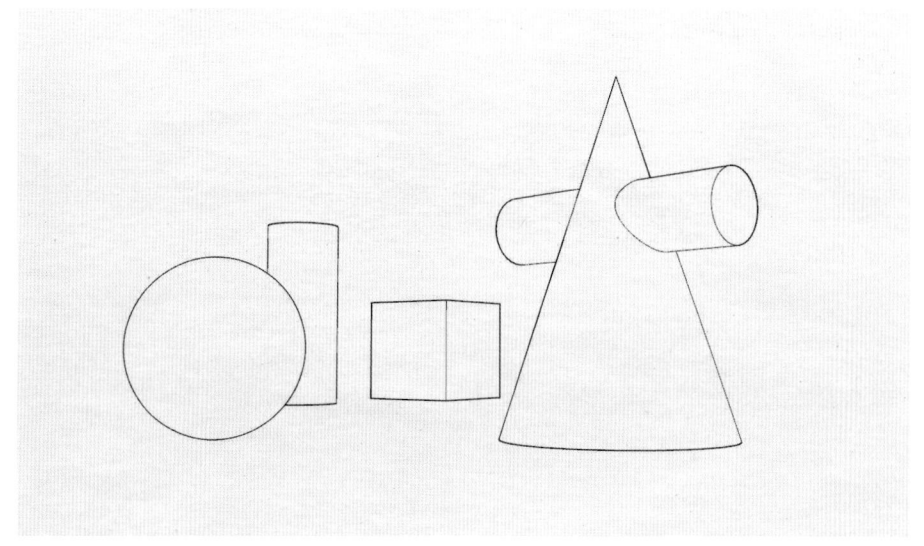

펜 Pen
펜으로 그린 것처럼 보여주는 모드입니다.

2 개체(오브젝트) 종류 알아보기

개체(오브젝트) 종류

라이노 5 사용에 앞서 아래의 용어는 필수적으로 알아두어야 합니다.

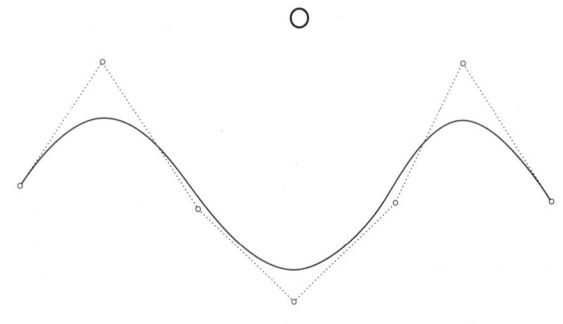

점 Point

지점에 표시를 하거나, 개체(오브젝트)에 변형을 주고자 할 때 사용합니다.

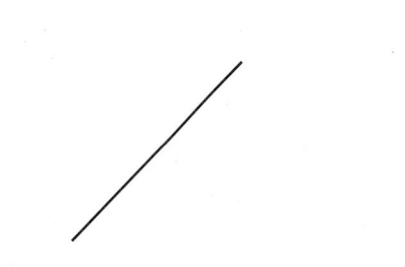

폴리라인 Polyline

직선을 그릴 때 사용합니다.

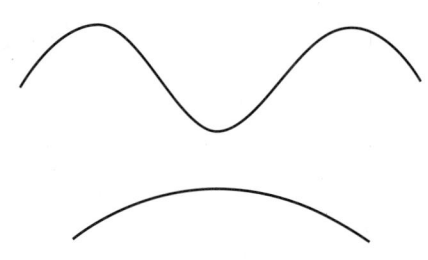

제어점 커브 Control Point Curve

자유곡선 커브를 그릴 때 사용합니다.

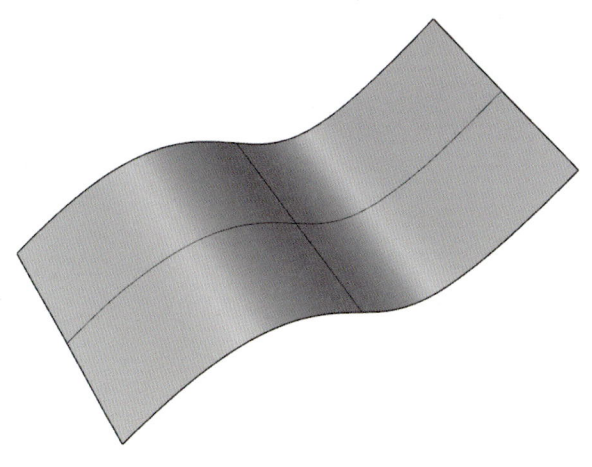

서피스 Surface

각 지점을 연결하여 만들어진 면을 서피스라고 부릅니다.

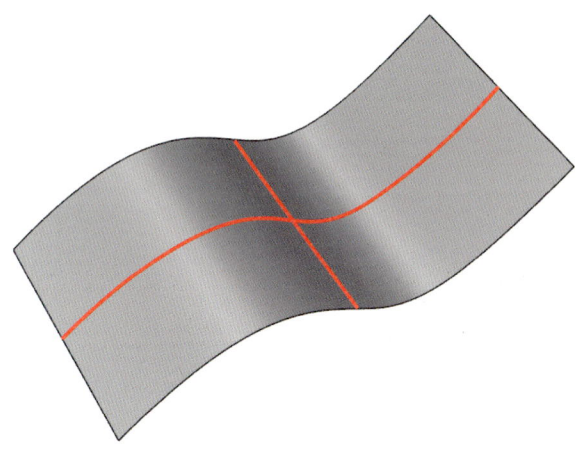

아이소 커브 ISO curve

서피스가 만들어지면 서피스의 정중앙에 자동으로 가로, 세로줄(아이소커브)이 만들어집니다.

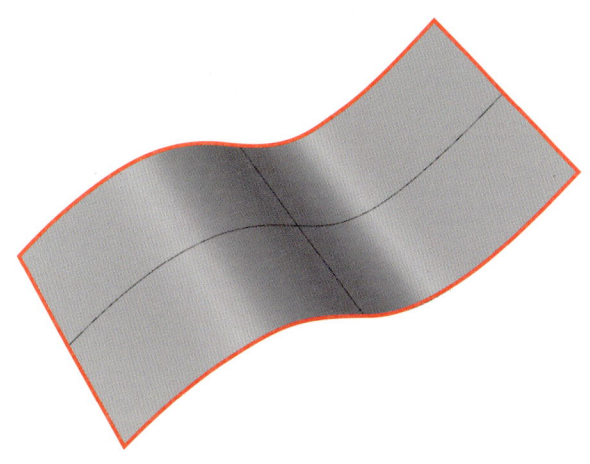

가장자리 Edge

서피스 바깥쪽 외곽라인를 서피스 가장자리라고 부릅니다.

폴리서피스 Polysurface

서피스가 2개 이상 결합된 것을 폴리서피스라고 부릅니다.

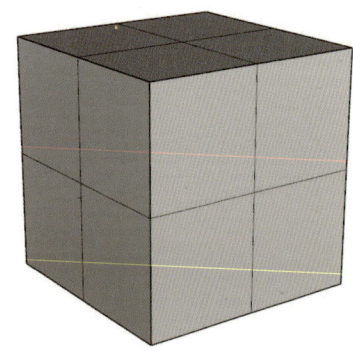

폴리서피스 솔리드 Polysurface Solid

2개 이상의 서피스로 둘러싸인 개체를 폴리서피스 솔리드라고 부릅니다.

*단 한 곳이라도 열려 있다거나 결합이 안되어 있다면 이는 폴리서피스 솔리드로 볼 수 없습니다.

단일서피스 솔리드 Singlesurface Solid

단 하나의 서피스로 둘러싸여 있는 개체를 단일서피스 솔리드라고 부릅니다.

3 마우스 조작 방법 배우기

마우스 기능 및 조작 방법

라이노 5에서 마우스 조작은 활용 범위가 아주 넓습니다.
마우스 좌 클릭, 우 클릭, 휠 버튼의 역할과 기능들을 알아보도록 하겠습니다.

 ### 마우스 좌 클릭

명령어 선택 or 개체(오브젝트) 선택 시 사용합니다.

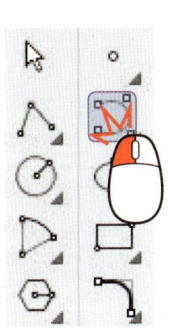
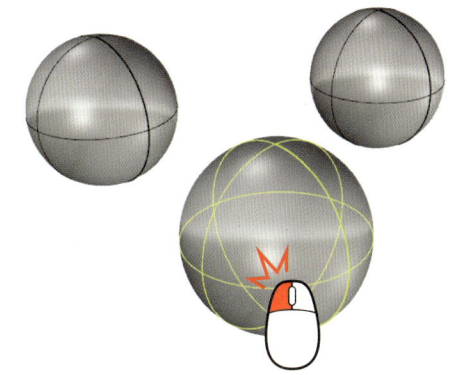

〈 명령어 선택 시 〉　　　　　　〈 개체(오브젝트) 선택 시 〉

 ### 마우스 우 클릭

Enter(명령어 완료 시) 키 or 방금 전 사용했던 명령어를 다시 실행할 때 사용합니다.

커맨드 프롬프트 기입란에서 "명령어 실행 완료 후에 Enter 키를 누르십시오." 에서
Enter 또는 스페이스바 키를 누르거나 마우스 우 클릭하면 됩니다.

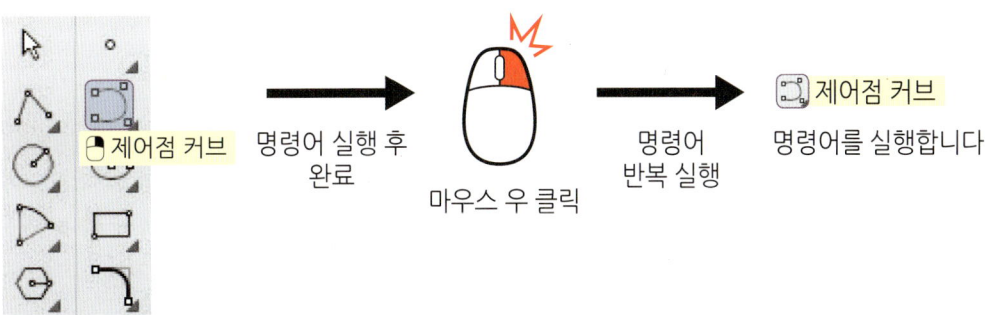

제어점 커브 → 명령어 실행 후 완료 → 마우스 우 클릭 → 명령어 반복 실행 → 제어점 커브 명령어를 실행합니다.

마우스 휠 버튼

화면 줌(확대/축소) or 팝업도구함 표시할 때 사용합니다.

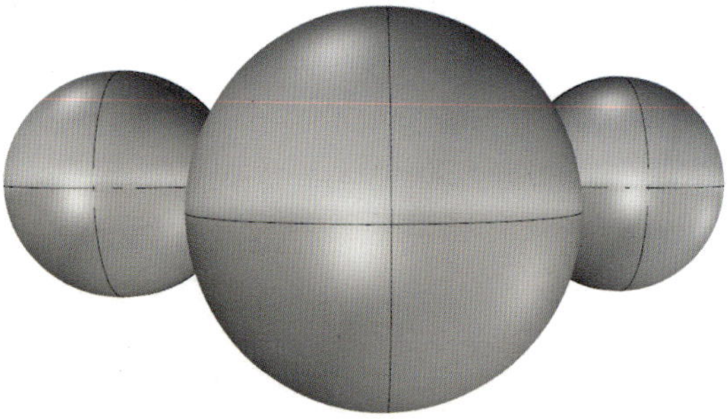

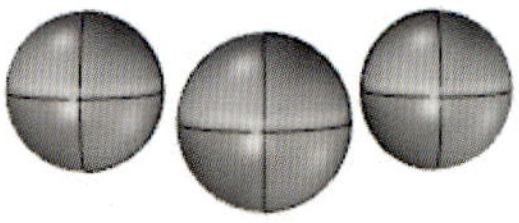

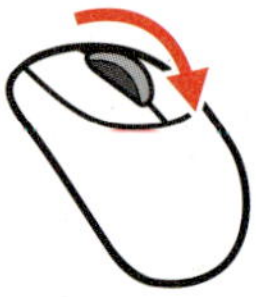

마우스 휠을 위에서 아래로 내리면
화면 축소

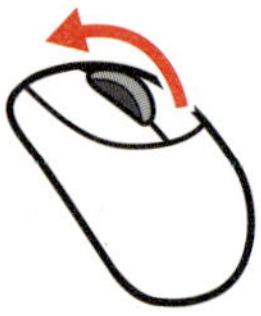

마우스 휠을 아래에서 위로 올리면
화면 확대

마우스 휠 버튼을 누르면
팝업 도구함이 나타납니다.

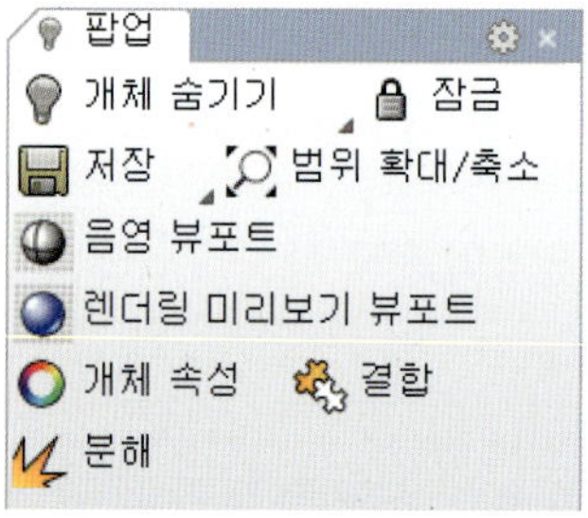

〈 팝업 도구함 〉

팝업 도구함

자주 사용하는 명령어를 팝업 도구함에 넣어 빠르고 쉽게 명령어를 찾아 쓸 수 있습니다.

Ctrl 키를 누른 상태에서 명령어를 누르고 그대로 드래그해서 팝업 도구함에 넣어주면 명령어가 복사됩니다.

삭제할 경우에는 Shift 키를 누른 상태에서 명령어를 바깥 화면으로 드래그하면 삭제할 수 있습니다.

개체(오브젝트) 선택하기

마우스 좌 클릭 누른 상태로 왼쪽 상단에서 오른쪽 하단으로 드래그하기

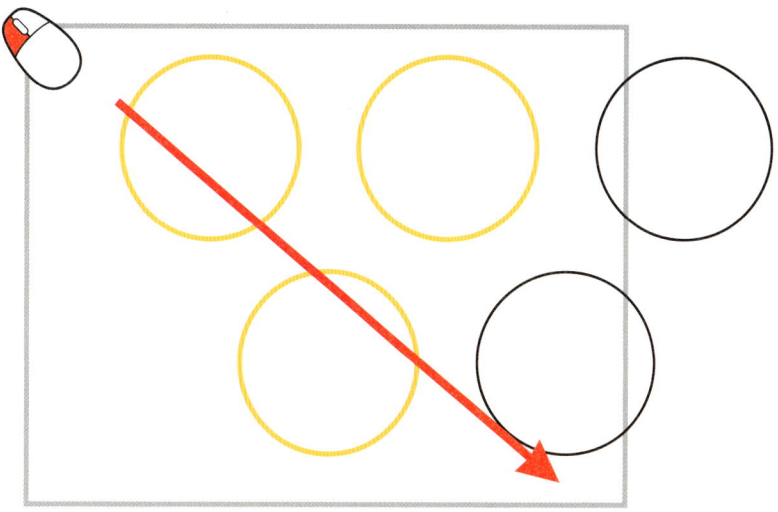

위의 그림처럼, 박스 안에 들어있는 오브젝트만 선택 가능합니다.

마우스 좌 클릭 누른 상태로 오른쪽 하단에서 왼쪽 상단으로 드래그하기

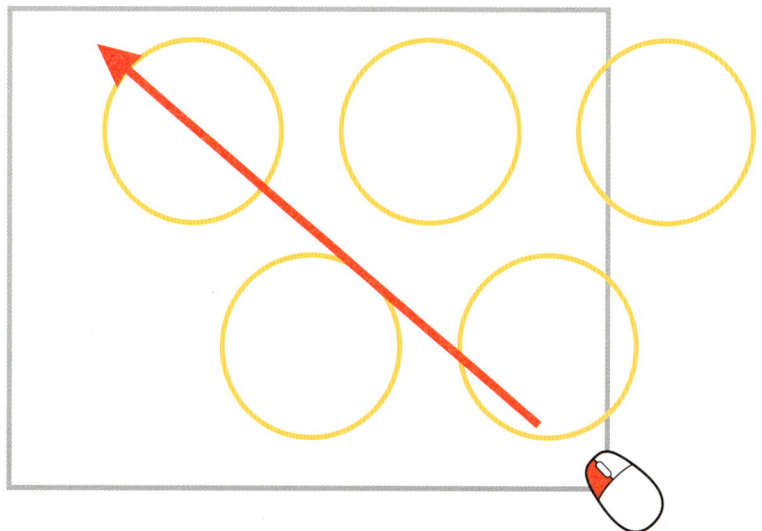

위의 그림처럼, 박스에 걸쳐져 있는 오브젝트까지 선택 가능합니다.

여러 개의 개체(오브젝트)를 동시에 선택하기

Shift 키 + 마우스 좌 클릭   여러 개의 개체(오브젝트)를 동시에 선택할 수 있습니다.

선택된 개체(오브젝트)를 선택 해제하기

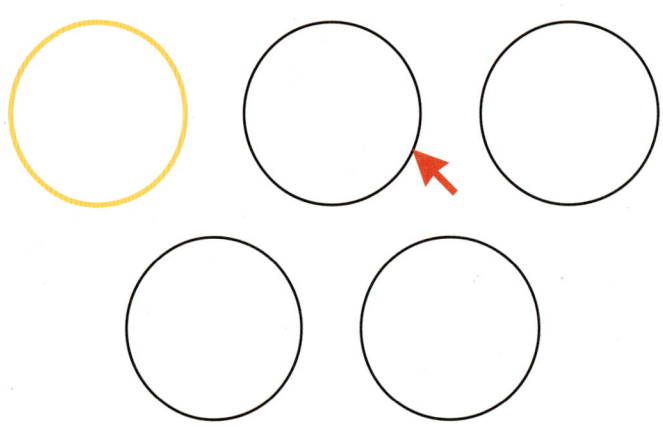

Ctrl 키 + 마우스 좌 클릭   선택된 개체(오브젝트)를 선택 해제할 수 있습니다.

4. 검볼 위젯

검볼은 개체(오브젝트)를 쉽고 편리하게 이동, 회전, 크기 조정을 도와주는 위젯입니다.

라이노 화면에서 맨 밑줄에 검볼을 선택하여 검볼위젯를 실행합니다.
검볼이 실행된 상태에서 오브젝트를 선택하면 정 중앙에 검볼위젯 표시가 나타납니다.

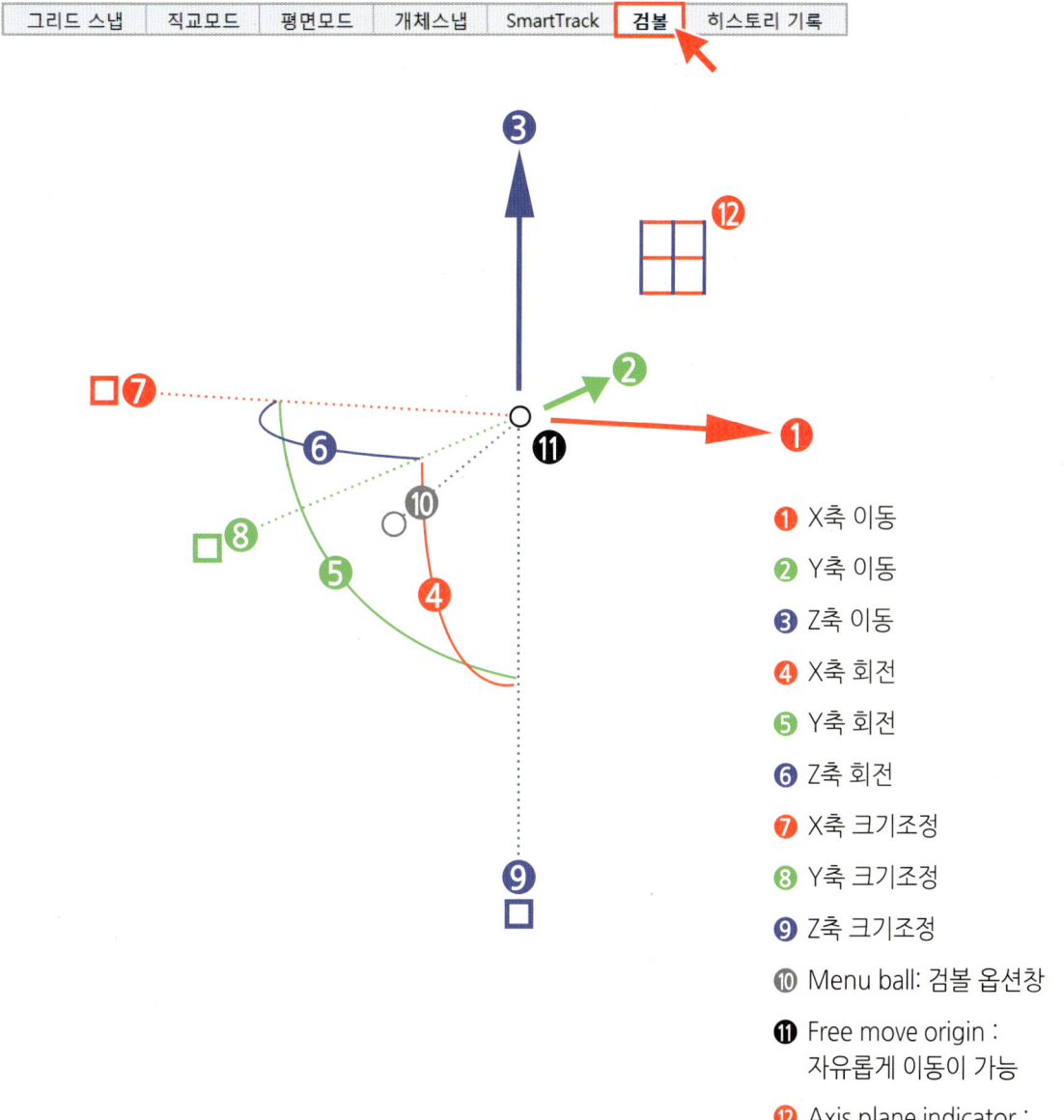

❶ X축 이동
❷ Y축 이동
❸ Z축 이동
❹ X축 회전
❺ Y축 회전
❻ Z축 회전
❼ X축 크기조정
❽ Y축 크기조정
❾ Z축 크기조정
❿ Menu ball: 검볼 옵션창
⓫ Free move origin : 자유롭게 이동이 가능
⓬ Axis plane indicator : 평면지표 미리보기

검볼을 클릭하면 숫자 기입란이 나타납니다.

검볼로 이동할 때에는 ➡ 화살표, 회전할 때에는 ╲ 포물선, 크기 조정할 때에는 ☐ 점를 잡고 드래그 또는 숫자 기입란에 입력하여 조작할 수 있습니다.

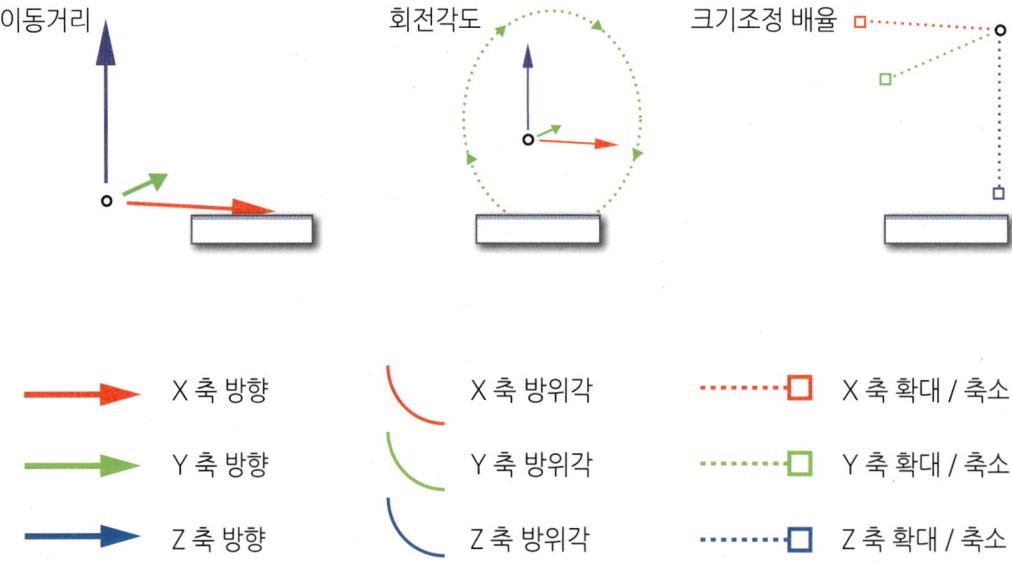

➡ X 축 방향	╲ X 축 방위각	┈☐ X 축 확대 / 축소
➡ Y 축 방향	╲ Y 축 방위각	┈☐ Y 축 확대 / 축소
➡ Z 축 방향	╲ Z 축 방위각	┈☐ Z 축 확대 / 축소

검볼위젯으로 복사가 가능합니다.

먼저 오브젝트를 선택하면 정 중앙에 검볼이 나타납니다.
그 뒤, Alt 키를 누른 상태로 검볼위젯을 사용하면 오브젝트가 복사되면서 이동, 회전, 크기 조절이 가능해집니다.

폴리서피스 솔리드에서의 검볼 활용 예제

개체의 이동거리, 회전 각도 또는 크기 조정의 여러 기능들을 조작할 수 있습니다.

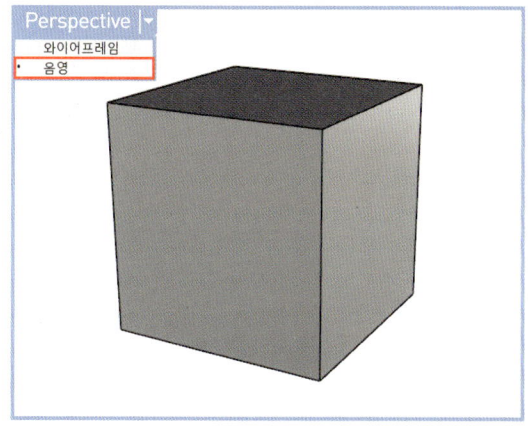

01. 메인1(7번째) > 상자: 모서리에서 모서리로, 높이 명령어를 선택합니다.
02. Top 뷰에 마우스 커서를 올려놓습니다.
03. 기준의 첫 번째 모서리 ~ : -5,-5,-5 Enter
04. 기준의 대각선 방향 모서리 또는 길이 (3점(P)): 5,5,-5 Enter
05. 높이. 너비를 사용하려면 Enter 키를 누르십시오: 10 Enter
06. Perspective 뷰 모드를 "음영"으로 변경합니다.
07. 왼쪽 그림처럼, 정육면체 솔리드가 만들어 졌습니다.

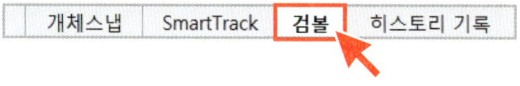

08. 맨 밑줄에 있는 상태 표시줄에서 "검볼"을 선택한 뒤 오브젝트를 선택하면, 정 중앙에 검볼 위젯이 표시됩니다.

검볼 이동 방법

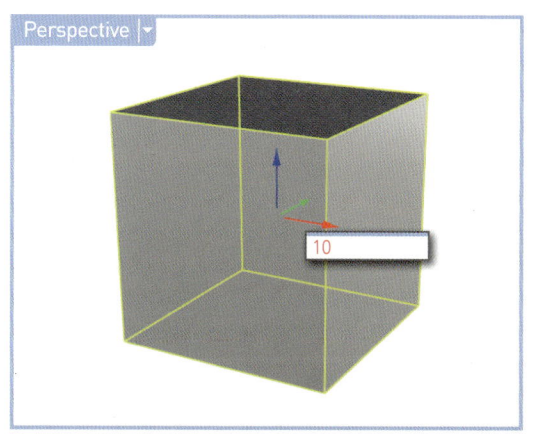

01. 검볼의 **빨간색 화살표**을 선택한 뒤 숫자 기입란에 10 입력한 후 Enter
02. 개체가 X축 방향으로 10mm 이동하였습니다.

검볼 회전 방법

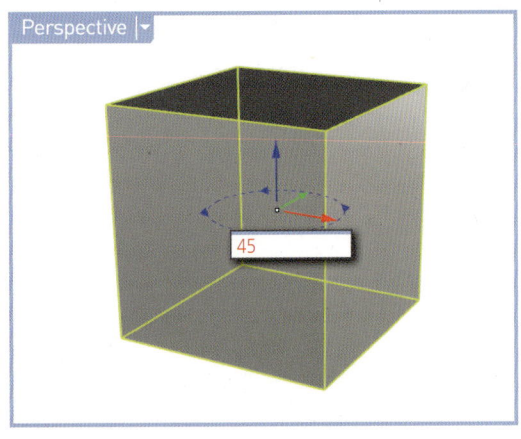

01. 검볼의 **파란색 포물선**을 선택한 뒤 숫자 기입란에 **45** 입력한 후 `Enter`
02. 개체가 Z축 방향으로 45도 회전하였습니다.

검볼 크기 조정 방법

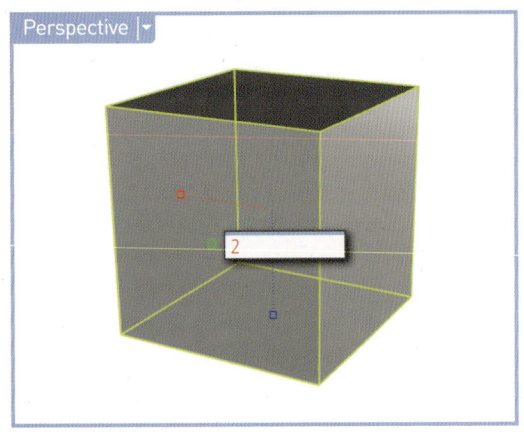

01. 검볼의 **녹색 사각형**을 선택한 뒤 숫자 기입란에 **2** 입력한 후 `Enter`
02. Y축 방향으로 크기가 200% 확대되었습니다.

> 검볼은 배수로 크기 조정을 합니다.
> 예를 들어 200% 확대하고자 할 때는 "2"를 입력하고, 50% 축소하고자 할 때는 "0.5"를 입력합니다.

단일서피스(한면)에서의 검볼 활용 예제

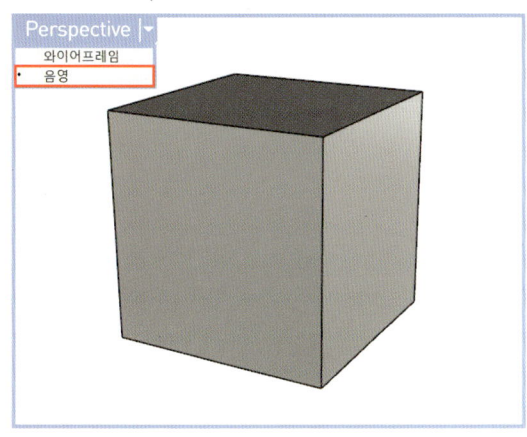

01. 메인1(7번째) > 상자: 모서리에서 모서리로, 높이 명령어를 선택합니다.
02. Top 뷰에 마우스 커서를 올려놓습니다.
03. 기준의 첫 번째 모서리 ~ : 0,0 Enter
04. 기준의 대각선 방향 모서리 또는 길이 (3점(P)): 10,10 Enter
05. 높이. 너비를 사용하려면 Enter 키를 누르십시오: 10 Enter
06. Perspective 뷰 모드를 "음영"으로 변경합니다.
07. 왼쪽 그림처럼, 정육면체 솔리드가 만들어졌습니다.

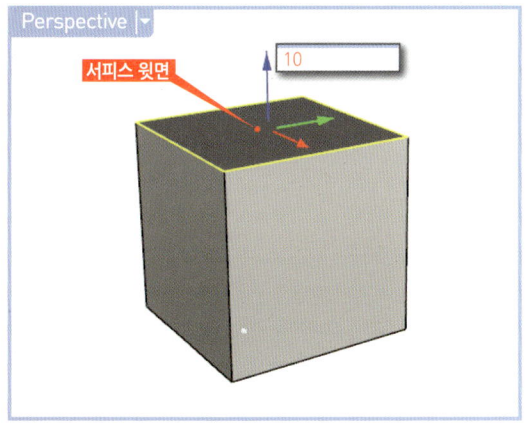

08. Ctrl + Shift 키를 동시에 누른 상태에서 서피스 윗면 하나만 선택합니다.
09. 왼쪽 그림처럼, 선택한 서피스 윗면에만 검볼 위젯이 적용됩니다.
10. 파란색 화살표을 선택한 뒤 숫자 기입란에 10 입력한 후 Enter
11. 선택한 서피스가 윗면에서 Z축 방향으로 거리 10mm 이동하였습니다.

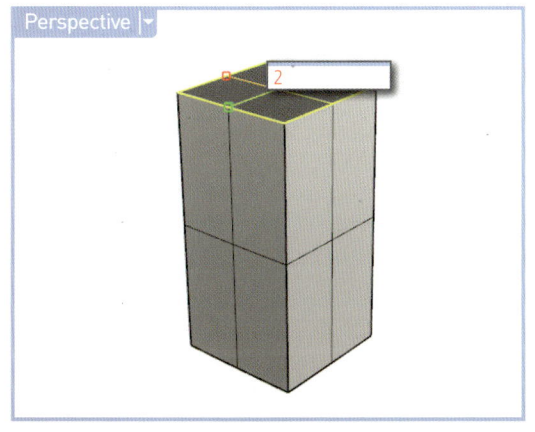

12. 검볼의 빨간색 사각형을 선택한 뒤 숫자 기입란에 2 입력한 후 Enter
13. 선택한 서피스 크기가 X축 방향으로 200% 확대되었습니다.

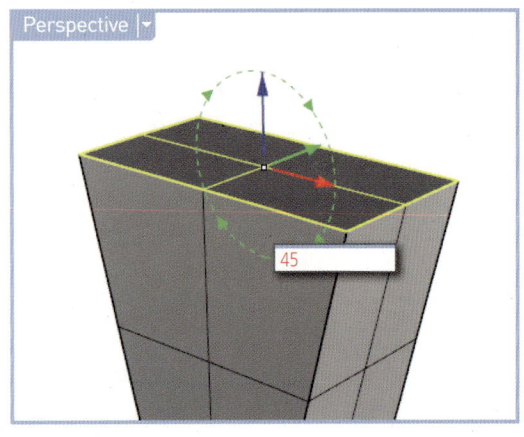

14. 검볼의 **녹색 포물선**을 선택한 뒤 숫자 기입란에 **45** 입력한 후 `Enter`

15. 선택한 Y축 방향으로 45도 회전하였습니다.

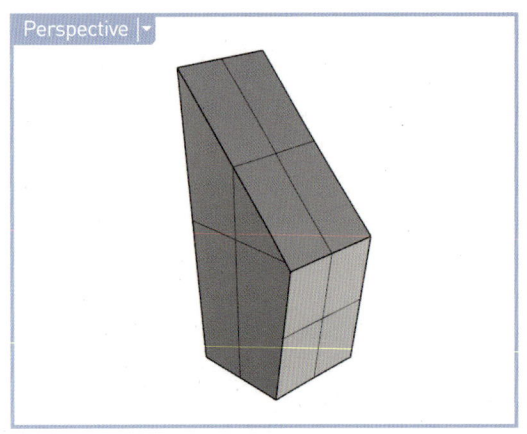

16. 이처럼 단일서피스(한 면)에서도 이동, 크기 조정 및 회전을 할 수 있습니다.

5 레이어 만들기

레이어는 개체 속성을 관리하는 기능입니다.
레이어는 개체의 속성을 정리하는 방법으로서 레이어를 잘 만들면 작업의 능률을 향상할 수 있습니다.

레이어 만드는 방법

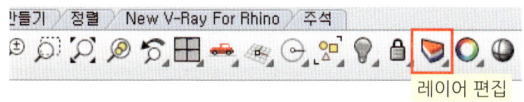

01. 표준 툴바 > 레이어 편집 명령어를 선택합니다.

02. ❶번, 새 레이어를 선택합니다.
03. ❷번, 이름에 "**원**"을 입력합니다.
04. ❸번, 칼라칩을 눌러 "**빨강색**"으로 선택합니다.

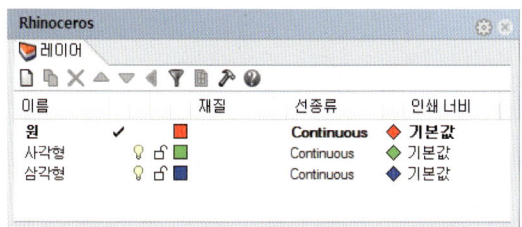

05. 위와 같이 02 ~ 04번을 반복하여 왼쪽 그림처럼, "사각형" 레이어에는 "**녹색**"으로, "삼각형" 레이어에는 "**파랑색**"으로 선택합니다.

레이어 선택하는 방법
상태 표시줄에 있는 레이어와 표준 툴바에 있는 레이어 편집에서 선택할 수 있습니다.

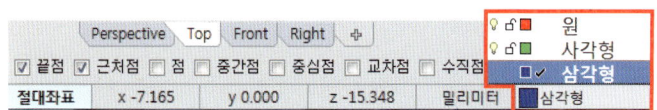

"상태 표시줄"에서 레이어를 클릭하여, 원하는 레이어로 선택 가능합니다.

표준 툴바 > 레이어 편집 명령어 선택 시 레이어 창에서 선택 가능합니다.

레이어 활용 예제

아래의 도형을 레이어로 만들어 보도록 하겠습니다.

| 원 레이어 | 사각형 레이어 | 삼각형 레이어 |

01. 아래 그림과 같이 밑줄에 있는 상태 표시줄에서 레이어를 클릭하여, "**원**" 레이어를 선택합니다.

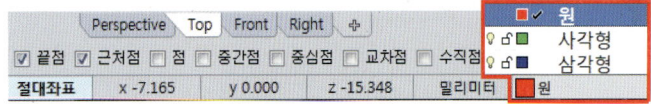

02. 메인1(3번째) > ⊘ **원: 중심점, 반지름** 명령어를 선택합니다.

03. **Top |▾** 뷰에 마우스 커서를 올려놓습니다.

04. 원의 중심 ~ : **0,0** Enter

05. 반지름 <5.000> ~ : **5** Enter

06. "상태 표시줄"에서 레이어를 클릭하여, "**사각형**" 레이어를 선택합니다.

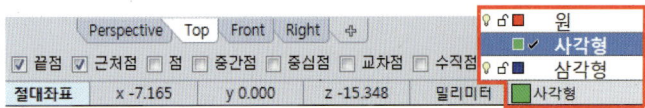

07. 메인 2(4번째) > ▢ **직사각형: 모서리에서 모서리로** 명령어를 선택합니다.

08. **Top |▾** 뷰에 마우스 커서를 올려놓습니다.

09. 직사각형의 첫 번째 모서리 ~ : **10,-5** Enter

10. 다른 모서리 또는 길이 ~ : **20,5** Enter

11. "상태표시줄"에서 레이어를 클릭하여, "삼각형" 레이어를 선택합니다.

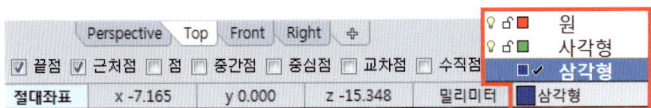

12. 메인1(2번째) > 폴리라인 명령어를 선택합니다.
13. Top 뷰에 마우스 커서를 올려놓습니다.
14. 25,-5 Enter
15. R10,0 Enter
16. R-5,10 Enter
17. R-5,-10 Enter
18. 3개의 레이어로 각각의 개체가 생성되었습니다.

레이어 변경하기

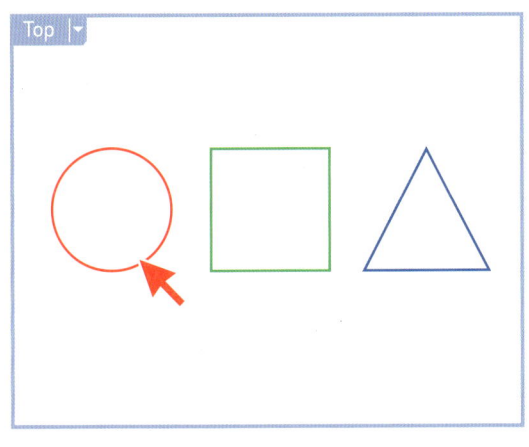

01. 위에서 만든 빨간색 원 커브를 레이어를 이용하여 변경하도록 하겠습니다.
02. Top 뷰에서 원 커브를 선택합니다.

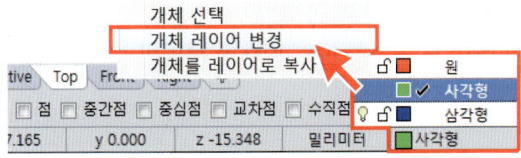

03. "상태 표시줄"에서 레이어를 선택하여, "사각형" 레이어에 마우스 우 클릭합니다.
04. "개체 레이어 변경"을 선택합니다.

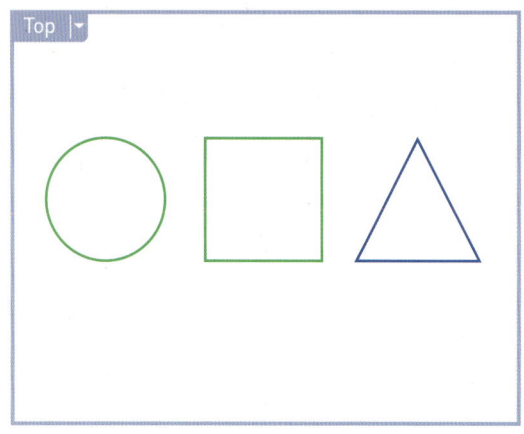

05. 선택한 원 커브가 "**사각형**"레이어로 변경되었습니다.

레이어 숨기기 / 잠그기

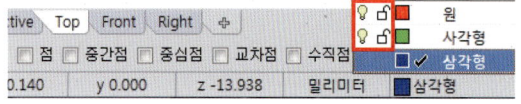

01. 전구아이콘은 💡 레이어 숨기기 / 표시하기
02. 자물쇠 아이콘은 🔒 레이어 잠그기 / 잠금해제

6 개체 스냅(Object Snaps) 배우기

개체 스냅은 특정 지점에 지정할 수 있는 기능입니다.
개체 특정 부분을 지정할 때 사용하는 도구이며, 개체스냅을 사용하여 정밀한 3D모델링을 만들 수 있습니다.

☐ 끝점 ☐ 근처점 ☐ 점 ☐ 중간점 ☐ 중심점 ☐ 교차점 ☐ 수직점 ☐ 접점 ☐ 사분점 ☐ 매듭점 ☐ 정점 ☐ 투영 ☐ 사용 안 함

- ☐ **끝점** 커브의 끝점, 서피스 모서리 끝점에 스냅
- ☐ **근처점** 커브의 근처, 서피스 가장자리의 근처점에 스냅
- ☐ **점** 점을 스냅
- ☐ **중간점** 커브의 중간지점, 서피스 가장자리의 중간지점을 스냅
- ☐ **중심점** 원과 호 또는 정형화된 도형의 중심점에 스냅
- ☐ **교차점** 개체가 서로 교차된 지점에 스냅
- ☐ **수직점** 마지막에 선택한 점이 수직을 가리키는 곳에 스냅
- ☐ **접점** 마지막에 선택한 점이 곡률의 수직 방향에 스냅
- ☐ **사분점** 원의 사분점(좌우상하) 또는 자유곡선의 최상단에 스냅
- ☐ **매듭점** 곡률이 극변하게 바뀌는 시작점에 스냅
- ☐ **정점** 메쉬의 가장자리 끝 모서리 점에 스냅
- ☐ **투영** 좌표 0지점에 스냅
- ☐ **사용안함** 개체스냅 on/off

개체 스냅 활용 예제

01. 메인1(3번째) > 원: 중심점, 반지름 명령어를 선택합니다.
02. Top 뷰에 마우스 커서를 올려놓습니다.
03. 원의 중심 ~ : 10,0 Enter
04. 반지름 <10.000> ~ : 10 Enter
05. 원: 중심점, 반지름 명령어를 선택합니다.
06. 원의 중심 ~ : 50,0 Enter
07. 반지름 <10.000> ~ : 10 Enter
08. 메인2(4번째) > 직사각형: 모서리에서 모서리로 명령어를 선택합니다.
09. 직사각형의 첫 번째 모서리 ~ : 10,20 Enter
10. 다른 모서리 또는 길이 ~ : 50,40 Enter
11. 직사각형 선과 두 개의 원 커브가 생성되었습니다.

12. 개체 스냅을 이용하여, 메인1(2번째) > 폴리라인 명령어로 아래 그림과 같은 선을 이어봅니다.

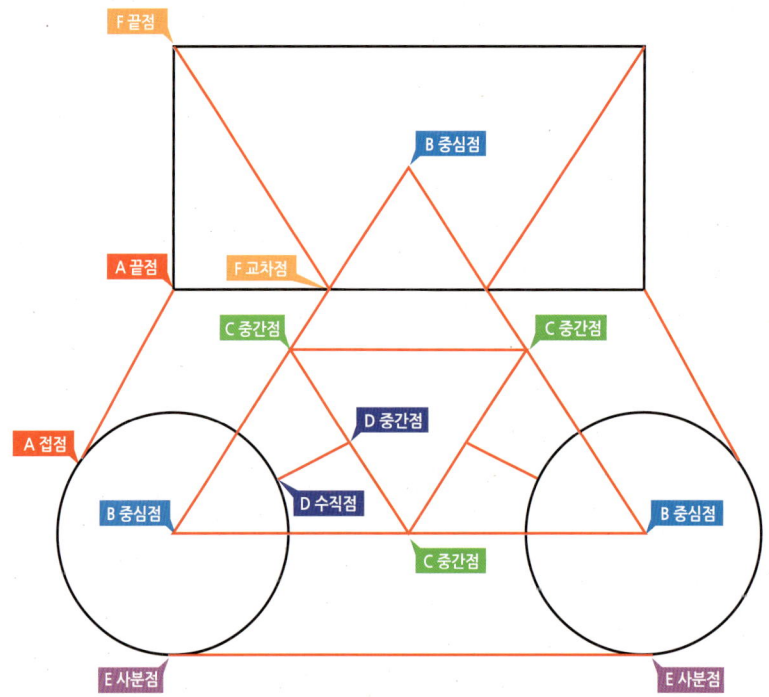

7 좌표 개념 이해하기

X, Y, Z 축 이해하기

X, Y, Z 축은 3D 공간상의 방향을 가리키는 3가지의 축입니다.

- **X축** 가로, 좌우, 넓이, 수평
- **Y축** 세로, 상하, 높이, 수직
- **Z축** 깊이, 심도, 원근

라이노 좌표계는 절대좌표, 상대좌표, 상대 극좌표가 있습니다.

구성 평면에 정확한 좌표 거리를 입력하는 절대좌표와 맨 마지막 지점을 원점으로 인식하여 그리고자 하는 거리 값만 입력하는 상대좌표 그리고 거리와 방위각을 지정하는 상대 극좌표가 있습니다.

절대좌표 World Coordinate

삼차원 공간에서 정확한 위치를 정의하는 세 개(X, Y, Z)의 축을 기준으로 0지점에서부터 시작되는 좌표입니다.

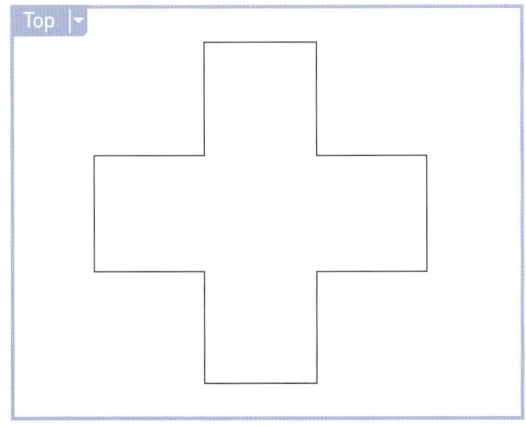

01. 메인1(2번째) > 폴리라인 명령어를 선택합니다.
02. Top 뷰에 마우스 커서를 올려놓습니다.
03. 폴리라인의 시작 (닫힘_유지(P)=아니요): 0,0 Enter
04. 10,0 Enter
05. 10,10 Enter
06. 20,10 Enter
07. 20,20 Enter
08. 10,20 Enter
09. 10,30 Enter
10. 0,30 Enter
11. 0,20 Enter
12. -10,20 Enter
13. -10,10 Enter
14. 0,10 Enter
15. 0,0 Enter
16. 완성

상대좌표 relative coordinate

상대좌표는 절대좌표의 구성 평면(0,0,0)의 원점을 기준으로 하지 않고, 맨 마지막에 입력된 끝점을 원점으로 기준을 잡습니다.

01. 메인1(2번째) > 폴리라인 명령어를 선택합니다.
02. Top 뷰에 마우스 커서를 올려놓습니다.
03. 폴리라인의 시작 (닫힘_유지(P)=아니요) : 0,0 Enter
04. R10,0 Enter
05. R0,10 Enter
06. R10,0 Enter
07. R0,10 Enter
08. R-10,0 Enter
09. R0,10 Enter
10. R-10,0 Enter
11. R0,-10 Enter
12. R-10,0 Enter
13. R0,-10 Enter
14. R10,0 Enter
15. R0,-10 Enter
16. 완성

* 상대좌표값을 입력할 때에는 항상 맨 앞에 " R " 입력합니다.

상대 극좌표 Polar Coordinates

거리와 방위각을 정하는 좌표입니다.

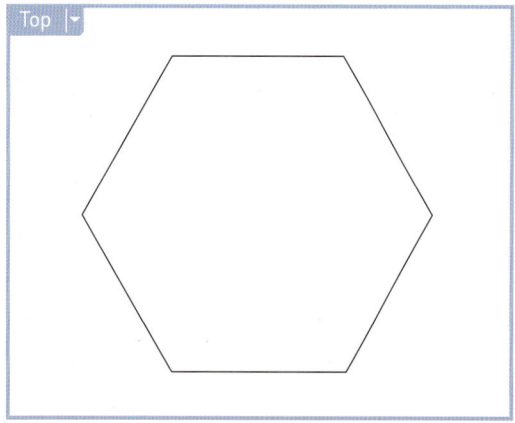

01. 메인1(2번째) > 폴리라인 명령어를 선택합니다.
02. Top 뷰에 마우스 커서를 올려놓습니다.
03. 폴리라인의 시작 (닫힘_유지(P)=아니요) : 0,0 Enter
04. R10<60 Enter
05. R10<120 Enter
06. R10<180 Enter
07. R10<240 Enter
08. R10<300 Enter
09. R10<0 Enter
10. 완성

* 극좌표 값을 입력할 때에는 항상 커브 거리 값 앞에 " R " 입력하고, 각도 값 앞에는 " < "을 입력해야 합니다. 선의 길이가 5, 각도 90 이면 " R5<90 " 입력합니다.

상대좌표 활용 예제

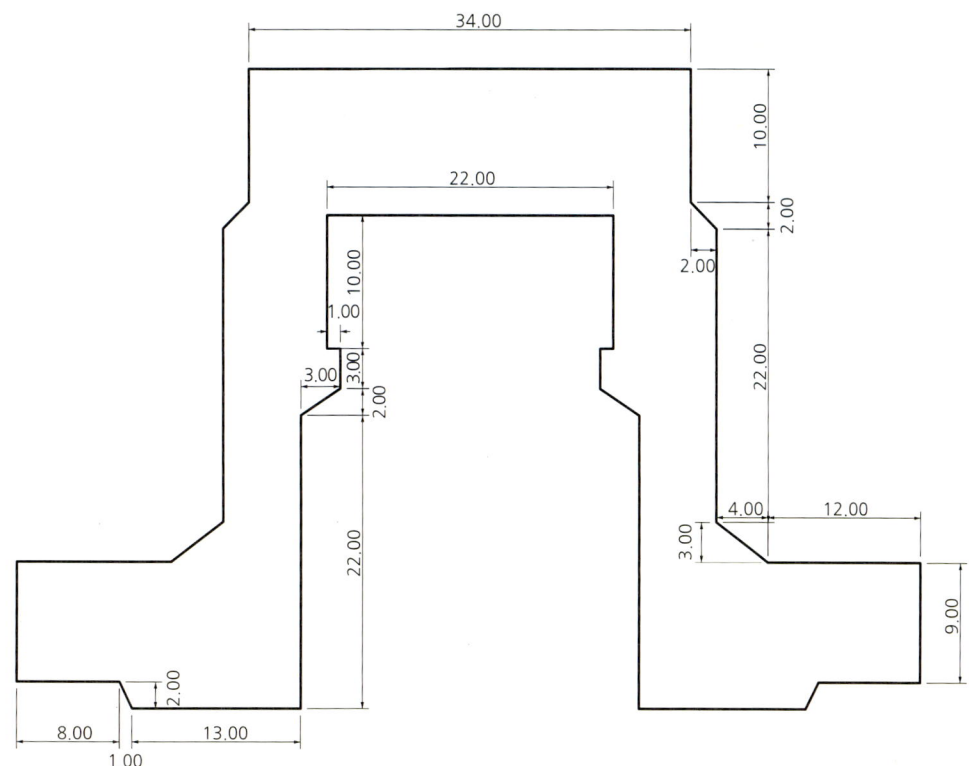

01. 메인1(2번째) > 폴리라인 명령어를 선택합니다.
02. Top 뷰에 마우스 커서를 올려놓습니다.
03. 폴리라인의 시작 (닫힘_유지(P)=아니오): 0,0 Enter
04. R8,0 Enter
05. R1,-2 Enter
06. R13,0 Enter
07. R0,22 Enter
08. R3,2 Enter
09. R0,3 Enter
10. R-1,0 Enter
11. R0,10 Enter
12. R22,0 Enter
13. R0,-10 Enter
14. R-1,0 Enter
15. R0,-3 Enter
16. R3,-2 Enter
17. R0,-22 Enter
18. R13,0 Enter
19. R1,2 Enter
20. R8,0 Enter
21. R0,9 Enter
22. R-12,0 Enter
23. R-4,3 Enter
24. R0,22 Enter
25. R-2,2 Enter
26. R0,10 Enter
27. R-34,0 Enter
28. R0,-10 Enter
29. R-2,-2 Enter
30. R0,-22 Enter
31. R-4,-3 Enter
32. R-12,0 Enter
33. C Enter
34. 완성

상대 좌표 / 상대 극좌표 활용 예제

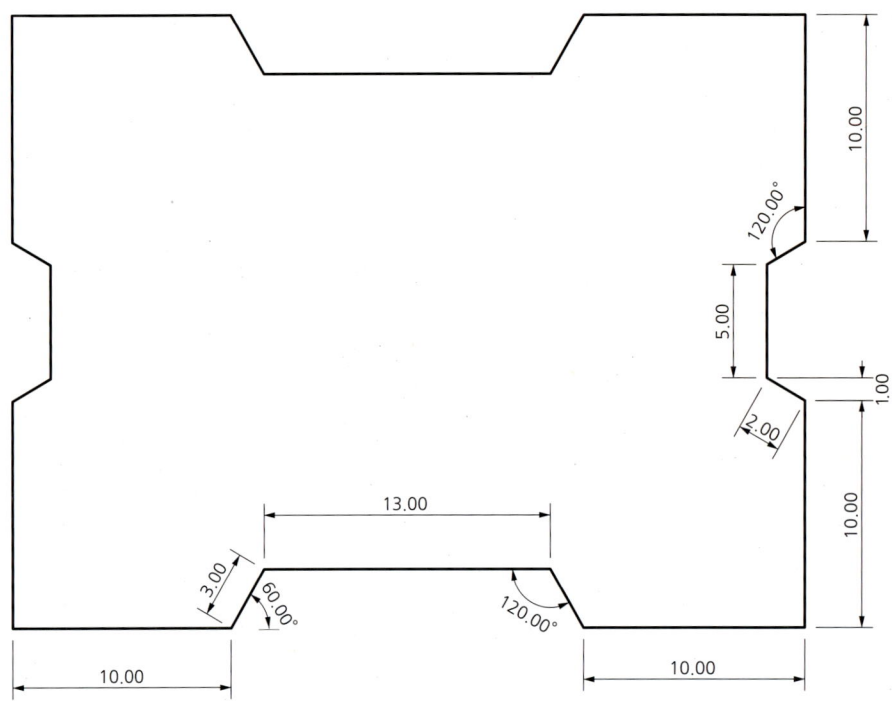

01. 메인1(2번째) > 폴리라인 명령어를 선택합니다.
02. Top 뷰에 마우스 커서를 올려놓습니다.
03. 폴리라인의 시작 (닫힘_유지(P)=아니요): 0,0 Enter
04. R10,0 Enter
05. R3<60 Enter
06. R13,0 Enter
07. R3<300 Enter
08. R10,0 Enter
09. R0,10 Enter
10. R2<150 Enter
11. R0,5 Enter
12. R2<30 Enter
13. R0,10 Enter
14. R-10,0 Enter
15. R3<240 Enter
16. R-13,0 Enter
17. R3<120 Enter
18. R-10,0 Enter
19. R0,-10 Enter
20. R2<330 Enter
21. R0,-5 Enter
22. R2<210 Enter
23. C Enter
24. 완성

8 단축키 만들기

Rhino 단축키 설정 방법 알아보기

매번 메뉴를 불러내어 필요한 명령어를 찾아 실행하는 번거로움을 덜기 위해 특정 키만 누르면 사용하고자 하는 기능이 수행되게 하도록 배정된 키를 단축키라고 합니다.

폴리라인 명령어를 단축키로 만들어 보도록 하겠습니다.

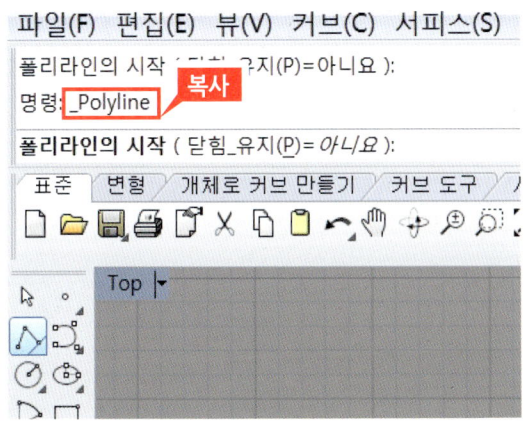

01. 메인1(2번째) > 폴리라인 명령어를 선택합니다.
02. 커맨드 히스토리 윈도우즈란에서 "_ Polyline" 을 복사합니다.

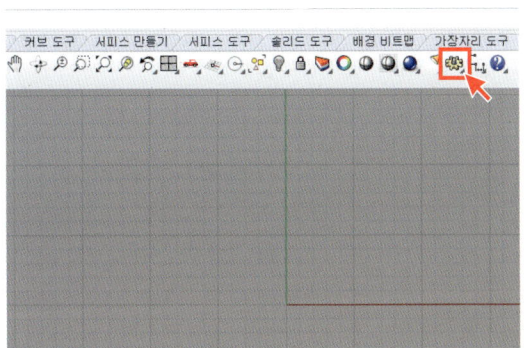

03. 옵션 을 선택합니다.

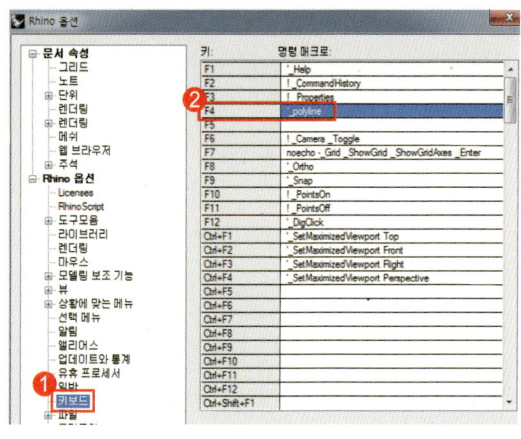

04. **Rhino 옵션**창에서 ❶**키보드**를 클릭합니다.
05. F4 명령 매크로 기입란에 ❷ _ Polyline 을 붙여놓기 합니다.
06. 확인 버튼 눌러 Rhino 옵션창을 닫습니다.

> 키보드에서 F4 키를 누르면 폴리라인 명령어를 실행할 수 있습니다.

자주 사용하는 단축키

다음은 모델링 만들 때 유용하게 사용할 수 있는 단축키들입니다.

F1	도움말
F2	명령 히스토리 (작업기록 내용)
F3	개체속성
F6	카메라 뷰설정
F7	그리드 숨기기 / 표시
F8	직교모드 on / off
F9	그리드스냅 on / off
F10	제어점 켜기
F11	제어점 크기

Ctrl + F1	Top 뷰 확대
Ctrl + F2	Front 뷰 확대
Ctrl + F3	Right 뷰 확대
Ctrl + F4	Perspective 뷰 확대

Ctrl + A	모든 오브젝트 선택
Ctrl + Z	전단계 이동
Ctrl + Y	앞단계 이동

* 명령어 중 하나를 선택한 후 F1 키를 누르면 명령어 도움말이 나타납니다.

CHAPTER 03
주요 기능 알아보기

01. 명령어 모음 알아보기

02. 커브 도구함

03. 서피스 만들기

04. 서피스 도구함

05. 솔리드 도구함

06. 개체로 커브 만들기

07. 변형 도구함

08. 배경 비트맵

09. 가장자리 도구함

1 명령어 모음 알아보기

> 자주 사용하는 명령어들을 쉽게 찾아 쓸 수 있는 메인 툴바(메인1,2)입니다.

메인 툴바(메인1,2)를 종류별로 나눈다면 3가지로 나눌 수 있습니다.
첫 번째 커브 명령어 도구함, 두 번째 서피스 명령어도구함, 마지막으로 커브와 서피스를 편집하는 명령어 도구함입니다.

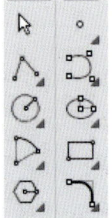

▎커브 명령어 도구함

직선만 그릴 수 있는 명령어 도구함 : 선
곡선을 그릴 수 있는 명령어 도구함 : 커브
정형화된 도형을 만드는 명령어 도구함 : 원 타원 호 직사각형
                                    다각형
커브만 편집할 수 있는 명령어 도구함 : 커브 도구

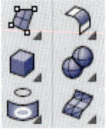

▎서피스 명령어 도구함

서피스를 만들어내는 명령어 도구함 : 서피스 만들기
정형화된 솔리드를 만들어내는 명령어 도구함 : 솔리드 만들기
서피스를 편집할 수 있는 명령어 도구함 : 서피스 도구
솔리드를 편집할 수 있는 명령어 도구함 : 솔리드 도구
서피스 or 가장자리에서 커브를 편집하는 명령어 도구함 : 개체로 커브 만들기

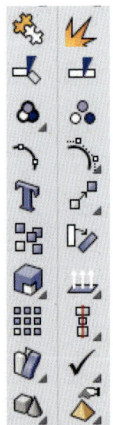

▎편집 명령어 도구함

개체를 변형할 수 있는 명령어 도구함 : 변형
개체를점으로 편집하는 명령어 도구함 : 점 편집
개체를 분석하는 명령어 도구함 : 분석

모든 명령어를 전부 사용할 수 있다면, 더 이상 바랄게 없겠죠.
하지만 200개나 넘는 명령어를 배우기에는 현실상 어려움이 있습니다.
이 책에서는 라이노로 모델링을 만드는데 있어, 꼭 필요한 명령어 위주로
소개하려고 합니다.

명령어 도구함에서 자주 쓰이는 명령어들을 아래와 같이 [　　　　] 표시해보았습니다.

도구모음 속성에서 "도구모음 단추 모양" 변경하기

명령어 도구함의 ❶옵션 〉❷속성 〉❸이미지와 텍스트 모두로 변경합니다.
명령어 아이콘과 이름을 한눈에 볼 수 있는 장점이 있습니다.

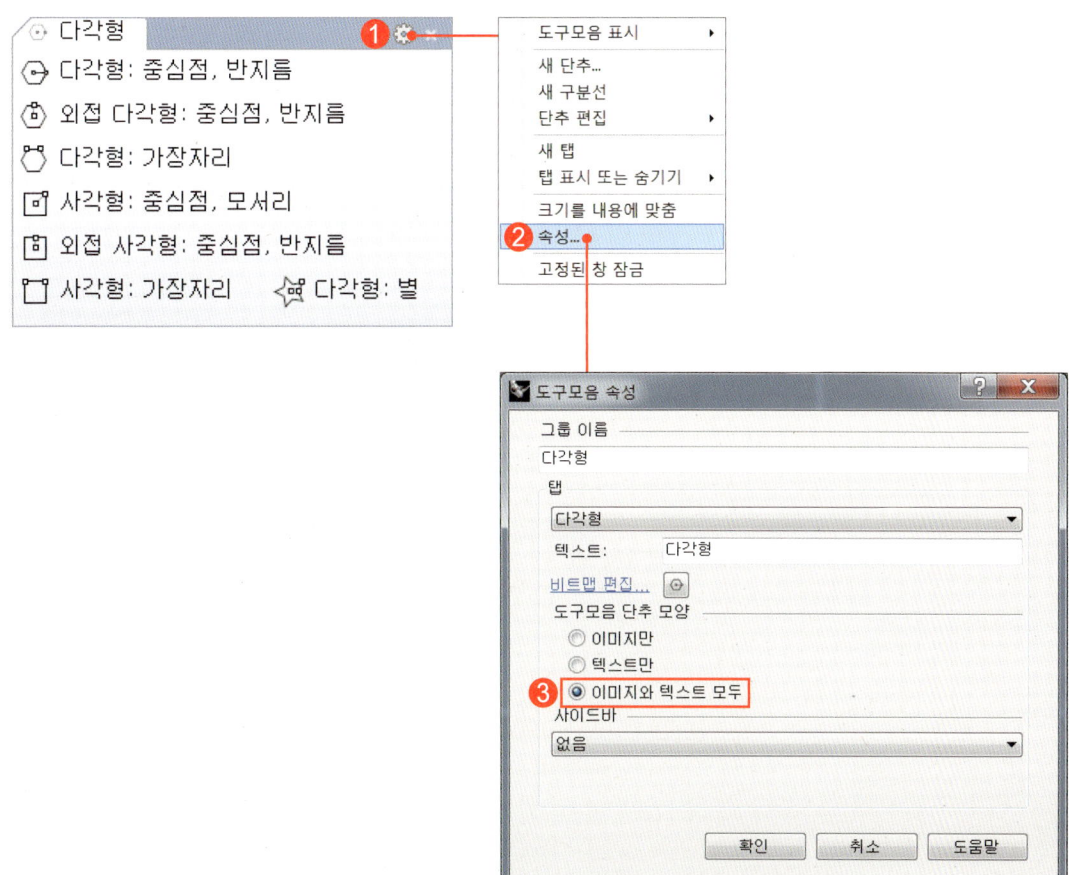

커브 명령어 도구함

직선, 곡선, 정형화된 도형의 커브들을 그리고 편집할 수 있는 명령어 도구함입니다.

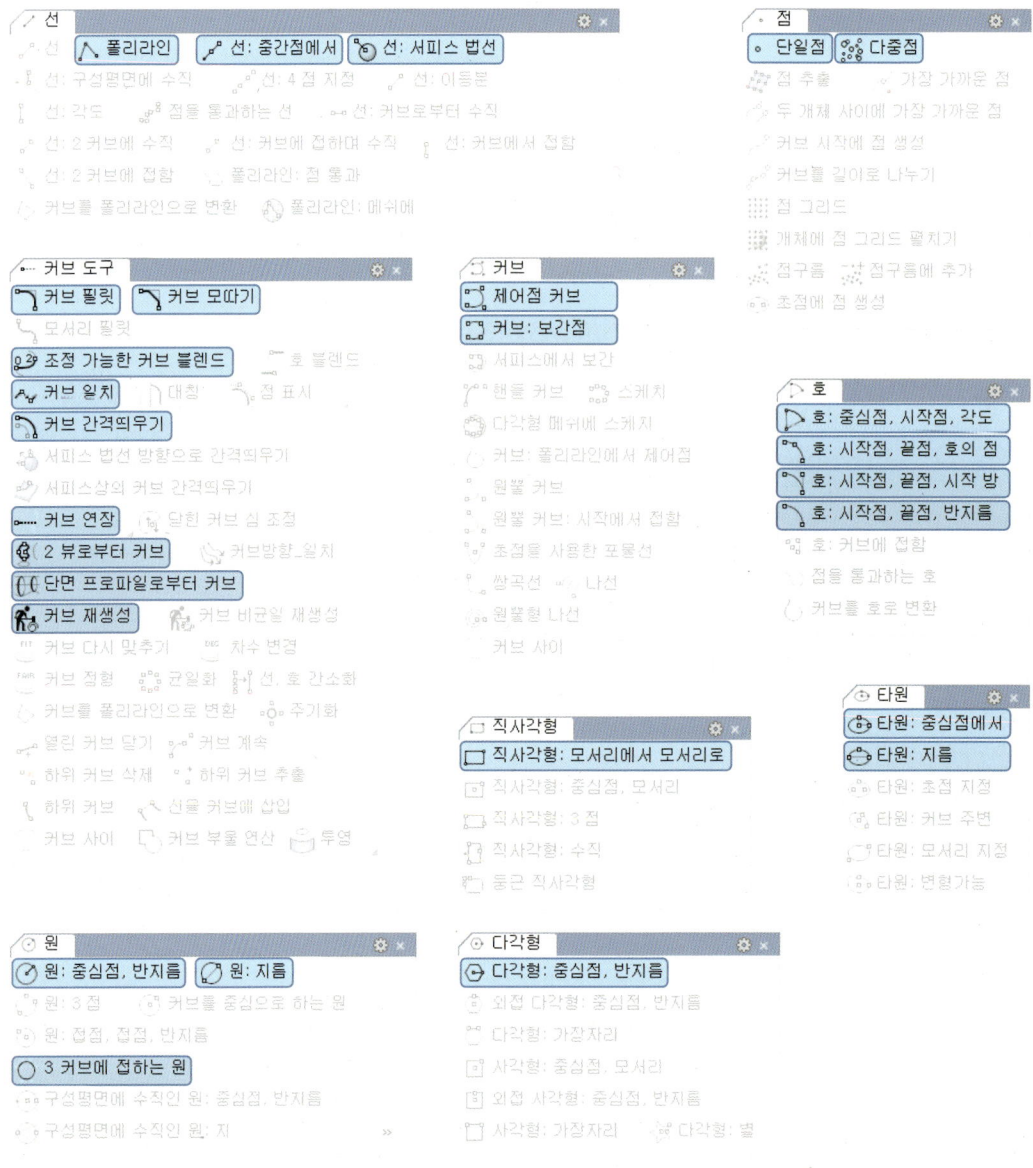

서피스 명령어 도구함

커브 or 서피스 가장자리에서 서피스를 만들고 편집할 수 있는 명령어 도구함입니다.

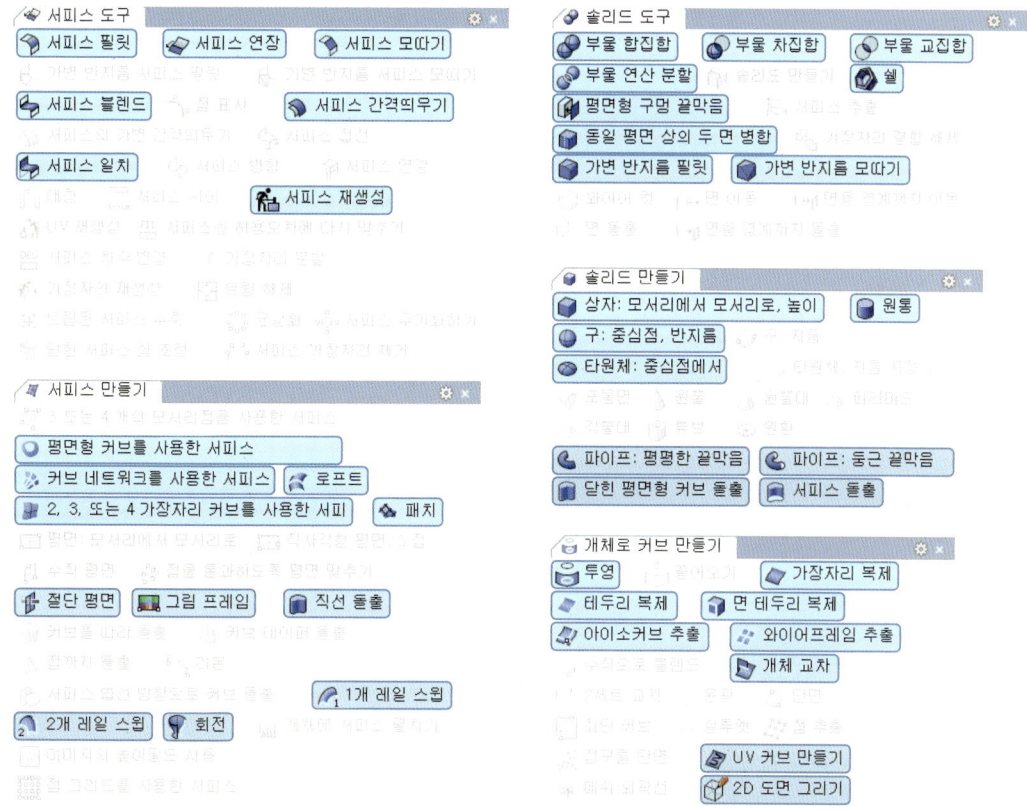

편집 명령어 도구함

이미 만들어진 개체(오브젝트)를 변형, 편집 또는 분석하는 명령어 도구함입니다.

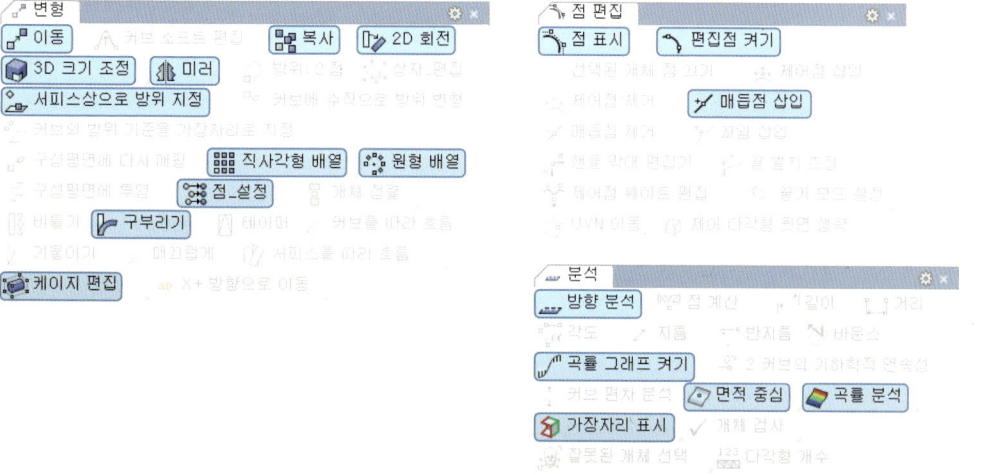

2 커브 도구함

커브 도구함의 명령어들을 이용하여 커브를 자유자재로 편집할 수 있습니다.

커브 도구함에는 커브의 각진 모서리에 필릿(라운딩)을 주거나, 모따기(경사면)를 만들어주며 또는 두 개의 커브 사이를 선으로 연결하며, 간격 띄어서 복사, 커브의 속성까지 편집하는 여러 명령어들이 있습니다.

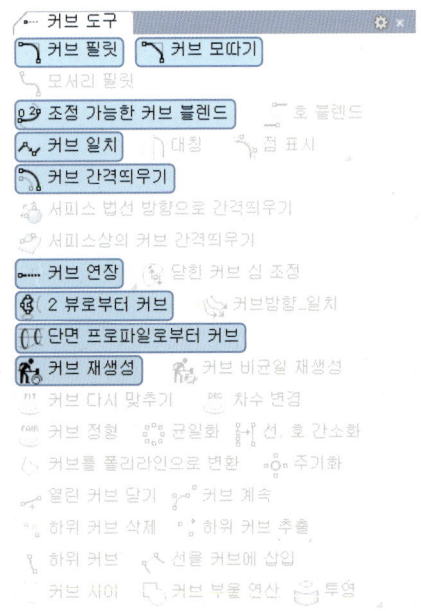

커브 필릿

두 커브 사이에 호를 추가하여 필릿(라운드)을 만들어내는 명령어입니다.

01. 메인2(4번째) > 직사각형: 모서리에서 모서리로 명령어를 선택합니다.
02. Top 뷰에 마우스 커서를 올려놓습니다.
03. 직사각형의 첫 번째 모서리 ~ : 0,0 Enter
04. 다른 모서리 또는 길이 ~ : 10,10 Enter
05. 직사각형 선이 만들어졌습니다.

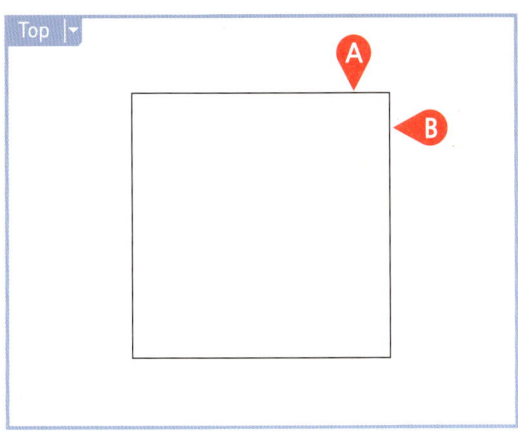

06. 메인2(5번째) > 커브 필릿 명령어를 선택합니다.

07. 필릿할 첫 번째 커브 선택 (반지름(R)=5 결합(J)=예 트림(T)=예 호_연장_형식(E)=호):

"**결합(J)= 예**" 와 "**트림(T)= 예**" 로 변경한 뒤 **5** 입력한 후 Enter

08. **A** 와 **B** 두 지점을 선택합니다.

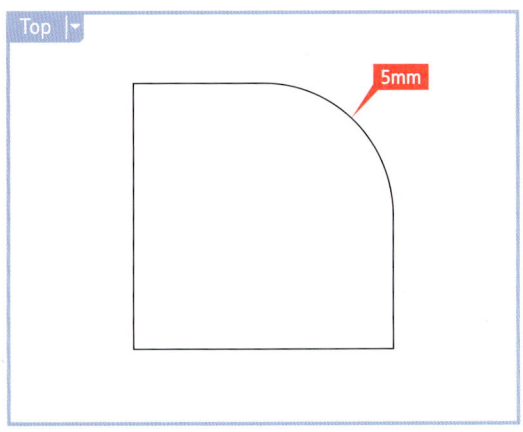

09. 선택된 두 지점에 반지름 필릿 5mm가 만들어졌습니다.

커브 모따기

두 커브 사이에 경사진 커브를 만들어내는 명령어입니다.

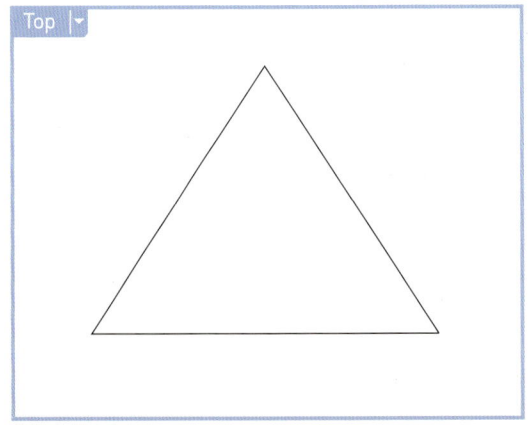

01. 메인1(2번째) > 폴리라인 명령어를 선택합니다.
02. Top 뷰에 마우스 커서를 올려놓습니다.
03. 폴리라인의 시작 (닫힘_유지(P)=아니요): **0,0** Enter
04. **20,0** Enter
05. **10,15** Enter
06. **0,0** Enter
07. 삼각형 선이 만들어졌습니다.

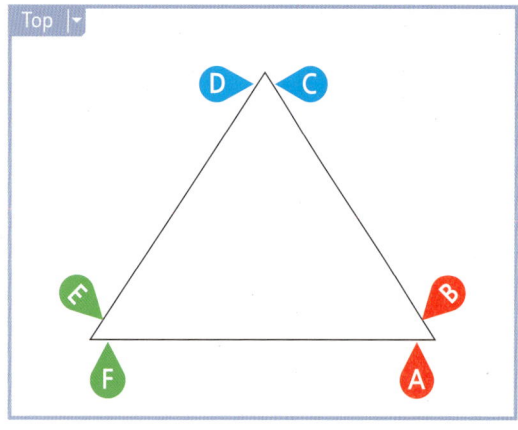

08. 메인2(5번째) > 커브 모따기 명령어를 선택합니다.

09. 모따기할 첫 번째 커브 선택 (거리(D)=6,6 결합(J)=예 트림(T)=예 _호_연장_형식(E)=호):

"결합(J)=예"와 "트림(T)=예"로 변경한 뒤 6, 6 입력한 후 Enter

10. 왼쪽 그림에 있는 A와 B 두 지점을 클릭합니다. 선택한 두 지점에 경사거리 값 6,6이 만들어졌습니다.

11. 나머지 C, D 와 E, F 두 지점들도 위와 같은 방법으로 모따기를 실행해 줍니다.

12. 각각의 모서리에 경사거리 6mm인 선이 만들어졌습니다.

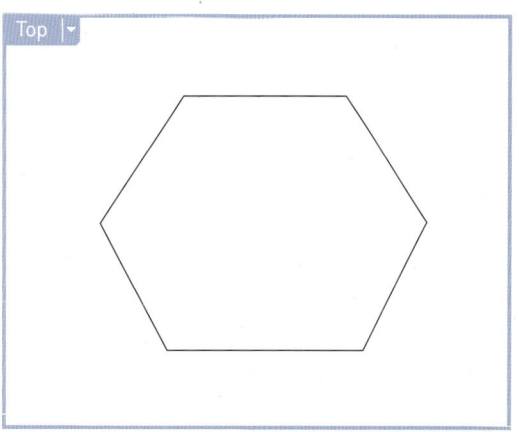

커브 블렌드

서로 떨어진 두 개의 커브나 서피스 가장자리를 곡률 커브로 이어주는 명령어입니다.

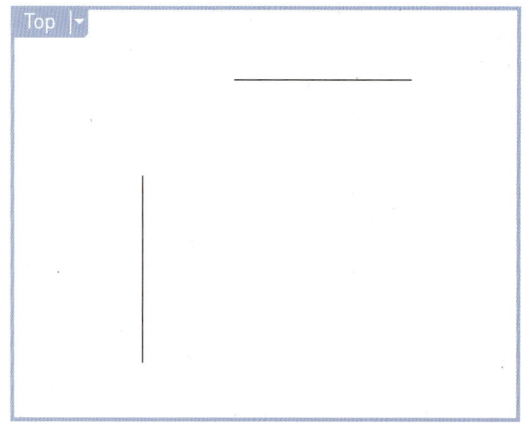

01. 메인1(2번째) > 폴리라인 명령어를 선택합니다.
02. Top 뷰에 마우스 커서를 올려놓습니다.
03. 폴리라인의 시작 (닫힘_유지(P)=아니요): 0, 0 Enter
04. 0, 10 Enter Enter
05. 폴리라인 명령어를 선택합니다.
06. 폴리라인의 시작 (닫힘_유지(P)=아니요): 5,15 Enter
07. 15,15 Enter Enter
08. 두 개의 선이 만들어졌습니다.

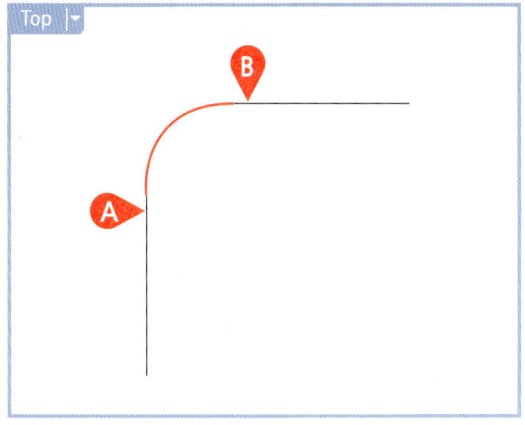

09. 메인2(5번째) > [아이콘] 커브 블렌드 명령어를 선택합니다.

10. [블렌드할 첫 번째 커브 선택 - 끝 근처 선택 ~ :] 왼쪽 그림처럼, A 와 B 두 커브의 끝 근처 지점을 선택합니다.

11. A 와 B 두 커브를 이어주는 "곡률 커브" 가 만들어졌습니다.

> 메인2(5번째) > [아이콘] 조정 가능한 커브 블렌드 명령어에 마우스 우 클릭으로 선택하면 [아이콘] 커브 블렌드 명령어를 선택할 수 있습니다.

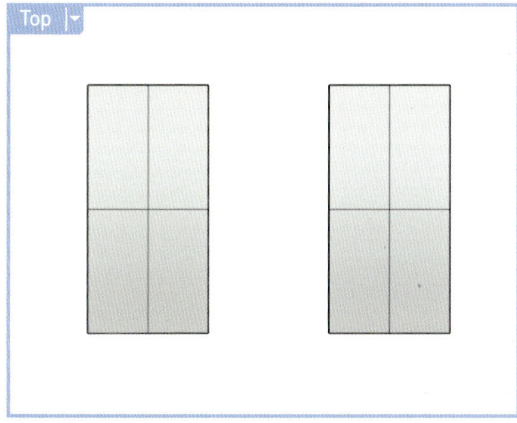

12. 이번에는 서피스 가장자리에 커브 블렌드 명령어를 적용해 보도록 하겠습니다.

13. 메인1(6번째) > [아이콘] 직사각형 평면: 모서리에서 모서리로 명령어를 선택합니다.

14. [Top] 뷰에 마우스 커서를 올려놓습니다.

15. [평면의 첫 번째 모서리 ~ :] 0,0 Enter

16. [다른 모서리 또는 길이 ~ :] 10,20 Enter

17. [아이콘] 직사각형 평면: 모서리에서 모서리로 명령어를 선택합니다.

18. [평면의 첫 번째 모서리 ~ :] 20,0,5 Enter

19. [다른 모서리 또는 길이 ~ :] 30,20,5 Enter

20. 두 개의 직사각형 평면 서피스가 만들어졌습니다.

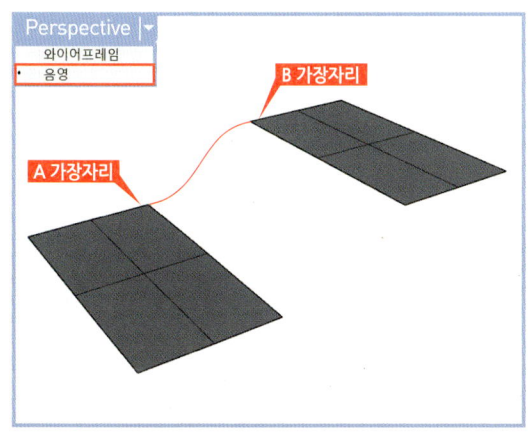

21. 메인2(5번째) > [아이콘] 커브 블렌드 명령어를 선택합니다.

22. [블렌드할 첫 번째 커브 선택 - 끝 근처 선택 ~ :] 왼쪽 그림처럼, A 와 B 두 서피스 가장자리의 끝 근처 지점을 선택합니다.

23. A, B 두 서피스 가장자리를 이어주는 "곡률 커브" 가 만들어졌습니다.

커브 일치

두 커브가 만나는 끝점을 부드러운 곡률로 만들어주는 명령어입니다.

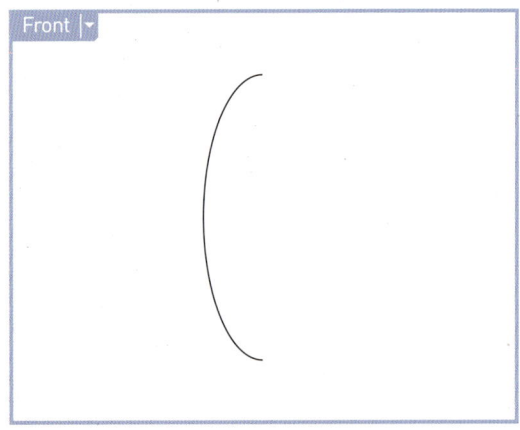

01. 메인2(2번째) > 제어점 커브 명령어를 선택합니다.
02. Front 뷰에 마우스 커서를 올려놓습니다.
03. 커브의 시작 (차수(D)=3 닫힘_유지(P)=아니요): 0,-10 Enter
04. -3,-9 Enter
05. -5,0 Enter
06. -3,9 Enter
07. 0,10 Enter Enter
08. 왼쪽 그림과 같은 커브(A)가 만들어졌습니다.

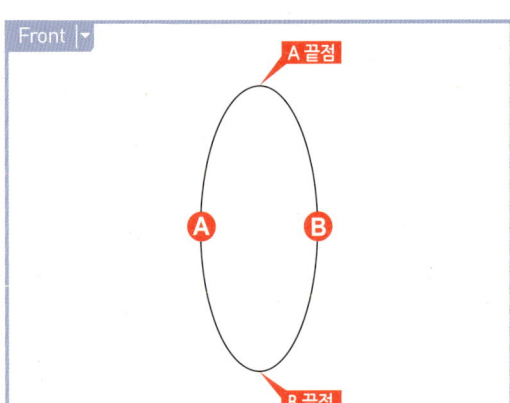

09. 메인2(13번째) > 미러 명령어를 선택합니다.
10. 개체스냅에서 "끝점" 체크합니다.
11. Front 뷰에서 그려진 A 커브를 선택한 후 Enter
12. 미러 평면의 시작 ~ : A 끝점을 선택합니다.
13. 미러 평면의 끝 (복사(C)=예): B 끝점을 선택합니다.
14. 대칭으로 커브(B)가 복사되었습니다.

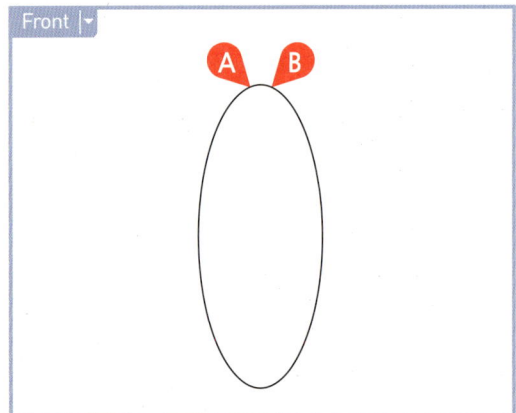

15. 메인2(5번째) > 커브 일치 명령어를 선택합니다.
16. 변경할 열린 커브 선택 (끝 근처 선택): A 커브의 끝 근처 지점을 선택합니다.
17. 일치시킬 열린 커브 선택 ~ : B 커브의 끝 근처 지점을 선택합니다.
18. 커브 일치 옵션창이 나타납니다.

19. 아래와 같이 옵션을 설정합니다.

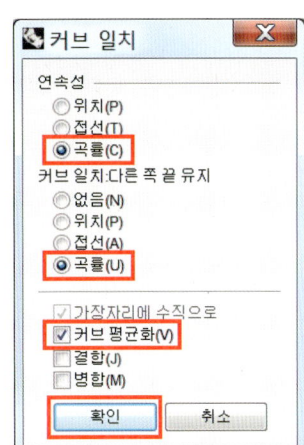

20. 커브 일치 명령어로 두 커브의 끝 근처 지점이 각진 모서리에서 부드러운 곡률로 변형되었습니다.

이제, 회전 명령어로 서피스를 만들어 보도록 하겠습니다.

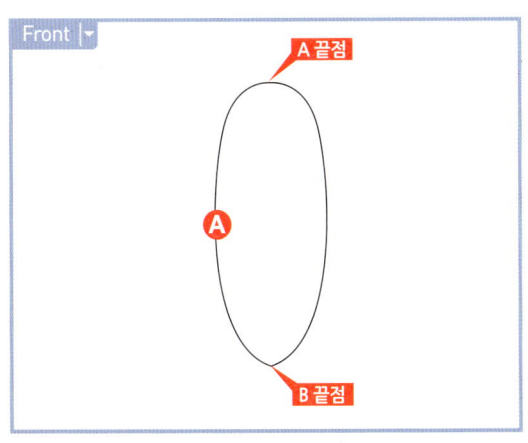

01. 개체스냅에서 "**끝점**" 체크합니다.
02. 메인1(6번째) 〉 회전 명령어를 선택합니다.
03. 회전시킬 커브 선택: **A** 커브를 선택한 후 **Enter**
04. 회전축의 시작: **A 끝점**을 선택합니다.
05. 회전축의 끝 ~ : **B 끝점**을 선택합니다.
06. 시작 각도 〈0〉 ~ : **0** **Enter**
07. 회전 각도 〈360〉 ~ : **360** **Enter**

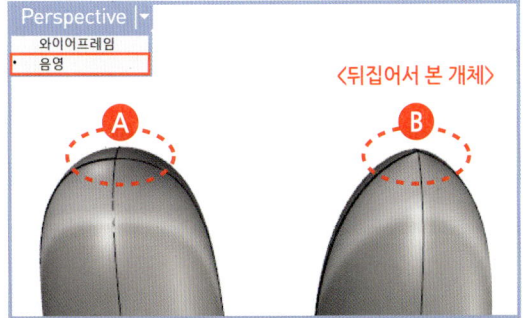

08. 왼쪽 그림과 같이 **A** 서피스 끝 근처 지점이 부드러운 곡률로 처리되었습니다.
09. 커브 일치 명령어를 적용안 한 아래쪽 커브에서 만들어진 **B** 서피스 끝 근처 지점은 커브 모양대로 뾰족하게 처리되었습니다.

커브 간격띄우기

커브를 일정한 거리에 복사하는 명령어입니다.

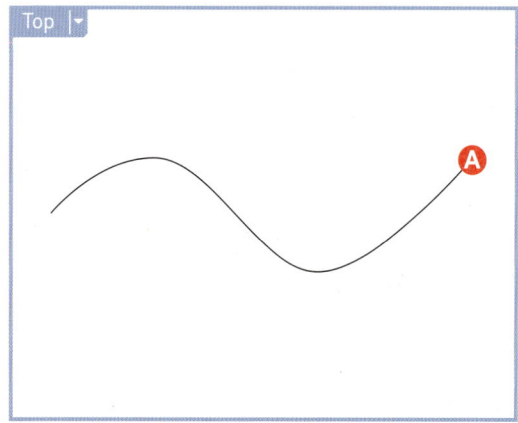

01. 메인2(2번째) > 제어점 커브 명령어를 선택합니다.
02. Top 뷰에 마우스 커서를 올려놓습니다.
03. 커브의 시작 (차수(D)=3 닫힘_유지(P)=아니요): 0,0 Enter
04. 5,5 Enter
05. 10,0 Enter
06. 15,-5 Enter
07. 20,0 Enter
08. 23,3 Enter Enter
09. 왼쪽 그림과 같은 곡선 커브(A)가 만들어졌습니다.

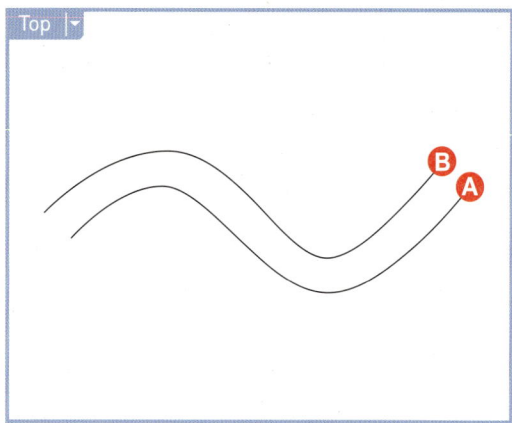

10. 메인2(5번째) > 커브 간격띄우기 명령어를 선택합니다.
11. Top 뷰에서 A 커브를 선택합니다.
12. 간격띄우기할 쪽 (거리(D)=2 ~ : 2 Enter
13. 간격띄우기할 쪽 (거리(D)=2 ~ : 마우스 커서를 위쪽 방향으로 옮긴 다음 마우스 좌 클릭합니다.
14. 왼쪽 그림처럼, 커브 모양이 유지되면서 위쪽 방향으로 2mm 거리에 B 커브가 복사되었습니다.

커브 연장

커브를 길게 연장하는 명령어입니다.

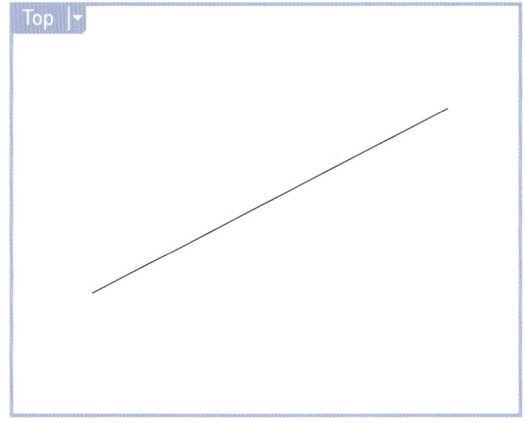

01. 메인1(2번째) > 폴리라인 명령어를 선택합니다.
02. Top 뷰에 마우스 커서를 올려놓습니다.
03. 폴리라인의 시작 (닫힘_유지(P)=아니요): 0, 0 Enter
04. 10, 5 Enter Enter
05. 선 하나가 만들어졌습니다.

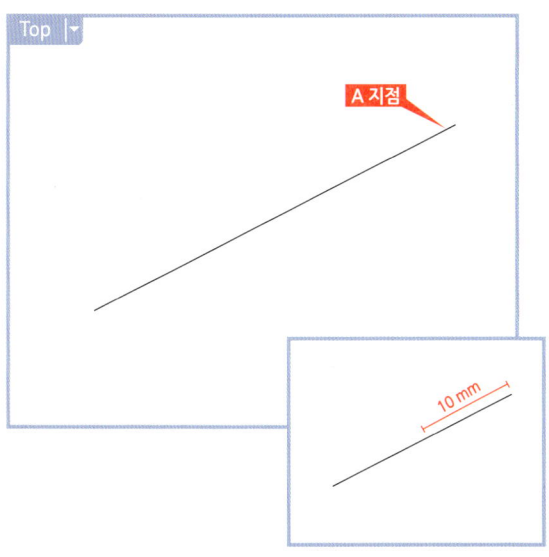

06. 메인2(5번째) > 커브 연장 명령어를 선택합니다.
07. 경계 개체 선택 또는 연장 길이 입력 ~ : Top 뷰에서 커브를 선택한 후 Enter
08. 연장할 커브 선택 (종류(T)=원래대로): A 지점을 선택합니다.
09. 연장의 끝 또는 연장 길이 입력 <10.000>: 10 Enter Enter
10. A 지점으로부터 커브 길이가 10mm 연장되었습니다.

2 뷰로부터 커브

2개의 뷰에서 각각 만든 두 커브를 평균화하여 하나의 커브를 만들어내는 명령어입니다.

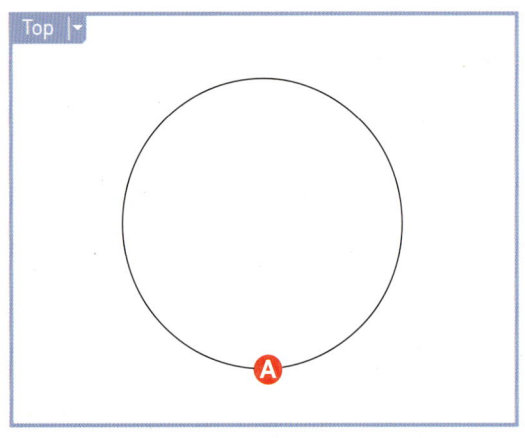

01. 메인1(3번째) > 원: 중심점, 반지름 명령어를 선택합니다.
02. Top 뷰에 마우스 커서를 올려놓습니다.
03. 원의 중심 ~ : 0,0 Enter
04. 반지름 <10.000> ~ : 10 Enter
05. 반지름 10mm인 원 커브(A)가 만들어졌습니다.

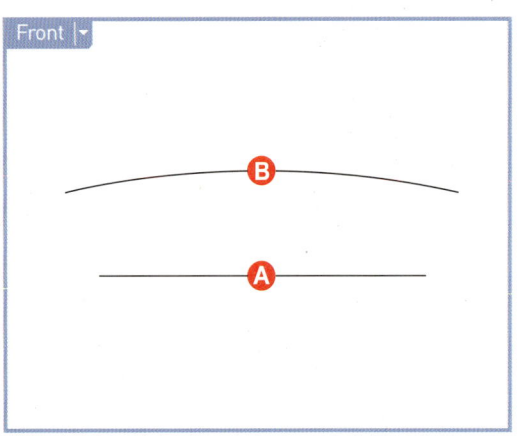

06. 메인1(4번째) > 호: 시작점, 끝점, 반지름 명령어를 선택합니다.
07. Front 뷰에 마우스 커서를 올려놓습니다.
08. 호의 시작 : -12,5 Enter
09. 호의 끝 ~ : 12,5 Enter
10. 호의 반지름 및 방위 ~ : 50<300 Enter
11. 왼쪽 그림처럼 총길이 24mm, 반지름 50mm인 호 커브(B)가 만들어졌습니다.

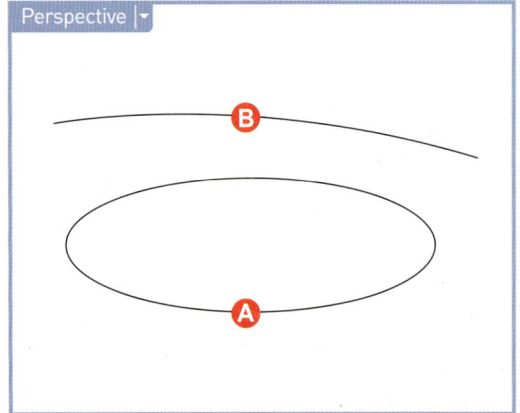

12. 메인2(5번째) > 2 뷰로부터 커브 명령어를 선택합니다.
13. 첫 번째 커브 선택 (방향(D)): Perspective 뷰에서 원 커브(A)를 선택합니다.
14. 두 번째 커브 선택 (방향(D)): 호 커브(B)를 선택합니다.

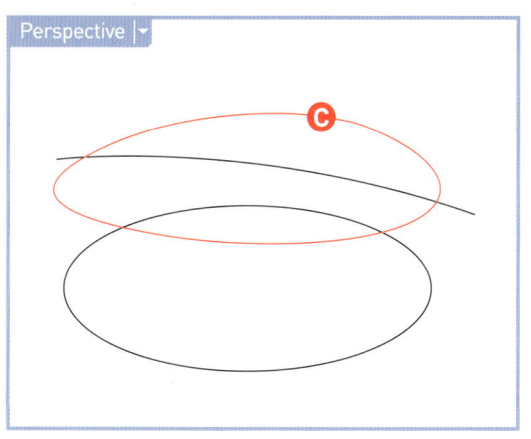

15. 두 개의 커브를 평균화하여 새로운 커브(C)가 만들어졌습니다.

단면 프로파일로부터 커브

2개 이상의 커브에 지나가는 선을 그어주면 교차 단면 커브를 만들어냅니다.

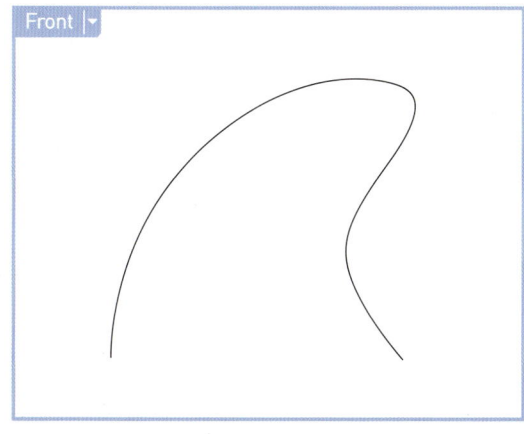

01. 메인2(2번째) > 제어점 커브 명령어를 선택합니다.
02. Front 뷰에 마우스 커서를 올려놓습니다.
03. 커브의 시작 (차수(D)=3 닫힘_유지(P)=아니요): 0,0 Enter
04. 0,6 Enter
05. 4,19 Enter
06. 17,28 Enter
07. 26,29 Enter Enter
08. 제어점 커브 명령어를 선택합니다.
09. 커브의 시작 (차수(D)=3 닫힘_유지(P)=아니요): 31,0 Enter
10. 22,10 Enter
11. 28,18 Enter
12. 35,28 Enter
13. 29,29 Enter
14. 26,29 Enter Enter
15. 두 개의 커브가 만들어졌습니다.

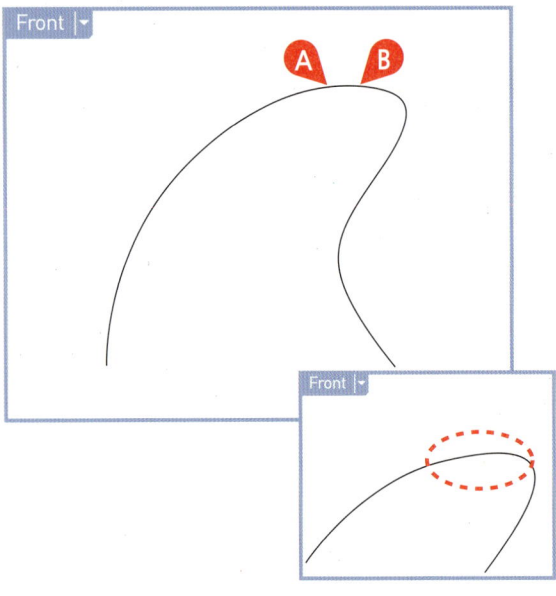

16. 메인2(5번째) > ✏️ 커브 일치 명령어를 선택합니다.

17. 변경할 열린 커브 선택 (끝 근처 선택): Front | ▼ 뷰에서 A 커브의 끝 근처 지점을 선택합니다.

18. 일치시킬 열린 커브 선택 (끝 근처 선택) ~ : B 커브의 끝 근처 지점을 선택합니다.

19. 아래와 같이 옵션을 설정합니다.

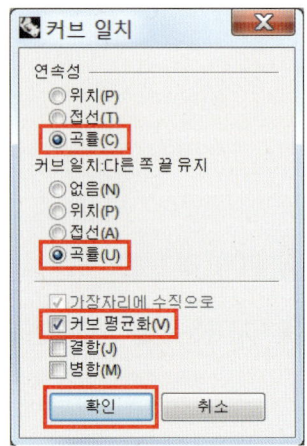

20. 두 커브가 만나는 끝부분이 부드러운 곡률로 처리되었습니다.

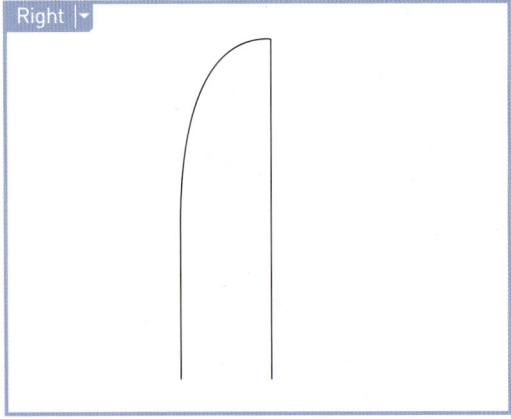

21. 메인2(2번째) > 제어점 커브 명령어를 선택합니다.

22. Right | ▼ 뷰에 마우스 커서를 올려놓습니다.

23. 커브의 시작 (차수(D)=3 닫힘_유지(P)=아니요): -8,0,26 Enter

24. -8,10,26 Enter

25. -8,20,26 Enter

26. -6,26,26 Enter

27. -3,29,26 Enter

28. 0,29,26 Enter Enter

29. 왼쪽 그림과 같은 커브가 만들어졌습니다.

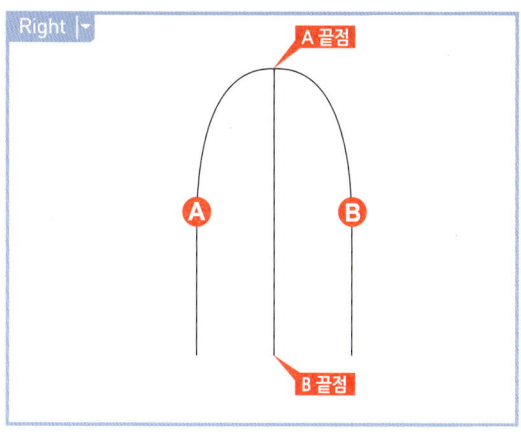

30. 메인2(13번째) > 미러 명령어를 선택합니다.
31. 개체스냅에서 "**끝점**" 체크합니다.
32. 왼쪽 그림처럼, Right 뷰에서 방금 만든 A 커브를 선택한 후 Enter
33. 미러 평면의 시작 ~ : A 끝점을 선택합니다.
34. 미러 평면의 끝 (복사(C)=예) : B 끝점을 선택합니다.
35. 대칭으로 B 커브가 복사되었습니다.

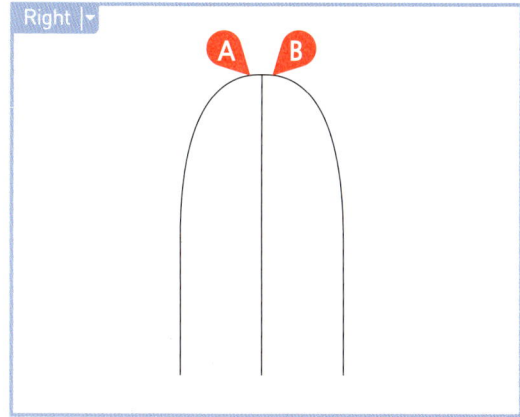

36. 메인2(5번째) > 커브 일치 명령어를 선택합니다.
37. 변경할 열린 커브 선택 (끝 근처 선택): A 커브의 끝 근처 지점을 선택합니다.
38. 일치시킬 열린 커브 선택 (끝 근처 선택) ~ : B 커브의 끝 근처 지점을 선택합니다.
39. 아래와 같이 옵션을 설정합니다.

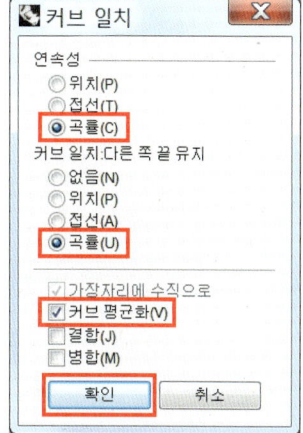

40. 두 커브가 만나는 끝부분이 부드러운 곡률로 처리되었습니다.

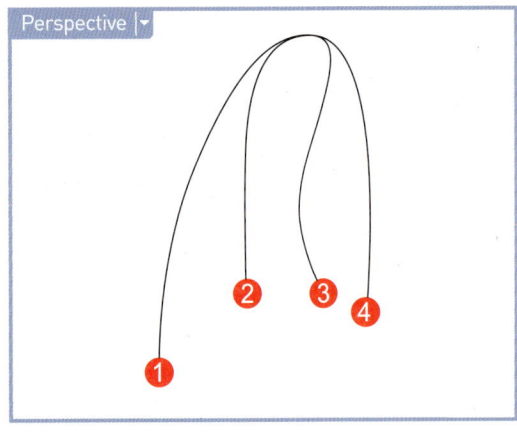

41. 메인2(5번째) > [아이콘] 단면 프로파일로부터 커브 명령어를 선택합니다.

42. [프로파일 커브를 순서대로 선택:] Perspective 뷰에서 왼쪽 그림처럼 ❶ ~ ❹번 순서대로 커브를 선택한 후 Enter

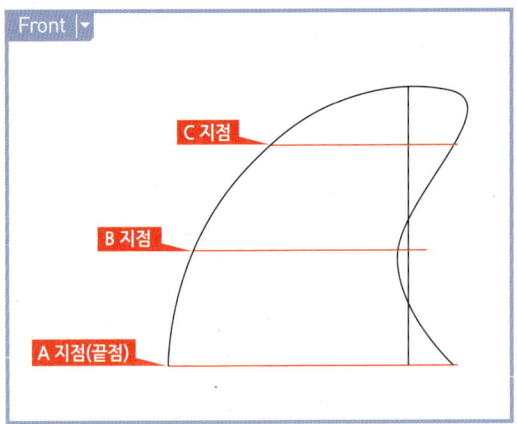

43. 상태 표시줄에서 "직교모드"와 개체스냅에 "끝점"을 체크합니다.

44. [단면선의 시작 (닫힘(C)=예):] 왼쪽 그림처럼, Front 뷰에서 A 지점은 끝점 지점에서 오른쪽으로 선을 그어줍니다.

45. B 와 C 지점도 왼쪽 그림과 비슷한 위치에서 오른쪽으로 선을 그어준 뒤 Enter

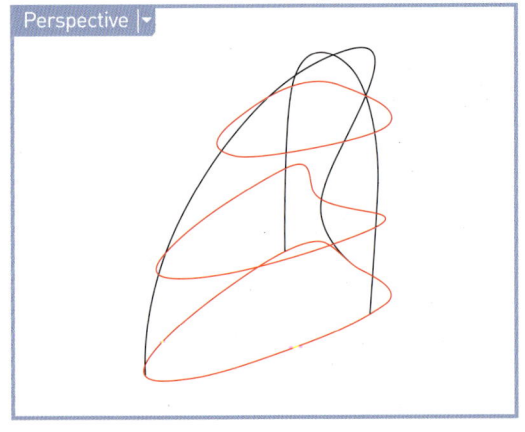

46. 왼쪽 그림처럼 A, B, C 3개의 지점을 지나가는 자리에 교차 단면 커브가 생성되었습니다.

47. 만들어진 커브의 모양대로 서피스를 만들어 보도록 하겠습니다.

48. 메인1(6번째) > [아이콘] 커브 네트워크를 사용한 서피스 명령어를 선택합니다.

49. [네트워크에서 커브 선택 (자동정렬_없음(N)):] Perspective 뷰에서 커브를 전부 선택한 후 Enter

50. 아래와 같이 옵션을 설정합니다.

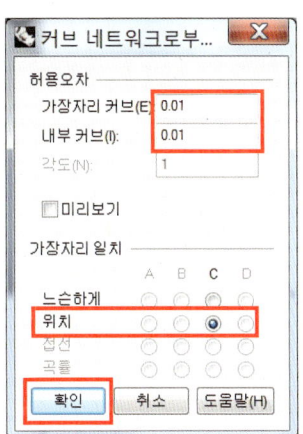

* 허용 오차의 가장자리 커브(E)와 내부 커브(I) 의 설정값을 낮출수록 최대한 커브에 가깝게 서피스를 만들어냅니다.

51. 왼쪽 그림처럼, 커브 모양대로 서피스가 만들 어졌습니다.

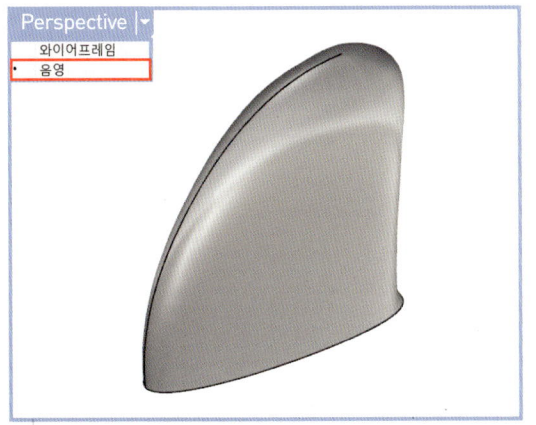

커브 재생성

커브 속성(제어점 개수, 차수 값)을 변경하여 편집할 수 있는 명령어입니다.

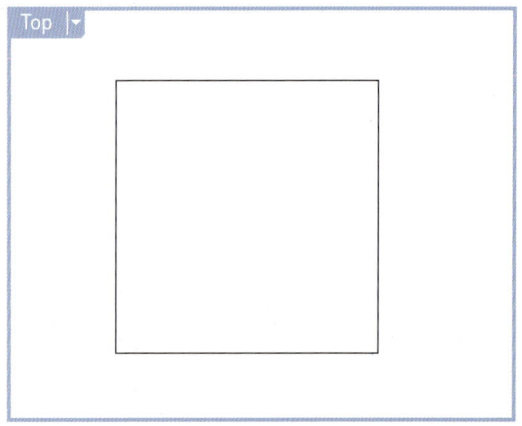

01. 메인2(4번째) > 직사각형: 모서리에서 모서리로 명령어를 선택합니다.
02. Top 뷰에 마우스 커서를 올려놓습니다.
03. 직사각형의 첫 번째 모서리 ~ : 0,0 Enter
04. 다른 모서리 또는 길이 ~ : 20,20 Enter
05. 정사각형 선이 만들어졌습니다.

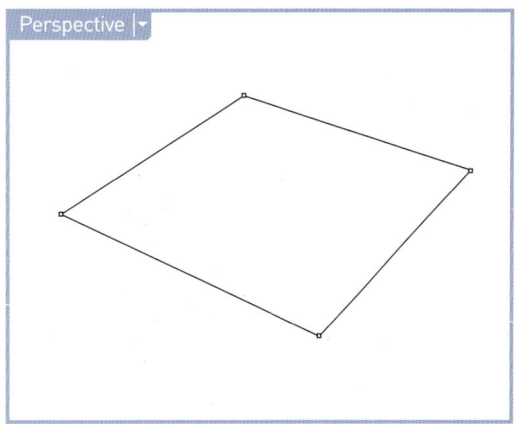

06. Perspective 뷰에서 커브를 선택한 후 F10 키를 누릅니다.
07. 왼쪽 그림처럼, 커브에 제어점이 표시됩니다.
08. 현재 커브의 제어점 개수만으로 아래 그림처럼 변형할 수 없습니다.

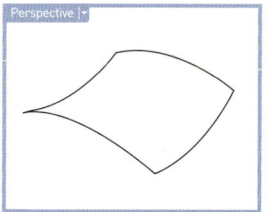

09. 커브를 자유자재로 변형하기 위해서는 커브 속성을 바꿔야 합니다.
10. 커브 재생성 명령어로 커브 속성을 변경하도록 하겠습니다.
11. F11 키를 눌러 커브 제어점을 꺼줍니다.

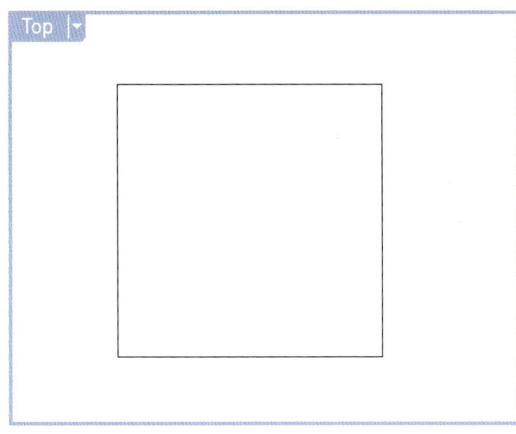

12. 메인2(9번째) > 분해 명령어를 선택합니다.

13. 분해할 개체 선택: 커브를 선택한 후 Enter

14. 커브가 4개로 분해되었습니다. 분해 명령어는 결합되어 있는 개체를 분리하는 명령어입니다.

15. 메인2(5번째) > 커브 재생성 명령어를 선택합니다.

16. 재생성할 커브, 돌출 또는 서피스 선택: 분해된 4개의 커브를 전부 선택한 후 Enter

17. 아래와 같이 옵션을 설정합니다.

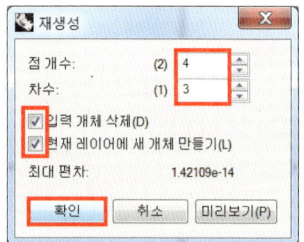

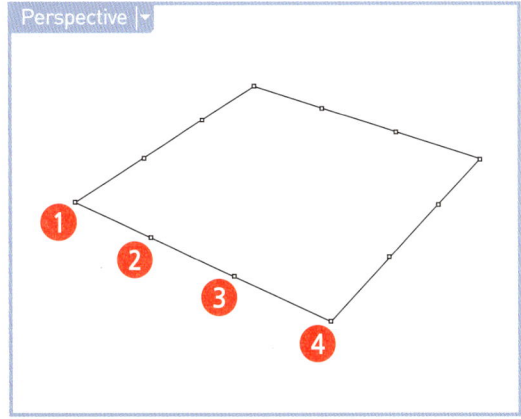

18. Perspective 뷰에서 4개의 커브를 전부 선택한 후 F10 키를 누릅니다.

19. 왼쪽 그림처럼, 커브 하나에 각각 4개의 제어점이 생성되었습니다.

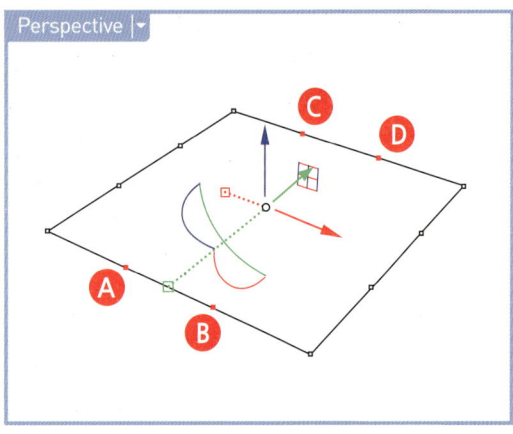

20. Perspective 뷰에서 Shift 키를 누른 상태로 A, B, C, D 4개의 제어점을 모두 선택합니다.
21. 상태 표시줄에 **"검볼"** 위젯을 킵니다.
22. 왼쪽 그림처럼, 검볼 위젯이 정중앙에 표시됩니다.

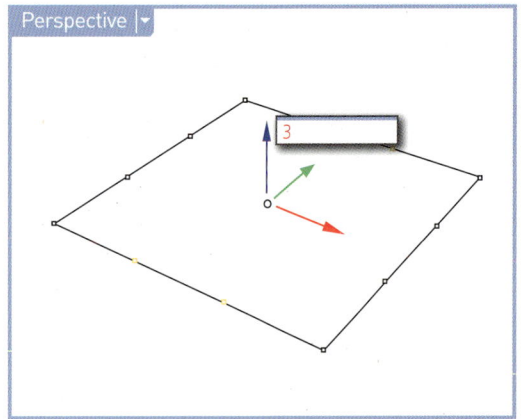

23. 검볼 **파란색 화살표**를 선택하여 숫자 기입란에 **3** 입력한 후 Enter

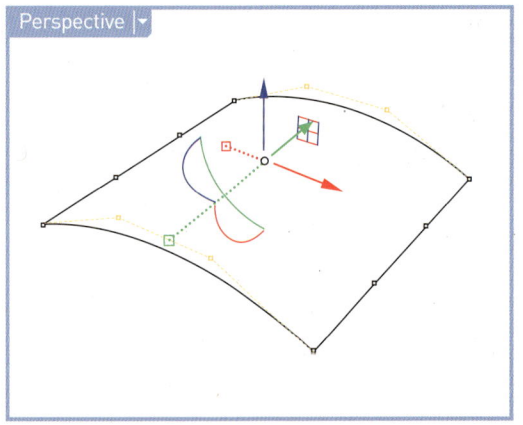

24. 선택한 4개의 제어점이 Z축 위쪽 방향으로 3mm 이동하였습니다.

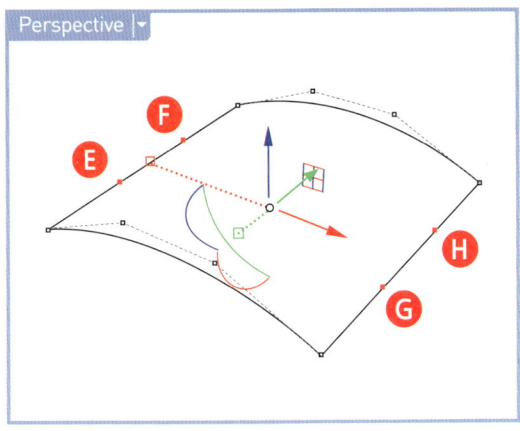

25. 이번에는 반대쪽 제어점을 잡아보도록 하겠습니다.
26. Perspective 뷰에서 Shift 키를 누른 상태로 E, F, G, H 4개의 제어점을 모두 선택합니다.
27. 왼쪽 그림처럼, 검볼 위젯이 정중앙에 표시됩니다.

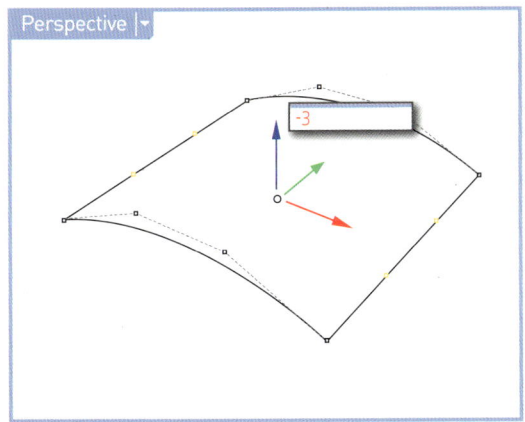

28. 검볼 **파란색 화살표**를 선택하여 숫자 기입란에 **-3** 입력한 후 Enter

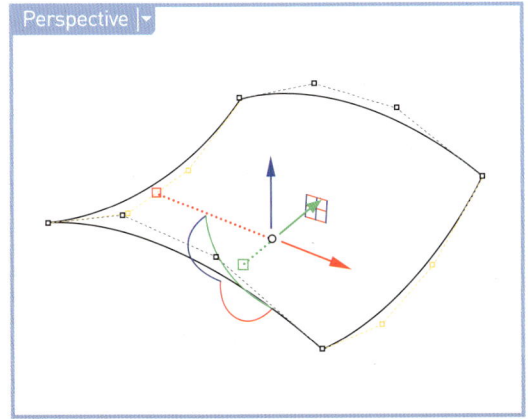

29. 선택한 4개의 제어점이 Z축 아래쪽 방향으로 -3mm 이동하였습니다.

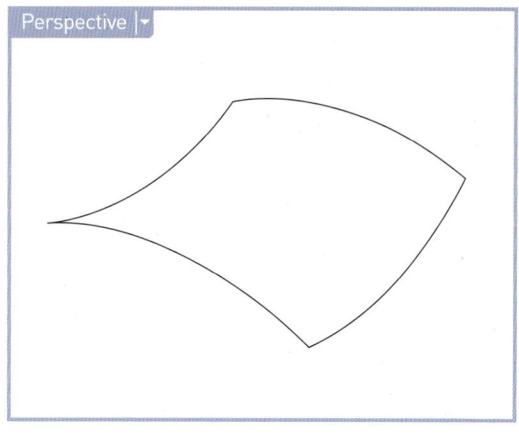

30. F11 키를 눌러 제어점을 끄고, 검볼 위젯도 꺼줍니다.

31. 이처럼 커브 재생성 명령어로 제어점 개수와 차수 값을 변경하여 커브를 자유자재로 변형할 수 있습니다.

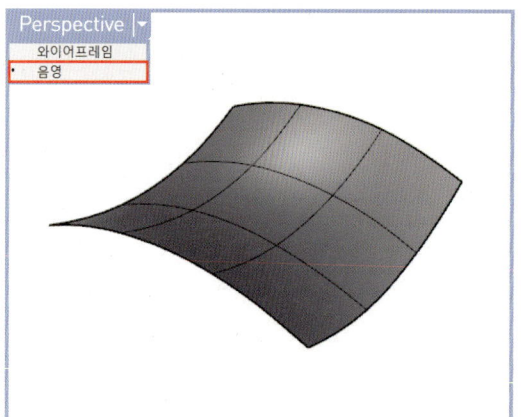

32. 이제, 커브에 서피스를 채워보도록 하겠습니다.

33. 메인1(6번째) > 커브 네트워크를 사용한 서피스 명령어를 선택합니다.

34. 네트워크에서 커브 선택 (자동정렬_없음(N)): Perspective 뷰에서 커브를 전부 선택한 후 Enter

35. 아래와 같이 옵션을 설정합니다.

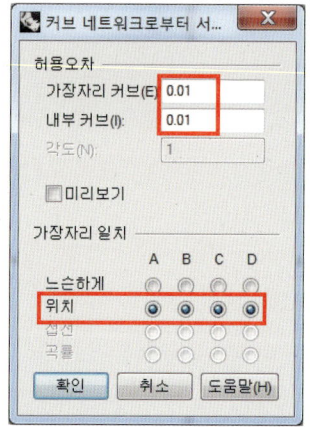

36. 왼쪽 그림처럼, 커브 모양대로 서피스가 만들어졌습니다.

3 서피스 만들기

서피스 만들기 도구함의 명령어들을 이용하여 개체를 서피스로 만들 수 있습니다.

서피스 만들기 도구함은 커브와 서피스 가장자리를 서피스로 만들 수 있는 명령어들을 한 곳에 모아둔 도구함입니다.

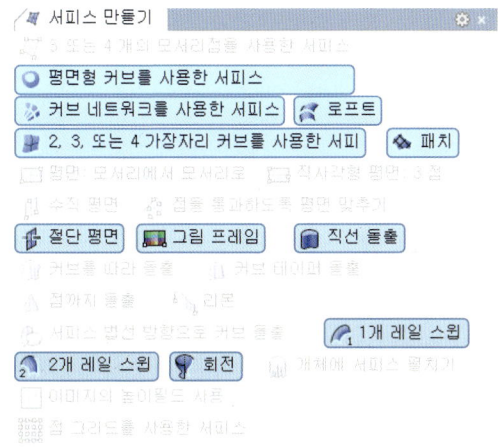

평면형 커브를 사용한 서피스

커브 or 서피스 가장자리가 평면이고 닫혀있어야 평면형 서피스를 만들 수 있습니다.

01. 커브가 평면이지만 닫혀있지 않고, 열려져 있을 때 평면형 서피스를 만들 수 있는지 알아보겠습니다.
02. 메인1(2번째) > 폴리라인 명령어를 선택합니다.
03. Top ▼ 뷰에 마우스 커서를 올려놓습니다.
04. 폴리라인의 시작 (닫힘_유지(P)=아니요): 0,0 Enter
05. 10,0 Enter
06. 10,10 Enter
07. 0,10 Enter Enter
08. 왼쪽 그림처럼, 한쪽이 열려진 커브가 만들어졌습니다.

09. 메인1(6번째) > 🔘 평면형 커브를 사용한 서피스 명령어를 선택합니다.
10. 서피스를 생성할 평면형 커브 선택: 커브를 선택한 후 Enter
11. 커브가 평면이지만, 열려져있기 때문에 서피스가 만들어지지 않았습니다.
12. 커브를 선택한 후 Delete 키를 눌러 삭제합니다.

13. 이번에는 닫혀있지만 평면이 아닌 커브에 🔘 평면형 커브를 사용한 서피스 명령어로 만들어 보도록 하겠습니다.
14. 메인1(2번째) > 📐 폴리라인 명령어를 선택합니다.
15. Top 뷰에 마우스 커서를 올려놓습니다.
16. 폴리라인의 시작 (닫힘_유지(P)=아니요): 0,0 Enter
17. 10,0 Enter
18. 10,10 Enter
19. 0,10 Enter
20. 0,0 Enter
21. 왼쪽 그림처럼, 닫혀진 커브가 만들어졌습니다.

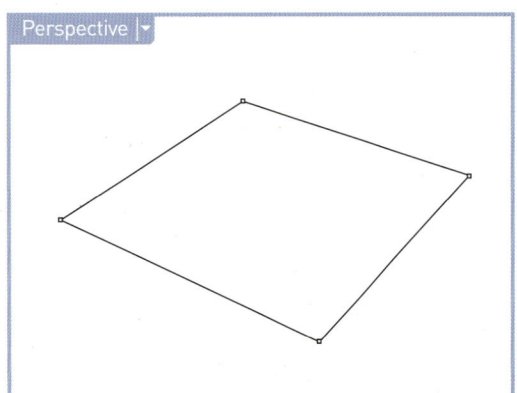

22. 검볼을 이용하여 평면인 커브를 한 쪽을 기울여 보도록 하겠습니다.
23. Perspective 뷰에서 커브를 선택한 후 F10 키를 누릅니다.
24. 왼쪽 그림처럼, 커브에 제어점이 표시됩니다.

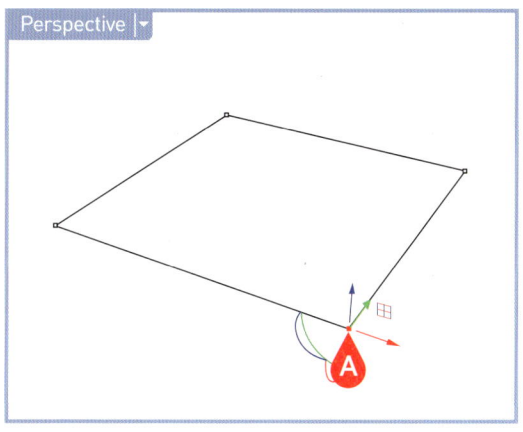

25. 상태 표시줄에서 **"검볼"** 위젯를 켭니다.

26. Perspective 뷰에서 왼쪽 그림처럼, **A** 지점에 있는 제어점을 선택합니다.

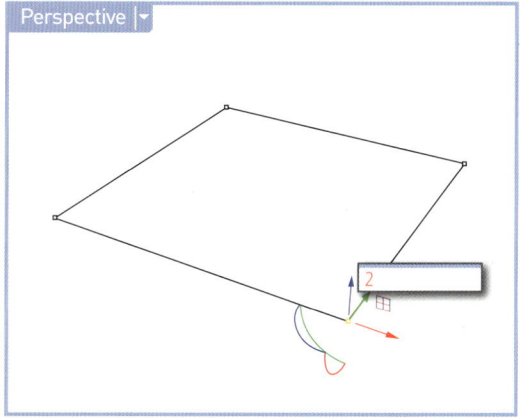

27. 검볼 **파란색 화살표**를 눌러 숫자 기입란에 **2** 입력한 후 Enter

28. 아래 그림처럼, 선택한 제어점이 Z축 위쪽 방향으로 2mm 이동하였습니다.

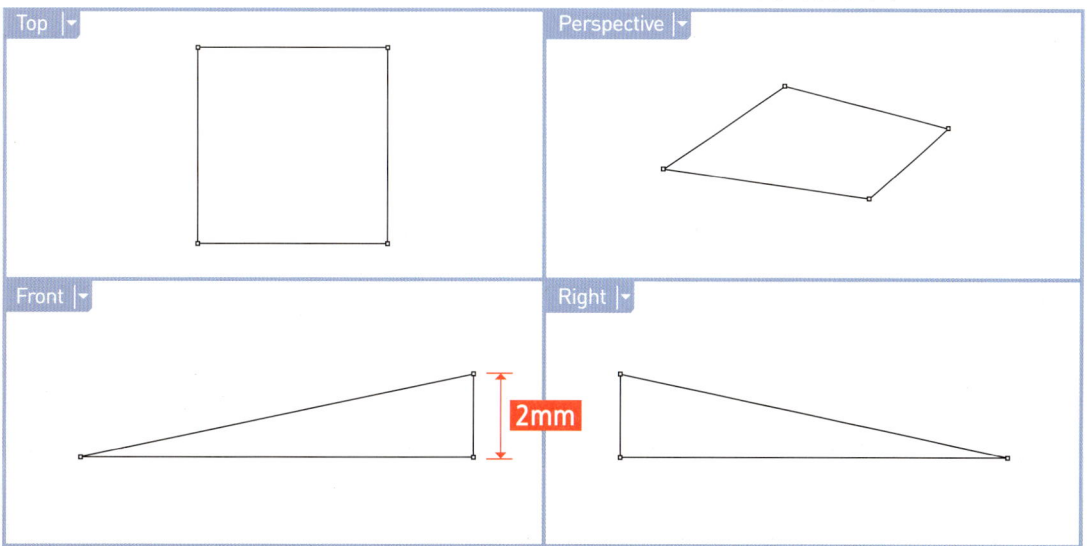

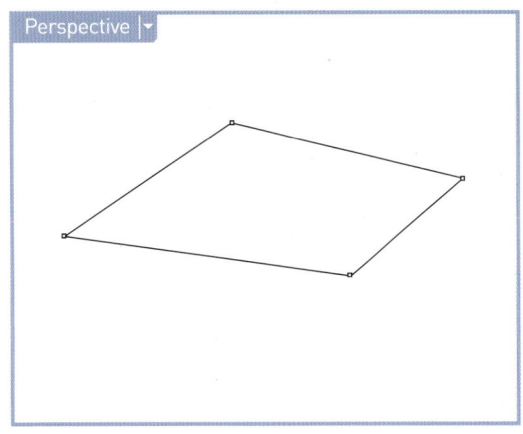

29. 메인1(6번째) > ⊙ 평면형 커브를 사용한 서피스 명령어를 선택합니다.
30. 서피스를 생성할 평면형 커브 선택: 커브를 선택한 후 Enter
31. 커브가 닫혀져 있지만, 한쪽이 기울어져 평면이 아니므로 서피스가 만들어지지 않습니다.
32. 커브를 선택한 후 Delete 키를 눌러 삭제합니다.

33. 마지막으로, 평면이면서 닫혀있는 커브에 평면형 서피스를 만들어 보도록 하겠습니다.
34. 메인1(2번째) > ⋀ 폴리라인 명령어를 선택합니다.
35. Top 뷰에 마우스 커서를 올려놓습니다.
36. 폴리라인의 시작 (닫힘_유지(P)=아니요): 0,0 Enter
37. 10,0 Enter
38. 10,10 Enter
39. 0,10 Enter
40. 0,0 Enter
41. 평면이면서 닫혀진 커브가 만들어졌습니다.

42. 메인1(6번째) > ⊙ 평면형 커브를 사용한 서피스 명령어를 선택합니다.
43. 서피스를 생성할 평면형 커브 선택: 커브를 선택한 후 Enter
44. 이번에는 평면형 서피스가 만들어졌습니다.

커브 네트워크를 사용한 서피스

서로 교차하는 3~4개의 커브가 있어야 서피스로 만들 수 있는 명령어입니다.

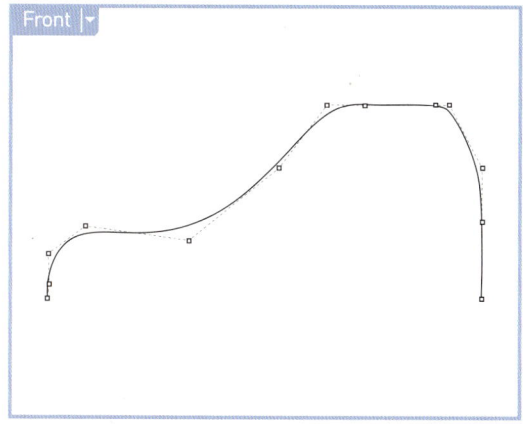

01. 서로 교차하는 커브를 만들어 커브 네트워크를 사용한 서피스 명령어로 서피스를 만들어 보도록 하겠습니다.
02. 메인2(2번째) > 제어점 커브 명령어를 선택합니다.
03. Front 뷰에 마우스 커서를 올려놓습니다.
04. 커브의 시작 (차수(D)=3 닫힘_유지(P)=아니요): -12,0 Enter
05. R0,3 Enter
06. R0,6 Enter
07. R8,6 Enter
08. R22,-3 Enter
09. R19,15 Enter
10. R10,13 Enter
11. R8,0 Enter
12. R15,0 Enter
13. R3,0 Enter
14. R7,-13 Enter
15. R0,-11 Enter
16. R0,-16 Enter Enter
17. 왼쪽 그림처럼, 커브가 만들어졌습니다.

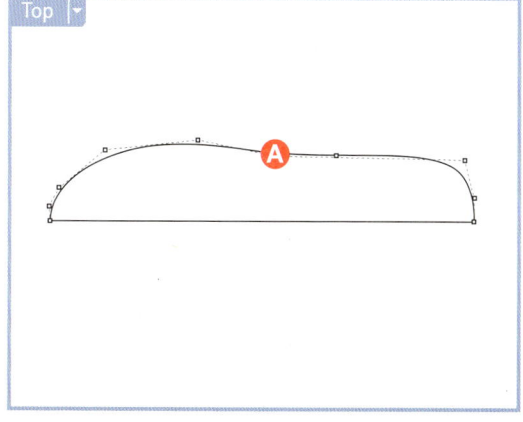

18. 메인2(2번째) > 제어점 커브 명령어를 선택합니다.
19. Top 뷰에 마우스 커서를 올려놓습니다.
20. 커브의 시작 (차수(D)=3 닫힘_유지(P)=아니요): -12,0 Enter
21. R0,3 Enter
22. R2,4 Enter
23. R10,8 Enter
24. R20,2 Enter
25. R17,-3 Enter
26. R13,0 Enter
27. R12,0 Enter
28. R16,-1 Enter
29. R2,-8 Enter
30. R0,-5 Enter Enter
31. 왼쪽 그림처럼, 커브(A)가 만들어졌습니다.

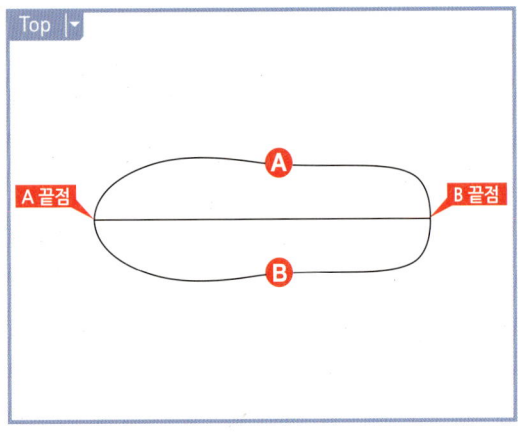

32. 메인2(13번째) > ▨ 미러 명령어를 선택합니다.
33. 개체 스냅에서 "끝점" 체크합니다.
34. [미러 실행할 개체 선택:] 방금전에 그린 A 커브를 선택한 후 Enter
35. [미러 평면의 시작 ~:] A 끝점을 선택합니다.
36. [미러 평면의 끝 ~:] B 끝점을 선택합니다.
37. 대칭으로 커브(B)가 복사 되었습니다.

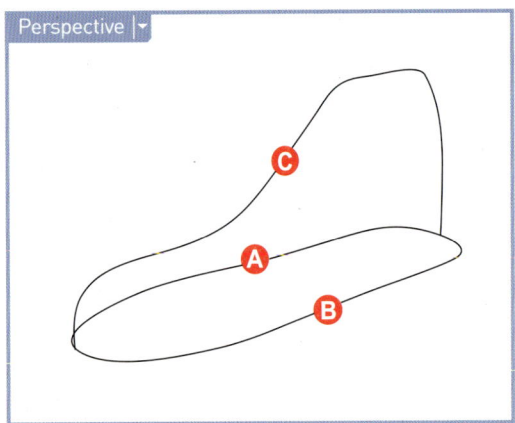

38. 메인2(5번째) > ▨ 단면 프로파일로부터 커브 명령어를 선택합니다.
39. [프로파일 커브를 순서대로 선택:] 왼쪽 그림처럼 A, B, C 순서대로 커브를 선택한 후 Enter

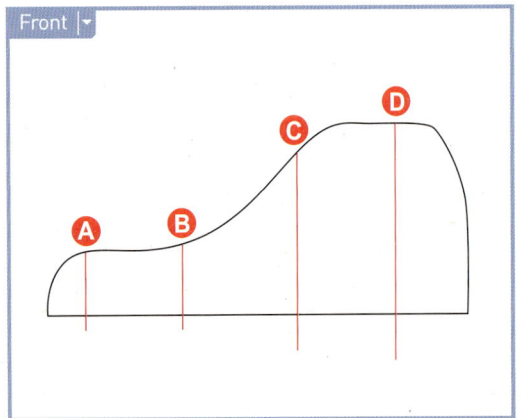

40. [단면선의 시작 (닫힘(C)=예):] 왼쪽 그림처럼, Front ▾ 뷰에서 Shift 키를 누른 상태로 먼저 A 지점에 위에서 아래 방향으로 수직선을 그려줍니다.
41. B, C 와 D 지점도 A와 동일한 방법으로 수직선을 그린 다음 Enter

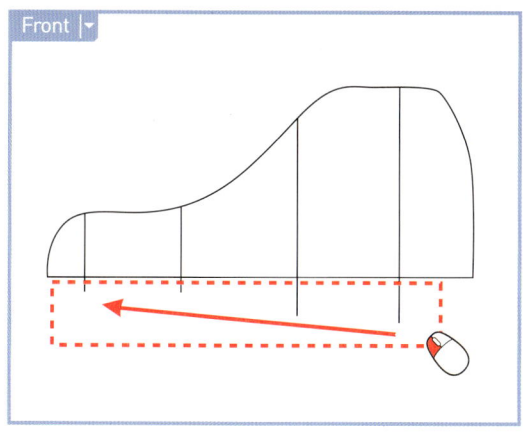

42. 메인1(10번째) > 트림 명령어를 선택합니다.
43. 절단 개체 선택 ~ : 왼쪽 그림처럼, Front 뷰에서 Ctrl + A를 눌러 커브를 전부 선택한 후 Enter
44. 트림할 개체 선택 ~ : 마우스 좌 클릭 누른 상태로 밑으로 삐져나온 커브를 오른쪽에서 왼쪽으로 드래그한 다음 Enter
45. 선택한 커브는 삭제되었습니다.

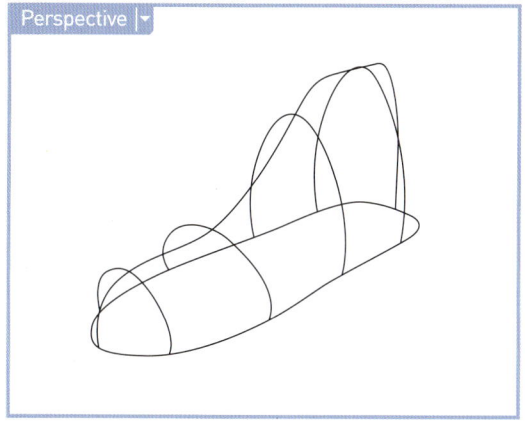

46. 메인1(6번째) > 커브 네트워크를 사용한 서피스 명령어를 선택합니다.
47. 네트워크에서 커브 선택 ~ : Ctrl + A를 눌러 커브를 전부 선택한 후 Enter
48. 아래와 같이 옵션을 설정합니다.

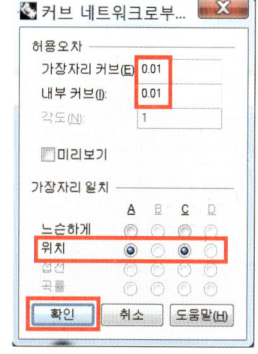

49. 왼쪽 그림처럼, 커브 모양대로 서피스가 생성되었습니다.

로프트

커브 or 서피스 가장자리가 서로 떨어져 있을 때 서피스를 만들어 이어주는 명령어입니다.

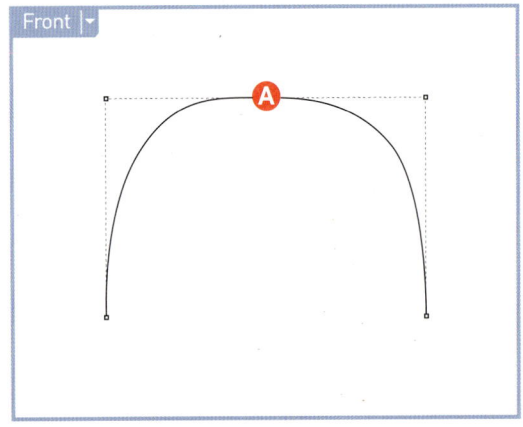

01. 메인2(2번째) > 제어점 커브 명령어를 선택합니다.
02. Front 뷰에 마우스 커서를 올려놓습니다.
03. 커브의 시작 (차수(D)=3 닫힘_유지(P)=아니요): -10,0 Enter
04. -10,13 Enter
05. 0,13 Enter
06. 10,13 Enter
07. 10,0 Enter Enter
08. 왼쪽 그림과 같은 커브(A)가 만들어졌습니다.

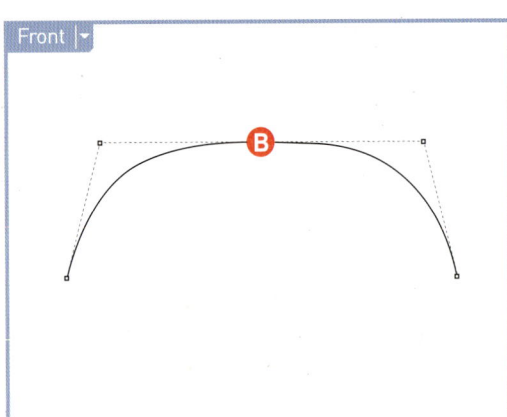

09. 제어점 커브 명령어를 선택합니다.
10. Front 뷰에 마우스 커서를 올려놓습니다.
11. 커브의 시작 (차수(D)=3 닫힘_유지(P)=아니요): -12,0,-20 Enter
12. -10,8,-20 Enter
13. 0,8,-20 Enter
14. 10,8,-20 Enter
15. 12,0,-20 Enter Enter
16. 왼쪽 그림과 같은 커브(B)가 만들어졌습니다.

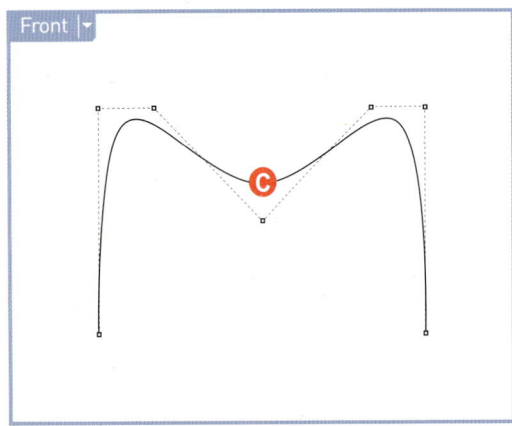

17. 제어점 커브 명령어를 선택합니다.
18. Front 뷰에 마우스 커서를 올려놓습니다.
19. 커브의 시작 (차수(D)=3 닫힘_유지(P)=아니요): -15,0,-40 Enter
20. -15,20,-40 Enter
21. -10,20,-40 Enter
22. 0,10,-40 Enter
23. 10,20,-40 Enter
24. 15,20,-40 Enter
25. 15,0,-40 Enter Enter
26. 왼쪽 그림과 같은 커브(C)가 만들어졌습니다.

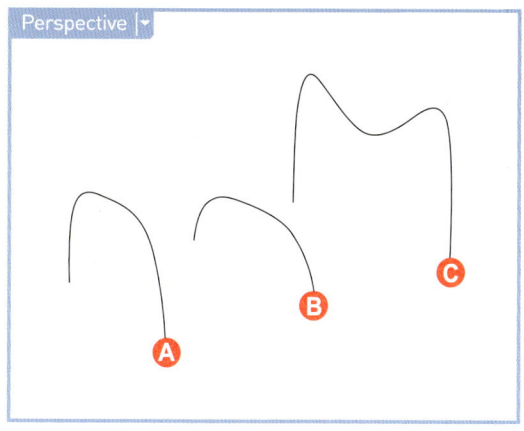

27. 메인1(6번째) > 로프트 명령어를 선택합니다.

28. 로프트할 커브 선택 (점(P)): Perspective 뷰에서 A, B, C 3개의 커브를 순서대로 선택한 후 Enter

29. 아래와 같이 옵션을 설정합니다.

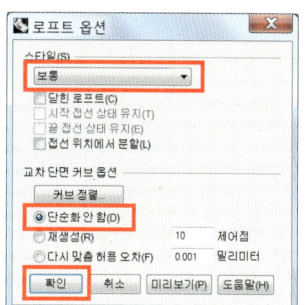

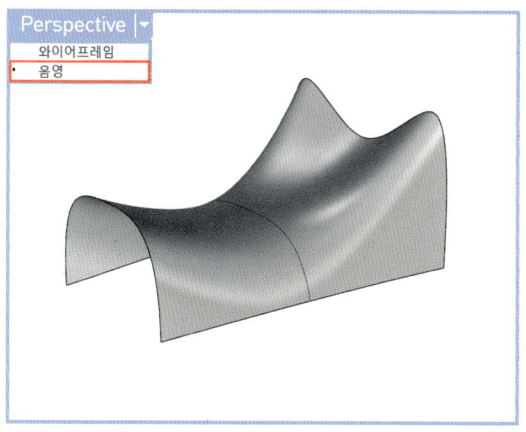

30. 서로 떨어져 있는 커브 사이에 서피스가 만들어졌습니다.

2, 3, 또는 4 가장자리 커브를 사용한 서피스

어떤 모양이든 2~4개까지의 커브 or 서피스 가장자리를 가지고 서피스를 만드는 명령어입니다.
여기에서는 4가지의 하나의 커브로 서피스를 만들어 보도록 하겠습니다.

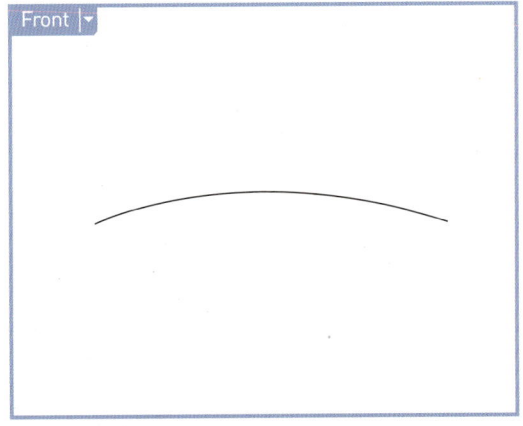

01. 메인1(4번째) > 호: 시작점, 끝점, 반지름 명령어를 선택합니다.
02. Front 뷰에 마우스 커서를 올려놓습니다.
03. 호의 시작: 0,0 Enter
04. 호의 끝~: 20,0 Enter
05. 호의 반지름 및 방위~: R30<300 Enter
06. 왼쪽 그림처럼, 위 방향으로 볼록한 호 커브가 만들어졌습니다.

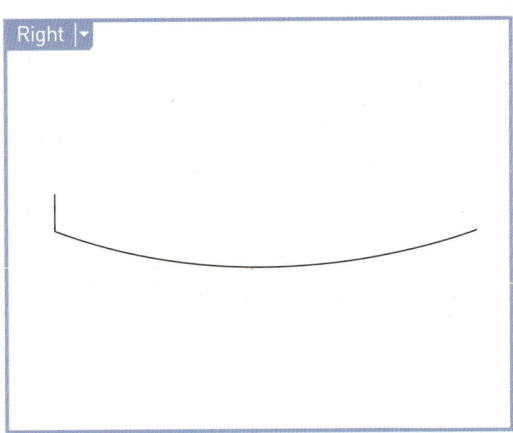

07. 호: 시작점, 끝점, 반지름 명령어를 선택합니다.
08. Right 뷰에 마우스 커서를 올려놓습니다.
09. 호의 시작: 0,0 Enter
10. 호의 끝~: 20,0 Enter
11. 호의 반지름 및 방위~: R30<30 Enter
12. 이번에는, 아래 방향으로 볼록한 호 커브가 만들어졌습니다.

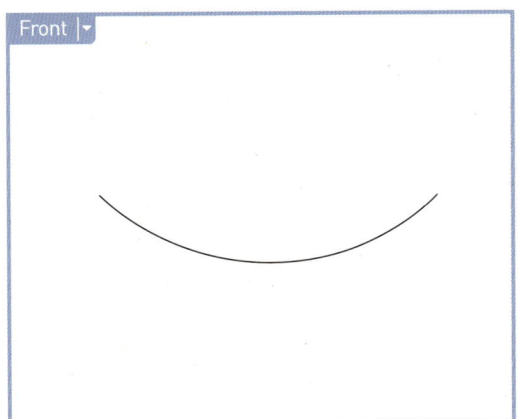

13. 호: 시작점, 끝점, 반지름 명령어를 선택합니다.
14. Front 뷰에 마우스 커서를 올려놓습니다.
15. 호의 시작: 0,0,-20 Enter
16. 호의 끝~: 20,0,-20 Enter
17. 호의 반지름 및 방위: R15<30 Enter
18. 왼쪽 그림처럼, 아래 방향으로 볼록한 호 커브가 만들어졌습니다.

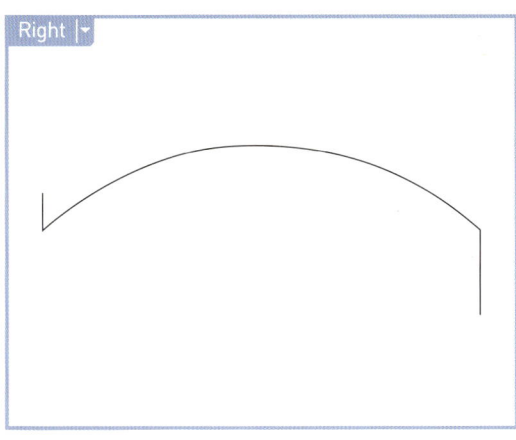

19. 호: 시작점, 끝점, 반지름 명령어를 선택합니다.
20. Right 뷰에 마우스 커서를 올려놓습니다.
21. 호의 시작: 0,0,20 Enter
22. 호의 끝 (방향(D) 점_통과(T) 중심점(C)): 20,0,20 Enter
23. 호의 반지름 및 방위. ~ Enter 키를 누르십시오 <30.000>: R15<300 Enter
24. 왼쪽 그림처럼, 위 방향으로 볼록한 포물선 호가 만들어졌습니다.

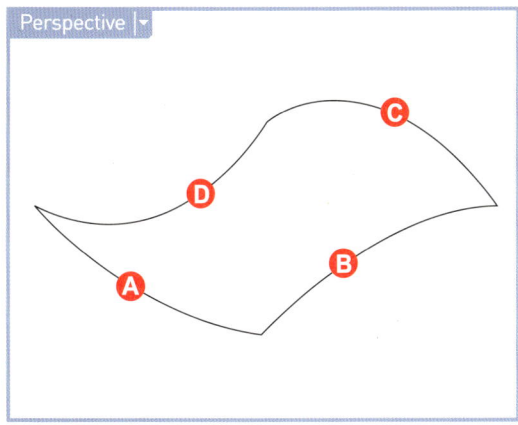

25. 메인1(6번째) > 2,3, 또는 4 가장자리 커브를 사용한 서피스 명령어를 선택합니다.
26. 2, 3, 또는 4개의 열린 커브 선택: Perspective 뷰에서 Ⓐ ~ Ⓓ 4개 커브를 순서대로 선택합니다.

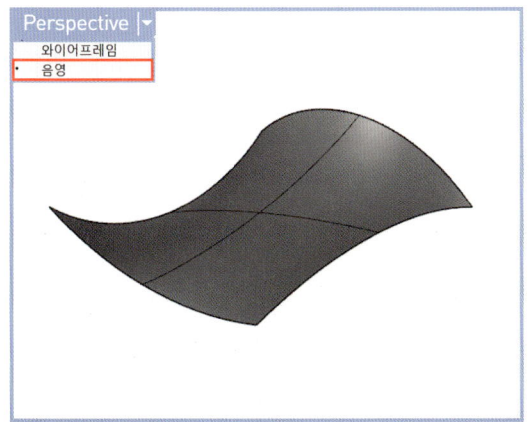

27. 왼쪽 그림처럼, 4개의 커브안에 서피스가 생성되었습니다.

패치

커브와 점 개체를 통과하여 서피스를 만들어내는 명령어입니다.

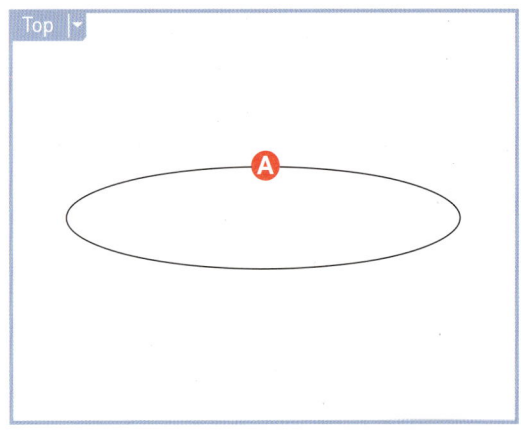

01. 메인2(3번째) > 타원: 중심점에서 명령어를 선택합니다.
02. Top 뷰에 마우스 커서를 올려놓습니다.
03. 타원 중심 ~ : 0,0 Enter
04. 첫 번째 축의 끝 (모서리(C)): 20,0 Enter
05. 두 번째 축의 끝: 0,5 Enter
06. 가로 길이 40mm, 세로 길이 10mm인 타원 커브(A)가 만들어졌습니다.

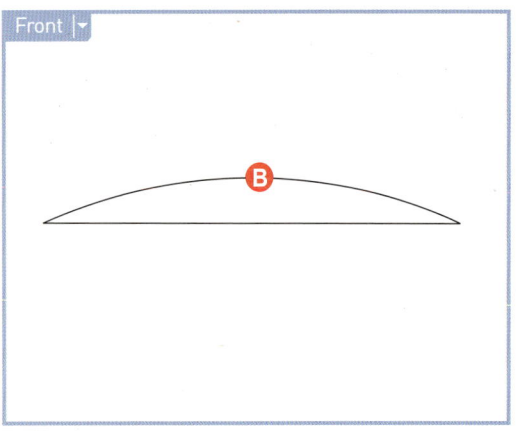

08. 메인1(4번째) > 호: 시작점, 끝점, 반지름 명령어를 선택합니다.
09. Front 뷰에 마우스 커서를 올려놓습니다.
10. 호의 시작: -20,0 Enter
11. 호의 끝 ~ : 20,0 Enter
12. 호의 반지름 및 방위 ~ : R50<300 Enter
13. 왼쪽 그림처럼, 위쪽 방향으로 호 커브(B)가 만들어졌습니다.

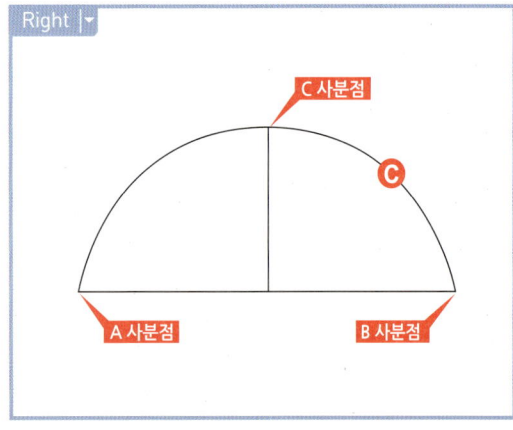

14. 메인1(4번째) > 호: 시작점, 끝점, 호의 점 명령어를 선택합니다.
15. 개체 스냅에서 "사분점" 체크합니다.
16. 호의 시작: Right 뷰에서 A 사분점을 선택합니다.
17. 호의 끝 ~ : B 사분점을 선택합니다.
18. 호의 점 ~ : C 사분점을 선택합니다.
19. 왼쪽 그림처럼, 사분점 위치에서 호 커브(C)가 만들어졌습니다.

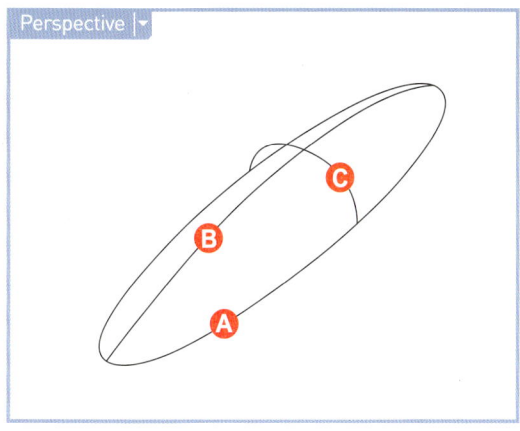

20. 메인1(6번째) > 패치 명령어를 선택합니다.

21. 서피스에 맞출 커브, 점, 점구름, 메쉬 선택: 왼쪽 그림처럼, Perspective 뷰에서 A, B, C 3개의 커브를 선택한 후 Enter

22. 아래와 같이 옵션을 설정합니다.

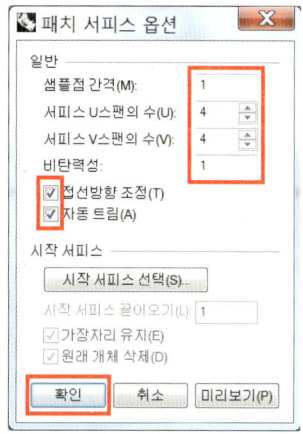

> 서피스 U, V 스팬의 수는 서피스 아이소커브의 개수입니다. U, V 스팬의 수를 올릴수록 서피스는 디테일하게 만들어집니다.

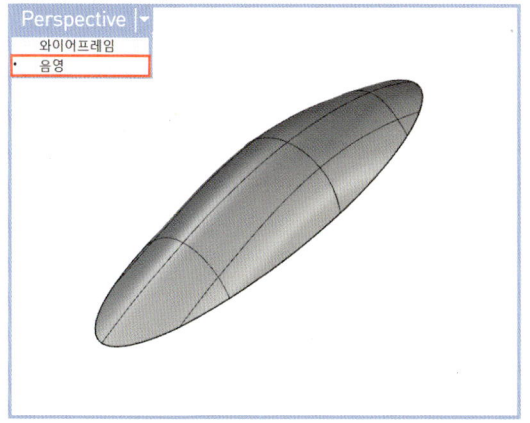

23. 패치 명령어로 커브 사이를 통과하는 서피스가 생성되었습니다.

절단 평면

개체를 선택한 후 지정된 위치에서 선을 그려주면 그 자리에 서피스가 만들어집니다.

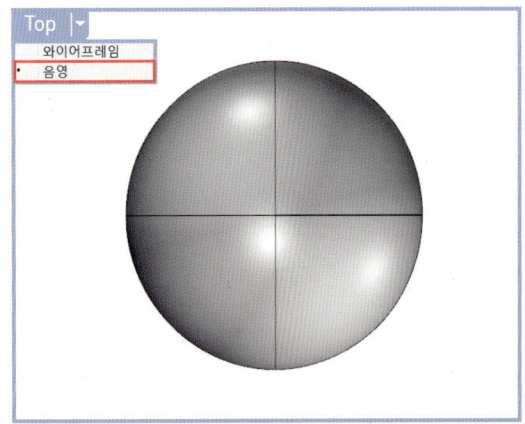

01. 메인1(7번째) > 구: 중심점, 반지름 명령어를 선택합니다.
02. Top 뷰에 마우스 커서를 올려놓습니다.
03. 구의 중심 ~ : 0,0 Enter
04. 반지름 <10.000> ~ : 10 Enter
05. 구 모양의 단일서피스 솔리드가 만들어졌습니다.

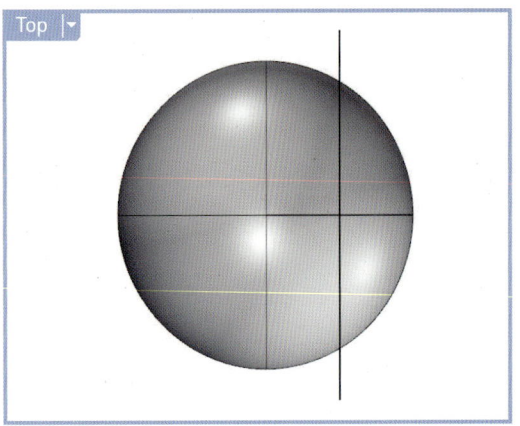

06. 메인1(6번째) > 절단평면 명령어를 선택합니다.
07. 절단 평면을 위한 개체 선택: Top 뷰에서 구 개체를 선택한 후 Enter
08. 절단 평면의 시작 (3점(P)): 5,10 Enter
09. 절단 평면의 시작: 5,-10 Enter Enter

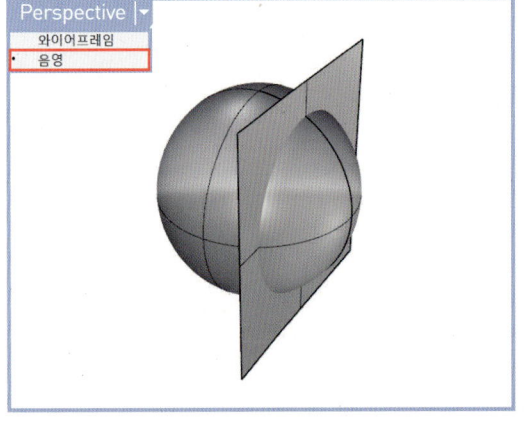

10. 왼쪽 그림처럼, 지정된 위치에서 평면 서피스가 생성되었습니다.

그림 프레임

사각형 평면 서피스에 그림이 들어있는 텍스처를 만들어내는 명령어입니다.

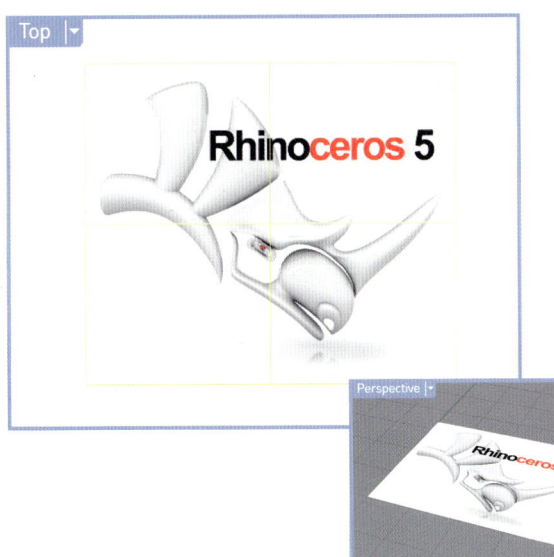

01. 메인1(6번째) > 그림 프레임 명령어를 선택합니다.
02. 파일 열기에서 비트맵 이미지 하나를 선택한 후 Top 뷰에 마우스 커서를 올려놓습니다.
03. 그림 프레임의 첫 번째 모서리 ~ : 0,0 Enter
04. 그림 프레임의 길이 ~ : 20,0 Enter
05. 사각형 모양의 서피스에 그림이 들어있는 텍스처가 생성되었습니다.

직선 돌출

닫혀 있고 평면인 커브 or 서피스 가장자리를 직선 방향으로 서피스를 돌출시켜 솔리드를 만들어내는 명령어입니다.

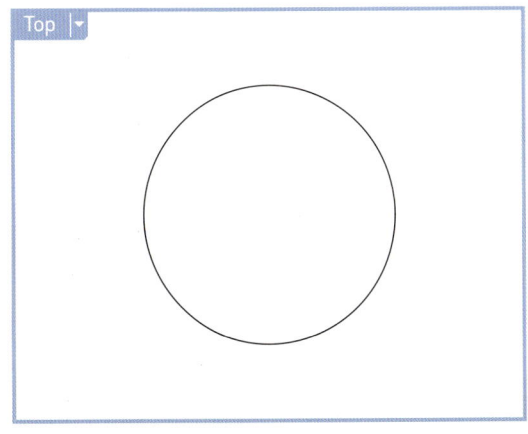

01. 메인1(3번째) > 원: 중심점, 반지름 명령어를 선택합니다.
02. Top 뷰에 마우스 커서를 올려놓습니다.
03. 원의 중심 ~ : 0,0 Enter
04. 반지름 <5.000> ~ : 10 Enter
05. 반지름 10mm인 원 커브가 만들어졌습니다.

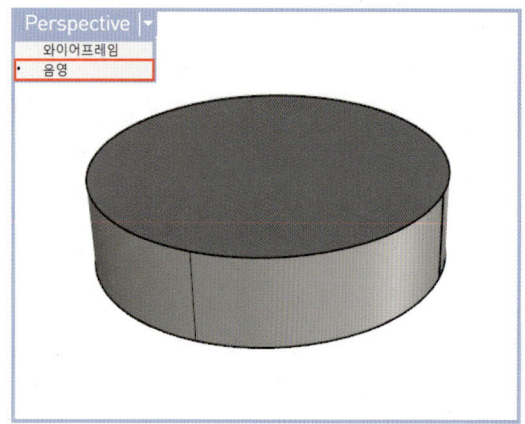

06. 메인1(6번째) > 직선 돌출 명령어를 선택합니다.

07. 돌출시킬 커브 선택: Perspective 뷰에서 원커브를 선택한 후 Enter

08. 돌출 거리 <5> (방향(D) 양쪽(B)=아니요 솔리드(S)=예~): "양쪽(B)=아니요" 와 "솔리드(S)=예" 로 변경한 뒤 5 입력한 후 Enter

09. 높이 5mm인 원통 솔리드가 만들어졌습니다.

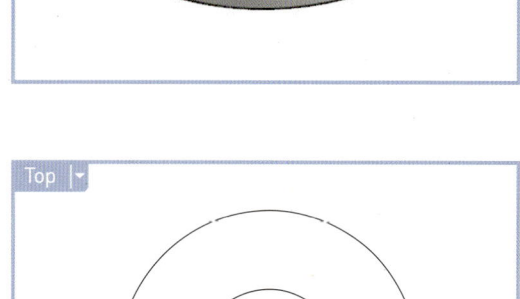

10. 이번에는 원커브 안에 원을 만들어 보도록 하겠습니다.

11. 메인1(3번째) > 원: 중심점, 반지름 명령어를 선택합니다.

12. Top 뷰에 마우스 커서를 올려놓습니다.

13. 원의 중심 ~ : 30,0 Enter

14. 반지름 <10.000> ~ : 10 Enter

15. 원: 중심점, 반지름 명령어 선택합니다.

16. 원의 중심 ~ : 30,0 Enter

17. 반지름 <10.000> ~ : 5 Enter

18. 2개의 원 커브가 만들어졌습니다.

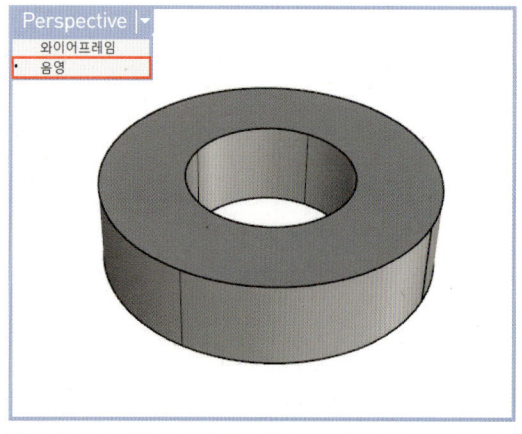

19. 메인1(6번째) > 직선 돌출 명령어를 선택합니다.

20. 돌출시킬 커브 선택: Perspective 뷰에서 2개의 원 커브를 모두 선택한 후 Enter

21. 돌출 거리 <5> (방향(D) 양쪽(B)=아니요 솔리드(S)=예~): "양쪽(B)=아니요" 와 "솔리드(S)=예" 로 변경한 뒤 5 입력한 후 Enter

22. 커브 안쪽에서만 서피스가 채워져 솔리드가 되었습니다.

* 직선 돌출 명령어로 솔리드를 만들 경우에는 위의 내용처럼, 커브가 닫혀 있고 평면일 경우에만 가능합니다.

1개 레일 스윕

만들고자 하는 서피스 모양의 가장자리 커브 한 개와 완성될 서피스 모양의 커브로 3D 오브젝트를 만드는 명령어입니다.

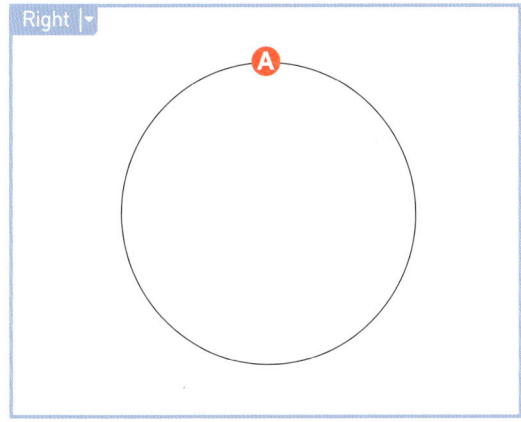

01. 메인1(3번째) > 원: 중심점, 반지름 명령어를 선택합니다.
02. Right 뷰에 마우스 커서를 올려놓습니다.
03. 원의 중심~: 0,0 Enter
04. 반지름 <5.000>~: 10 Enter
05. 반지름 10mm인 원 커브(A)가 만들어졌습니다.

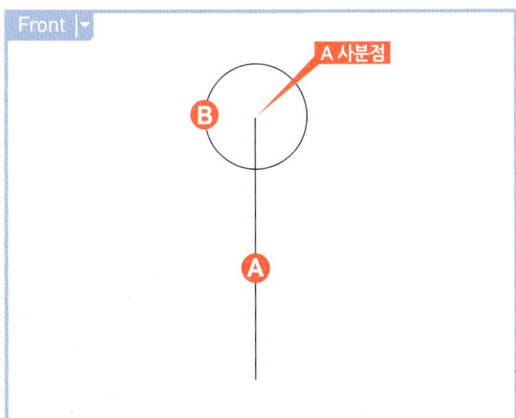

06. 메인1(3번째) > 원: 중심점, 반지름 명령어를 선택합니다.
07. 개체스냅에서 "사분점" 체크합니다.
08. 원의 중심~: 왼쪽 그림처럼, Front 뷰에서 A 사분점을 선택합니다.
09. 반지름 <5.000>~: 4 Enter
10. B사분점 위치에 반지름 4mm인 원 커브(B)가 만들어졌습니다.

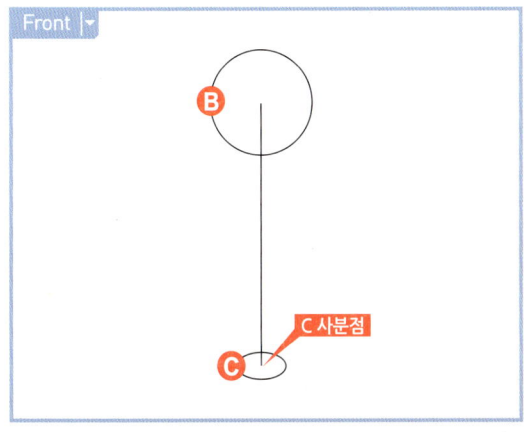

11. 메인2(3번째) > 타원: 중심점에서 명령어를 선택합니다.
12. 타원 중심~: 왼쪽 그림처럼, Front 뷰에서 C 사분점을 선택합니다.
13. 첫 번째 축의 끝 (모서리(C)): R2,0 Enter
14. 두 번째 축의 끝: R0,1 Enter
15. C 사분점 위치에 가로 지름 4mm, 세로 지름 2mm인 타원 커브(C)가 만들어졌습니다.

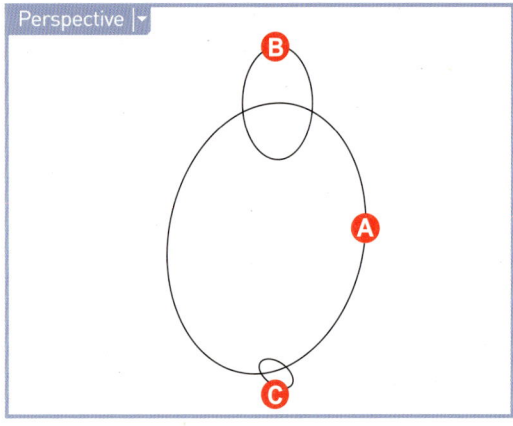

16. 메인1(6번째) > 1개 레일 스윕 명령어를 선택합니다.

17. 레일 선택 ~ : Perspective 뷰에서 A 커브를 선택합니다.

18. 단면 커브 선택 (점(P)): B, C 2개의 커브를 선택한 후 Enter Enter

19. 아래와 같이 옵션을 설정합니다.

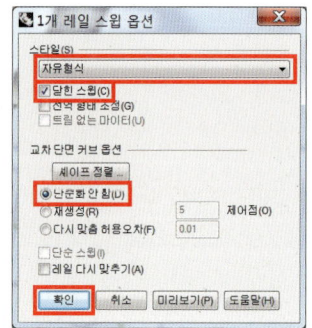

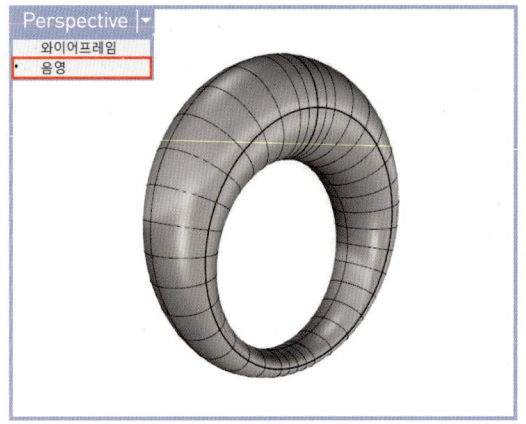

20. 왼쪽 그림처럼, 1개 레일 (A)커브를 지나가는 2개의 단면 (B, C)커브 서피스가 생성되었습니다.

2개 레일 스윕

만들고자 하는 서피스 모양의 가장자리 커브 2개와 완성될 서피스 모양의 커브로 3D 오브젝트를 만드는 명령어입니다.

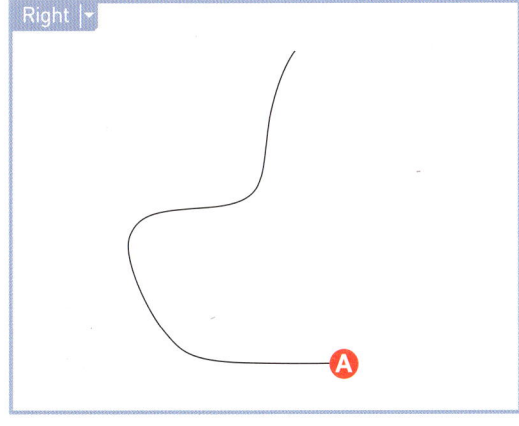

01. 메인2(2번째) > 제어점 커브 명령어를 선택합니다.
02. Right 뷰에 마우스 커서를 올려놓습니다.
03. 커브의 시작 (차수(D)=3 닫힘_유지(P)=아니요): 20,0 Enter
04. 8,0 Enter
05. 0,0 Enter
06. -5,8 Enter
07. -7,17 Enter
08. 2,18 Enter
09. 8,18 Enter
10. 11,22 Enter
11. 10,29 Enter
12. 14,36 Enter Enter
13. 왼쪽 그림과 같은 A 커브가 만들어졌습니다.

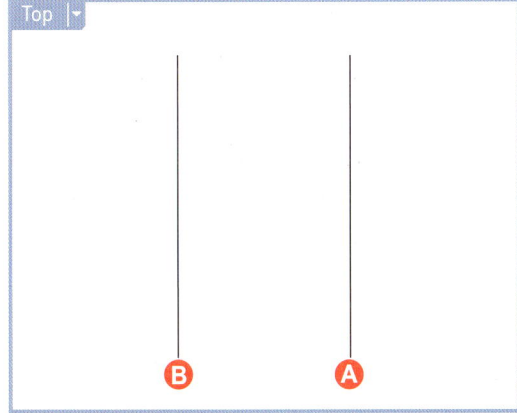

14. 메인1(14번째) > 복사 명령어를 선택합니다.
15. 복사할 개체 선택: Top 뷰에서 A 커브를 선택한 후 Enter
16. 복사의 기준점 ~ : 0,0 Enter
17. 복사할 위치의 점: -15,0 Enter Enter
18. X 축 방향으로 -15mm 위치에 B 커브가 복사되었습니다.

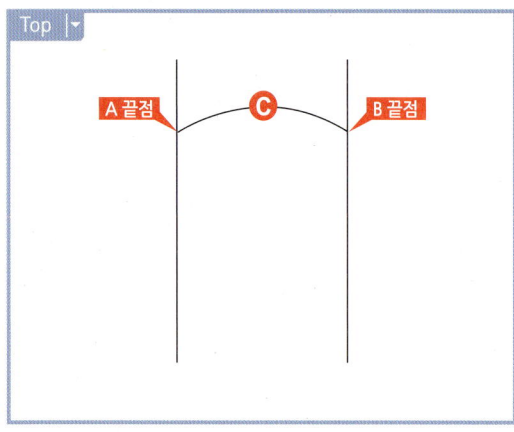

19. 메인1(4번째) > 호: 시작점, 끝점, 반지름 명령어를 선택합니다.
20. 개체스냅에서 **"끝점"** 체크합니다.
21. 호의 시작: Top 뷰에서 **A 끝점**을 선택합니다.
22. 호의 끝 ~: **B 끝점**을 선택합니다.
23. 호의 반지름 및 방위 ~: R15<300 Enter
24. 두 개의 커브를 이어주는 호 커브(C)가 생성 되었습니다.

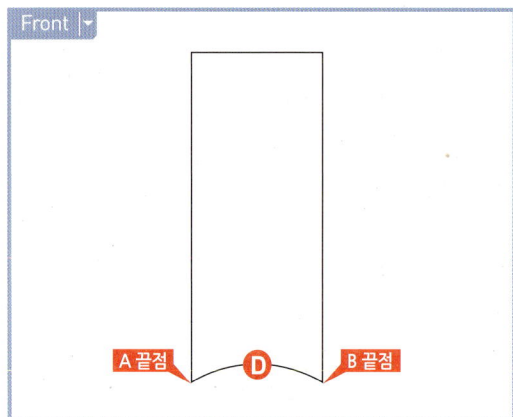

25. 호: 시작점, 끝점, 반지름 명령어를 선택합니다.
26. 호의 시작: Front 뷰에서 **A 끝점**을 선택합니다.
27. 호의 끝 ~: **B 끝점**을 선택합니다.
28. 호의 반지름 및 방위 ~: R15<300 Enter
29. 두 개의 커브를 이어주는 호 커브(D)가 생성 되었습니다.

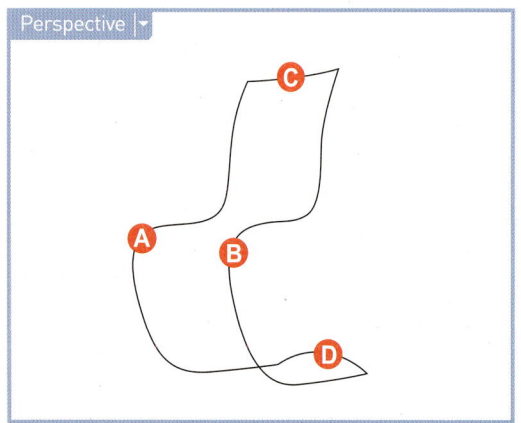

30. 메인1(6번째) > 2개 레일 스윕 명령어를 선택합니다.
31. 첫 번째 레일 선택 (가장자리_연속선택(C)): Perspective 뷰에서 **A** 커브를 선택합니다.
32. 두 번째 레일 선택: **B** 커브를 선택합니다.
33. 단면 커브 선택 (점(P)): **C, D** 두 개의 커브를 선택한 후 Enter

34. 아래와 같이 옵션을 설정합니다.

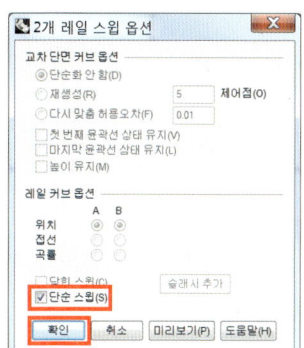

35. 2개 레일 (A, B)커브를 지나가는 2개의 단면 (C, D)커브 서피스가 생성되었습니다.

회전

중심 축 기준으로 커브를 회전하여 원하는 모양의 서피스를 만드는 명령어입니다.

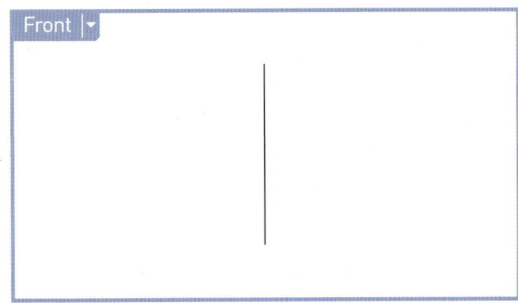

01. 메인1(2번째) > 폴리라인 명령어를 선택합니다.
02. Front 뷰에 마우스 커서를 올려놓습니다.
03. 폴리라인의 시작 ~ : 0,0 Enter
04. 폴리라인의 다음 점 ~ : 0,50 Enter Enter
05. Z 축 방향으로 50mm 중심축 커브가 만들어 졌습니다.

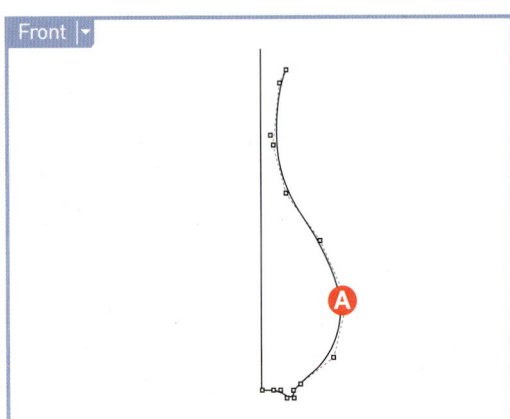

06. 메인2(2번째) > 제어점 커브 명령어를 선택합니다.
07. Front 뷰에 마우스 커서를 올려놓습니다.
08. 커브의 시작 (차수(D)=3 닫힘_유지(P)=아니요): 0,0 Enter
09. 2,0 Enter   15. 11,5 Enter
10. 3,0 Enter   16. 13,13 Enter
11. 4,-1 Enter   17. 9,22 Enter
12. 5,-1 Enter   18. 4,29 Enter
13. 5,0 Enter   19. 2,36 Enter
14. 6,1 Enter   20. 3,45 Enter
                        21. 4,47 Enter Enter
22. 왼쪽 그림처럼, 호리병 모양의 커브(A)가 만들어 졌습니다.

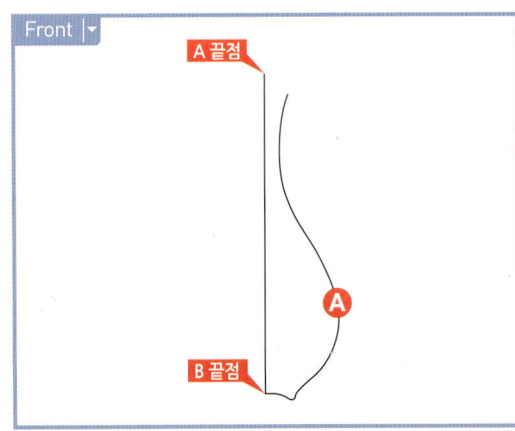

23. 메인1(6번째) > 회전 명령어를 선택합니다.
24. 개체스냅에서 "끝점" 체크합니다.
25. 회전시킬 커브 선택: Front 뷰에서 A 커브를 선택한 후 Enter
26. 회전축의 시작: A 끝점을 선택합니다.
27. 회전축의 끝 ~ : B 끝점을 선택합니다.
28. 시작 각도 <0> ~ : 0 Enter
29. 회전 각도 <360> ~ : 360 Enter

CHAPTER 03_주요 기능 알아보기

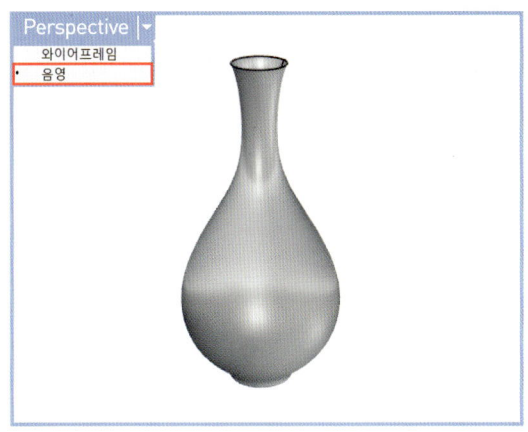

30. 중심 축 기준으로 커브를 360도 회전하여 병 입구가 열려있는 호리병 모양의 서피스를 만들었습니다.

이제 다른 명령어들을 사용하여 위 오브젝트의 두께를 0.5mm로, 병 입구는 라운드 처리해 보도록 하겠습니다.

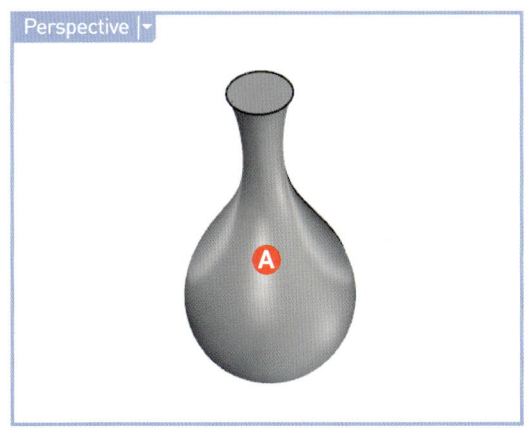

01. 메인2(7번째) > 평면형 구멍 끝막음 명령어를 선택합니다.
02. 끝막음할 서피스 또는 폴리서피스 선택: Perspective 뷰에서 A 개체를 선택한 후 Enter
03. 열려져있던 서피스 가장자리에 평면형 서피스가 채워지면서 결합된 솔리드로 생성되었습니다.

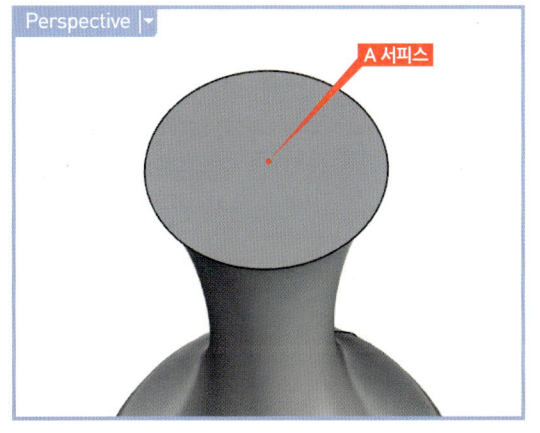

04. 메인2(7번째) > 쉘 명령어를 선택합니다.
05. 닫힌 폴리서피스에서 제거할 면을 선택합니다. 적어도 한 면은 선택되지 않은 상태로 놔두어야 합니다 (두께(T)=0.5): 0.5 Enter
06. 닫힌 폴리서피스에서 제거할 면을 선택합니다 ~ : Perspective 뷰에서 A 서피스를 선택한 후 Enter

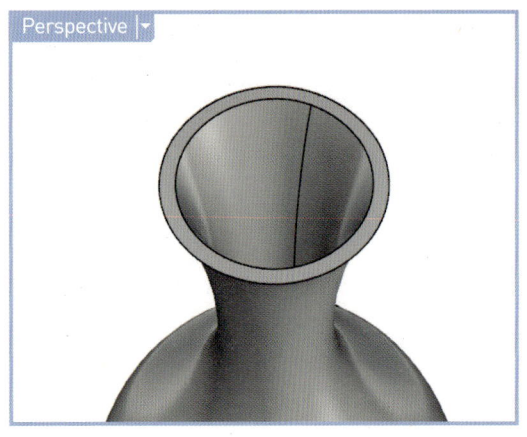

07. 선택한 서피스는 제거되고, 0.5mm 두께의 솔리드가 만들어졌습니다.

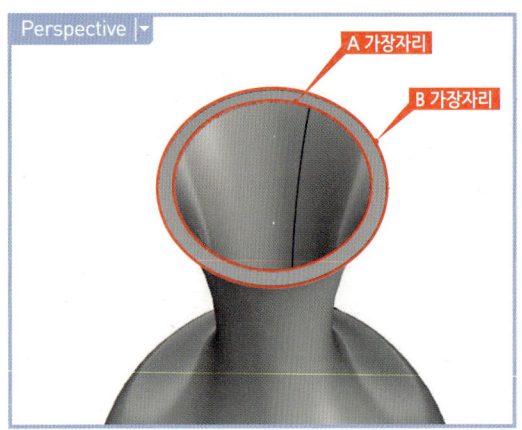

08. 메인2(7번째) > 가변 반지름 필릿 명령어를 선택합니다.
09. 필릿할 가장자리 선택 (다음_반지름(N)=0.25 ~): 0.25 Enter
10. 필릿할 가장자리 선택 ~ : Perspective 뷰에서 A, B 두 서피스 가장자리를 선택한 후 Enter Enter

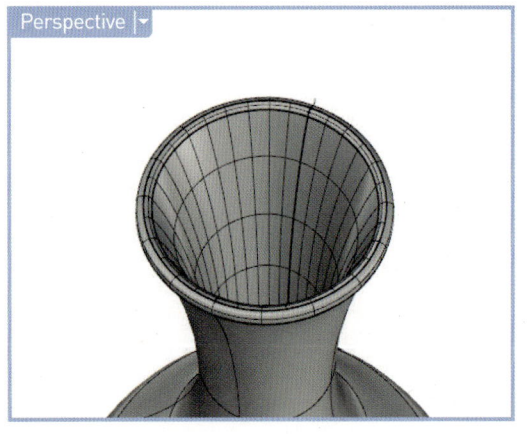

11. 왼쪽 그림처럼, 선택한 서피스 가장자리(각진 모서리)에 반지름 필릿 0.25mm가 만들어졌습니다.

레일 회전

축 중심과 레일 커브 방향으로 커브를 회전시켜 원하는 모양의 서피스를 만드는 명령어입니다.

01. 메인1(2번째) > 폴리라인 명령어를 선택합니다.
02. Front 뷰에 마우스 커서를 올려놓습니다.
03. 폴리라인의 시작 (닫힘_유지(P)=아니요): 0,0 Enter
04. 폴리라인의 다음 점 ~ : 0,10 Enter Enter
05. Z축 방향으로 10mm인 중심선이 만들어졌습니다.

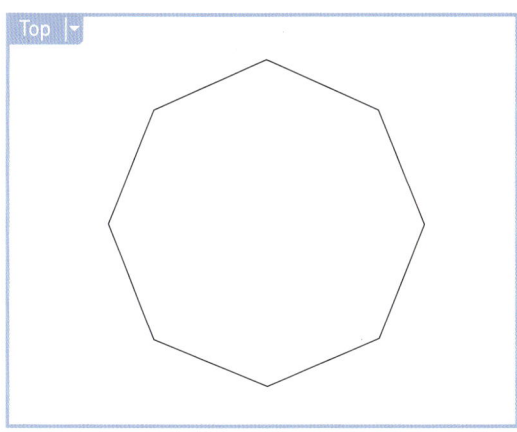

06. 메인1(5번째) > 다각형: 중심점, 반지름 명령어를 선택합니다.
07. 내접 다각형의 중심 (변의_수(N)=8 외접(C) ~ 커브_주변(A)): "변의_수(N)=8"로 변경합니다.
08. Top 뷰에 마우스 커서를 올려놓습니다.
09. 내접 다각형의 중심 (변의_수(N)=8 ~ : 0,0 Enter
10. 다각형 모서리 (변의_수(N)=8): 20,0 Enter
11. 팔각형 커브가 만들어졌습니다.

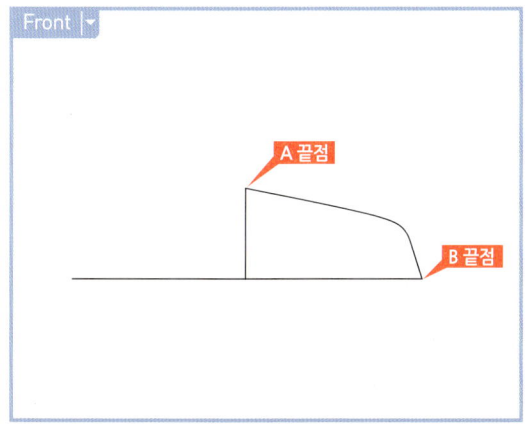

12. 메인2(2번째) > 제어점 커브 명령어를 선택합니다.
13. 개체스냅에 "끝점" 체크합니다.
14. 커브의 시작 (차수(D)=3 닫힘_유지(P)=아니요): Front 뷰에서 A 끝점을 선택합니다.
15. 16,7 Enter
16. 18,6 Enter
17. 19,4 Enter
18. B 끝점을 선택한 후 Enter

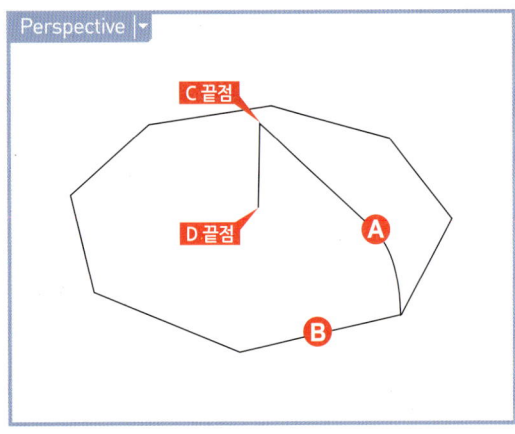

19. 메인1(6번째) > 레일 회전 명령어를 선택합니다.
20. 프로파일 커브 선택 ~ : Perspective 뷰에서 A 커브를 선택합니다.
21. 레일 커브 선택 ~ : B 커브를 선택합니다.
22. RailRevolve 축의 시작: C 끝점을 선택합니다.
23. RailRevolve 축의 끝: D 끝점을 선택합니다.

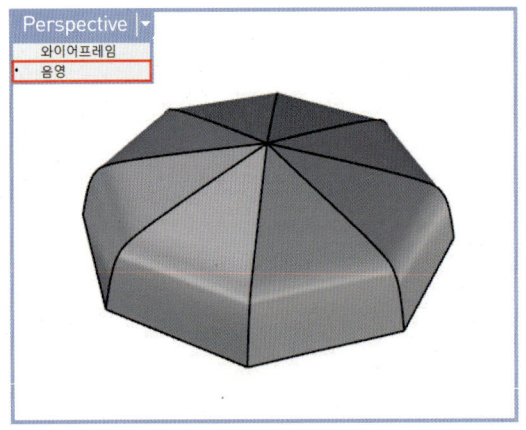

24. 왼쪽 그림처럼, 레일 커브의 방향에 따라 프로파일 커브(A)가 회전하여 서피스가 만들어졌습니다.

4 서피스 도구함

서피스를 자유자재로 편집할 수 있는 명령어를 모아둔 도구함입니다.

서피스 가장자리에 필릿 또는 모따기를 하거나, 서피스를 길게 연장, 서피스와 서피스를 곡률로 연결해 주고, 서피스 속성을 변경할 수 있는 명령어들을 한 곳에 모아둔 도구함입니다.

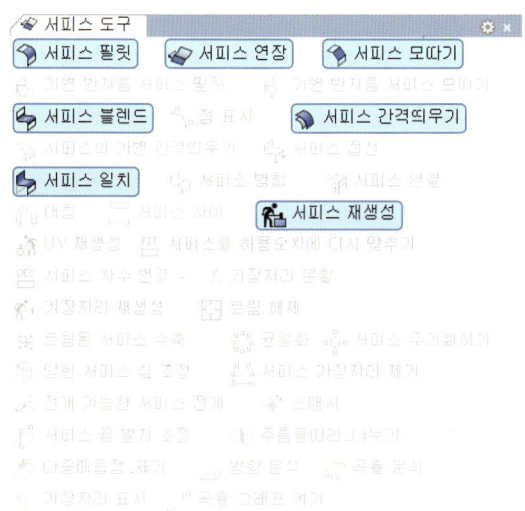

서피스 필릿

두 개의 서피스 사이에 곡률(라운드) 서피스를 만드는 명령어입니다.

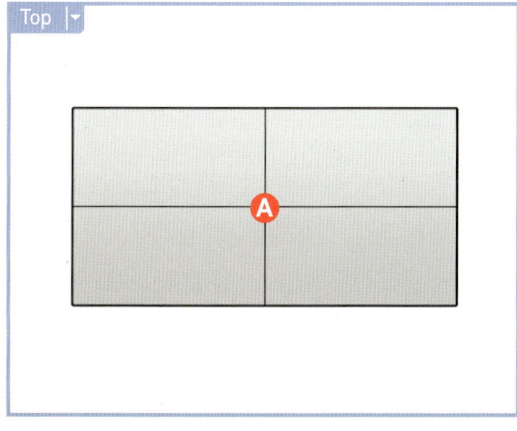

01. 메인1(6번째) > 직사각형 평면: 모서리에서 모서리로 명령어를 선택합니다.
02. Top 뷰에 마우스 커서를 올려놓습니다.
03. 평면의 첫 번째 모서리 ~ : 0,0 Enter
04. 다른 모서리 또는 길이 ~ : 20,10 Enter
05. 직사각형 평면 서피스(A)가 만들어졌습니다.

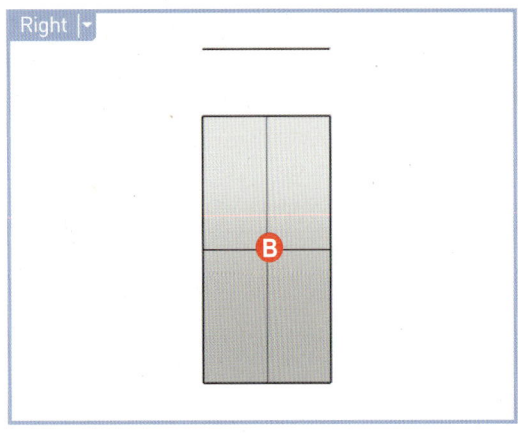

06. 메인1(6번째) > 직사각형 평면: 모서리에서 모서리로 명령어를 선택합니다.
07. Right 뷰에 마우스 커서를 올려놓습니다.
08. 평면의 첫 번째 모서리 ~ : 0,-5,25 Enter
09. 다른 모서리 또는 길이 ~ : R10,-20 Enter
10. 또 다른 평면 직사각형 서피스(B)가 만들어졌습니다.

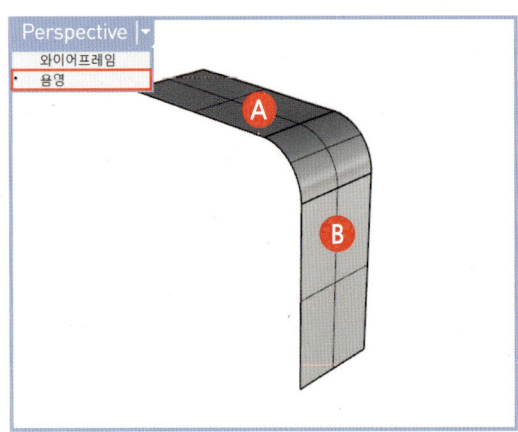

11. 메인2(6번째) > 서피스 필릿 명령어를 선택합니다.
12. 필릿할 첫 번째 서피스 선택 (반지름(R)=5.000) ~ : 5 Enter
13. 필릿할 첫 번째 서피스 선택 ~ : Perspective 뷰에서 A 서피스를 선택합니다.
14. 필릿할 두 번째 서피스 선택 ~ : B 서피스를 선택합니다.
15. 왼쪽 그림처럼, 두개의 서피스 사이에 반지름 5mm인 곡률(라운드) 서피스가 만들어졌습니다.

서피스 연장

서피스 가장자리에서 서피스를 연장하는 명령어입니다.

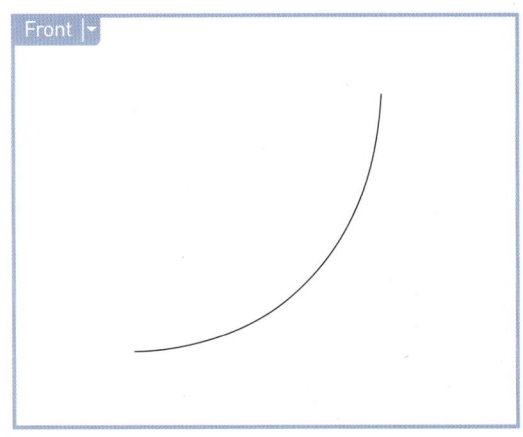

01. 메인1(4번째) > 호: 시작점, 끝점, 반지름 명령어를 선택합니다.
02. Front 뷰에 마우스 커서를 올려놓습니다.
03. 호의 시작: 0,0 Enter
04. 호의 끝 ~ : 10,10 Enter
05. 호의 반지름 및 방위 ~ : R10<90 Enter
06. 반지름 10mm인 호 커브가 만들어졌습니다.

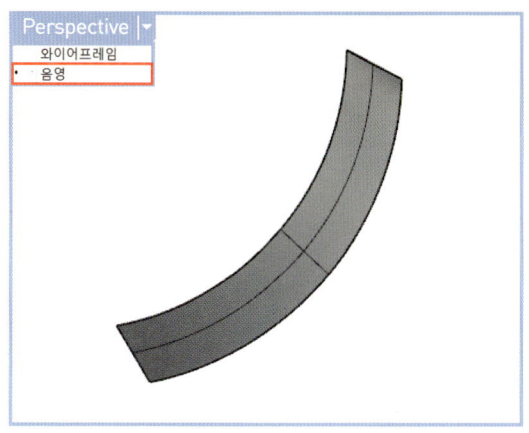

07. 메인1(6번째) > [직선 돌출] 직선 돌출 명령어를 선택합니다.

08. [돌출시킬 커브 선택]: Perspective 뷰에서 **커브**를 선택한 후 **Enter**

09. [돌출 거리 <5> (방향(D) 양쪽(B)=아니요 솔리드(S)=아니요 ~] : "**양쪽(B)= 아니요**"로 변경한 뒤 **5** 입력한 후 **Enter**

10. 5mm인 서피스가 만들어졌습니다.

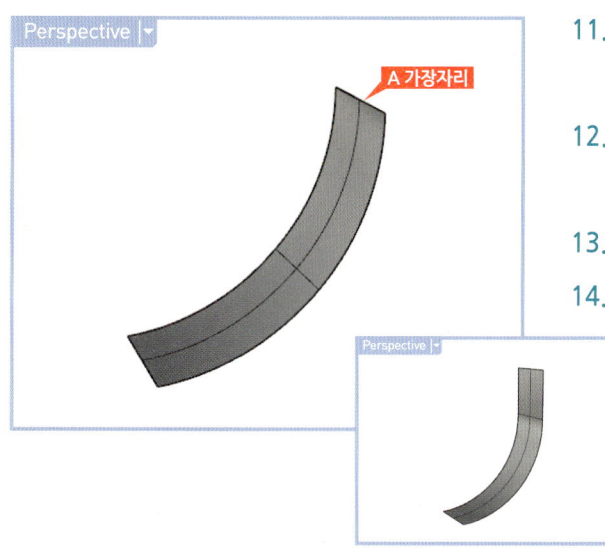

11. 메인2(6번째) > [서피스 연장] 서피스 연장 명령어를 선택합니다.

12. [연장할 서피스의 가장자리 선택 종류(T)=선] : "**(종류(T)=선)**"으로 변경한 뒤 **A 가장자리**를 선택합니다.

13. [연장 배율 <10.000>] : **10** **Enter**

14. 선택한 가장자리에서 직선방향으로 10mm 만큼 서피스가 연장되었습니다.

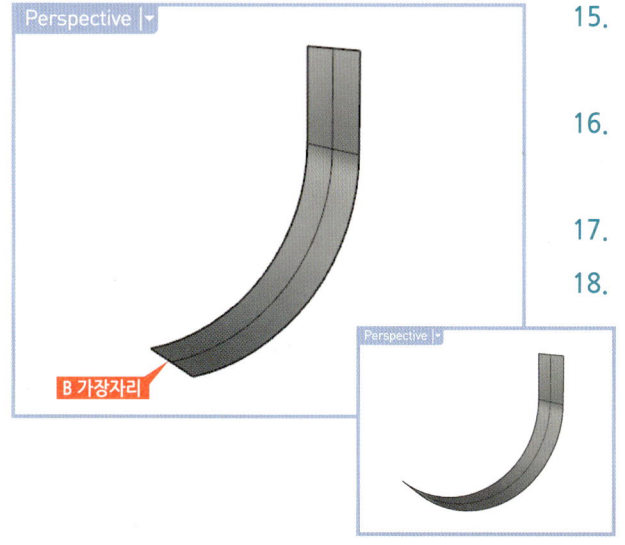

15. 메인2(6번째) > [서피스 연장] 서피스 연장 명령어를 선택합니다.

16. [연장할 서피스의 가장자리 선택 종류(T)=매끄럽게] : "**(종류(T)=매끄럽게)**"로 변경한 뒤, **B 가장자리**를 선택합니다.

17. [연장 배율 <10.000>] : **10** **Enter**

18. 선택한 가장자리에서 곡률 방향으로 10mm 만큼 서피스가 연장되었습니다.

서피스 모따기

두 개의 서피스 사이에 경사진 서피스를 만드는 명령어입니다.

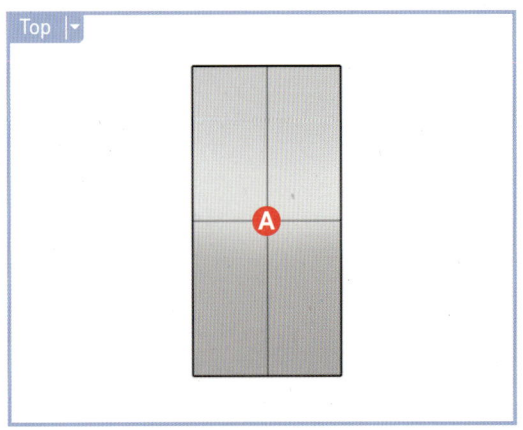

01. 메인1(6번째) > 직사각형 평면: 모서리에서 모서리로 명령어를 선택합니다.
02. Top 뷰에 마우스 커서를 올려놓습니다.
03. 평면의 첫 번째 모서리 ~ : 0,0 Enter
04. 다른 모서리 또는 길이 (3점(P)): 10,20 Enter
05. 직사각형 평면 서피스(A)가 만들어졌습니다.

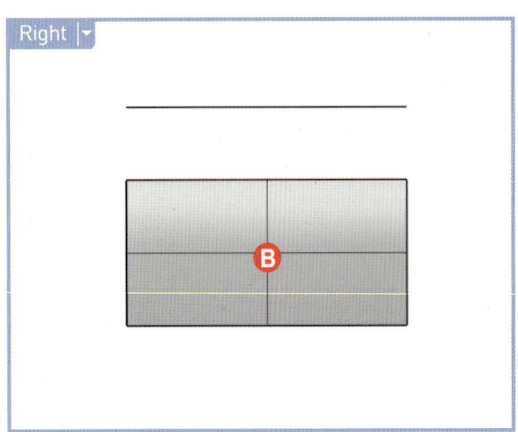

06. 직사각형 평면: 모서리에서 모서리로 명령어를 선택합니다.
07. Right 뷰에 마우스 커서를 올려놓습니다.
08. 평면의 첫 번째 모서리 ~ : 0,-5,15 Enter
09. 다른 모서리 또는 길이 ~ : R20,-10 Enter
10. 직사각형 평면 서피스(B)가 만들어졌습니다.

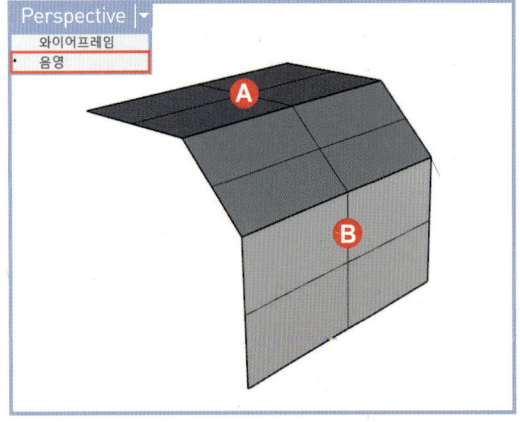

11. 메인2(6번째) > 서피스 모따기 명령어를 선택합니다.
12. 모따기할 첫 번째 서피스 선택 (거리(D)=5.000,5.000 연장(E)=예) ~ : 5,5 Enter
13. 모따기할 첫 번째 서피스 선택 ~ : A 서피스를 선택합니다.
14. 모따기할 두 번째 서피스 선택 ~ : B 서피스를 선택합니다.
15. 왼쪽 그림처럼, 두 개의 서피스 사이에 경사진 서피스가 생성되었습니다.

서피스 블렌드

두 개의 서피스 가장자리 사이에 곡률 서피스를 만드는 명령어입니다.

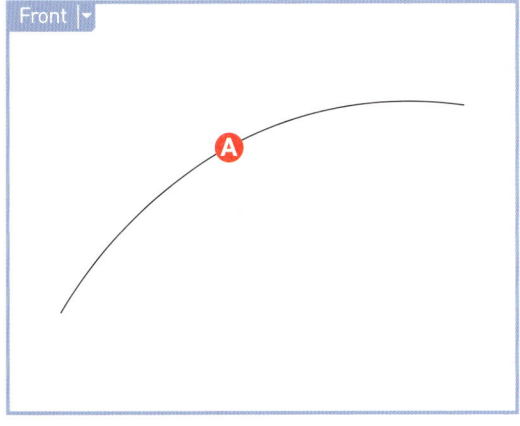

01. 메인1(4번째) > 호: 시작점, 끝점, 반지름 명령어를 선택합니다.
02. Front 뷰에 마우스 커서를 올려놓습니다.
03. 호의 시작: 0,0 Enter
04. 호의 끝~: 20,10 Enter
05. 호의 반지름 및 방위~: R20<300 Enter
06. 반지름 20mm 호 커브(A)가 만들어졌습니다.

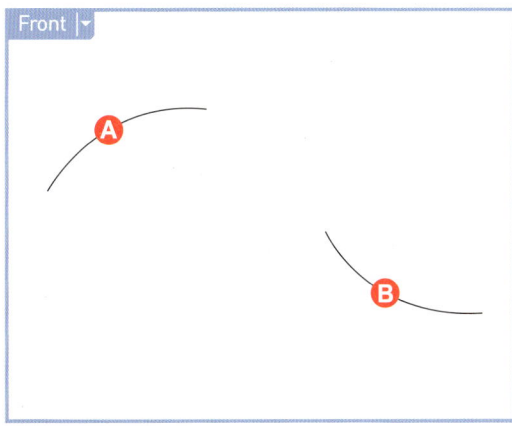

07. 메인1(4번째) > 호: 시작점, 끝점, 반지름 명령어를 선택합니다.
08. Front 뷰에 마우스 커서를 올려놓습니다.
09. 호의 시작: 35,-5 Enter
10. 호의 끝~: 55,-15 Enter
11. 호의 반지름 및 방위~: R20<30 Enter
12. 반지름 20mm 호 커브(B)가 만들어졌습니다.

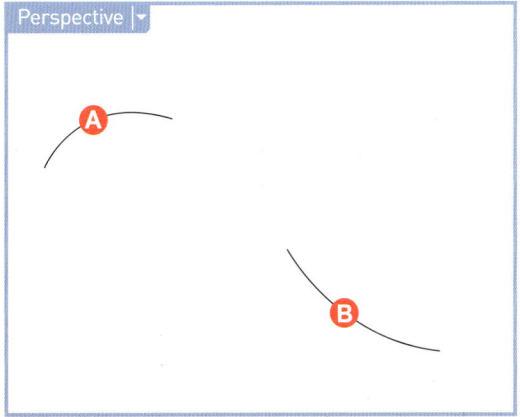

13. 메인1(6번째) > 직선 돌출 명령어를 선택합니다.
14. 돌출시킬 커브 선택: Perspective 뷰에서 A, B 두 커브를 모두 선택한 후 Enter
15. 돌출 거리 <5> (방향(D) 양쪽(B)=아니요 솔리드(S)=아니요 ~): "양쪽(B)=아니요"로 변경한 뒤 20 입력한 후 Enter

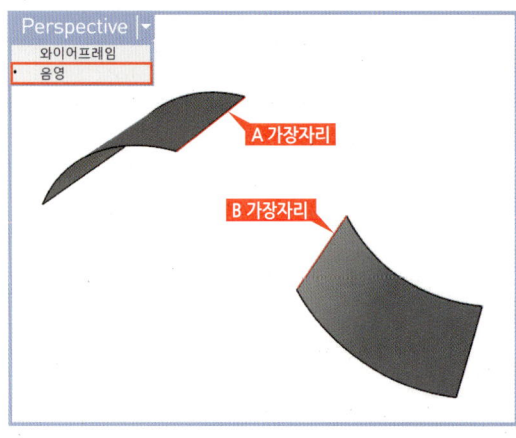

16. Y축 방향으로 20mm 서피스가 생성되었습니다.

17. 메인2(6번째) > 서피스 블렌드 명령어를 선택합니다.

18. 첫 번째 가장자리가 될 세그먼트 선택 ~ : **A 가장자리**를 선택한 후 Enter

19. 두 번째 가장자리가 될 세그먼트 선택 ~ : **B 가장자리**를 선택한 후 Enter

20. 아래와 같이 옵션을 설정합니다.

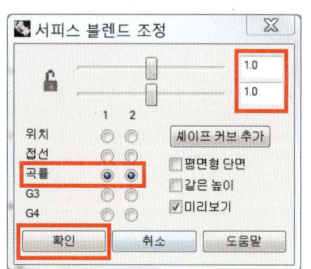

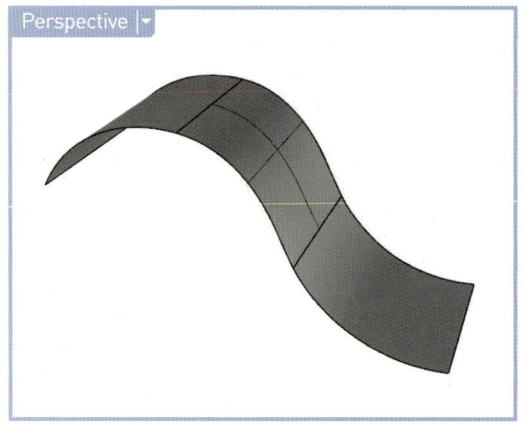

21. 떨어져있던 두 서피스 가장자리 사이에 곡률 서피스가 생성되었습니다.

서피스 간격띄우기

지정된 거리로 서피스를 복사하는 명령어입니다.

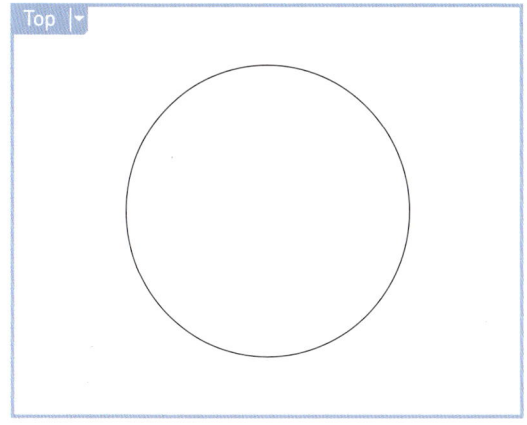

01. 메인1(3번째) > 원: 중심점, 반지름 명령어를 선택합니다.
02. Top 뷰에 마우스 커서를 올려놓습니다.
03. 원의 중심 ~ : 0,0 Enter
04. 반지름 <10.000> ~ : 10 Enter
05. 반지름 10mm인 원 커브가 만들어졌습니다.

06. 메인1(6번째) > 직선 돌출 명령어를 선택합니다.
07. 돌출시킬 커브 선택: Perspective 뷰에서 원 커브를 선택한 후 Enter
08. 돌출 거리 <5> (방향(D) 양쪽(B)=아니요 솔리드(S)=아니요 ~ : "양쪽(B)=아니요"와 "솔리드(S)=아니요"로 변경한 뒤 5 입력한 후 Enter
09. Z축 방향으로 5mm인 서피스가 만들어졌습니다.

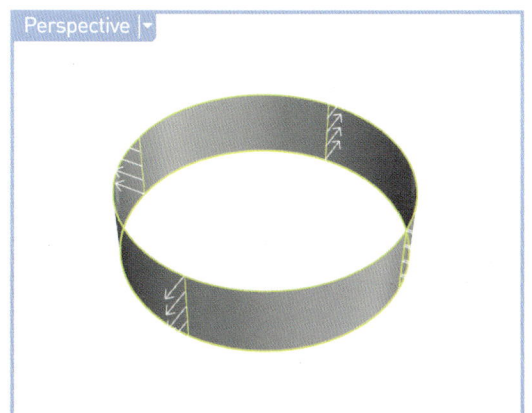

10. 메인2(6번째) > 서피스 간격띄우기 명령어를 선택합니다.
11. 간격띄우기할 서피스 ~ : 서피스를 선택한 후 Enter
12. 방향을 반전시킬 개체 선택. 완료되면 Enter 키를 누르십시오 (거리(D)=1 모서리(C)=모나게 솔리드(S)=아니요 느슨하게(L)=아니요 허용오차(T)=0.001 양쪽(B)=아니요 모두_반전(F)) : "솔리드(S)=아니요" 와 "양쪽(B)=아니요"로 변경한 뒤 1 입력한 후 Enter Enter

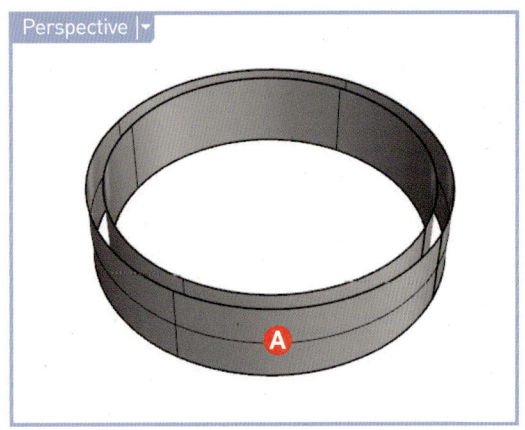

13. 선택한 서피스의 바깥 방향으로 1mm 거리에 서피스**(A)**가 복사되었습니다.

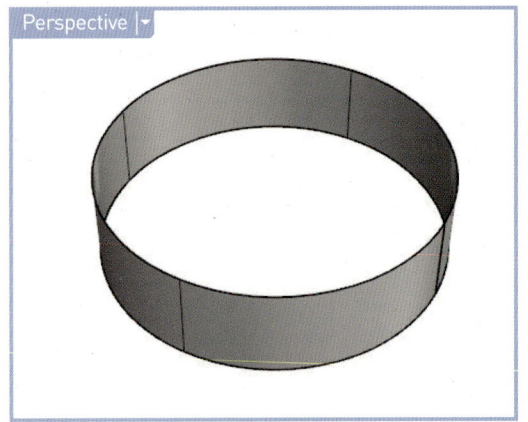

14. 이번에는 솔리드로 만들도록 하겠습니다.
15. `Ctrl` +Z 키를 눌러 전 단계로 돌아갑니다.

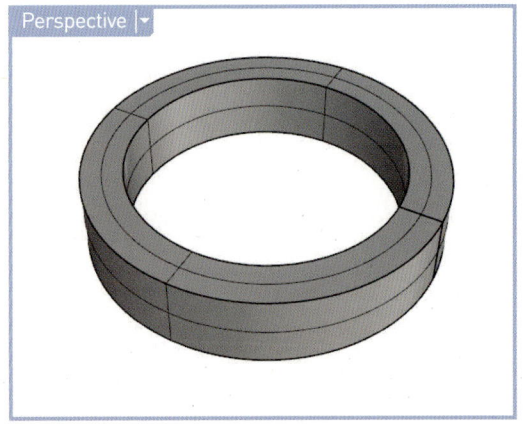

16. 메인2(6번째) > 서피스 간격띄우기 명령어를 선택합니다.
17. 간격띄우기할 서피스~: **서피스**를 선택한 후 `Enter`
18. 방향을 반전시킬 개체 선택. 완료되면 Enter 키를 누르십시오 (거리(D)=3 모서리(C)= 모나게 솔리드(S)=예 느슨하게(L)=아니요 허용오차(T)=0.001 양쪽(B)=아니요 모두_
    반전(F)): "**솔리드(S)=예**" 와 "**양쪽(B)=아니요**"로 변경한 뒤 3 입력한 후 `Enter` `Enter`
19. 두께 3mm인 솔리드가 생성되었습니다.

서피스 일치

서로 마주 보는 두 개의 서피스 가장자리를 곡률로 조정하여 병합하는 명령어입니다.

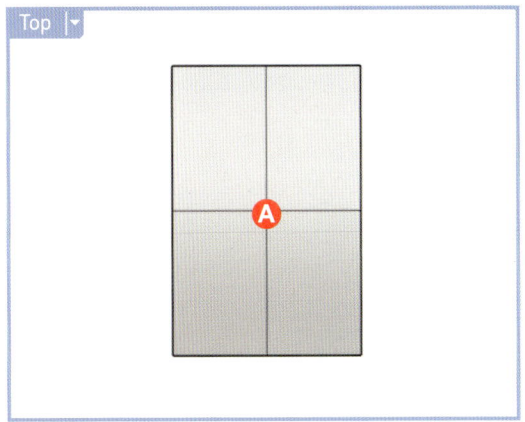

01. 메인1(6번째) > 직사각형 평면: 모서리에서 모서리로 명령어를 선택합니다.
02. Top 뷰에 마우스 커서를 올려놓습니다.
03. 평면의 첫 번째 모서리 ~ : 0,0 Enter
04. 다른 모서리 또는 길이 (3점(P)): 20,30 Enter
05. 직사각형 평면 서피스(A)가 만들어졌습니다.

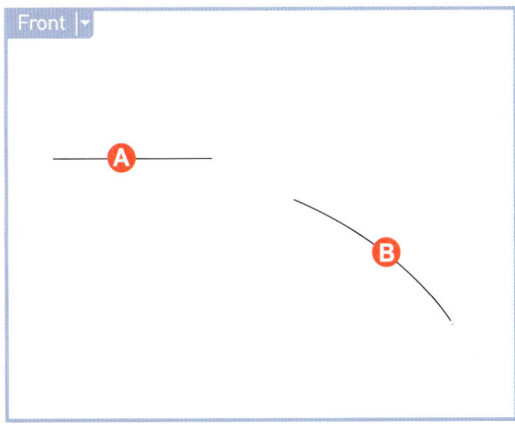

06. 메인1(4번째) > 호: 시작점, 끝점, 반지름 명령어를 선택합니다.
07. Front 뷰에 마우스 커서를 올려놓습니다.
08. 호의 시작: 30,-5 Enter
09. 호의 끝 ~ : R20,-15 Enter
10. 호의 반지름 및 방위 ~ : R50<300 Enter
11. 반지름 50mm 호 커브(B)가 만들어졌습니다.

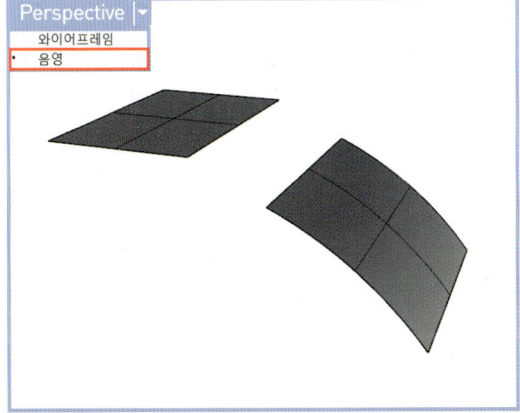

12. 메인1(6번째) > 직선 돌출 명령어를 선택합니다.
13. 돌출시킬 커브 선택: Perspective 뷰에서 호 커브(B)를 선택한 후 Enter
14. 돌출 거리 <30> (방향(D) 양쪽(B)=아니요 솔리드(S)=아니요 ~): "양쪽(B)=
15. 아니요" 와 "솔리드(S)=아니요"로 변경한 뒤 30 입력한 후 Enter
16. Y축 방향으로 30mm인 서피스가 생성되었습니다.

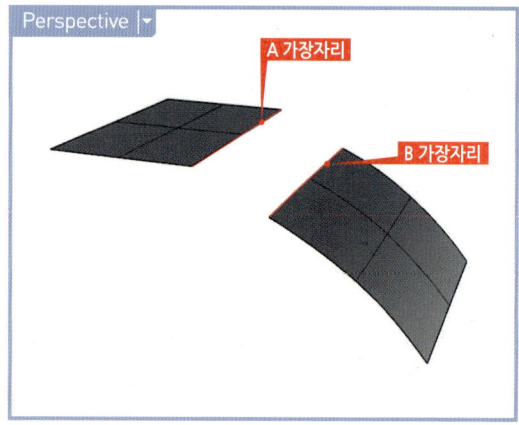

17. 메인2(6번째) > 서피스 일치 명령어를 선택합니다.

18. 변경할 트림 해제된 서피스 가장자리 선택 (다중_일치(M)): A, B 두 개의 가장자리를 선택한 후 Enter

19. 아래와 같이 옵션을 설정합니다.

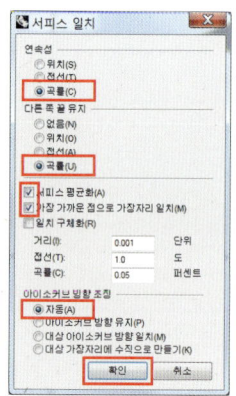

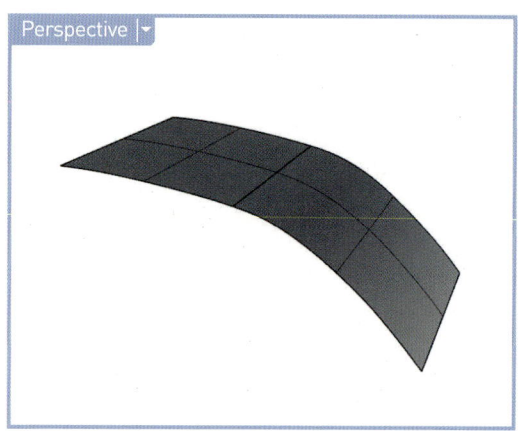

20. 왼쪽 그림처럼, 서로 다른 두 개의 서피스(평면, 곡률면)를 평균 곡률로 조정하여 서피스를 일치시켰습니다.

서피스 재생성

서피스 속성(제어점, 차수)을 변경하여 편집할 수 있는 명령어입니다.

01. 메인1(6번째) > 직사각형 평면: 모서리에서 모서리로 명령어를 선택합니다.
02. Top 뷰에 마우스 커서를 올려놓습니다.
03. 평면의 첫 번째 모서리 ~ : 0,0 Enter
04. 다른 모서리 또는 길이 (3점(P)): 20,30 Enter
05. 직사각형 평면 서피스가 만들어졌습니다.

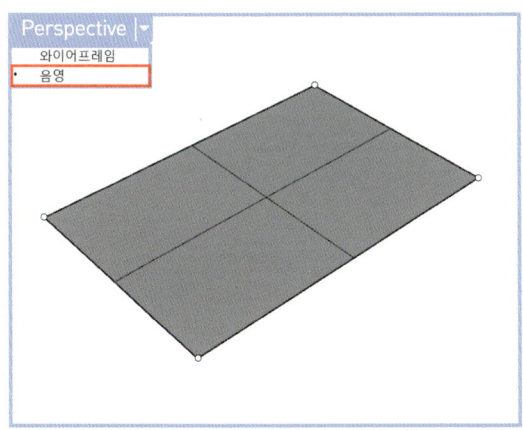

06. Perspective 뷰에서 서피스를 선택한 뒤 F10 키를 누릅니다.
07. 왼쪽 그림처럼, 서피스 모서리 끝부분에 가로 방향 제어점 2개, 세로 방향 제어점 2개가 표시됩니다.
08. 그리고 보이지는 않지만 차수값은 1입니다.

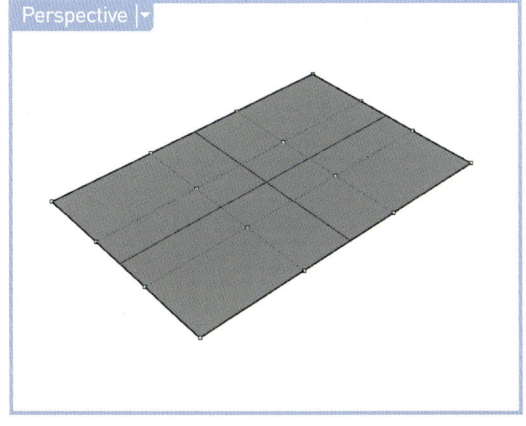

09. 서피스 속성을 변경하여 제어점 개수와 차수값을 늘려 보도록 하겠습니다.
10. 메인2(6번째) > 서피스 재생성 명령어를 선택합니다.
11. 재생성할 커브, 돌출 또는 서피스 선택: Perspective 뷰에서 서피스를 선택한 후 Enter

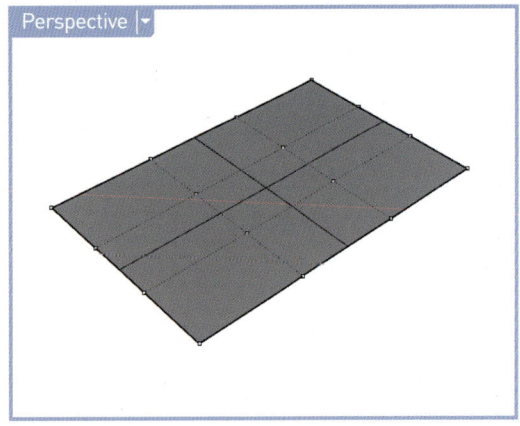

12. 아래와 같이 옵션을 설정합니다.

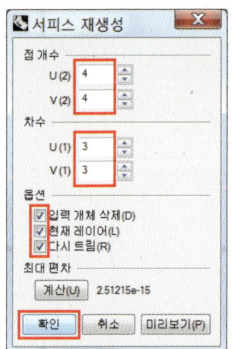

13. 제어점 개수가 가로세로 4개씩으로 늘어났고, 차수값이 3으로 변경되었습니다.

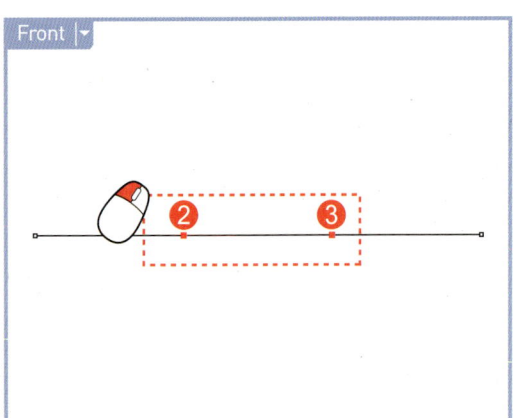

14. 재생성된 제어점을 가지고 서피스를 변형하겠습니다.
15. 상태 표시줄에 "검볼" 위젯을 켭니다.
16. 왼쪽 그림처럼, Front 뷰에서 마우스 좌클릭 누른 상태로 2, 3번 제어점들을 왼쪽에서 오른쪽으로 드래그하여 뒷줄에 있는 제어점까지 선택합니다.

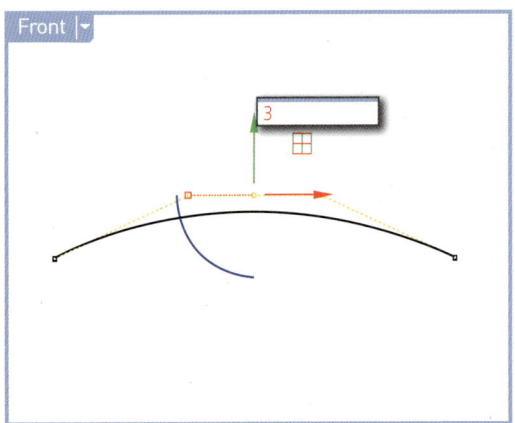

17. Front 뷰에서 검볼의 녹색 화살표를 눌러 숫자 기입란에 3 입력한 후 Enter
18. 제어점 위치가 Z축 방향으로 3mm 이동하였습니다.

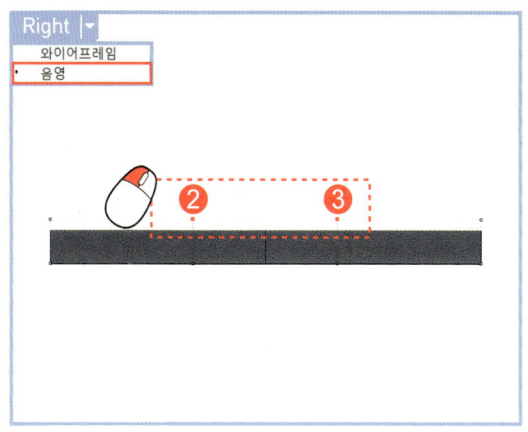

19. 왼쪽 그림처럼, Right 뷰에서 마우스 좌클릭 누른 상태로 **2, 3**번 제어점을 왼쪽에서 오른쪽으로 드래그하여 뒷줄에 있는 제어점까지 선택합니다.

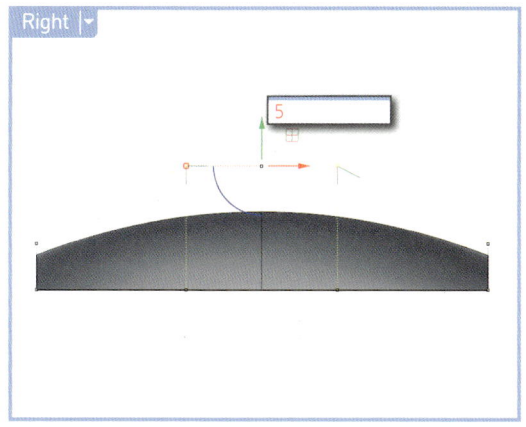

20. Right 뷰에서 검볼의 **녹색 화살표**를 눌러 숫자 기입란에 **5** 입력한 후 Enter
21. 제어점 위치가 Z축 방향으로 5mm 이동하였습니다.

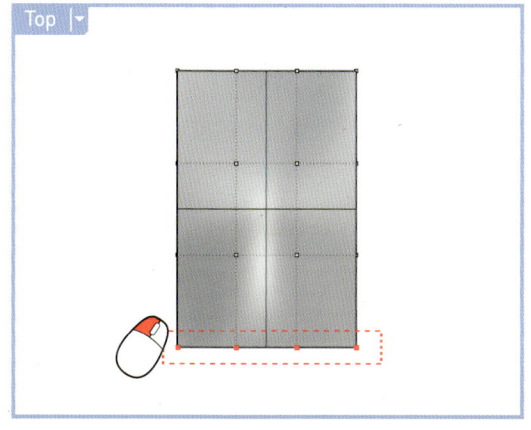

22. Top 뷰에서 마우스 좌클릭 누른 상태로 왼쪽에서 오른쪽으로 드래그하여 아랫부분에 있는 **제어점** 모두를 선택합니다.

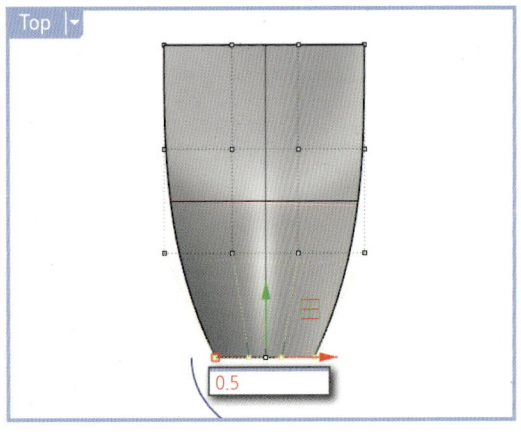

23. Top 뷰에서 검볼의 **빨간색 네모**를 눌러 숫자 기입란에 **0.5** 입력한 후 Enter
24. 선택한 제어점 위치에 있는 서피스가 X축 방향으로 50% 축소되었습니다.

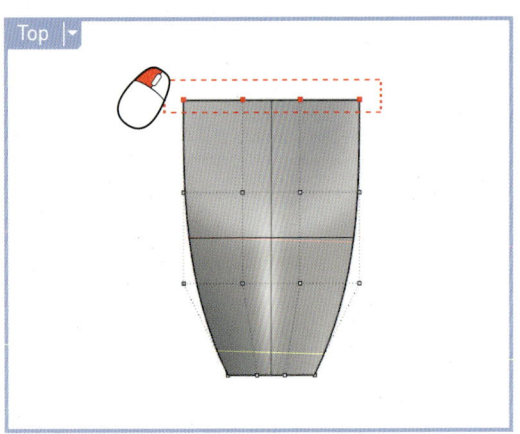

25. Top 뷰에서 마우스 좌클릭 누른 상태로 왼쪽에서 오른쪽으로 드래그하여 윗부분에 있는 **제어점** 모두를 선택합니다.

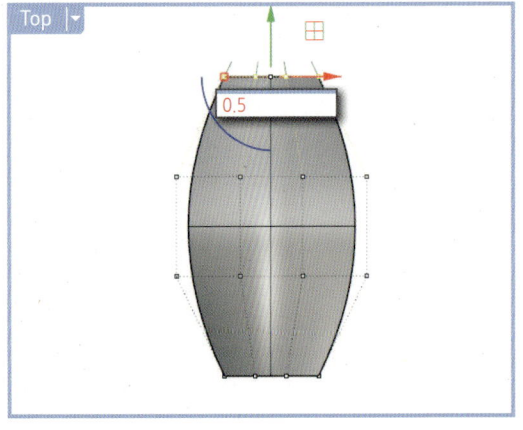

26. Top 뷰에서 검볼의 **빨간색 네모**를 눌러 숫자 기입란에 **0.5** 입력한 후 Enter
27. 선택한 제어점 위치에 있는 서피스가 X축 방향으로 50% 축소 되었습니다.

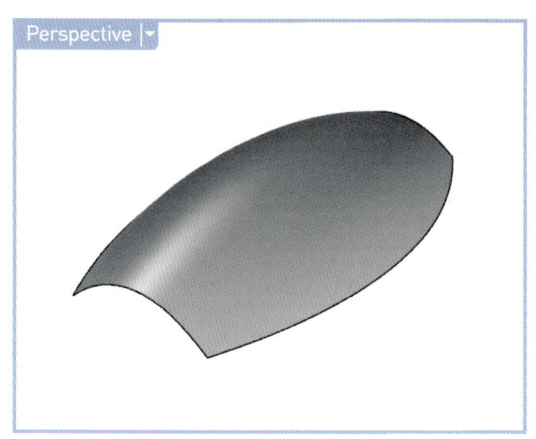

28. 서피스 속성(제어점과 차수 값)을 변경하여 자유자재로 서피스 모양을 변형할 수 있습니다.

5 솔리드 도구함

솔리드를 자유자재로 편집할 수 있는 명령어 도구함입니다.

솔리드 개체를 하나로 결합하는 합집합, 개체를 삭제하는 차집합, 교차하는 교집합, 개체를 분할하는 연산 분할, 두께를 만드는 솔리드, 열려 있는 평면을 닫아 솔리드로 만드는 여러 명령어들을 한 곳에 모아 둔 도구함입니다.

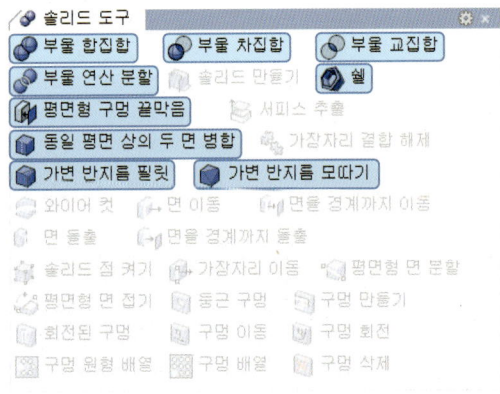

부울 합집합

두 개 이상의 개체를 결합하여 하나의 솔리드를 만들어내는 명령어입니다.

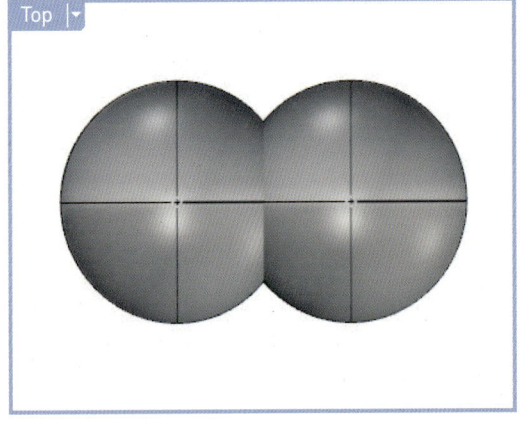

01. 메인1(7번째) > 구: 중심점, 반지름 명령어를 선택합니다.
02. Top 뷰에 마우스 커서를 올려놓습니다.
03. 구의 중심 ~ : 0,0 Enter
04. 반지름 <10.000> ~ : 10 Enter
05. 구: 중심점, 반지름 명령어를 선택합니다.
06. 구의 중심 ~ : 15,0 Enter
07. 반지름 <10.000> ~ : 10 Enter
08. 2개의 구 개체가 만들어졌습니다.

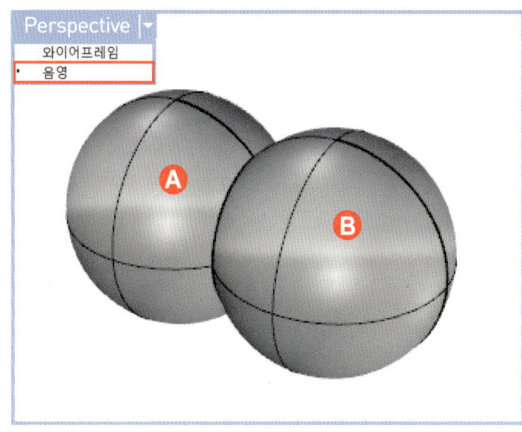

09. 메인2(7번째) > 부울 합집합 명령어를 선택합니다.

10. 합집합을 적용할 서피스 또는 폴리서피스 선택: Perspective |▼ 뷰에서 A, B 두 개체를 모두 선택한 후 Enter

11. 두 개체가 결합하여 하나의 솔리드가 만들어졌습니다.

부울 차집합

두 개 이상의 개체가 겹쳐있을 때 삭제하고자 하는 개체를 포함하여 남기고자 하는 개체와 서로 겹친 부분(교집합)까지 잘라내는 명령어입니다.

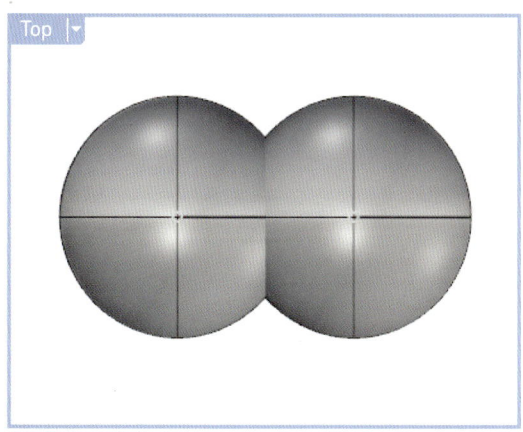

01. 메인1(7번째) > 구: 중심점, 반지름 명령어를 선택합니다.

02. Top |▼ 뷰에 마우스 커서를 올려놓습니다.

03. 구의 중심 ~ : 45,0 Enter

04. 반지름 <10.000> ~ : 10 Enter

05. 구: 중심점, 반지름 명령어를 선택합니다.

06. 구의 중심 ~ : 60,0 Enter

07. 반지름 <10.000> ~ : 10 Enter

08. 2개의 구 개체가 만들어졌습니다.

09. 메인2(7번째) > 부울 차집합 명령어를 선택합니다.

10. 차집합을 계산할 원래 서피스 또는 폴리서피스 선택: Perspective |▼ 뷰에서 A 개체를 선택한 후 Enter

11. 차집합 계산에 사용할 서피스 또는 폴리서피스 선택 (원래개체_삭제(D)=예): B 개체를 선택한 후 Enter

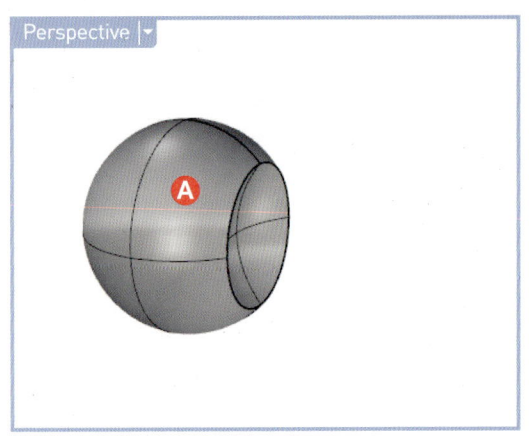

12. 첫번째로 선택한 A개체는 겹친 부분이 잘린 상태로 남겨져 있고, 두번째로 선택한 B개체는 삭제되었습니다.

부울 교집합

서로 교차된 부분을 제외한 모든 부분을 삭제하는 명령어입니다.

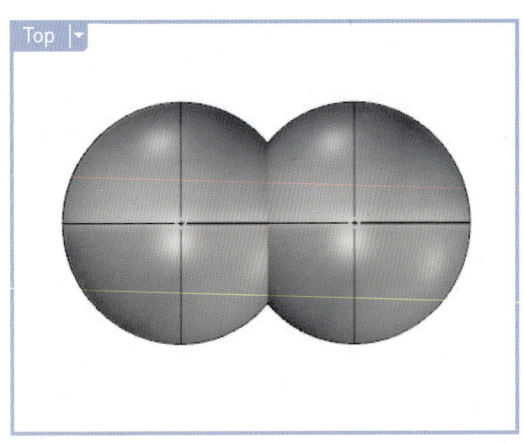

01. 메인1(7번째) > 구: 중심점, 반지름 명령어를 선택합니다.
02. Top 뷰에 마우스 커서를 올려놓습니다.
03. 구의 중심 ~ : 90,0 Enter
04. 반지름 <10.000> ~ : 10 Enter
05. 구: 중심점, 반지름 명령어를 선택합니다.
06. 구의 중심 ~ : 105,0 Enter
07. 반지름 <10.000> ~ : 10 Enter
08. 2개의 구 개체가 만들어졌습니다.

09. 메인2(7번째) > 부울 교집합 명령어를 선택합니다.
10. 서피스 또는 폴리서피스의 첫 번째 세트 선택: Perspective 뷰에서 A 개체를 선택한 후 Enter
11. 서피스 또는 폴리서피스 ~ : B 개체를 선택한 후 Enter

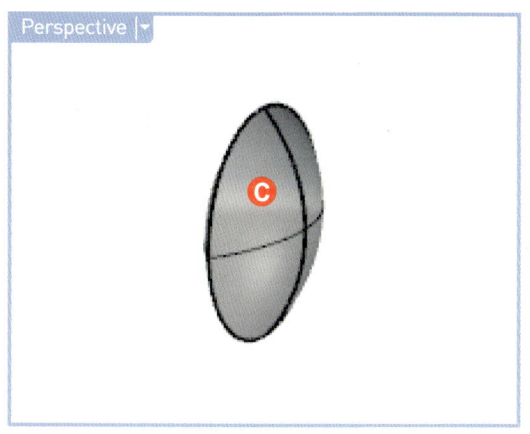

12. 서로 교차된 부분(C)을 제외한 모든 부분이 삭제되었습니다.

🔵 부울 연산 분할

서로 겹쳐있는 부분을 분할(나눈다) 하는 명령어입니다.

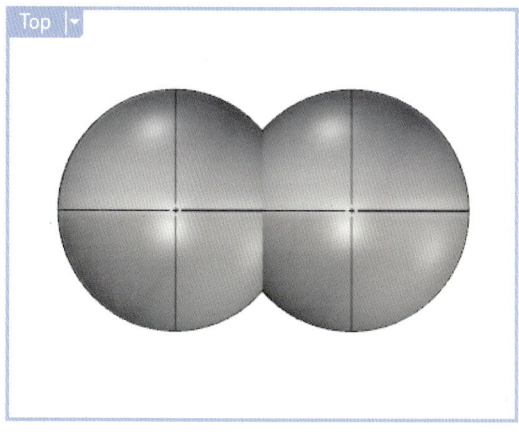

01. 메인1(7번째) > 🔵 구: 중심점, 반지름 명령어를 선택합니다.
02. `Top |▼` 뷰에 마우스 커서를 올려놓습니다.
03. `구의 중심 ~ :` **135,0** `Enter`
04. `반지름 <10.000> ~ :` **10** `Enter`
05. 🔵 구: 중심점, 반지름 명령어를 선택합니다.
06. `구의 중심 ~ :` **150,0** `Enter`
07. `반지름 <10.000> ~ :` **10** `Enter`
08. 2개의 구 개체가 만들어졌습니다.

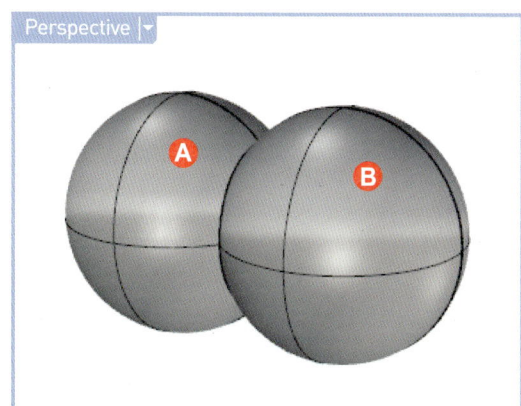

09. 메인2(7번째) > 🔵 부울 연산 분할 명령어를 선택합니다.
10. `분할할 서피스 또는 폴리서피스 선택 ( 원래개체_삭제(D)=예 )` `Perspective |▼` 뷰에서 **A** 개체를 선택한 후 `Enter`
11. `절단 서피스 또는 폴리서피스 선택 ( 원래개체_삭제(D)=예 ):` **B** 개체를 선택한 후 `Enter`

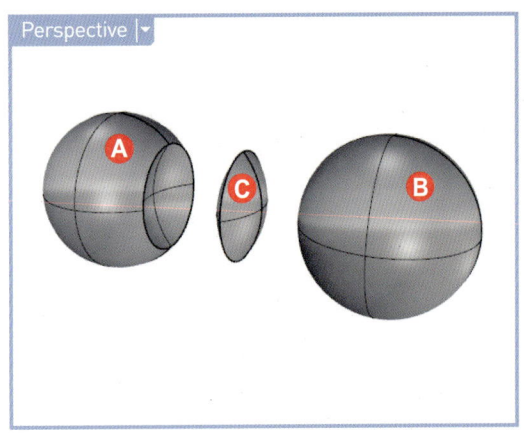

12. 첫번째로 선택한 A개체에서 겹쳐져있던 부분(C)이 분할되었습니다.

쉘

선택한 서피스는 삭제되고 바깥쪽 면과 안쪽 면에 두께를 설정하여 솔리드로 완성하는 명령어입니다.

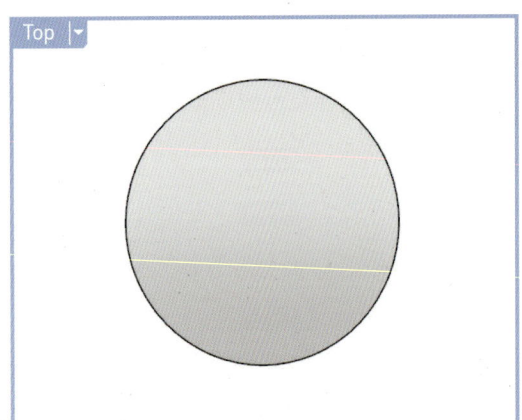

01. 메인1(7번째) > 원통 명령어를 선택합니다.
02. Top 뷰에 마우스 커서를 올려놓습니다.
03. 원통의 밑면 ~ : 0,0 Enter
04. 반지름 <10.000> ~ : 10 Enter
05. 원통의 끝 <10.000> ~ : 10 Enter
06. 반지름과 높이가 10mm인 원통 솔리드가 만들어졌습니다.

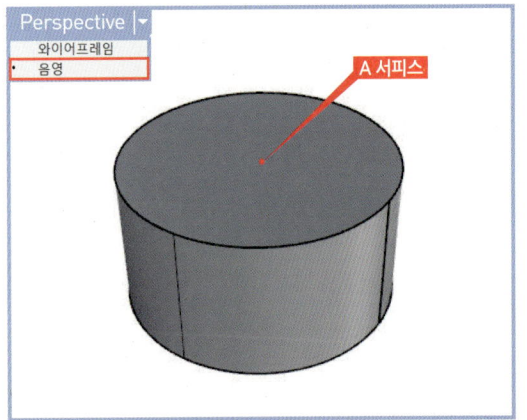

07. 메인2(7번째) > 쉘 명령어를 선택합니다.
08. 닫힌 폴리서피스에서 제거할 면을 선택합니다. ~ 두께(T)=1 : 1 Enter
09. 닫힌 폴리서피스에서 제거할 면을 선택합니다 ~ : Perspective 뷰에서 A 서피스를 선택한 후 Enter

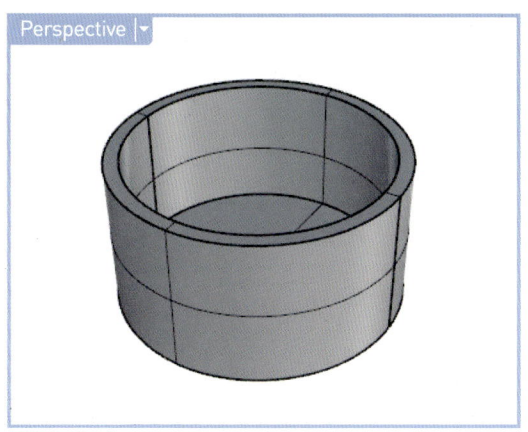

10. 선택한 A서피스는 제거되고, 두께 1mm인 솔리드가 생성되었습니다.

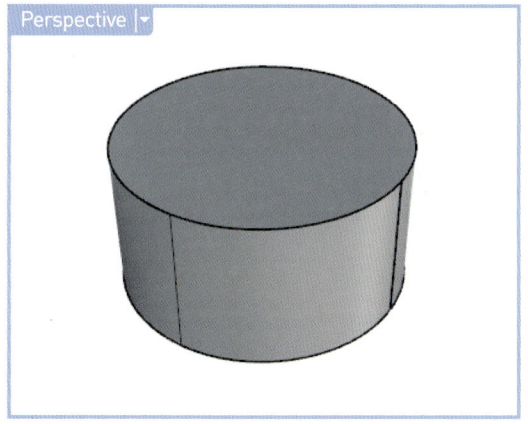

11. 이번에는 동시에 윗면과 아랫면을 제거하여 솔리드를 만들어 보도록 하겠습니다.
12. `Ctrl` + Z 키를 눌러 전단계로 돌아갑니다.

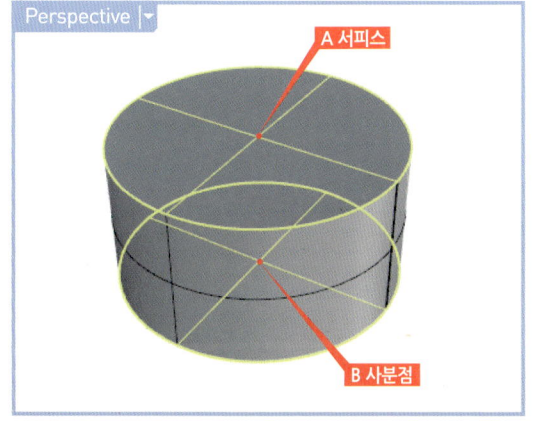

13. 메인2(7번째) > 쉘 명령어를 선택합니다.
14. 닫힌 폴리서피스에서 제거할 면을 선택합니다. ~ 두께(T)=1 : 1 `Enter`
15. 닫힌 폴리서피스에서 제거할 면을 선택합니다 ~ : Perspective |▼ 뷰 에서 A, B 두서피스를 동시에 선택한 후 `Enter`

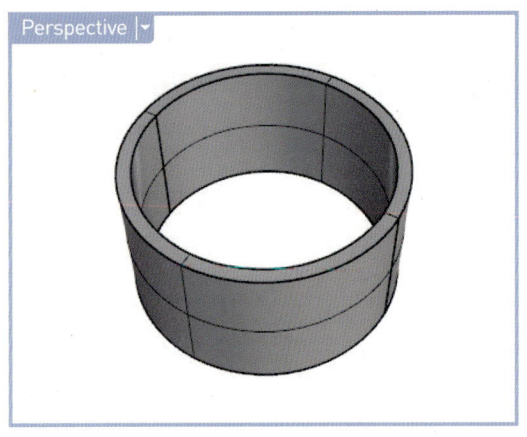

16. 선택한 두 서피스는 제거되고, 두께 1mm인 솔리드가 생성되었습니다.

평면형 구멍 끝막음

평면형 구멍 가장자리에 평면형 서피스를 결합시켜 열린 부분을 채워주는 명령어입니다.

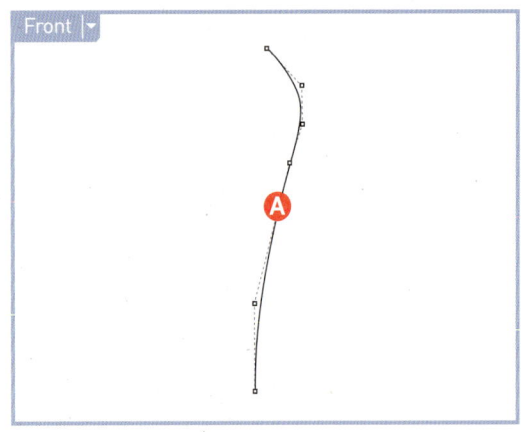

01. 메인2(2번째) > 제어점 커브 명령어를 선택합니다.
02. Front 뷰에 마우스 커서를 올려놓습니다.
03. 커브의 시작 (차수(D)=3 닫힘_유지(P)=아니요): **-7,0** Enter
04. **-7,7** Enter
05. **-4,18** Enter
06. **-3,21** Enter
07. **-3,24** Enter
08. **-6,27** Enter Enter
09. 왼쪽 그림과 같은 커브(A)가 만들어졌습니다.

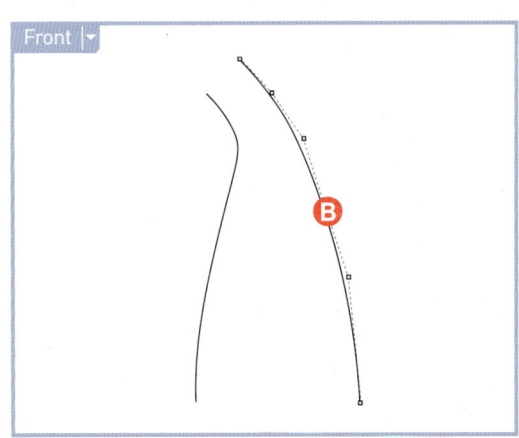

10. 제어점 커브 명령어 선택합니다.
11. Front 뷰에 마우스 커서를 올려놓습니다.
12. 커브의 시작 (차수(D)=3 닫힘_유지(P)=아니요): **8,0** Enter
13. **7,11** Enter
14. **3,23** Enter
15. **0,27** Enter
16. **-3,30** Enter Enter
17. 왼쪽 그림과 같은 커브(B)가 만들어졌습니다.

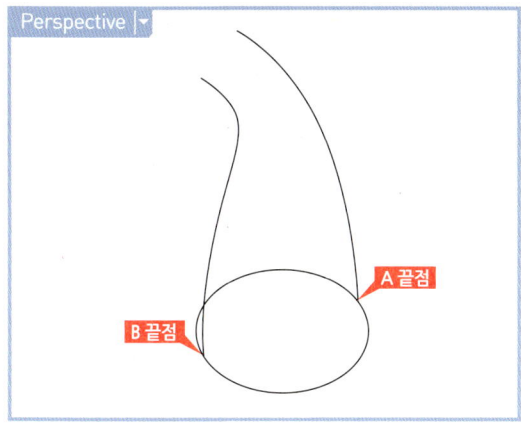

18. 메인1(3번째) > ⊙ 원: 지름 명령어를 선택합니다.
19. 개체 스냅에서 "끝점" 체크합니다.
20. `지름의 시작 (수직(V)):` `Perspective |▼` 뷰에서 A 끝점을 선택합니다.
21. `지름의 끝 (수직(V)):` B 끝점을 선택합니다.
22. 두 커브의 끝점 위치에 원지름 커브가 만들어졌습니다.

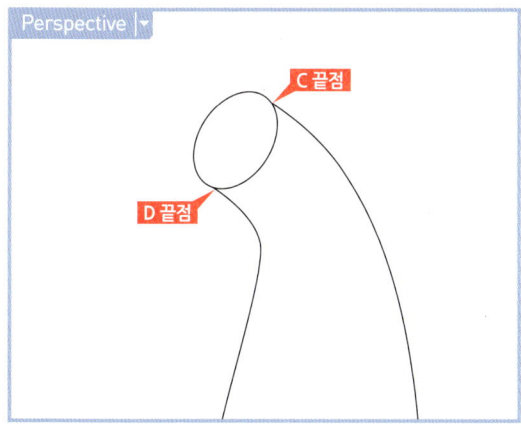

23. 메인1(3번째) > ⊙ 원: 지름 명령어를 선택합니다.
24. 개체스냅에서 "끝점" 체크합니다.
25. `지름의 시작 (수직(V)):` `Perspective |▼` 뷰에서 C 끝점을 선택합니다.
26. `지름의 끝 (수직(V)):` D 끝점을 선택합니다
27. 두 커브의 끝점 위치에 원지름 커브가 만들어졌습니다.

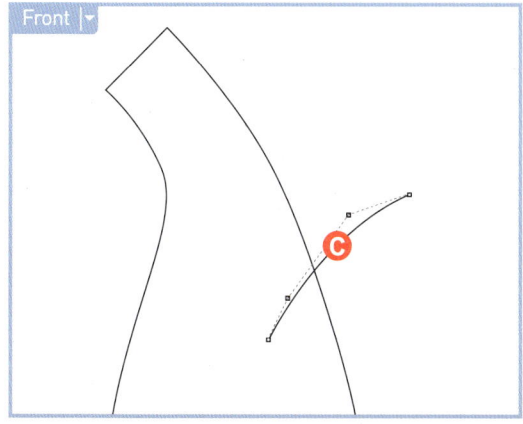

28. 메인2(2번째) > 제어점 커브 명령어를 선택합니다.
29. `Front |▼` 뷰에 마우스 커서를 올려놓습니다.
30. `커브의 시작 (차수(D)=3 닫힘_유지(P)=아니요):` 2,15 Enter
31. 3,17 Enter
32. 6,21 Enter
33. 9,22 Enter Enter
34. 왼쪽 그림과 같은 커브(C)가 만들어졌습니다.

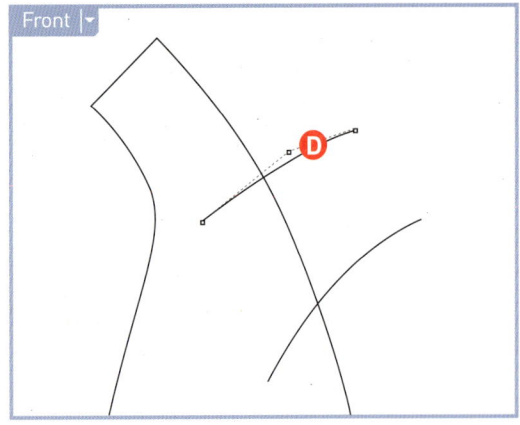

35. 메인2(2번째) > 제어점 커브 명령어를 선택합니다.
36. Front 뷰에 마우스 커서를 올려놓습니다.
37. 커브의 시작 (차수(D)=3 닫힘_유지(P)=아니요): -1,22 Enter
38. 3,25 Enter
39. 6,26 Enter Enter
40. 왼쪽 그림과 같은 커브(D)가 만들어졌습니다.

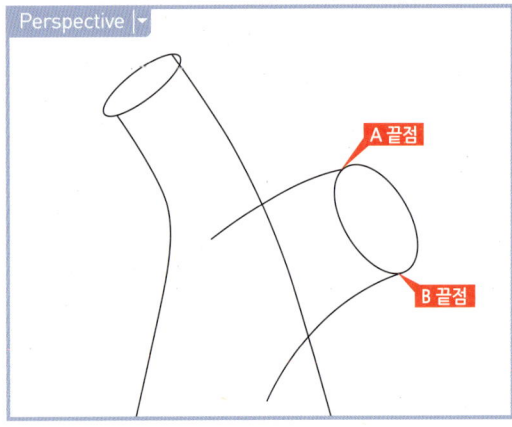

41. 메인1(3번째) > 원: 지름 명령어를 선택합니다.
42. 개체 스냅에서 "끝점" 체크합니다.
43. 지름의 시작 (수직(V)): Perspective 뷰에서 A 끝점을 선택합니다.
44. 지름의 끝 (수직(V)): B 끝점을 선택합니다
45. 두 커브 끝점 위치에 원지름 커브가 만들어졌습니다.

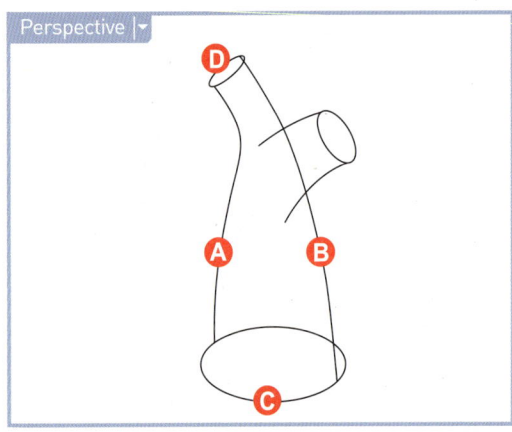

46. 메인1(6번째) > 2개 레일 스윕 명령어를 선택합니다.
47. 첫 번째 레일 선택 (가장자리_연속선택(C)): Perspective 뷰에서 A 커브를 선택합니다.
48. 두 번째 레일 선택: B 커브를 선택합니다.
49. 단면 커브 선택 (점(P)): C 커브와 D 커브를 선택한 후 Enter Enter
50. 왼쪽과 같이 옵션을 설정합니다.

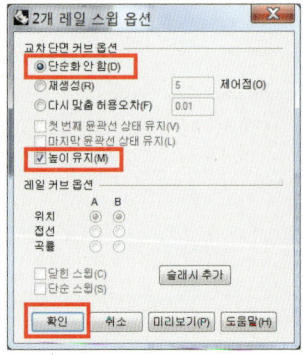

140

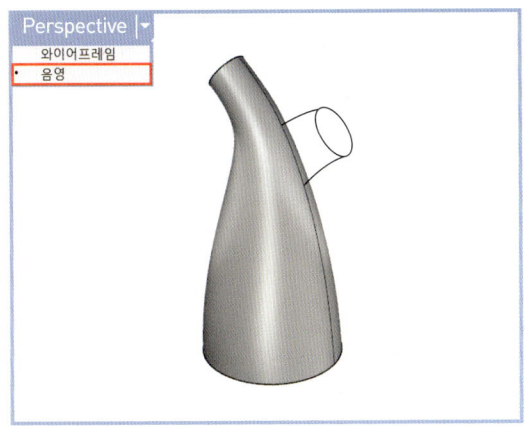

51. 커브 모양대로 서피스가 생성되었습니다.

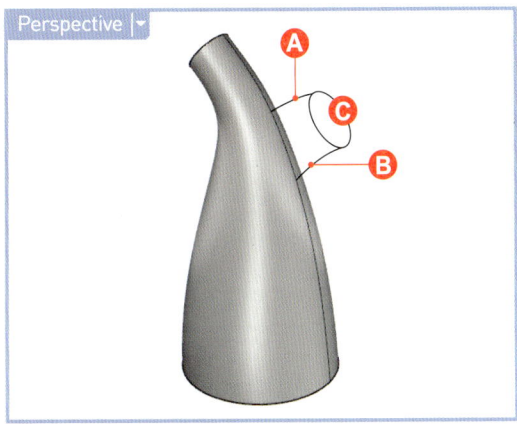

52. 메인1(6번째) > 2개 레일 스윕 명령어를 선택합니다.

53. 첫 번째 레일 선택 (가장자리_연속선택(C)): Perspective 뷰에서 A 커브를 선택합니다.

54. 두 번째 레일 선택: B 커브를 선택합니다.

55. 단면 커브 선택 (점(P)): C 커브를 선택한 후 Enter Enter

56. 아래와 같이 옵션을 설정합니다.

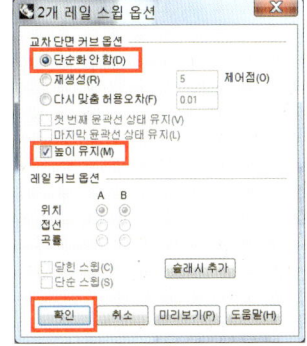

57. 커브 모양대로 서피스가 생성되었으나 가 ~ 다 세 지점은 서피스 가장자리가 열려있는 상태입니다.

58. 이를 평면형 구멍 끝막음 명령어로 닫아서 결합된 솔리드로 만들도록 하겠습니다.

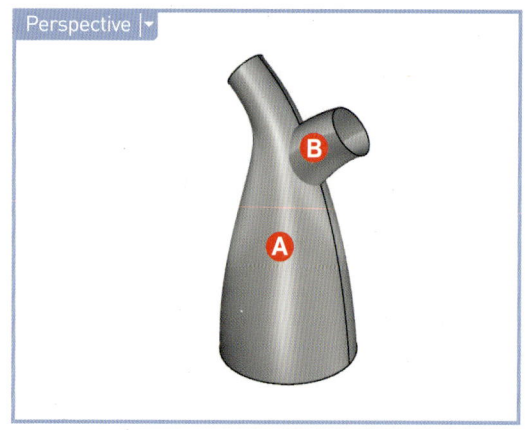

59. 메인2(7번째) > ![icon] 평면형 구멍 끝막음 명령어를 선택합니다.

60. 끝막음할 서피스 또는 폴리서피스 선택: Perspective |▼ 뷰에서 A, B 두 개체를 선택한 후 Enter

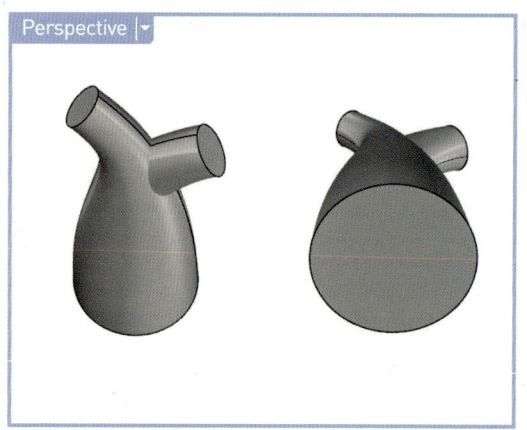

61. 왼쪽 그림처럼, 평면이면서 열려져있는 서피스 가장자리에 평면형 서피스로 채워지고 결합된 솔리드로 생성되었습니다.

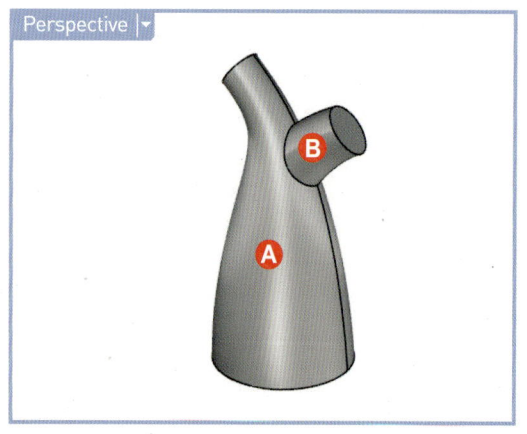

62. 솔리드로 만든 두 개체를 결합하여 하나의 솔리드로 만들어 보도록 하겠습니다.

63. 메인2(7번째) > ![icon] 부울 합집합 명령어를 선택합니다.

64. 합집합을 적용할 서피스 또는 폴리서피스 선택: Perspective |▼ 뷰에서 A, B 두 개체를 동시 선택한 후 Enter

65. 두 개체가 하나로 결합되었습니다.

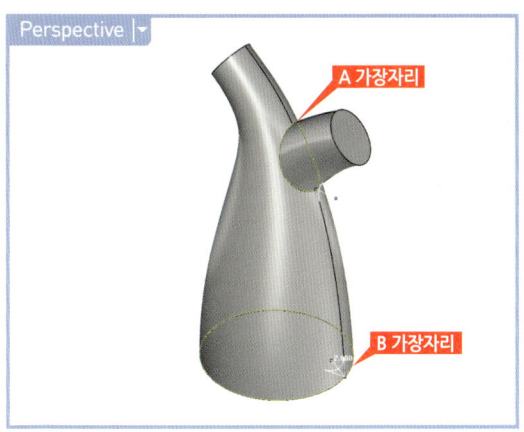

66. 두 면이 만나는 각진 가장자리에 라운드를 넣어 보도록 하겠습니다.
67. 메인2(7번째) > 가변 반지름 필릿 명령어를 선택합니다.
68. 필릿할 가장자리 선택 (반지름_표시(S)=예 다음_반지름(N)=2 ~): **2** `Enter`
69. 필릿할 가장자리 선택 ~ : Perspective |▼ 뷰에서 **A 가장자리** 와 **B 가장자리**를 모두 선택한 후 `Enter` `Enter`

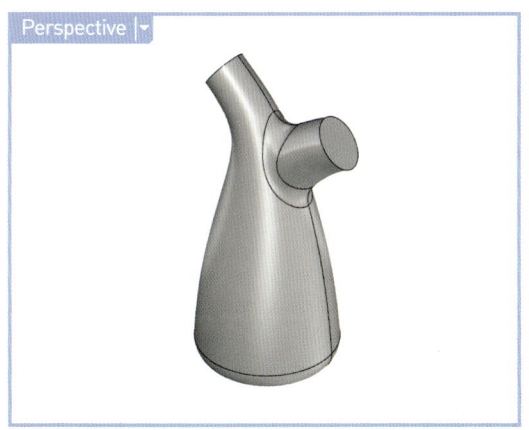

70. 선택한 가장자리에 반지름 필릿 2mm인 라운드가 생성되었습니다.

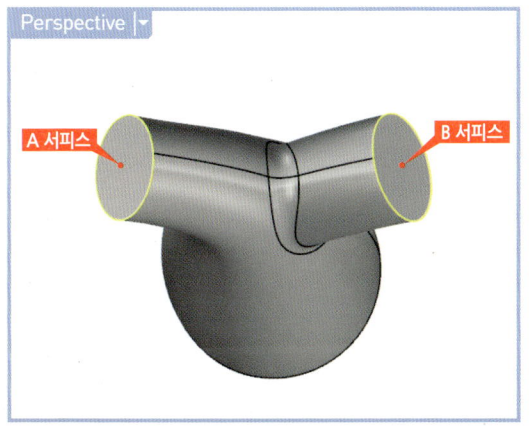

71. 쉘 명령어로 닫혀 있는 서피스를 제거하여 두께가 있는 솔리드로 만들어 보도록 하겠습니다.
72. 메인2(7번째) > 쉘 명령어를 선택합니다.
73. 닫힌 폴리서피스에서 제거할 면을 선택합니다. ~ <두께(T)=0.5>: **0.5** `Enter`
74. 닫힌 폴리서피스에서 제거할 면을 선택합니다 ~ : Perspective |▼ 뷰에서 **A, B** 두 서피스를 모두 선택한 후 `Enter`

143

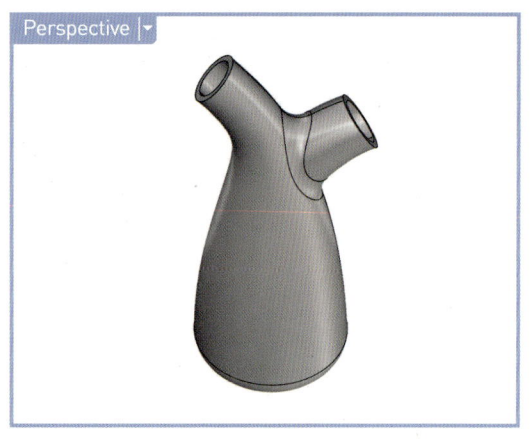

75. 왼쪽 그림처럼, 선택한 두 서피스가 제거되고 두께 0.5mm인 솔리드가 만들어졌습니다.

🧊🖱 동일 평면상의 모든 면 병합

평면이면서 같은 높이인 두 개 이상의 개체를 하나로 병합하는 명령어입니다.

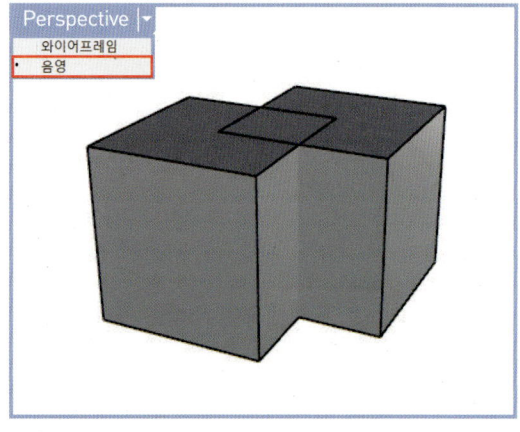

01. 메인1(7번째) > 🧊 상자: 모서리에서 모서리로, 높이 명령어를 선택합니다.
02. Perspective 뷰에 마우스 커서를 올려놓습니다.
03. 기준의 첫 번째 모서리 ~ : 0,0 Enter
04. 기준의 대각선 방향 모서리 또는 길이 (3점(P)): 10,10 Enter
05. 높이. 너비를 사용하려면 Enter 키를 누르십시오: 10 Enter
06. 🧊 상자: 모서리에서 모서리로, 높이 명령어를 선택합니다.
07. 기준의 첫 번째 모서리 ~ : 5,5 Enter
08. 기준의 대각선 방향 모서리 또는 길이 (3점(P)): 15,15 Enter
09. 높이. 너비를 사용하려면 Enter 키를 누르십시오: 10 Enter
10. 2개의 정사각형 솔리드가 만들어졌습니다.

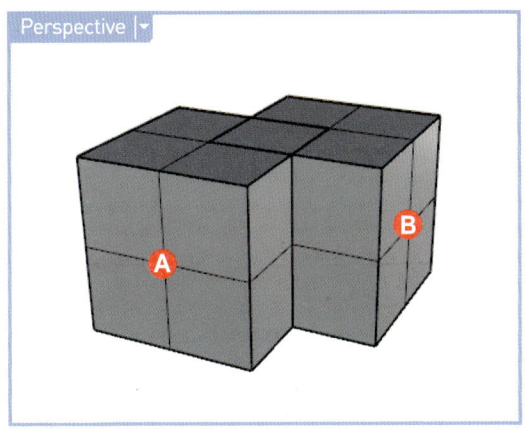

11. 메인2(7번째) > 🔵 부울 합집합 명령어를 선택합니다.
12. ▣합집합을 적용할 서피스 또는 폴리서피스 선택: Perspective 뷰에서 **A, B** 두 개체를 모두 선택한 후 Enter
13. 두 개체가 하나로 결합했습니다.

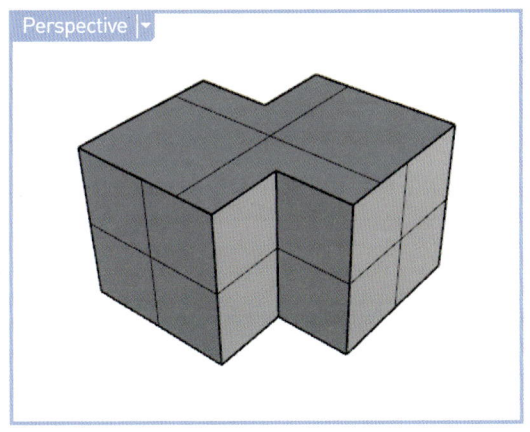

14. 메인2(7번째) > 🔳 동일 평면상의 모든 면 병합 명령어를 선택합니다.
15. ▣폴리서피스 선택: 솔리드 개체를 선택한 후 Enter
16. 왼쪽 그림처럼, 평면인 윗면과 아랫면은 각각 하나의 면으로 병합(하나로 합쳐짐)되었습니다.
17. 이와같이 위 명령어는 병합하고자 하는 서피스의 높이가 같고, 평면인 것만 하나의 면으로 병합할 수 있습니다.

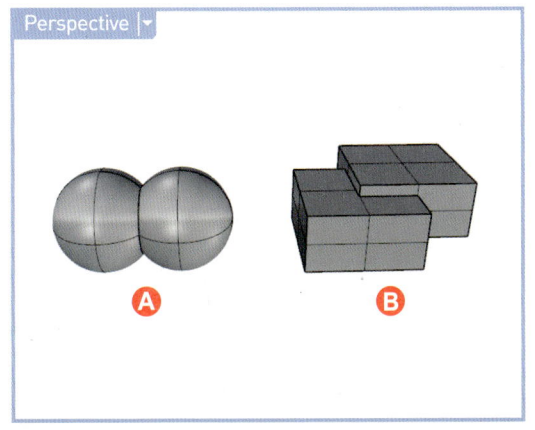

18. 예를 들어, 왼쪽 그림처럼 A개체(높이는 같지만 평면이 아닌것)와 B개체(평면이지만 높이가 서로 다른 것)는 하나의 면으로 병합할 수 없습니다.

🔲 가변 반지름 필릿

서피스 가장자리에 라운드를 만드는 명령어입니다.

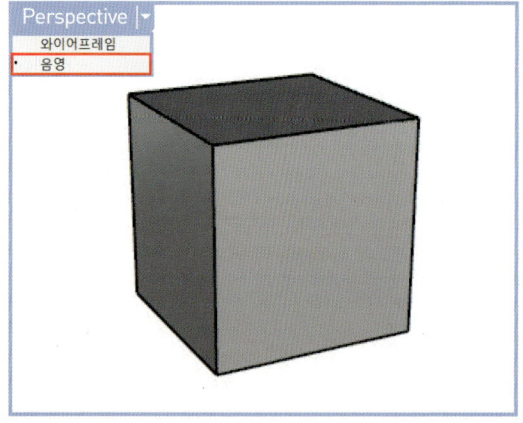

01. 메인1(7번째) > 🔲 **상자: 모서리에서 모서리로, 높이** 명령어를 선택합니다.
02. `Perspective |▼` 뷰에 마우스 커서를 올려놓습니다.
03. `기준의 첫 번째 모서리 ~ :` **0,0** `Enter`
04. `기준의 대각선 방향 모서리 또는 길이 ( 3점(P) ):` **30,30** `Enter`
05. `높이. 너비를 사용하려면 Enter 키를 누르십시오:` **30** `Enter`
06. 정사각형 솔리드가 만들어졌습니다.

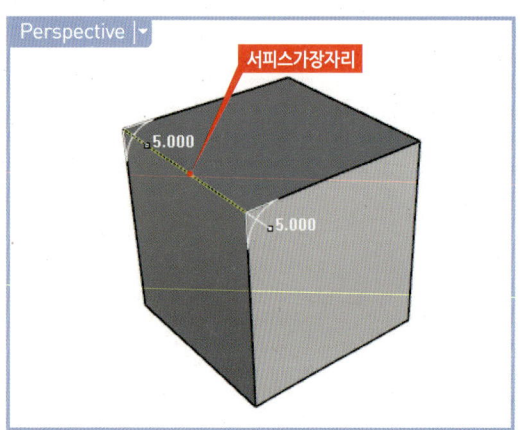

07. 메인2(7번째) > 🔲 **가변 반지름 필릿** 명령어를 선택합니다.
08. `필릿할 가장자리 선택 ( 반지름_표시(S)=예 다음_반지름(N)=5 ~ ):` **5** `Enter`
09. `필릿할 가장자리 선택 ~ :` `Perspective |▼` 뷰에서 **서피스 가장자리**를 선택한 후 `Enter` `Enter`

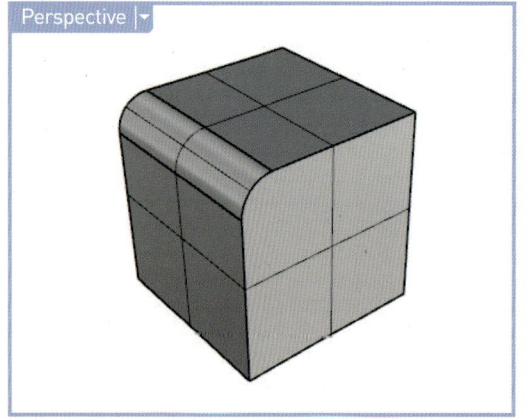

10. 왼쪽 그림처럼, 선택한 서피스 가장자리에 반지름 필릿 5mm인 라운드가 만들어졌습니다.

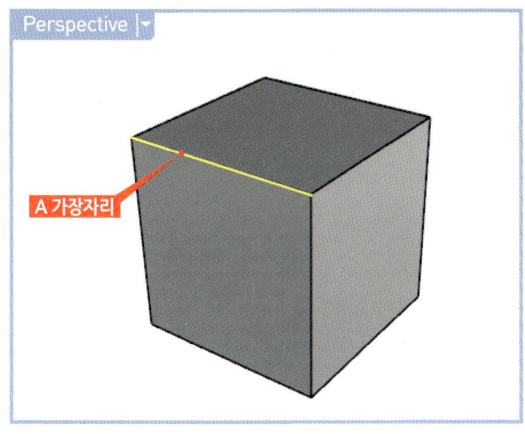

11. 이번에는 서피스 가장자리에 여러 개의 반지름 값을 적용시켜 보도록 하겠습니다.
12. Ctrl +Z 키를 눌러 전단계로 넘어갑니다.
13. 메인2(7번째) > 가변 반지름 필릿 명령어를 선택합니다.
14. 개체 스냅에서 "중간점" 체크합니다.
15. 필릿할 가장자리 선택 (반지름_표시(S)=예 다음_반지름(N)=5):
    Perspective 뷰에서 A 가장자리를 선택한 후 Enter

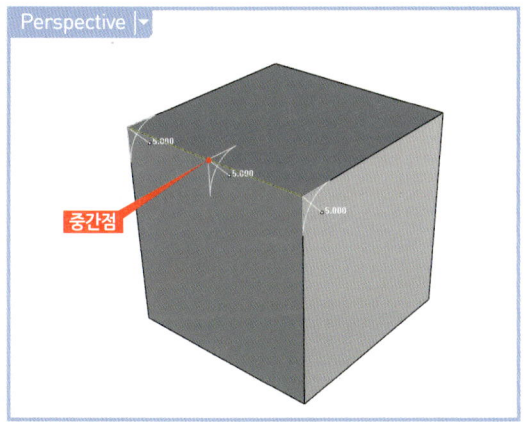

16. 편집할 필릿 핸들 선택. 완료되면 Enter 키를 누르십시오 (핸들_추가(A) 핸들_복사(C) 모두_설정(S) 핸들_링크(L)=아니요 레일_유형(R)=롤링볼 가장자리_선택(T) 미리보기(P)=아니요 트림과_결합(I)=예): "핸들_추가(A)"를 선택한 뒤 중간점에 찍고 Enter

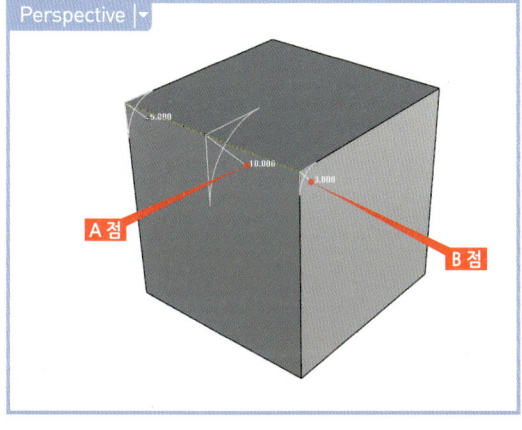

17. 중간지점에 반지름 필릿 값이 추가되었습니다.
18. 반지름 값 앞에 점을 눌러 반지름 값을 변경하도록 하겠습니다.
19. 왼쪽 그림처럼, A 점을 누른 뒤 10 입력한 후 Enter
20. B 점을 눌러 3 입력한 후 Enter Enter

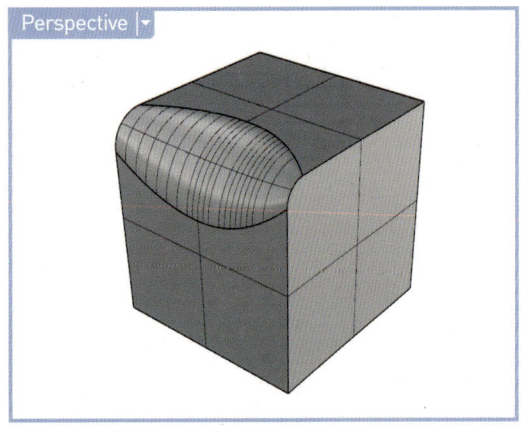

21. 왼쪽 그림처럼, 하나의 서피스 가장자리에 서로 다른 반지름 값(5, 10, 3mm)을 적용하여 새로운 라운드를 생성하였습니다.

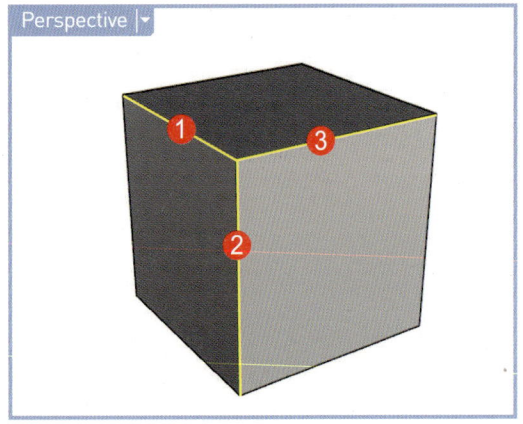

22. 이번에는 서로 맞닿아 있는 3개의 서피스 가장자리에 반지름 값을 넣어보도록 하겠습니다.
23. Ctrl +Z 를 눌러 전단계로 넘어갑니다.
24. 메인2(7번째) > 가변 반지름 필릿 명령어를 선택합니다.
25. 필릿할 가장자리 선택 (반지름_표시(S)=예 다음_반지름(N)=5): Perspective 뷰에서 **3개**의 서피스 가장자리를 모두 선택한 후 Enter Enter

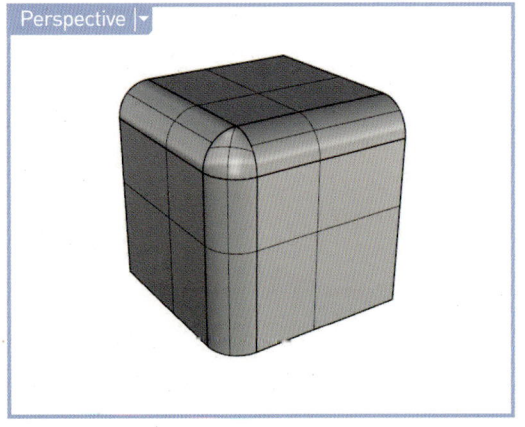

26. 왼쪽 그림처럼, 3개의 서피스 가장자리에 반지름 필릿 5mm인 라운드가 만들어졌습니다.
27. 여러 개의 서피스 가장자리에 동일한 반지름 필릿을 주려면 처리하고자 하는 모든 서피스 가장자리를 동시에 선택하여야 합니다.

CHAPTER 03_주요 기능 알아보기

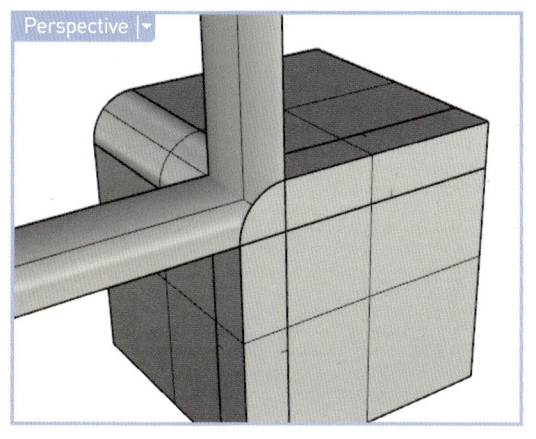
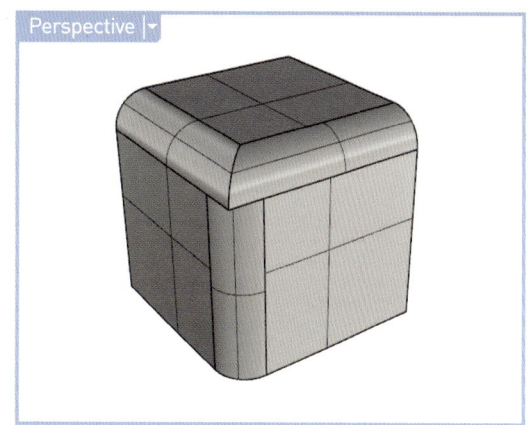

28. 만일 각각 따로 반지름 필릿을 주게 되면, 위 그림처럼 서피스가장자리에 반지름 필릿이 들어가지 않습니다.

모서리 끝점에 모여있는 서피스 가장자리를 매끄럽게 연결하는 방법 알아보기

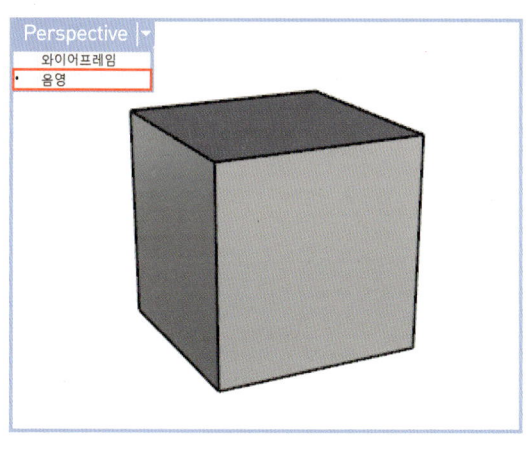

01. 메인1(7번째) > 상자: 모서리에서 모서리로, 높이 명령어를 선택합니다.
02. Perspective 뷰에 마우스 커서를 올려놓습니다.
03. 기준의 첫 번째 모서리 ~ : 0,0 Enter
04. 기준의 대각선 방향 모서리 또는 길이 (3점(P)): 30,30 Enter
05. 높이. 너비를 사용하려면 Enter 키를 누르십시오: 30 Enter
06. 정사각형 솔리드가 만들어졌습니다.

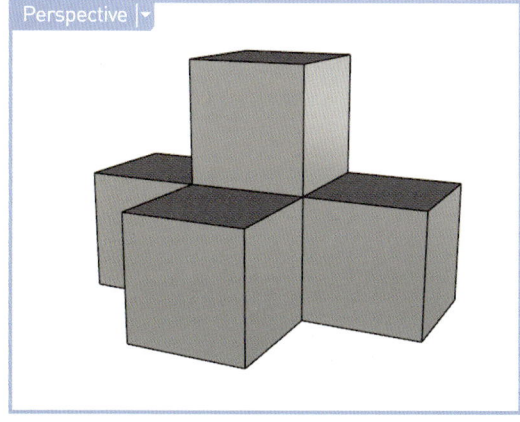

07. 메인1(14번째) > 복사 명령어를 선택합니다.
08. 복사할 개체 선택: Perspective 뷰에서 개체를 선택한 후 Enter
09. 복사의 기준점 ~ : 0,0 Enter
10. 복사할 위치의 점: -30,30,0 Enter
11. 0,30,30 Enter
12. 30,30,0 Enter Enter
13. 왼쪽 그림처럼, 총 4개의 정사각형 솔리드가 만들어졌습니다.

149

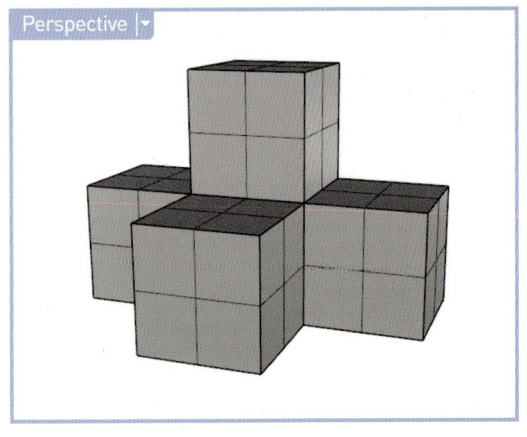

14. ⌈Ctrl⌉ +A 키를 눌러 개체를 전부 선택한 후 메인2(9번째) > 분해 명령어를 선택합니다.
15. 모든 개체가 분해되었습니다.

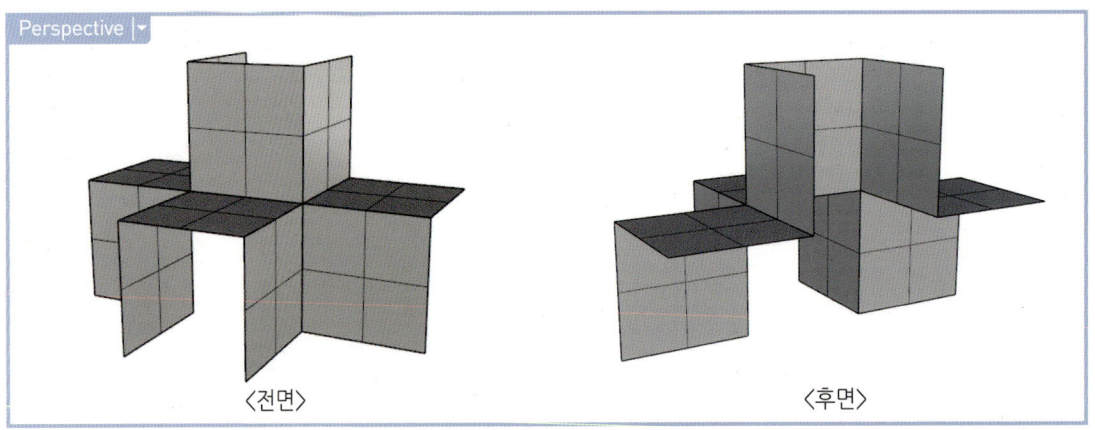

<전면>   <후면>

16. ⌈Delete⌉ 키를 사용하여 위 그림에 존재하는 면을 제외한 모든 면들을 삭제해줍니다.

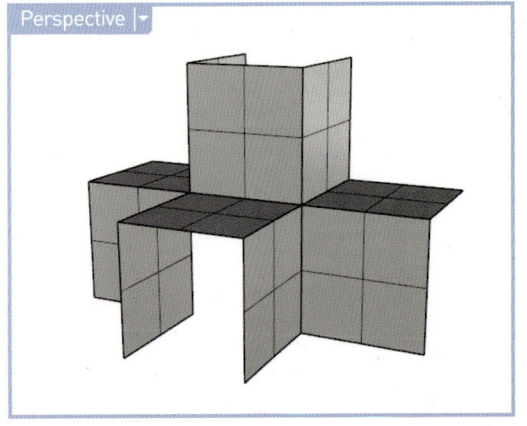

17. ⌈Ctrl⌉ +A 키를 눌러 개체를 전부 선택한 후 메인1(9번째) > 결합 명령어를 선택합니다.
18. 모든 개체가 결합되었습니다.

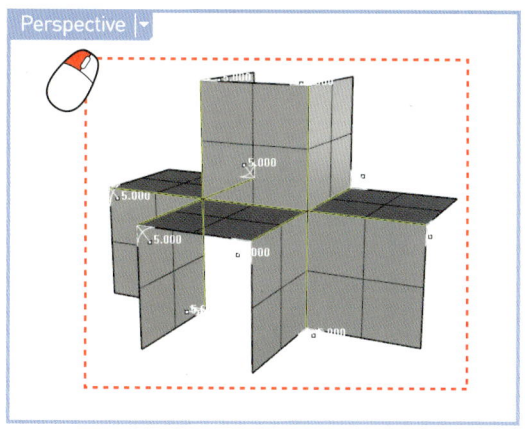

19. 메인2(7번째) > 가변 반지름 필릿 명령어를 선택합니다.
20. `필릿할 가장자리 선택 ( 반지름_표시(S)=예 다음_반지름(N)=5~ ):` 5 Enter
21. `필릿할 가장자리 선택~:` 왼쪽 그림처럼, Perspective 뷰에서 마우스 좌클릭 누른 상태로 왼쪽 상단에서 오른쪽 하단으로 드래그하여 **서피스 가장자리**를 전부 선택한 후 Enter Enter

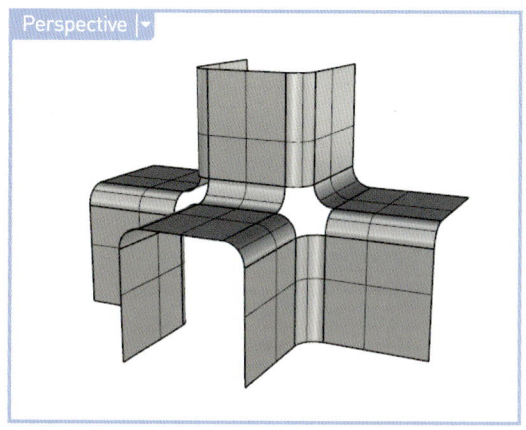

22. 서피스 가장자리에 반지름 필릿 5mm가 만들어졌습니다.
23. 가변 반지름 필릿은 두 서피스가 결합된 상태에서 서피스 가장자리에 반지름 필릿(라운드)를 만들어냅니다.
24. 하지만, 모서리 끝점에 서피스 가장자리가 모여있는 경우에는 왼쪽 그림처럼 서피스 가장자리가 벌어집니다.

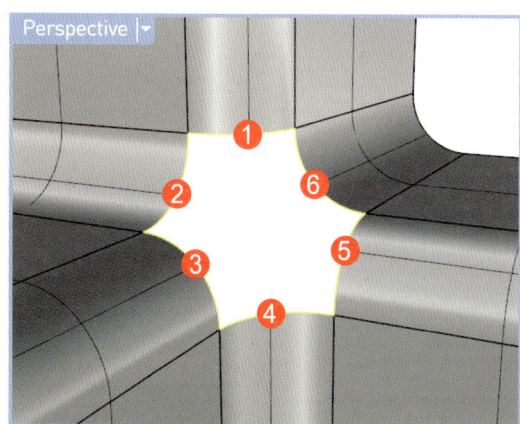

25. 벌어진 서피스 가장자리를 곡률 서피스로 채워보도록 하겠습니다.
26. 메인1(6번째) > 패치 명령어를 선택합니다.
27. `서피스에 맞출 커브, 점, 점구름, 메쉬 선택:` Perspective 뷰에서 열려진 서피스 가장자리 **6개** 전부를 선택한 후 Enter
28. 아래와 같이 옵션을 설정합니다.

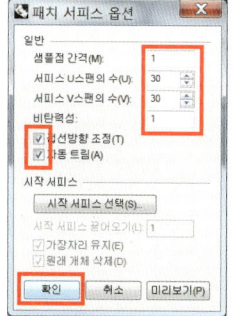

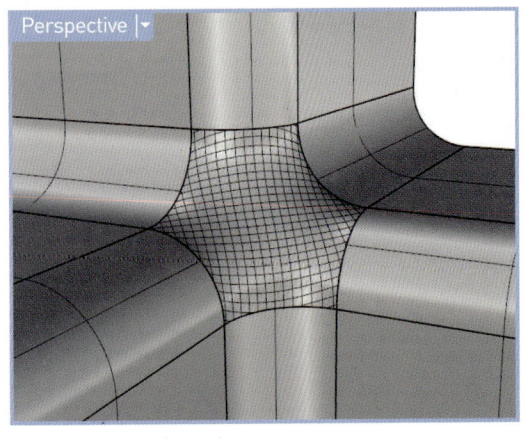

29. 열려져있던 서피스 가장자리에 곡률 서피스로 메꾸어졌습니다.

🟦 가변 반지름 모따기

서피스 가장자리에 경사진 서피스를 만드는 명령어입니다.

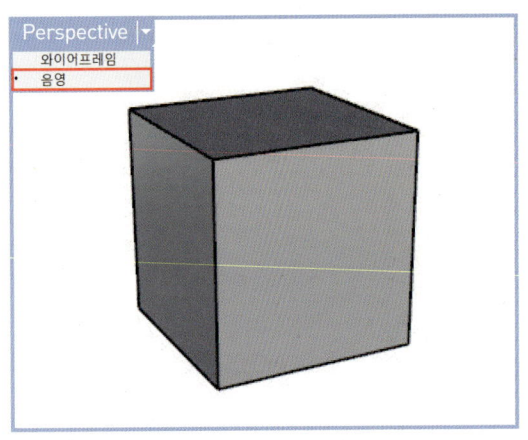

01. 메인1(7번째) > 🟦 상자: 모서리에서 모서리로, 높이 명령어를 선택합니다.
02. `Perspective ▼` 뷰에 마우스 커서를 올려놓습니다.
03. 기준의 첫 번째 모서리 ~ : `0,0` `Enter`
04. 기준의 대각선 방향 모서리 또는 길이 (3점(P)): `30,30` `Enter`
05. 높이. 너비를 사용하려면 Enter 키를 누르십시오: `30` `Enter`
06. 30mm인 정육면체가 만들어졌습니다.

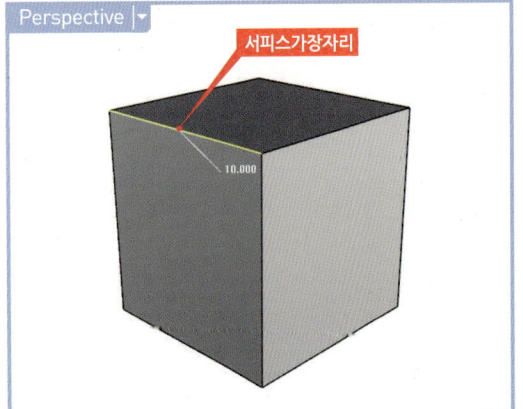

07. 메인2(7번째) > 🟦 가변 반지름 모따기 명령어를 선택합니다.
08. 모따기할 가장자리 선택 (모따기_거리_표시(S)=예 `다음_모따기_거리(N)=10` 가장자리_연속선택(C)): `10` `Enter`
09. 모따기할 가장자리 선택. 완료되면 Enter 키를 누르십시오 ~ : `Perspective ▼` 뷰에서 **서피스 가장자리**를 선택한 후 `Enter` `Enter`

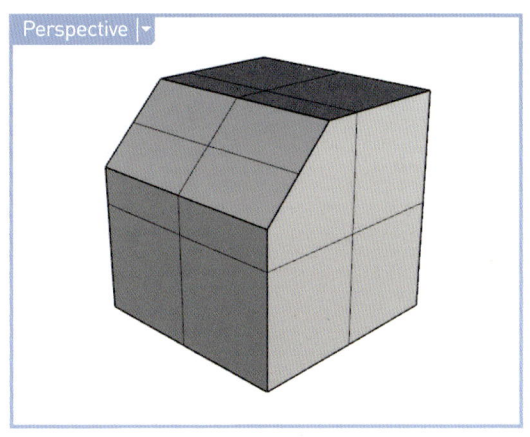

10. 선택한 서피스 가장자리에 10mm 길이로 경사진 새로운 서피스가 만들어졌습니다.

6 개체로 커브 만들기

개체에서 커브를 만들어 낼 수 있는 명령어입니다.

커브를 서피스에 투영, 서피스 가장자리에 커브 복제, 개체 테두리에 커브 복제, 서피스 아이소커브 복제, 개체 교차지점에 개체를 만들고, 서피스 전체를 커브로 펼쳐주는 기능, 개체를 2D 도면으로 만드는 여러 명령어들을 한 곳에 모아둔 도구함입니다.

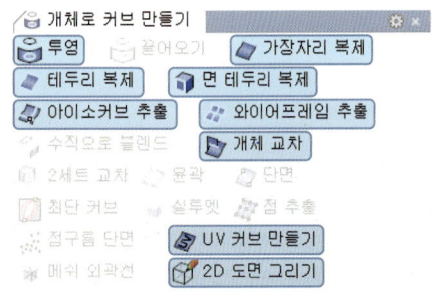

투영

커브를 수직 방향으로 서피스에 투영(옮겨놓다) 하는 명령어입니다.

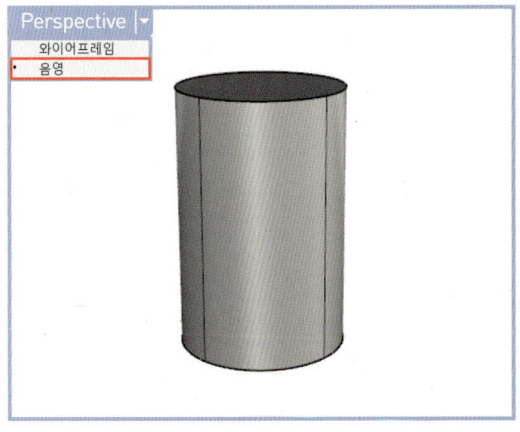

01. 메인1(7번째) > 원통 명령어를 선택합니다.
02. Perspective 뷰에 마우스 커서를 올려놓습니다.
03. 원통의 밑면 ~ : 0,0 Enter
04. 반지름 <10.000> ~ : 10 Enter
05. 원통의 끝 <30.000> ~ : 30 Enter
06. 반지름 10mm, 높이 30mm인 원통 솔리드가 만들어졌습니다.

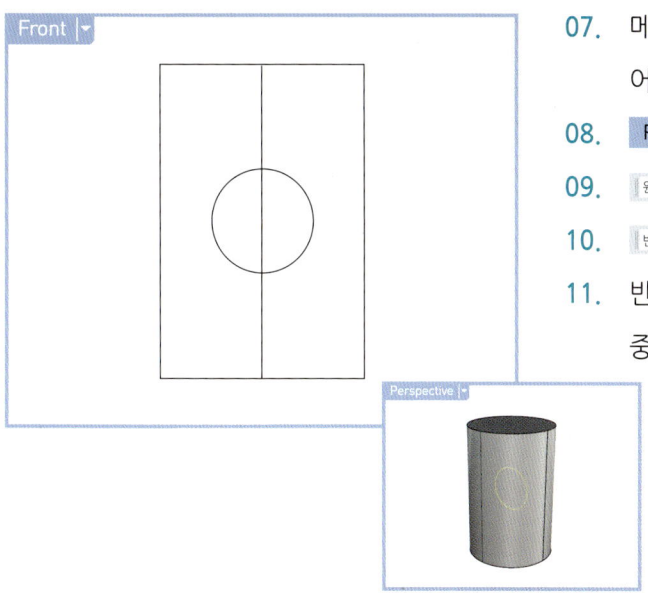

07. 메인1(3번째) > ⊙ 원: 중심점, 반지름 명령어를 선택합니다.
08. Front |▼ 뷰에 마우스 커서를 올려놓습니다.
09. 원의 중심 ~ : 0,15 Enter
10. 반지름 <10.000> ~ : 5 Enter
11. 반지름 5mm인 원 커브가 원통 솔리드 안쪽 중앙에 만들어졌습니다.

12. 메인1(8번째) > 🗇 커브 투영 명령어를 선택합니다.
13. 투영할 커브와 점 선택 ~ : Front |▼ 뷰에서 원 커브를 선택한 후 Enter
14. 투영처가 될 서피스, 폴리서피스, 메쉬 선택 ~ : Front |▼ 뷰에서 원통 솔리드 선택한 후 Enter

15. 선택한 커브가 서피스에 투영(옮겨놓기) 되었습니다.

가장자리 복제

서피스 가장자리에 커브를 복제하는 명령어입니다.

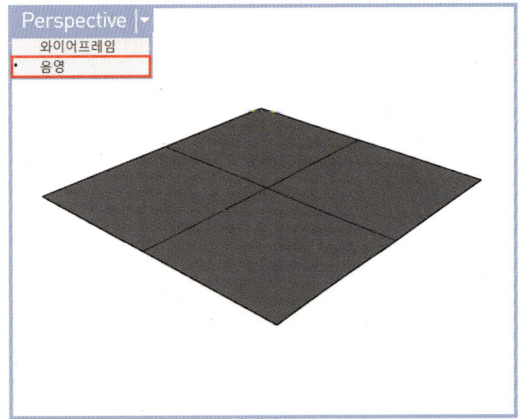

01. 메인1(6번째) > 직사각형 평면: 모서리에서 모서리로 명령어를 선택합니다.
02. Perspective 뷰에 마우스 커서를 올려놓습니다.
03. 평면의 첫 번째 모서리 ~ : 0,0 Enter
04. 다른 모서리 또는 길이 (3점(P)): 20,20 Enter
05. 20mm인 정사각형 평면 서피스가 만들어졌습니다.

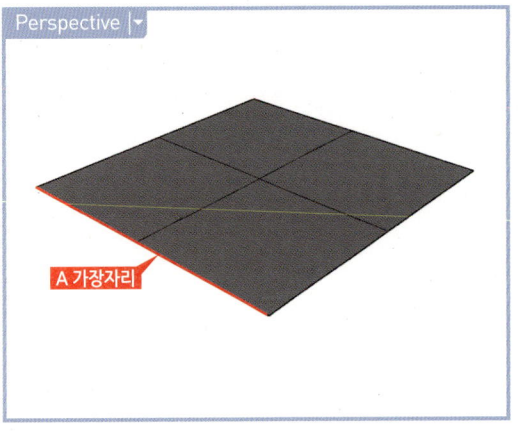

06. 메인1(8번째) > 가장자리 복제 명령어를 선택합니다.
07. 복제할 가장자리 선택 ~ : Perspective 뷰에서 A 가장자리를 선택한 후 Enter
08. A 가장자리에 커브가 복제되었습니다.

테두리 복제

열려진 서피스 가장자리(테두리)에 커브를 복제하는 명령어입니다.

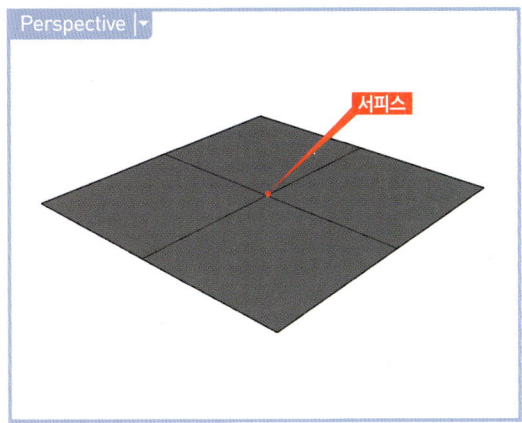

01. 이미 만들어져 있는 평면 서피스를 가지고 테두리에 커브를 만들어 보도록 하겠습니다.

02. 메인1(8번째) > 테두리 복제 명령어를 선택합니다.

03. 뷰에서 서피스를 선택한 후 Enter

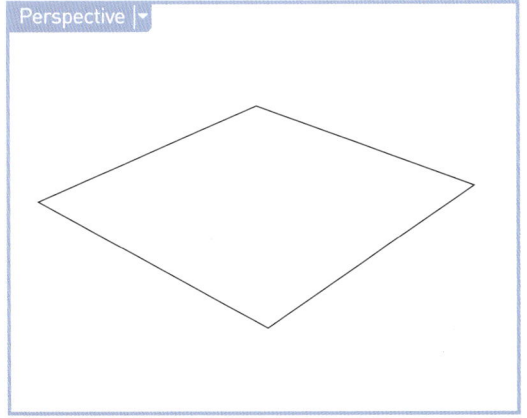

04. 서피스 테두리 모양으로 커브가 만들어졌습니다.

📦 면 테두리 복제

면 테두리의 커브를 복제하는 명령어입니다.

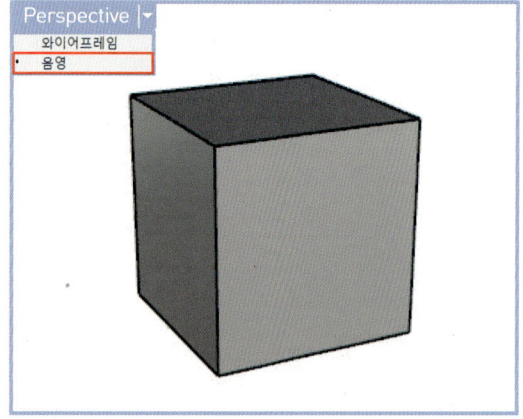

01. 메인1(7번째) > 상자: 모서리에서 모서리로, 높이 명령어를 선택합니다.
02. Perspective 뷰에 마우스 커서를 올려놓습니다.
03. 기준의 첫 번째 모서리 ~ : 0,0 Enter
04. 기준의 대각선 방향 모서리 또는 길이 (3점(P)): 20,20 Enter
05. 높이. 너비를 사용하려면 Enter 키를 누르십시오: 20 Enter
06. 20mm인 정사각형 솔리드가 만들어졌습니다.

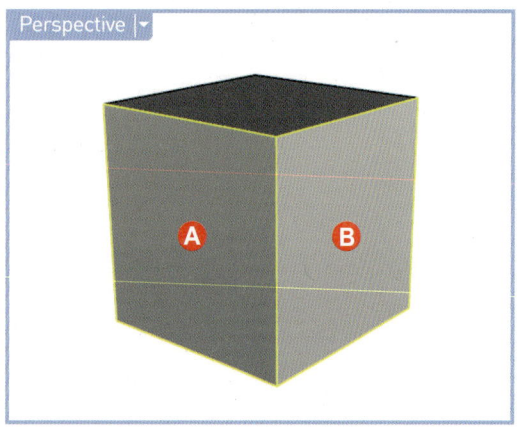

07. 메인1(8번째) > 면 테두리 복제 명령어를 선택합니다.
08. 테두리를 복제할 서피스 또는 면 선택 ~ : Perspective 뷰에서 A, B 두 면을 선택한 후 Enter

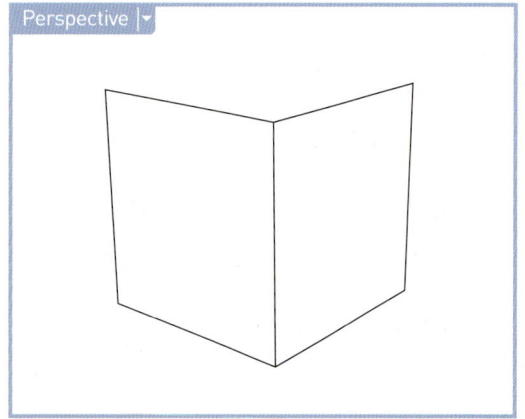

09. 면 테두리에 커브가 복제되었습니다.

아이소커브 추출

서피스 아이소커브를 복제하는 명령어입니다.

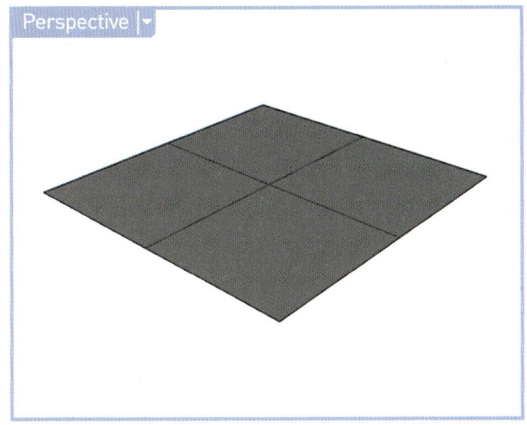

01. 메인1(6번째) > 직사각형 평면: 모서리에서 모서리로 명령어를 선택합니다.
02. Perspective 뷰에 마우스 커서를 올려놓습니다.
03. 평면의 첫 번째 모서리 ~ : 0,0 Enter
04. 다른 모서리 또는 길이 (3점(P)): 20,20 Enter
05. 20mm인 정사각형 평면 서피스가 만들어졌습니다.

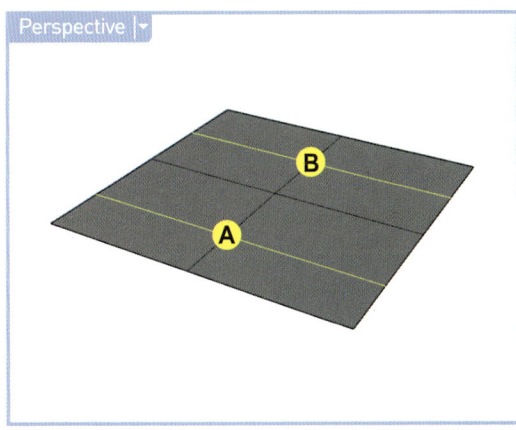

06. 메인1(8번째) > 아이소커브 추출 명령어를 선택합니다.
07. 아이소커브를 추출할 서피스 선택: Perspective 뷰에서 서피스를 선택합니다.
08. 추출할 아이소커브 선택 (방향(D)=U ~ : "방향(D)=U"로 변경합니다.
09. 추출할 아이소커브 선택 (방향(D)=U ~ : 왼쪽그림처럼, A 와 B 두 지점을 선택한 후 Enter
10. 가로 방향으로 2개의 커브가 추출되었습니다.

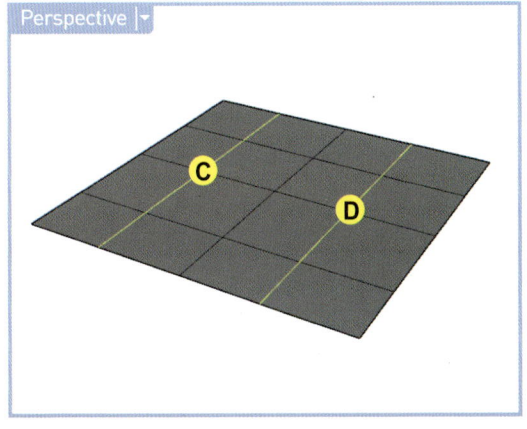

11. 메인1(8번째) > 아이소커브 추출 명령어를 선택합니다.
12. 아이소커브를 추출할 서피스 선택: Perspective 뷰에서 서피스 선택합니다.
13. 추출할 아이소커브 선택 (방향(D)=U ~ : "방향(D)=V"로 변경합니다.
14. 추출할 아이소커브 선택 (방향(D)=U ~): 왼쪽그림처럼, C 와 D 두 지점을 선택한 후 Enter
15. 세로 방향으로 2개의 커브가 추출되었습니다.

와이어 프레임 추출

서피스 아이소커브를 추출하여 커브로 만들어 내는 명령어입니다.

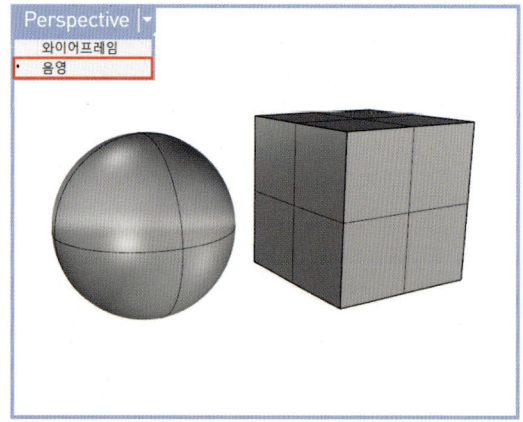

01. 메인1(7번째) > 구: 중심점, 반지름 명령어 를 선택합니다.
02. Perspective 뷰에 마우스 거시를 올려놓습니다.
03. 구의 중심 ~ : 0,0 Enter
04. 반지름 <10.000> ~ : 10 Enter
05. 메인1(7번째) > 상자: 모서리에서 모서리로, 높이 명령어 선택합니다.
06. Perspective 뷰에 마우스 커서를 올려놓습니다.
07. 기준의 첫 번째 모서리 ~ : 20,-10,-10 Enter
08. 기준의 대각선 방향 모서리 또는 길이 (3점(P)): 40,10,-10 Enter
09. 높이. 너비를 사용하려면 Enter 키를 누르십시오: 20 Enter
10. 구 개체와 정사각형 개체가 만들어졌습니다.

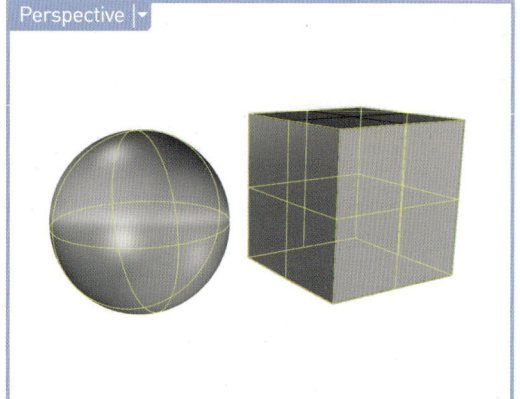

11. 메인1(8번째) > 와이어프레임 추출 명령어를 선택합니다.
12. 커브로 변환할 서피스, 솔리드 또는 메쉬 선택 ~ : Perspective 뷰에서 두 개체를 선택한 후 Enter

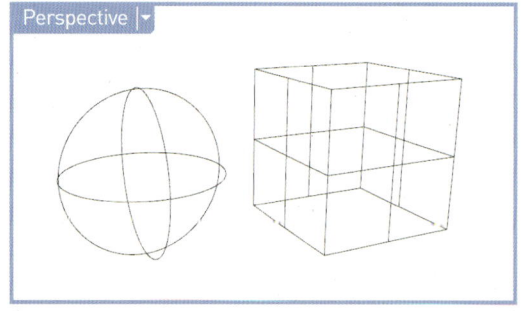

13. 서피스 아이소커브를 추출하여 커브를 생성하였습니다.

개체 교차

두 개 이상의 개체가 서로 교차하는 지점에 점 또는 커브를 만들어내는 명령어입니다.

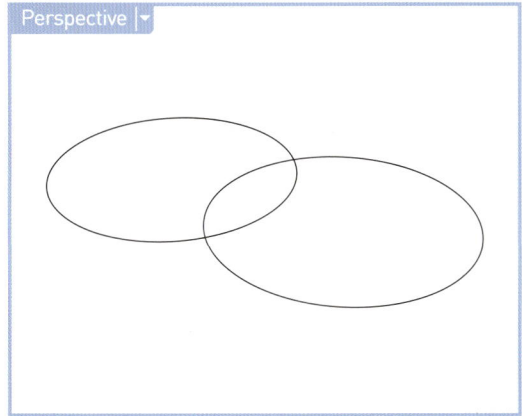

01. 메인1(3번째) > 원: 중심점, 반지름 명령어를 선택합니다.
02. Perspective 뷰에 마우스 커서를 올려놓습니다.
03. 원의 중심 ~ : 0,0 Enter
04. 반지름 <10.000> ~ : 10 Enter
05. 원: 중심점, 반지름 명령어를 선택합니다.
06. Perspective 뷰에 마우스 커서를 올려놓습니다.
07. 원의 중심 ~ : 15,0 Enter
08. 반지름 <10.000> ~ : 10 Enter
09. 반지름 10mm인 두 개의 원 커브가 만들어졌습니다.

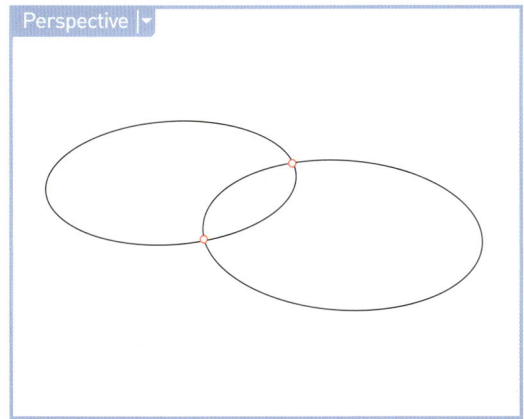

10. 메인1(8번째) > 개체교차 명령어를 선택합니다.
11. 교차할 개체 선택: Perspective 뷰에서 두 커브를 동시에 선택한 후 Enter
12. 왼쪽 그림처럼, 서로 교차하는 지점에 점이 만들어졌습니다.

13. 이번에는 서피스끼리 교차하는 지점에 커브를 만들어 보도록 하겠습니다.
14. 메인1(6번째) > 직선 돌출 명령어를 선택합니다.
15. 돌출시킬 커브 선택: Perspective 뷰에서 두 커브를 동시에 선택한 후 Enter
16. 돌출 거리 <10> (방향(D) 양쪽(B)=아니요 솔리드(S)=아니요): 10 Enter
17. 선택한 두 커브에서 10mm 높이의 서피스가 만들어졌습니다.

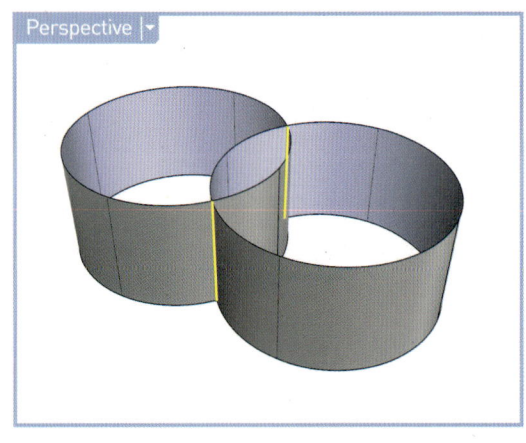

18. 메인1(8번째) > 개체교차 명령어를 선택합니다.
19. 교차할 개체 선택: Perspective 뷰에서 **두 서피스**를 동시에 선택한 후 Enter
20. 왼쪽 그림처럼, 서로 교차하는 지점에 커브가 생성되었습니다.

UV 커브 만들기

서피스 전체 넓이만큼 커브로 펼쳐주는 명령어입니다.

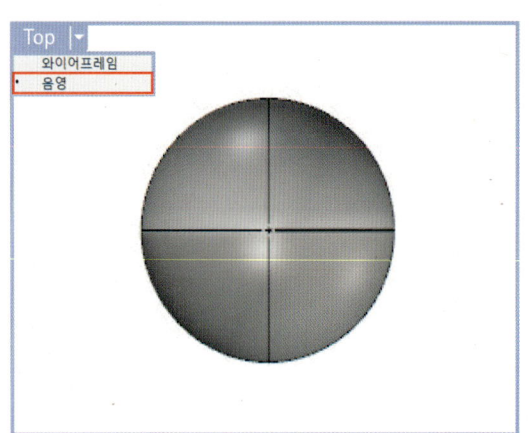

01. 메인1(7번째) > 구: 중심점, 반지름 명령어를 선택합니다.
02. Top 뷰에 마우스 커서를 올려놓습니다.
03. 구의 중심 ~ : 30,0 Enter
04. 반지름 <10.000> ~ : 10 Enter
05. 반지름 10mm인 구 개체가 만들어졌습니다.

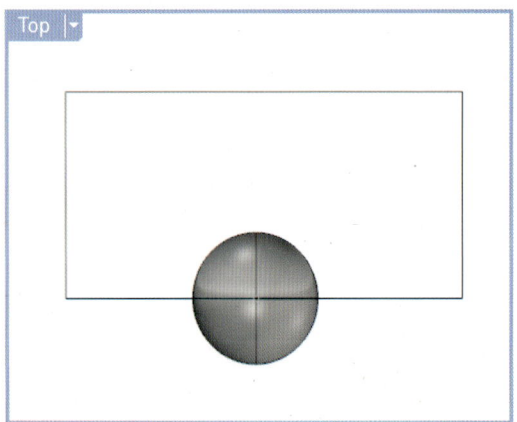

06. 메인1(8번째) > UV 커브 만들기 명령어를 선택합니다.
07. UV 커브를 만들 서피스 선택: Top 뷰에서 **구 개체**를 선택한 후 Enter
08. 왼쪽 그림처럼, 서피스 전체 넓이만큼 펼쳐진 커브가 생성되었습니다.

09. 메인1(13번째) > 텍스트 개체 명령어를 선택합니다.

10. 왼쪽 그림과 같이 옵션을 설정합니다.

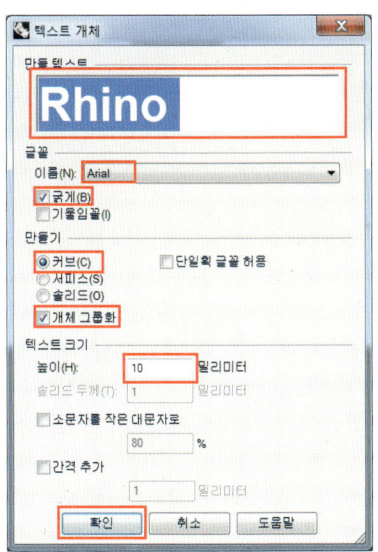

11. 왼쪽 그림처럼, Top 뷰에 텍스트 개체를 펼쳐진 커브 중앙에 올려놓습니다.

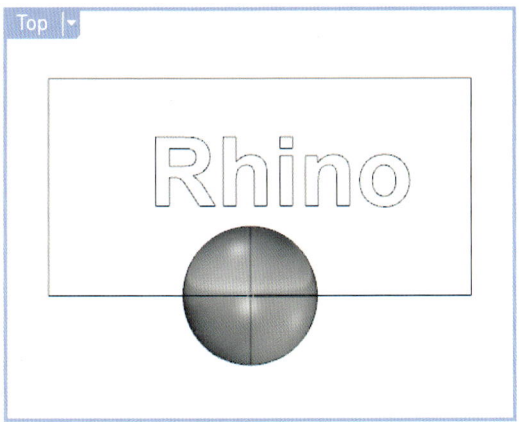

12. 메인1(8번째) > UV 커브 적용 명령어를 선택합니다.

13. 절대좌표 XY 평면에서 서피스에 적용할 평면형 커브 선택: Top 뷰에서 A 와 B커브들을 모두 선택한 후 Enter

14. 평면형 커브를 적용할 서피스 선택: 구 개체를 선택합니다.

15. 펼쳐진 커브를 선택한 서피스에 복사하여 붙여놓았습니다.

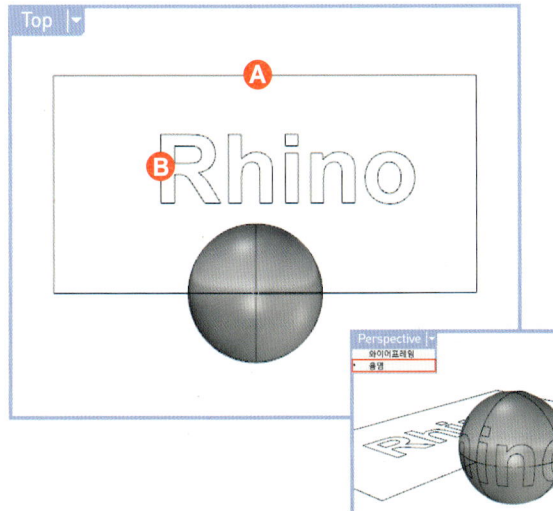

2D 도면 만들기

3D 개체를 2D 도면으로 만드는 명령어입니다.

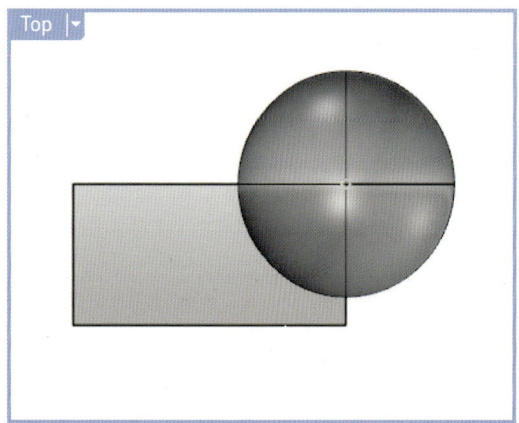

01. 메인1(7번째) > 상자: 모서리에서 모서리로, 높이 명령어를 선택합니다.
02. Top 뷰에 마우스 커서를 올려놓습니다.
03. 기준의 첫 번째 모서리 ~ : **0,-30** Enter
04. 기준의 대각선 방향 모서리 또는 길이 (3점) : **R20,10** Enter
05. 높이. 너비를 사용하려면 Enter 키를 누르십시오: **5** Enter
06. 메인1(7번째) > 구: 중심점, 반지름 명령어를 선택합니다.
07. Top 뷰에 마우스 커서를 올려놓습니다.
08. 구의 중심 ~ : **20,-20,5** Enter
09. 반지름 <8> ~ : **8** Enter
10. 직사각형 상자와 구 개체가 만들어졌습니다.
11. 메인2(7번째) > 부울 합집합 명령어를 선택합니다.
12. 합집합을 적용할 서피스 또는 폴리서피스 선택: **두 개체**를 선택한 후 Enter
13. 두 개의 개체가 결합되었습니다.
14. 메인1(8번째) > 2D 도면 그리기 명령어를 선택합니다.
15. 그릴 개체 선택: Top 뷰에서 개체를 선택한 후 Enter
16. 아래와 같이 옵션을 설정합니다.

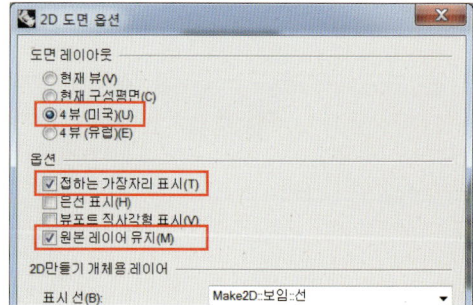

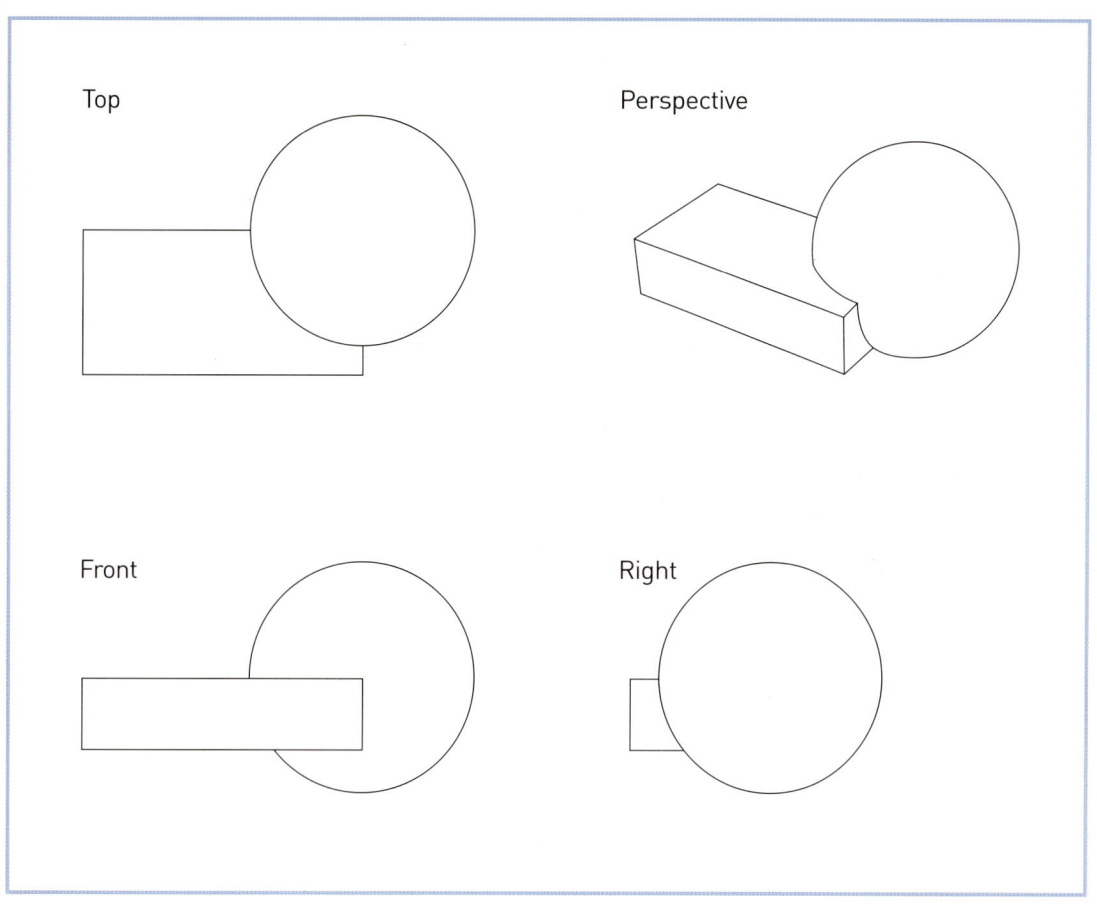

17. 결합된 3D 개체의 2D 도면이 만들어졌습니다.

7 변형 도구함

개체를 자유자재로 변형할 수 있는 명령어입니다.

이동, 복사, 회전, 크기 조정, 배열, 편집 기능으로 개체를 변형할 수 있는 명령어들을 한 곳에 모아둔 도구함입니다.

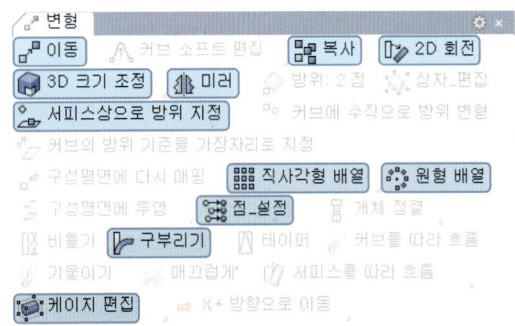

이동

개체를 지정한 위치로 이동시킬 때 사용하는 명령어입니다.

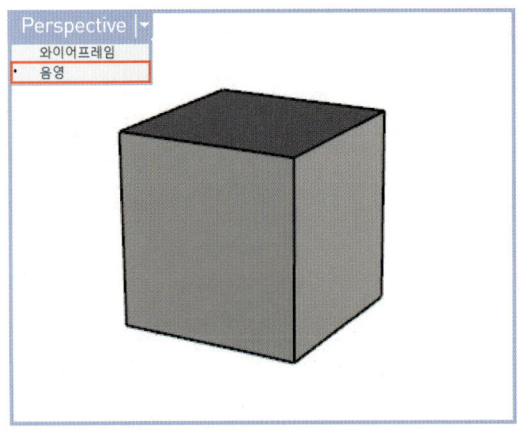

01. 메인1(7번째) > 상자: 모서리에서 모서리로, 높이 명령어를 선택합니다.
02. Perspective 뷰에 마우스 커서를 올려놓습니다.
03. 기준의 첫 번째 모서리 ~ : 0,0 Enter
04. 기준의 대각선 방향 모서리 또는 길이 (3점(P)): 10,10 Enter
05. 높이. 너비를 사용하려면 Enter 키를 누르십시오: 10 Enter
06. 10mm인 정사각형 솔리드가 만들어졌습니다.

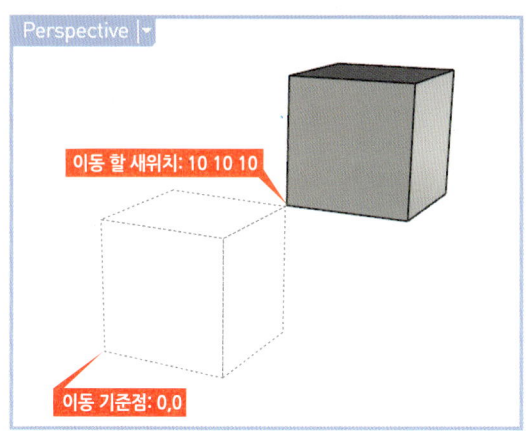

07. 상자를 지정한 위치로 이동시켜 보도록 하겠습니다.
08. 메인2(13번째) > 이동 명령어를 선택합니다.
09. 이동시킬 개체 선택: Perspective 뷰에서 **개체**를 선택한 후 Enter
10. 이동의 기준점 (수직(V)=아니요): 0,0 Enter
11. 이동의 기준점 새 위치 <17.321>: 10,10,10 Enter
12. 개체가 X, Y, Z축에서 각각 10mm 위치로 이동하였습니다.

복사

개체를 복사하는 명령어입니다.

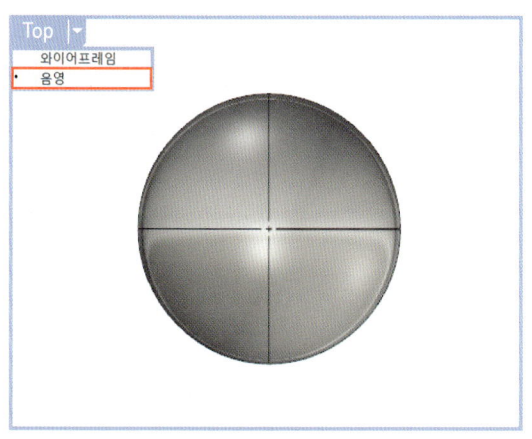

01. 메인1(7번째) > 구: 중심점, 반지름 명령어를 선택합니다.
02. Top 뷰에 마우스 커서를 올려놓습니다.
03. 구의 중심 ~ : 0,0 Enter
04. 반지름 <10.000> ~ : 10 Enter
05. 구 개체가 만들어졌습니다.

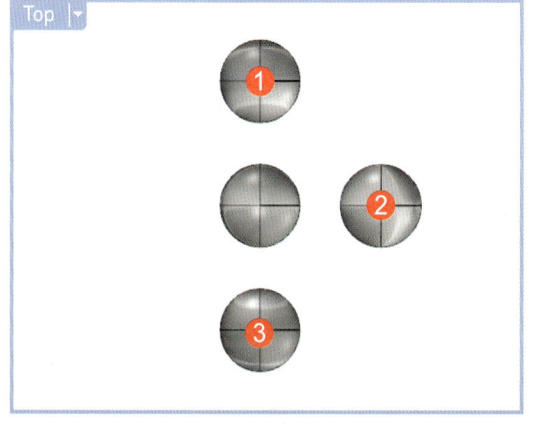

06. 메인1(14번째) > 복사 명령어를 선택합니다.
07. 복사할 개체 선택: Top 뷰에서 **개체**를 선택한 후 Enter
08. 복사의 기준점~ : 0,0 Enter
09. 복사할 위치의 점 : 0,30 Enter
10. 30,0 Enter
11. 0,-30 Enter Enter
12. 왼쪽 그림처럼, 지정된 위치로 3개의 구 개체가 복사되었습니다.

2D 회전

축을 중심으로 개체를 회전시키는 명령어입니다.

01. 메인1(2번째) > 폴리라인 명령어를 선택합니다.
02. Top 뷰에 마우스 커서를 올려놓습니다.
03. 폴리라인의 시작 (닫힘_유지(P)=아니요): 0,0 Enter
04. 10,0 Enter Enter
05. 10mm인 선이 만들어졌습니다.

06. 메인2(14번째) > 2D 회전 명령어를 선택합니다.
07. 개체스냅에서 "끝점" 체크합니다.
08. 회전시킬 개체 선택: Top 뷰에서 커브를 선택한 후 Enter
09. 회전 중심 (복사(C)=아니요): A 끝점을 선택합니다.
10. 각도 또는 첫 번째 참조점 (복사(C)=아니요): 90 Enter

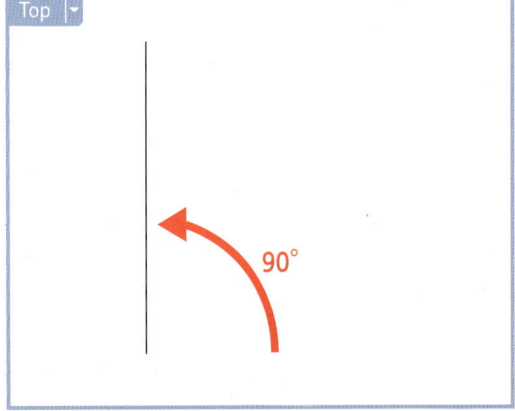

11. 시계 반대 방향으로 90도 회전되었습니다.

🎲 3D 크기 조정

개체를 X, Y, Z 축 세 방향으로 크기를 조정하는 명령어입니다.

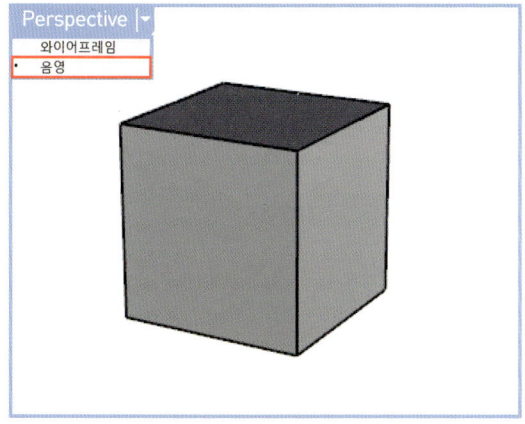

01. 메인1(7번째) 〉 🎲상자: 모서리에서 모서리로, 높이 명령어를 선택합니다.
02. Perspective 뷰에 마우스 커서를 올려놓습니다.
03. 기준의 첫 번째 모서리 ~ : 0,0 Enter
04. 기준의 대각선 방향 모서리 또는 길이 (3점(P)): 10,10 Enter
05. 높이. 너비를 사용하려면 Enter 키를 누르십시오: 10 Enter
06. 정사각형 솔리드가 만들어졌습니다.

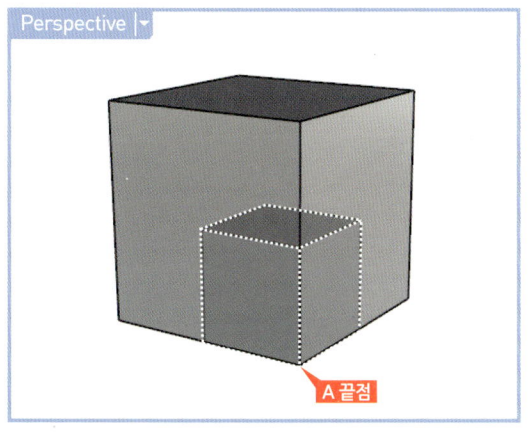

07. 메인1(15번째) 〉 🎲3D 크기 조정 명령어를 선택합니다.
08. 개체스냅에 "끝점" 체크합니다.
09. 크기 조정할 개체 선택: 개체를 선택한 후 Enter
10. 원점 (복사(C)=아니요): A 끝점을 선택합니다.
11. 배율 또는 첫 번째 참조점 <2.000> (복사(C)=아니요): 2 Enter
12. 배수 비율로 전체 크기가 200% 확대되었습니다.

미러

개체를 복사본을 만드는 명령어입니다.

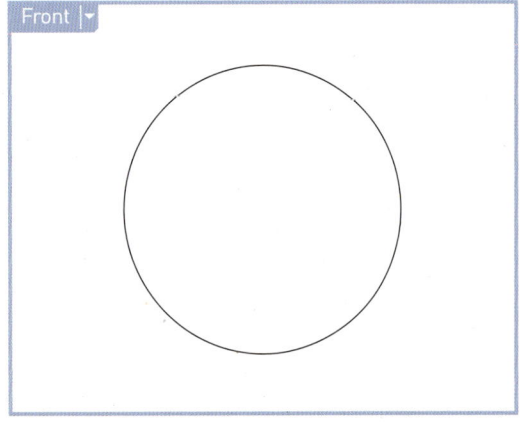

01. 메인1(3번째) > 원: 중심점, 반지름 명령어를 선택합니다.
02. Front 뷰에 마우스 커서를 올려놓습니다.
03. 원의 중심 ~ : -10,0 Enter
04. 반지름 <10.000> ~ : 5 Enter
05. Front 뷰에 반지름 5mm인 원커브가 만들어졌습니다.

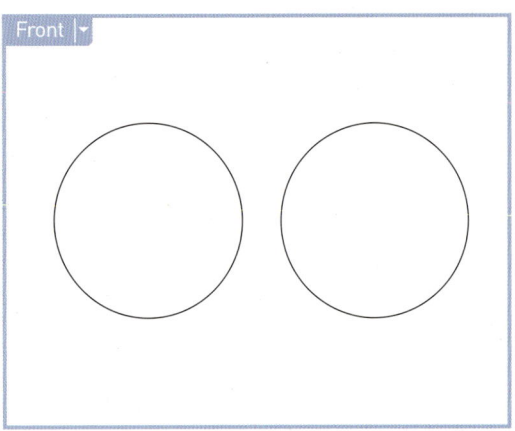

06. 메인2(13번째) > 미러 명령어를 선택합니다.
07. 미러 실행할 개체 선택: Front 뷰에서 원 커브를 선택한 후 Enter
08. 미러 평면의 시작 ~ : 0,0 Enter
09. 미러 평면의 끝 (복사(C)=예): 0,1 Enter
10. 왼쪽 그림처럼, 좌우대칭으로 복사본이 만들어졌습니다.

서피스상으로 방위 지정

어느 개체를 다른 서피스 법선(곡률의 수직 방향) 윗면에 올리고자 할 때 사용하는 명령어입니다. 이 명령어를 실행하면 개체는 서피스를 감싸면서 서피스에 붙게 됩니다.

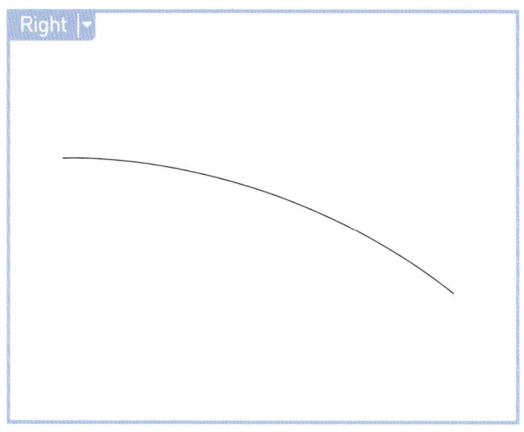

01. 메인1(4번째) > 호: 시작점, 끝점, 반지름 명령어를 선택합니다.
02. Right 뷰에 마우스 커서를 올려놓습니다.
03. 호의 시작: 0,10 Enter
04. 호의 끝 ~ : 30,0 Enter
05. 호의 반지름 및 방위 ~ : R50<300 Enter
06. 반지름 50mm인 호 커브가 만들어졌습니다.

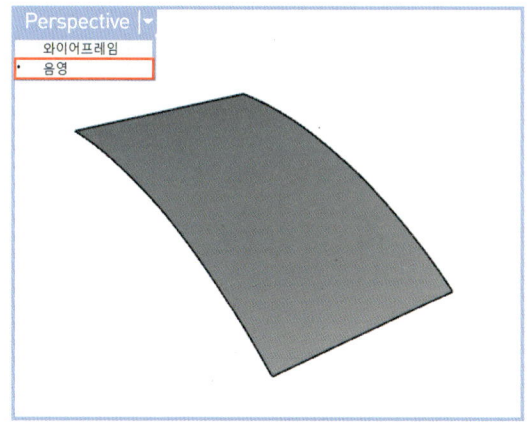

07. 메인1(6번째) > 직선 돌출 명령어를 선택합니다.
08. 돌출시킬 커브 선택: Perspective 뷰에서 호 커브를 선택한 후 Enter
09. 돌출 거리 <20> (방향(D) 양쪽(B)=아니요 솔리드(S)=아니요 ~ : 20 Enter
10. X 축 방향으로 20mm인 서피스가 만들어졌습니다.

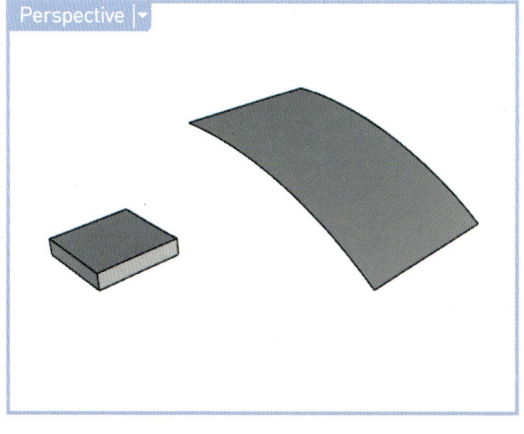

11. 위에서 만든 서피스 위에 올릴 3D개체를 만들도록 하겠습니다.
12. 메인1(7번째) > 상자: 모서리에서 모서리로, 높이 명령어를 선택합니다.
13. Perspective 뷰에 마우스 커서를 올려놓습니다.
14. 기준의 첫 번째 모서리 ~ : 30,0 Enter
15. 기준의 대각선 방향 모서리 또는 길이 (3점(P)): R10,10 Enter
16. 높이. 너비를 사용하려면 Enter 키를 누르십시오: 2 Enter
17. 사각형 모양의 솔리드가 만들어졌습니다.

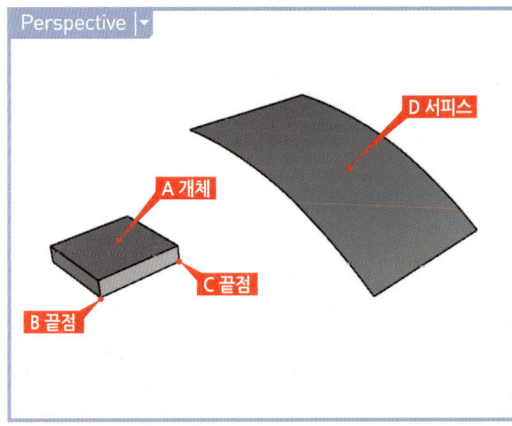

18. 메인2(13번째) > ![icon] 서피스상으로 방위 지정 명령어를 선택합니다.
19. 개체스냅에서 "끝점" 체크합니다.
20. `방위 변형할 개체 선택:` `Perspective` 뷰에서 A 개체를 선택한 후 Enter
21. `기준점 ( 서피스에(O) ):` B 끝점을 선택합니다.
22. `크기 조정과 회전의 참조점:` C 끝점을 선택합니다.
23. `배치할 서피스:` D 서피스를 선택합니다.
24. 아래와 같이 옵션을 설정합니다.

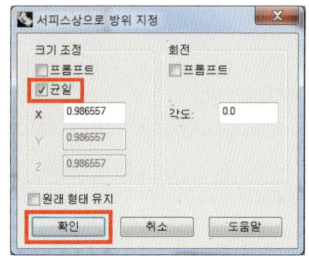

25. `배치할 서피스 위의 점 ~ :` `Perspective` 뷰에서 배치할 서피스 위의 점 위치 지점을 선택합니다.
26. 서피스 위에 배치된 개체는 서피스를 감싸면서 붙게 됩니다.

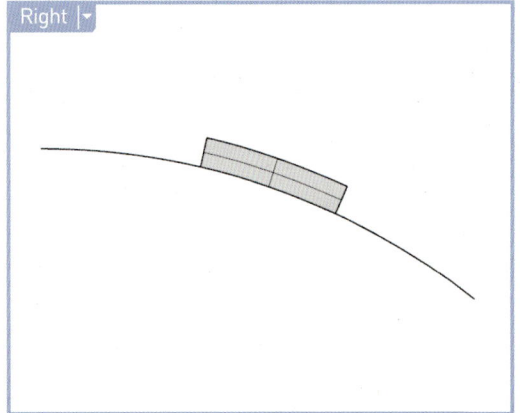

27. `Right` 뷰에서 보면 개체와 서피스가 만나는 면끼리 맞붙어 있음을 확인할 수 있습니다.

직사각형 배열

한 개체를 X, Y, Z 방향(가로, 세로, 높이)으로 복사하여 여러 개가 배열되는 명령어입니다.

01. 메인2(4번째) > 직사각형: 모서리에서 모서리로 명령어를 선택합니다.
02. Top 뷰에 마우스 커서를 올려놓습니다.
03. 직사각형의 첫 번째 모서리 ~ : 0,0 Enter
04. 다른 모서리 또는 길이 (3점(P) 둥글게(R)): 5,5 Enter
05. 정사각형 선이 만들어졌습니다.

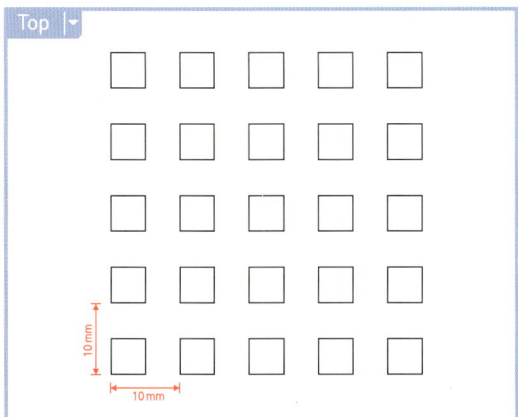

06. 메인1(16번째) > 직사각형 배열 명령어를 선택합니다.
07. 배열할 개체 선택: Top 뷰에서 정사각형 선을 선택한 후 Enter
08. X 방향의 수 <5>: 5 Enter
09. Y 방향의 수 <5>: 5 Enter
10. Z 방향의 수 <1>: 1 Enter
11. 단위 셀 또는 X 간격 ~ : 10 Enter
12. Y 간격 또는 첫 번째 참조점 ~ : 10 Enter Enter
13. 선택한 커브가 X축(가로)방향 10mm 간격으로 5개, Y축(세로)방향 10mm 간격으로 5개씩 배열되었습니다.

원형 배열

중심 기준으로 개체를 원형으로 회전하며 복사하는 명령어입니다.

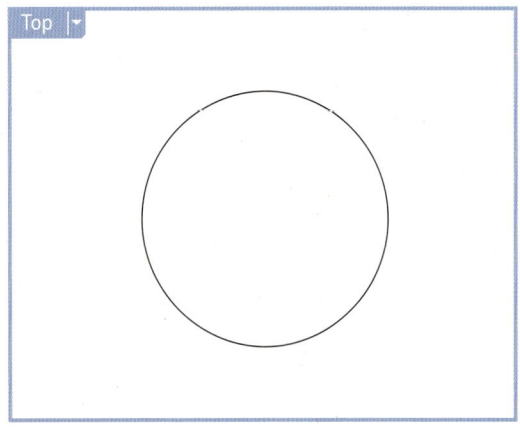

01. 메인1(3번째) > 원: 중심점, 반지름 명령어를 선택합니다.
02. Top 뷰에 마우스 커서를 올려놓습니다.
03. 원의 중심 ~ : 15,0 Enter
04. 반지름 <10.000> ~ : 3 Enter
05. Top 뷰에 반지름 3mm인 원 커브가 만들어졌습니다.

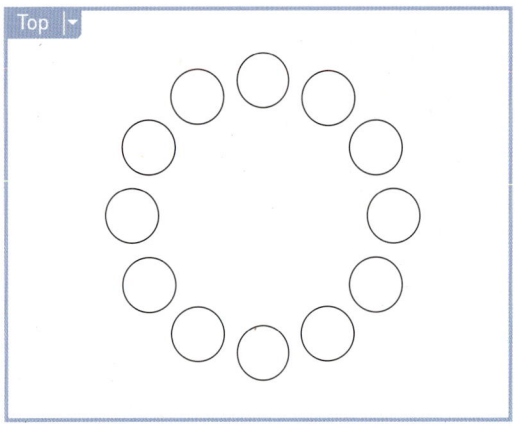

06. 메인2(13번째) > 원형 배열 명령어를 선택합니다.
07. 배열할 개체 선택: Top 뷰에서 원 커브를 선택한 후 Enter
08. 원형 배열의 중심: 0,0 Enter
09. 항목 수 <2>: 12 Enter
10. 채울 각도 또는 첫 번째 참조점 <360> ~ : 360 Enter Enter
11. 왼쪽 그림처럼, 중심 위치 기준으로 360도 회전하면서 동일한 간격으로 12개의 원 커브를 만들어냈습니다.

구부리기

개체를 구부려 변형시키는 명령어입니다.

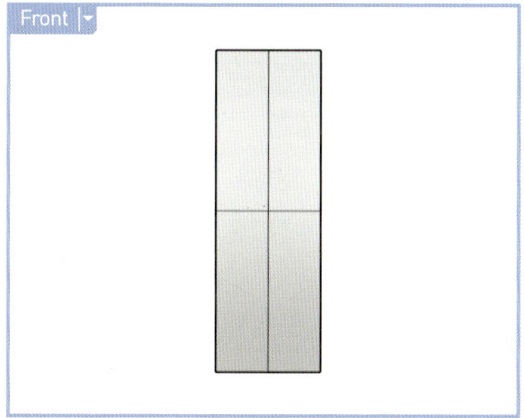

01. 메인1(6번째) > 직사각형 평면: 모서리에서 모서리로 명령어를 선택합니다.
02. `Front |▼` 뷰에 마우스 커서를 올려놓습니다.
03. `평면의 첫 번째 모서리 ~ :` -10,0 `Enter`
04. `다른 모서리 또는 길이 ( 3점(P) ):` 0,30 `Enter`
05. 직사각형 평면 서피스가 만들어졌습니다.

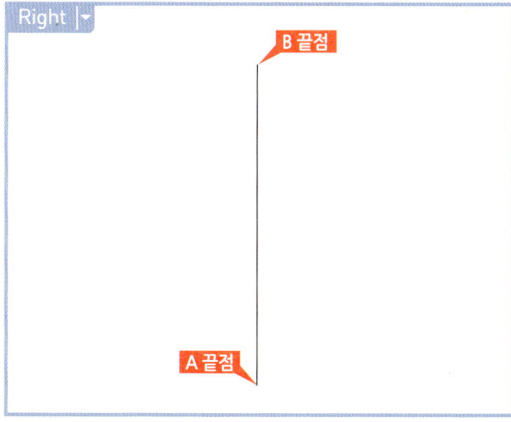

06. 메인2(13번째) > 구부리기 명령어를 선택합니다.
07. 개체스냅에서 "끝점" 체크합니다.
08. `구부릴 개체 선택:` `Right |▼` 뷰에서 서피스를 선택한 후 `Enter`
09. `스파인의 시작:` A 끝점을 선택합니다.
10. `스파인의 끝:` B 끝점을 선택합니다.
11. `구부리기의 통과점 ( 복사(C)=아니요 ~ :` 20,20 `Enter`

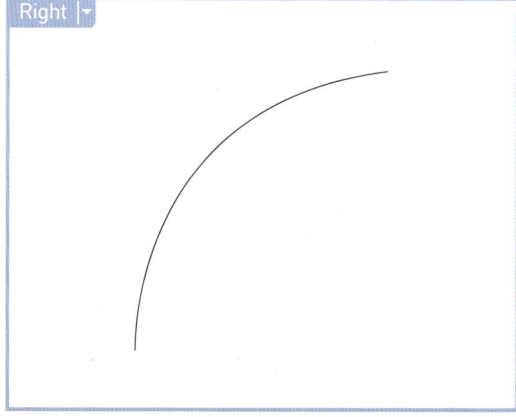

12. 왼쪽 그림처럼, 지정한 위치로 서피스가 구부어져 변형되었습니다.

    * 마우스 커서로 조절도 가능합니다.

점_설정

개체를 X, Y, Z 축 방향의 지정된 위치로 정렬하는 명령어입니다.

01. 메인1(7번째) > 원통 명령어를 선택합니다.
02. Perspective 뷰에 마우스 커서를 올려놓습니다.
03. 원통의 밑면 ~ : 0,0 Enter
04. 반지름 <10.000> ~ : 10 Enter
05. 원통의 끝 <30.000> ~ : 30 Enter
06. 반지름 10mm, 길이 30mm인 원통 솔리드가 만들어졌습니다.

07. 메인2(9번째) > 분해 명령어를 선택합니다.
08. 분해할 개체 선택: Perspective 뷰에서 **원통 솔리드**를 선택한 후 Enter
09. "**윗면**"을 선택한 후 Delete 키를 눌러 삭제합니다.

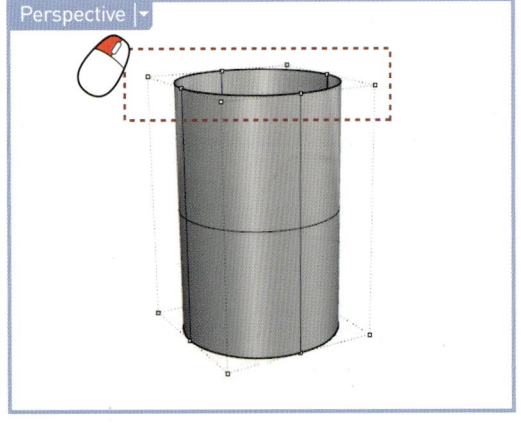

10. Perspective 뷰에서 서피스를 선택한 후 F10 키를 눌러 제어점을 켭니다.
11. 메인2(13번째) > 점_설정 명령어를 선택합니다.
12. 개체스냅에서 "**사분점**" 체크합니다.
13. 변형할 개체 선택: 왼쪽그림처럼, Perspective 뷰에서 마우스 좌 클릭 누른 상태로 왼쪽에서 오른쪽으로 드래그하여 위쪽에 있는 **8개**의 제어섬을 전부 선택한 후 Enter

14. 아래와 같이 옵션을 설정합니다.

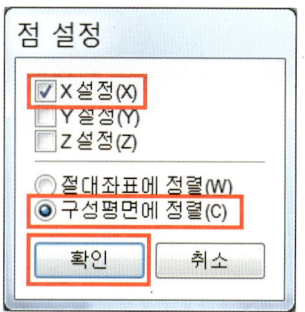

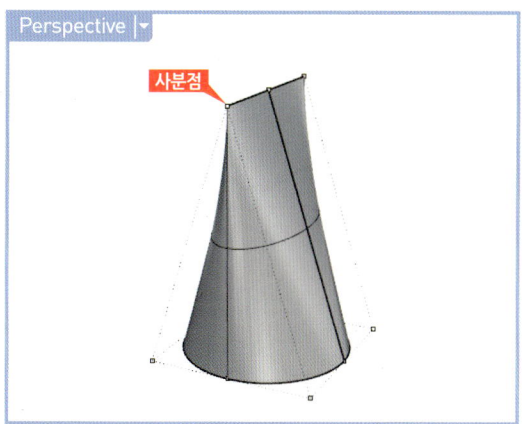

15. 점 위치 (복사(C)=아니요): Perspective |▼ 뷰에서 **사분점**을 선택합니다.

16. 선택한 제어점이 X축 방향으로 지정된 사분점 위치로 정렬되었습니다.

케이지 편집

개체를 감싸는 경계 상자 편집 제어점을 생성하는 명령어입니다.

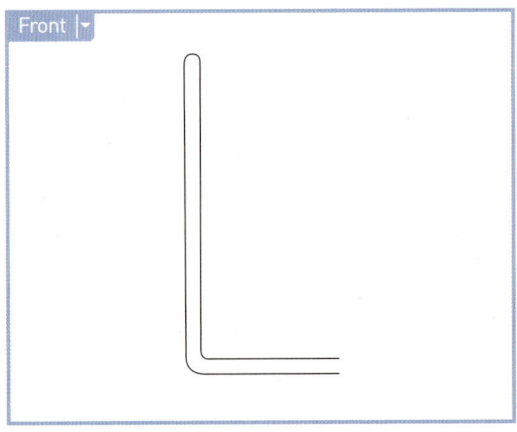

01. 메인2(2번째) > 제어점 커브 명령어를 선택합니다.
02. Front 뷰에 마우스 커서를 올려놓습니다.
03. 커브의 시작 (차수(D)=3 닫힘_유지(P)=아니요): 0,0 Enter
04. -18,0 Enter
05. -20,0 Enter
06. -20,3 Enter
07. -20,38 Enter
08. -20,40 Enter
09. -19,40 Enter
10. -18,40 Enter
11. -18,38 Enter
12. -18,3 Enter
13. -18,2 Enter
14. -17,2 Enter
15. 0,2 Enter Enter
16. 왼쪽 그림과 같은 커브가 만들어졌습니다.

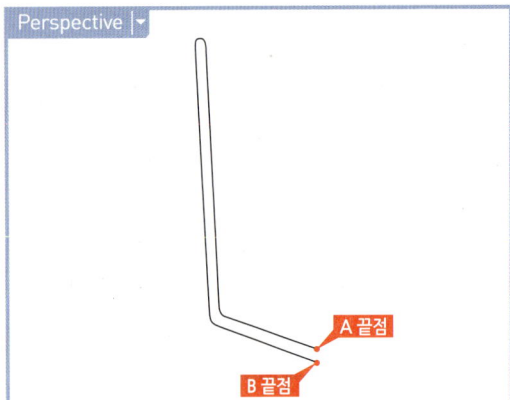

17. 메인1(6번째) > 회전 명령어를 선택합니다.
18. 개체스냅에서 "끝점" 체크합니다.
19. 회전시킬 커브 선택: Perspective 뷰에서 커브를 선택한 후 Enter
20. 회전축의 시작: A 끝점을 선택합니다.
21. 회전축의 끝 ~: B 끝점을 선택합니다.
22. 시작 각도 <0> ~ : 0 Enter
23. 회전 각도 <360> ~ : 360 Enter

24. 선택한 커브가 360도 회전되어 서피스가 생성되었습니다.

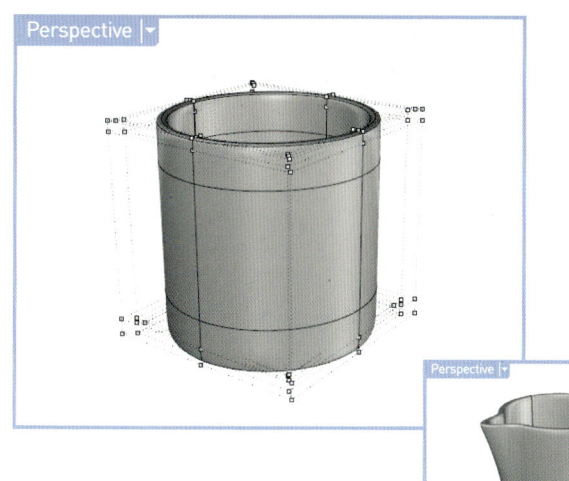

25. 개체를 선택한 후 `F10` 키를 누릅니다.
26. 왼쪽 그림처럼, 서피스 제어점이 표시됩니다.
27. 현재 제어점 개수로 아래의 그림처럼 변형하기가 상당히 어렵습니다.

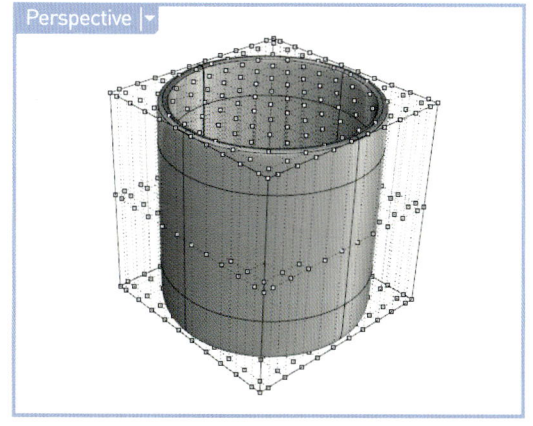

28. `F11` 키를 눌러 제어점 표시를 꺼줍니다.
29. 메인2(13번째) > 케이지 편집 명령어를 선택합니다.
30. 종속 개체 선택: `Perspective` 뷰에 개체를 선택한 후 `Enter`
31. 제어 개체 선택 (경계상자(B) 선(L) 직사각형(R) 상자(O) 변형(D)=정확함 구조_유지 (P)=아니요): **"경계상자"**를 선택합니다.
32. 좌표계 <구성평면> (구성평면(C) 절대좌표(W) 3점(P)): **"구성평면"**을 선택합니다.
33. 케이지 점 (X점_개수(X)=12 Y점_개수(Y)=12 Z점_개수(Z)=3 X차수(D)=2 Y차수(E)=2 Z차수(G)=2): "X점_개수(X)=**12** Y점_개수(Y)=**12** Z점_개수(Z)=**3** X차수(D)=**2** Y차수(E)=**2** Z차수(G)=**2**"로 변경한 뒤 `Enter`
34. 편집할 영역 <글로벌> (글로벌(G) 로컬(L) 기타(O)): **"글로벌"**을 선택합니다.
35. 왼쪽 그림처럼, 개체를 감싸는 경계상자 제어점이 생성되었습니다.

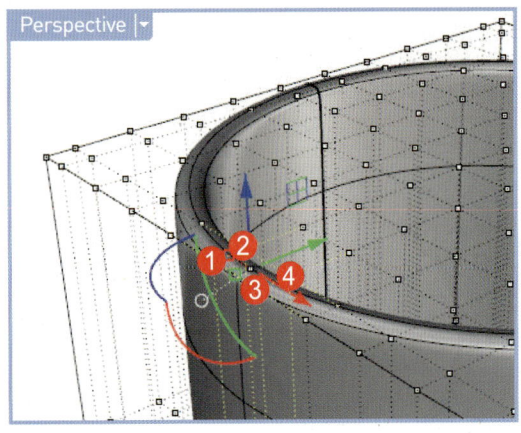

36. "**검볼**" 위젯을 선택합니다.
37. `Perspective |▼` 뷰에서 `Shift` 키를 누른 상태로 **4개**의 제어점을 모두 선택합니다.

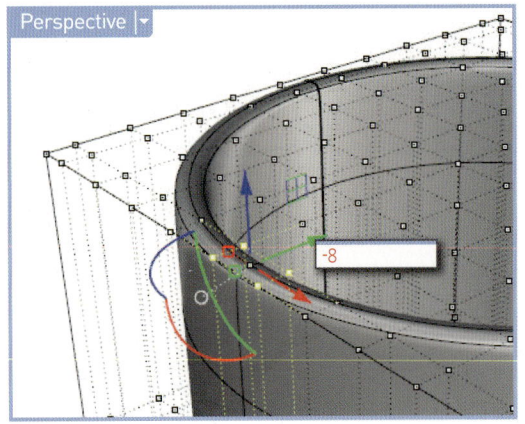

38. `Perspective |▼` 뷰에서 검볼의 **녹색 화살표**를 눌러 숫자기입란에 **-8** 입력한 후 `Enter`

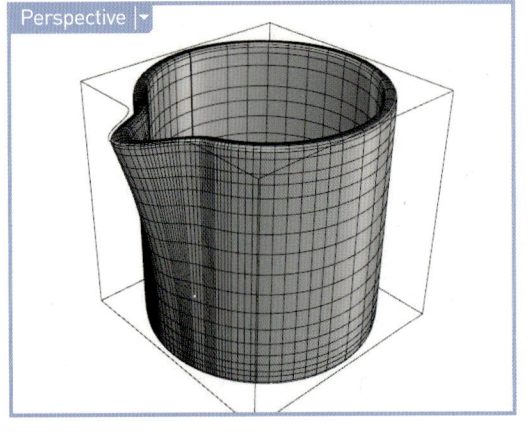

39. 선택한 4개의 제어점이 Y축 방향으로 -8mm 만큼 이동하였습니다.

40. Perspective |▼ 뷰 모드를 "렌더링"으로 변경하여 보면 서피스 곡면을 보다 매끄럽게 볼 수 있습니다.

8 배경 비트맵

배경 비트맵은 뷰(화면)에 불러와 배경 이미지를 조작하는 명령어입니다.
화면상에 배경 이미지를 배치, 이동, 정렬, 크기 조정하는 명령어들을 한 곳에 모아둔 도구함입니다.

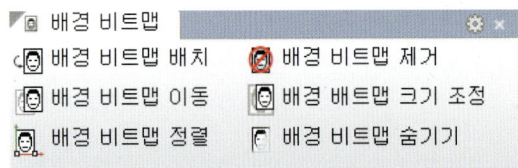

배경 비트맵 배치

Top | 뷰에 배경 이미지를 불러오도록 하겠습니다.

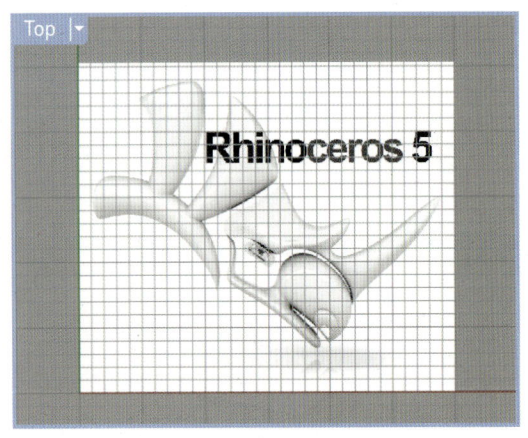

01. 표준 툴바 > 4뷰포트 > 배경 비트맵 배치 명령어를 선택합니다.
02. 비트맵 열기 옵션창에서 배경 이미지가 될 그림을 선택하고 확인을 눌러줍니다.
03. Top | 뷰에 마우스 커서를 올려놓습니다.
04. 첫 번째 모서리: 0,0 Enter
05. 두 번째 모서리 또는 길이 (1대1(T)): 30 Enter
06. 왼쪽 그림처럼, 가로길이 30mm인(1:1비율) 이미지가 불러왔습니다.

배경 비트맵 이동

배경 이미지를 지정된 위치로 이동시키는 명령어입니다.

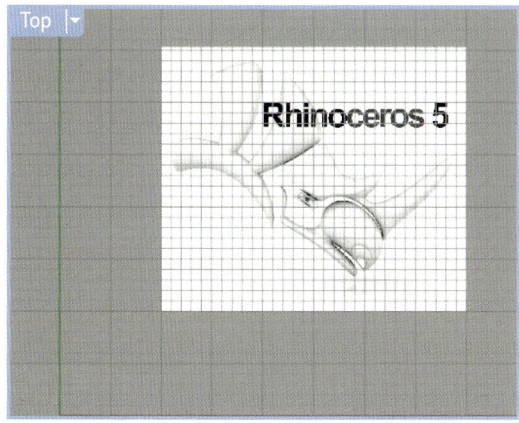

01. 배경비트맵 > 배경 비트맵 이동 명령어를 선택합니다.
02. Top 뷰에 마우스 커서를 올려놓습니다.
03. 이동의 기준점: 0,0 Enter
04. 이동의 기준점 새 위치: 10,10 Enter
05. 0,0 지점에서 가로세로 10mm 위치로 이동하였습니다.

배경 비트맵 크기 조정

배수 비율 값을 입력하여 조정하는 명령어로 배경 이미지 크기를 조정합니다.

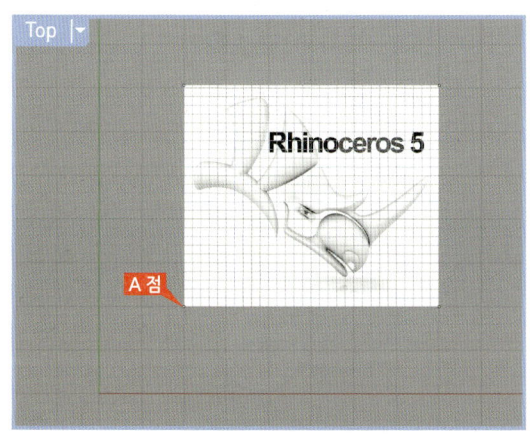

01. 배경비트맵 > 배경 비트맵 크기 조정 명령어를 선택합니다.
02. 개체 스냅에서 "점" 체크합니다.
03. 원점: Top 뷰에서 A 점을 선택합니다.
04. 배율 또는 첫 번째 참조점 <2.000>: 2 Enter

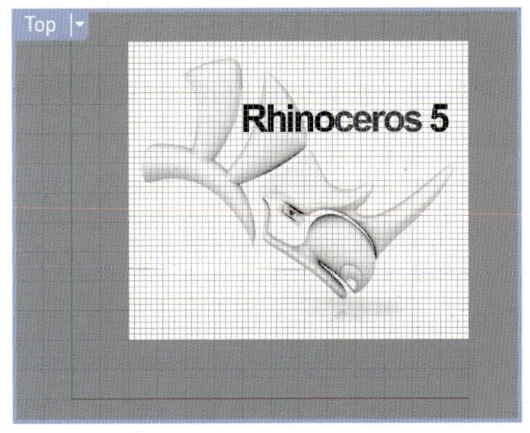

05. 배경 이미지 크기가 200% 확대되었습니다. 이와 같이 50% 축소하고자 할 때는 0.5를 입력합니다.

배경 비트맵 정렬

배경 이미지에 기준점을 잡은 후 지정된 위치로 이동시키고 크기를 조정하여 정렬하는 명령어입니다.

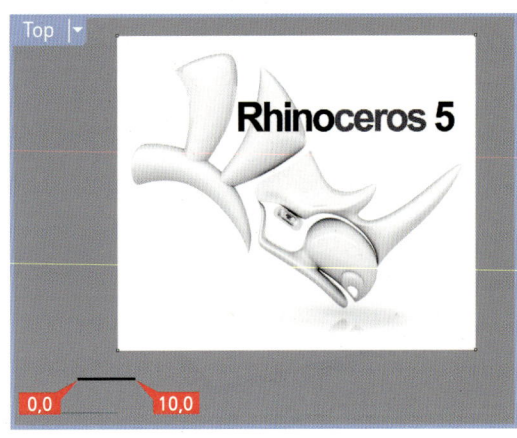

01. 메인1(2번째) > 폴리라인 명령어를 선택합니다.
02. Top 뷰에 마우스 커서를 올려놓습니다.
03. 폴리라인의 시작 (닫힘_유지(P)=아니요): 0,0 Enter
04. 10,0 Enter Enter
05. 왼쪽 하단에 X축 방향으로 10mm인 선이 그려졌습니다.

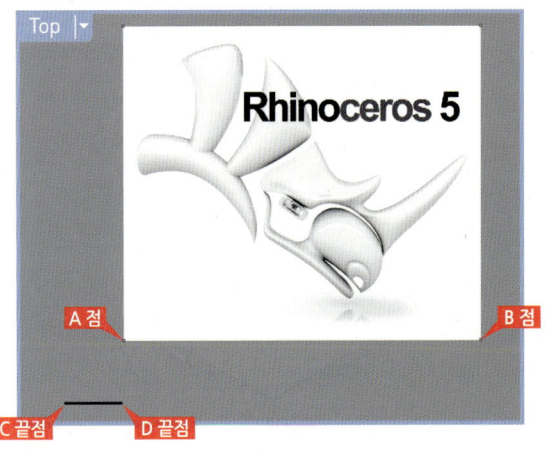

06. 배경이미지를 위에서 그려진 선 위치로 이동하고 크기에 맞게 정렬해 보도록 하겠습니다.
07. 배경비트맵 > 배경 비트맵 정렬 명령어를 선택합니다.
08. 개체 스냅에서 "점" 과 "끝점" 체크합니다.
09. 비트맵의 기준점: 배경 이미지의 A 점과 B 점을 선택합니다.
10. 구성평면의 기준점: 커브의 C 끝점과 D 끝점을 선택합니다.

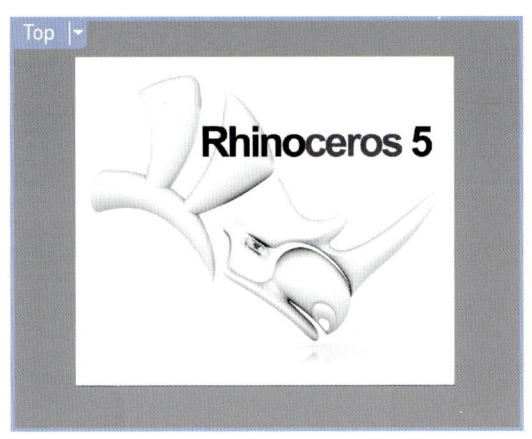

11. 배경 이미지가 지정된 커브 위치로 이동하였고 선 크기만큼 조정되어 정렬되었습니다.

배경 비트맵 제거

배경 이미지를 삭제합니다.
이미지를 삭제하게 되면 "Ctrl + Z" or "실행 취소"로 삭제하긴 전 단계로 돌아갈 수 없습니다.

배경 비트맵 숨기기 / 표시

이미지 숨기기 or 표시

* 배경 비트맵은 각 뷰마다 이미지 한 개씩 불러올 수 있습니다.

9 가장자리 도구함

가장자리 도구함은 서피스와 폴리서피스의 가장자리를 표시 및 편집하는 명령어입니다.

서피스 가장자리를 표시하거나 분할(나누어 쪼갬), 병합(하나로 합쳐짐) 또는 떨어진 서피스 가장자리를 결합하는 명령어들이 한 곳에 들어있는 도구함입니다.

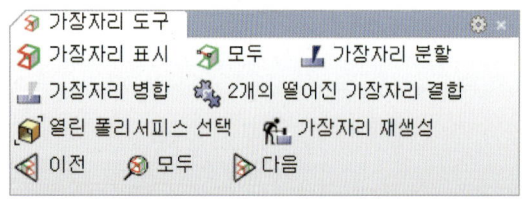

가장자리 표시
모든 서피스 가장자리를 표시합니다.

모두
떨어진(열려진) 서피스 가장자리만 보여줍니다.

가장자리 분할
서피스 가장자리를 분할(나누어 쪼갬) 합니다.

가장자리 병합
분할된 서피스 가장자리를 병합(하나로 합쳐짐) 합니다.

2개 떨어진 가장자리 결합
떨어져 있는 2개의 서피스 가장자리를 강제로 결합합니다.

열린 폴리서피스 선택
열려진 폴리서피스를 선택합니다.

가장자리 재생성
Error가 있는 서피스 가장자리를 복원시켜 주는 명령어입니다.

이전 (떨어진 가장자리 확대/축소)
선택한 열려진 서피스 가장자리만 확대시켜 주는 기능입니다.

모든 (떨어진 가장자리 확대/축소)
열려진 서피스 가장자리를 전부 확대시켜주는 기능입니다.

다음 (떨어진 가장자리 확대/축소)
열려진 서피스 가장자리를 순서대로 보여주는 기능입니다.

가장자리 분석 옵션창 알아보기

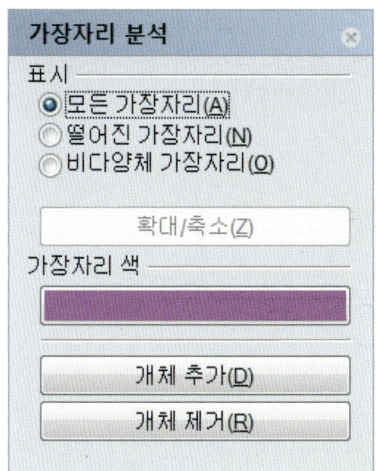

모든 가장자리(A) : 모든 서피스 가장자리를 표시합니다.
떨어진 가장자리(N) : 떨어진(열려진) 서피스 가장자리만 표시합니다.
비다양체 가장자리(O) : 서피스 가장자리가 결합된 면이 두 개 이상인 경우에만 표시합니다.

확대 / 축소 : 떨어진 가장자리를 확대 / 축소합니다.
개체추가 : 개체를 가장자리 표시에 추가합니다.
개체 제거 : 개체를 가장자리 표시에서 제거합니다.

가장자리 표시

개체의 모든 서피스 가장자리를 표시하는 명령어입니다.

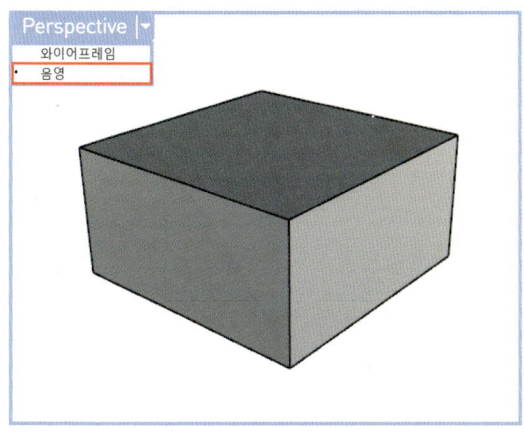

01. 메인1(7번째) > 상자: 모서리에서 모서리로, 높이 명령어를 선택합니다.
02. Perspective 뷰에 마우스 커서를 올려놓습니다.
03. 기준의 첫 번째 모서리 ~ : 0,0 Enter
04. 기준의 대각선 방향 모서리 또는 길이 (3점(P)) : 10,10 Enter
05. 높이. 너비를 사용하려면 Enter 키를 누르십시오: 5 Enter
06. 육면체 솔리드가 만들어졌습니다.

07. 메인2(15번째) > 가장자리 표시 명령어를 선택합니다.
08. 가장자리 표시할 서피스, 폴리서피스 또는 메쉬 선택: Perspective 뷰에서 솔리드 개체를 선택한 후 Enter

09. 아래와 같이 옵션을 설정합니다.

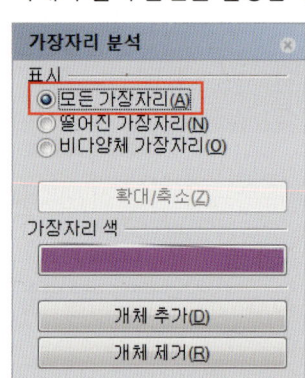

10. 화면상의 개체의 모든 가장자리가 분홍색으로 표시되었습니다.
11. : 선택한 개체의 가장자리가 **총12개**가 있다는 것을 알려줍니다.

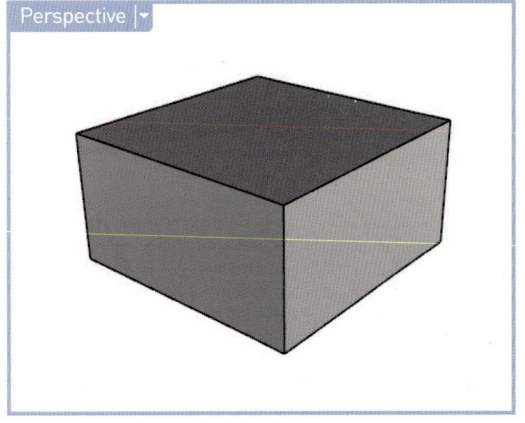

12. 이번에는 가장자리 분석 옵션 설정에서 **"떨어진 가장자리(N)"**에 체크해 보도록 하겠습니다.

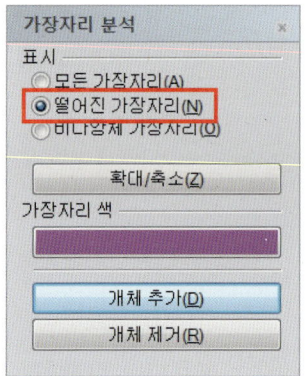

13. Perspective 뷰에서 보면 모든 면이 서피스로 둘러싸져있고, 결합된 솔리드이므로 떨어진 가장자리가 발견되지 않습니다.
14. 가장자리 분석 옵션창은 계속 켜놓습니다.

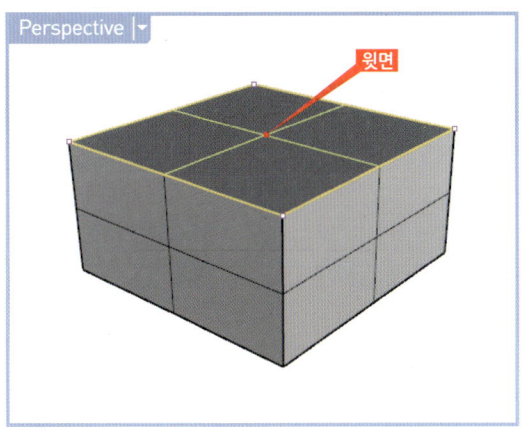

15. 메인2(9번째) > 서피스 추출 명령어를 선택합니다.

16. 추출할 서피스 선택~: Perspective 뷰에서 **윗면**을 선택한 후 Enter

17. 추출된 윗면 서피스를 선택한 후 Delete 키를 눌러 삭제합니다.

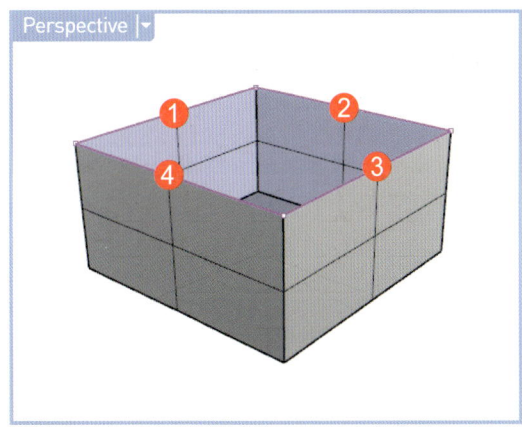

18. 왼쪽 그림처럼, 총 4개의 열려진 서피스 가장자리가 표시됩니다.

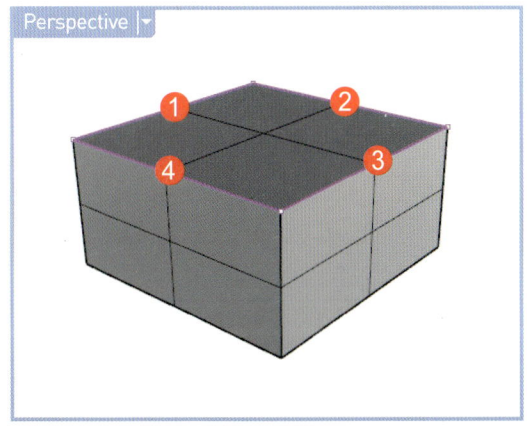

19. 이제 열려진 서피스를 닫아서 솔리드로 만들어 보겠습니다.

20. 메인1(6번째) > **평면형 커브를 사용한 서피스** 명령어를 선택합니다.

21. 서피스를 생성할 평면형 커브 선택: Perspective 뷰에서 열려진 서피스 가장자리 **4개**를 선택한 후 Enter

22. 선택한 서피스 가장자리에 평면형 서피스가 생성되었습니다.

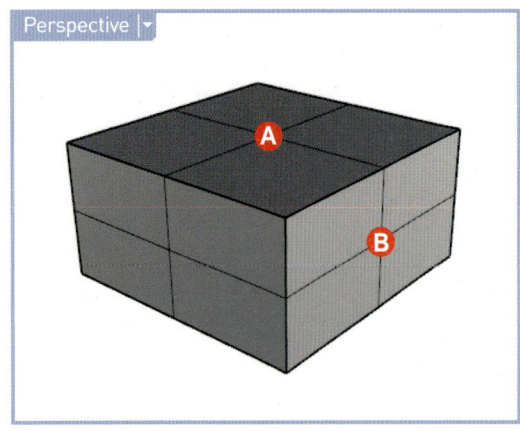

23. 메인1(9번째) > 결합 명령어를 선택합니다.
24. 결합할 개체 선택: Perspective 뷰에서 A 서피스와 B 폴리서피스 개체를 선택합니다.
25. 두 개체가 결합된 솔리드에 떨어진 가장자리가 발견되지 않습니다.
26. 다시말해, 모든 면이 서피스로 둘러싸여 있고 결합된 솔리드에서는 떨어진 가장자리가 존재하지 않습니다.
27. 이처럼, 모델링을 만들 때에는 떨어진 가장자리 없이 완벽한 솔리드를 만들어야 모델링이 완성됩니다.

가장자리 예제 활용방법

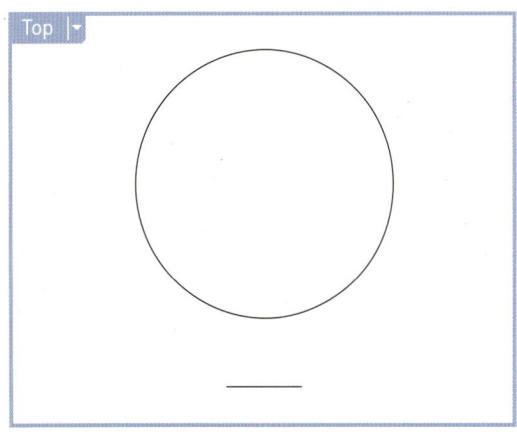

01. 메인1(3번째) > 원: 중심점, 반지름 명령어를 선택합니다.
02. Top 뷰에 마우스 커서를 올려놓습니다.
03. 원의 중심 ~: 0,0 Enter
04. 반지름 <10.000> ~: 10 Enter
05. 메인1(2번째) > 폴리라인 명령어 선택합니다.
06. 폴리라인의 시작 (닫힘_유지(P)=아니요): -3,-15 Enter
07. 폴리라인의 다음 점 (닫힘_유지(P)=아니요 ~): 3,-15 Enter Enter
08. 반지름 10mm인 원 커브와 6mm인 선이 만들어졌습니다.

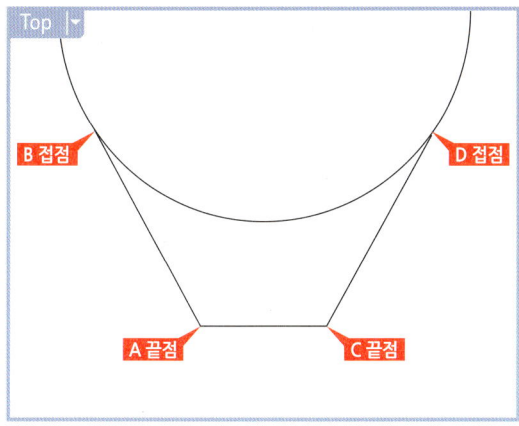

09. 메인1(2번째) > 폴리라인 명령어를 선택합니다.
10. 개체스냅에서 "끝점" 과 "접점" 체크합니다.
11. 폴리라인의 시작 (닫힘_유지(P)=아니요): A 끝점을 선택합니다.
12. 폴리라인의 다음 점 ~ : B 접점을 선택한 후 Enter
13. 폴리라인 명령어를 선택합니다.
14. 폴리라인의 시작 (닫힘_유지(P)=아니요): C 끝점을 선택합니다.
15. 폴리라인의 다음 점 ~ : D 접점을 선택한 후 Enter
16. 왼쪽 그림처럼, 끝점과 접점을 연결하는 두 개의 커브가 만들어졌습니다.

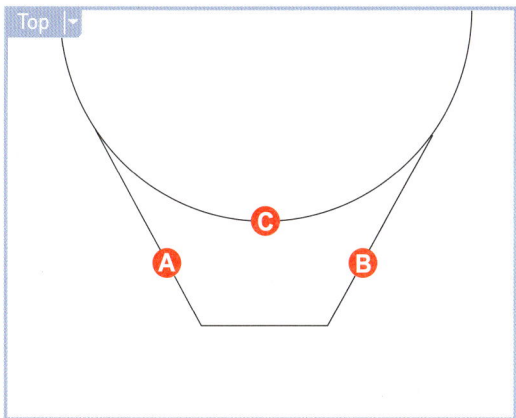

17. 메인1(10번째) > 트림 명령어를 선택합니다.
18. 절단 개체 선택 ~ : A 와 B 두 커브를 선택한 후 Enter
19. 트림할 개체 선택 ~ : C 지점을 선택한 후 Enter
20. C 지점에 있는 커브가 트림되었습니다.

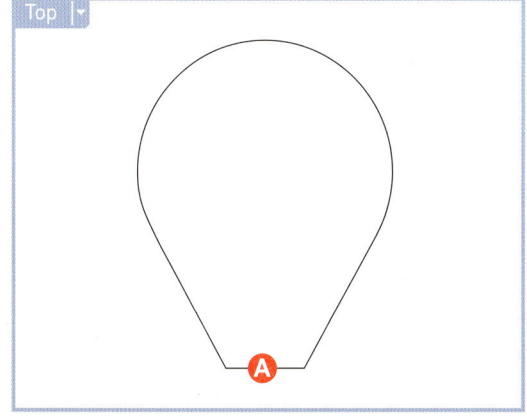

21. 메인1(9번째) > 결합 명령어를 선택합니다.
22. 결합할 개체 선택: 커브를 전부 선택합니다.
23. 선택한 커브가 하나로 결합되었습니다.

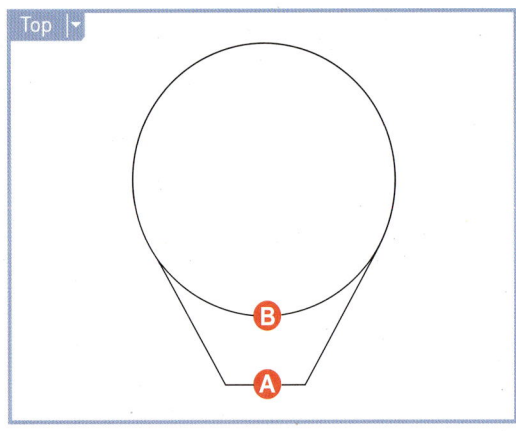

24. 메인1(3번째) > 원: 중심점, 반지름 명령어를 선택합니다.
25. Top 뷰에 마우스 커서를 올려놓습니다.
26. 원의 중심~: 0,0,5 Enter
27. 반지름<10.000>~: 10 Enter
28. A 커브 위로 5mm 위치에 반지름 10mm인 원 커브(B)가 만들어졌습니다.

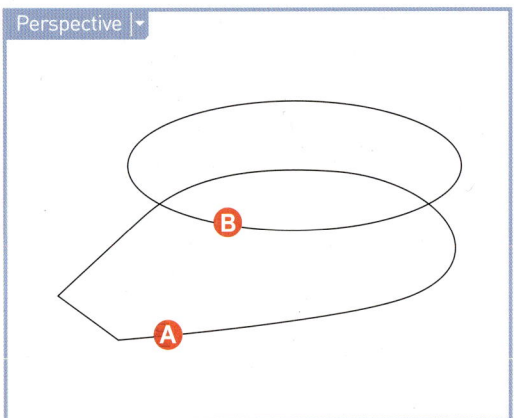

29. 메인1(6번째) > 직선 돌출 명령어를 선택합니다.
30. 돌출시킬 커브 선택: Perspective 뷰에서 A 와 B 두 커브를 선택한 후 Enter
31. 돌출 거리 <5> (방향(D) 양쪽(B)=아니요 솔리드(S)=예 ~): "양쪽(B)=아니요" 와 "솔리드(S)=예"로 변경한 뒤 5 입력한 후 Enter

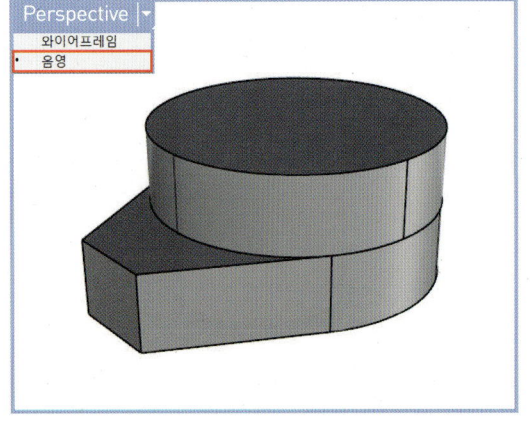

32. 왼쪽 그림처럼, Z축 방향으로 높이가 5mm인 두 개의 솔리드가 생성되었습니다.

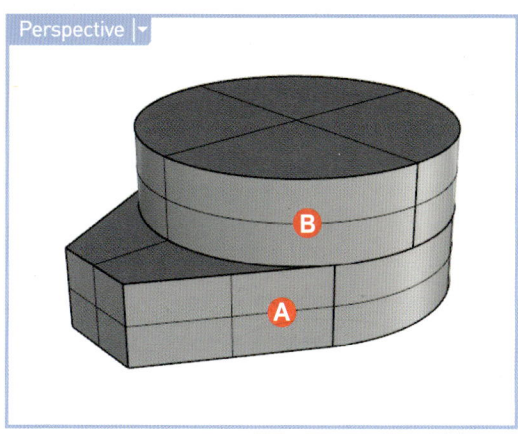

33. 메인2(7번째) > ⓐ **부울 합집합** 명령어를 선택합니다.
34. 합집합을 적용할 서피스 또는 폴리서피스 선택: Perspective ▼ 뷰에서 **A, B** 두 개체를 선택한 후 Enter
35. 두 개체가 하나로 합쳐졌습니다.

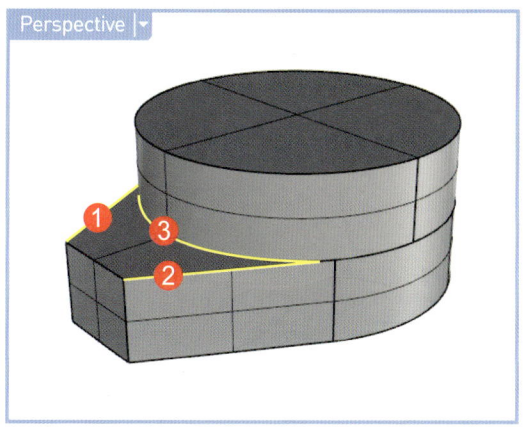

36. 메인2(7번째) > ⓐ **가변 반지름 필릿** 명령어를 선택합니다.
37. 필릿할 가장자리 선택 (반지름_표시(S)=예 다음_반지름(N)=1.5): **1.5** Enter
38. 필릿할 가장자리 선택 ~ : Perspective ▼ 뷰에서 ❶ ~ ❸번 3개의 서피스 가장자리를 모두 선택한 후 Enter Enter

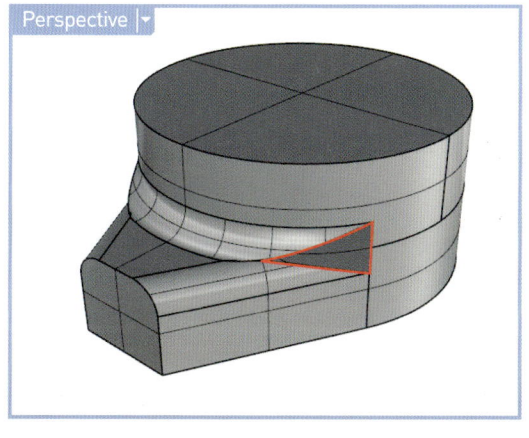

39. 왼쪽 그림처럼, 선택한 서피스 가장자리에 반지름 필릿 1.5mm가 만들어졌습니다.
40. 그런데 모서리 끝점에 서피스 가장자리가 모여있는 경우에는 왼쪽 그림처럼 서피스 가장자리가 떨어집니다.
41. 이제 다른 방법으로 반지름 필릿 효과를 낼 수 있도록 만들어 보도록 하겠습니다.

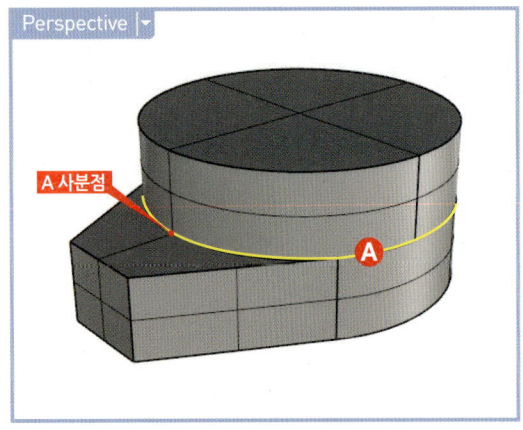

42. Ctrl +Z 키를 눌러 전 단계로 돌아갑니다.
43. 메인1(3번째) > 커브를 중심으로 하는 원 명령어를 선택합니다.
44. 개체 스냅에서 "사분점" 체크합니다.
45. 커브 선택: 왼쪽 그림처럼, A 커브를 선택합니다.
46. 원의 중심: A 사분점을 선택합니다.
47. 반지름 <1.500> ~ : 1.5 Enter
48. A 사분점 위치에 수직으로 반지름 1.5mm인 원 커브(B)가 만들어졌습니다.

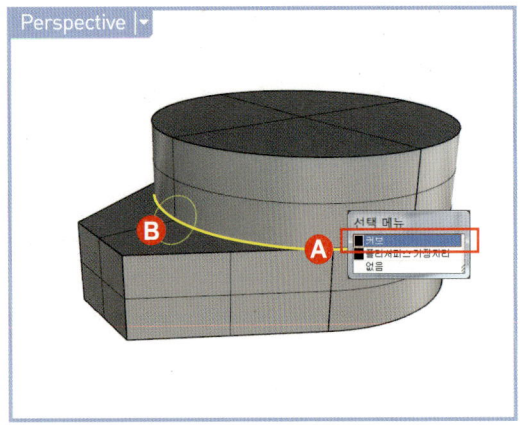

49. 메인1(6번째) > 1개 레일 스윕 명령어를 선택합니다.
50. 레일 선택 (가장자리_연속선택(C)): A 커브를 선택합니다.
51. 단면 커브 선택 (점(P)): 원 커브(B)를 선택한 후 Enter Enter
52. 아래와 같이 옵션을 설정합니다.

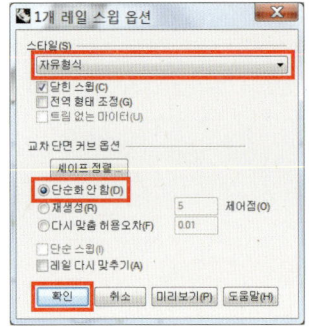

53. 파이프 모양의 서피스가 만들어졌습니다.
54. 메인1(7번째) > 파이프: 평평한 끝막음 명령어를 선택합니다.
55. 파이프의 중심이 될 커브 선택 ~ : A 가장자리를 선택합니다.
56. 닫힌 파이프의 반지름 <1.5> ~ : 1.5 Enter x 3
57. 파이프: 평평한 끝막음 명령어를 선택합니다.
58. 파이프의 중심이 될 커브 선택 ~ : B 가장자리를 선택합니다.
59. 닫힌 파이프의 반지름 <1.5> ~ : 1.5 Enter x 3
60. 반지름 1.5mm인 두 개의 파이프가 만들어졌습니다.

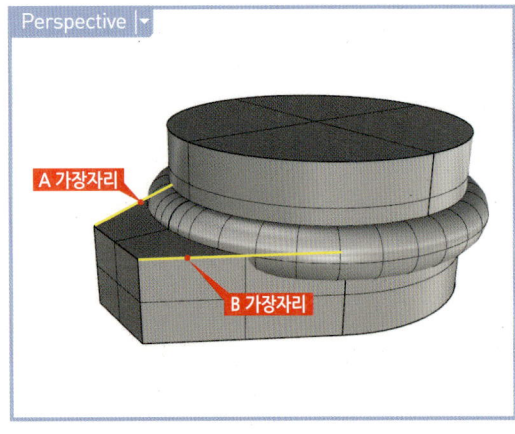

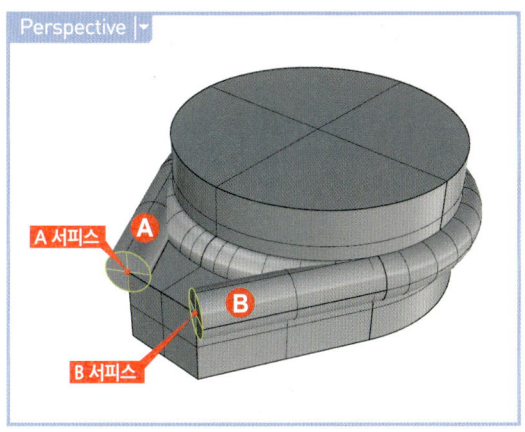

61. 메인2(9번째) > 분해 명령어를 선택합니다.
62. 분해할 개체 선택: A 와 B 두 개체를 선택한 후 Enter
63. A, B 두 서피스를 선택한 뒤 Delete 키를 눌러 삭제합니다.

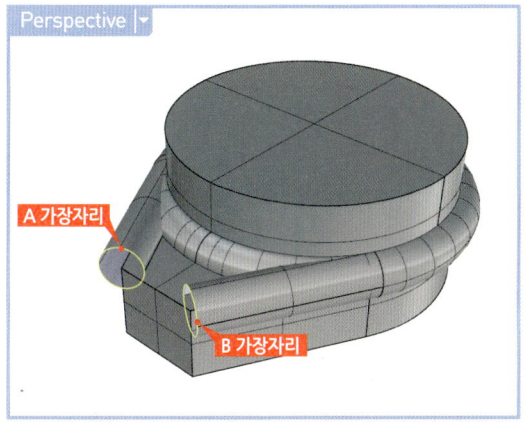

64. 길이가 모자른 A, B 두 서피스를 연장시켜 주도록 하겠습니다.
65. 메인2(6번째) > 서피스 연장 명령어를 선택합니다.
66. 연장할 서피스의 가장자리 선택 (종류(T)=매끄럽게): A 가장자리를 선택합니다.
67. 연장 배율 <2.000>: 2 Enter
68. 서피스 연장 명령어를 선택합니다.
69. 연장할 서피스의 가장자리 선택 (종류(T)=매끄럽게): B 가장자리를 선택합니다.
70. 연장 배율 <2.000>: 2 Enter

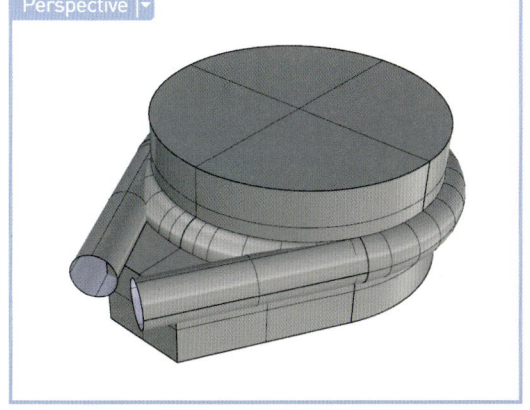

71. 선택한 가장자리에서 2mm 길이로 서피스가 연장되었습니다.

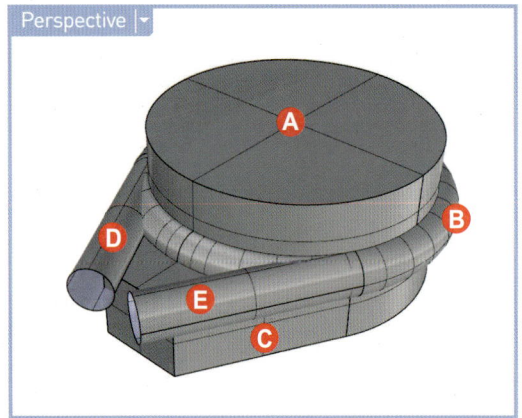

72. 메인2(10번째) > 분할 명령어를 선택합니다.
73. 분할할 개체 선택 ~ : A 개체를 선택한 후 Enter
74. 절단 개체 선택: B 개체를 선택한 후 Enter
75. 분할 명령어를 선택합니다.
76. 분할할 개체 선택 ~ : C 개체를 선택한 후 Enter
77. 절단 개체 선택: D, E 두 개체를 선택한 후 Enter
78. 서로 겹쳐있던 개체들이 분할 되었습니다.

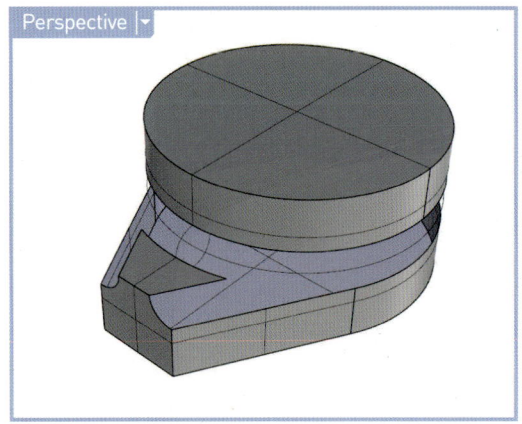

79. 왼쪽 그림과 같은 개체만 남도록 파이프 서피스와 분할된 서피스를 Delete 키를 눌러 삭제합니다.

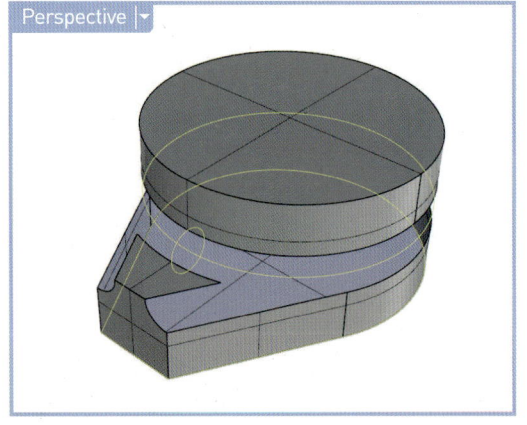

80. 표준 툴바 > 모두선택 > 커브 선택 명령어를 선택합니다.
81. 화면상에 있는 모든 커브가 선택되었습니다.
82. 표준 툴바 > 개체 숨기기 명령어를 눌러 선택된 커브를 숨깁니다.

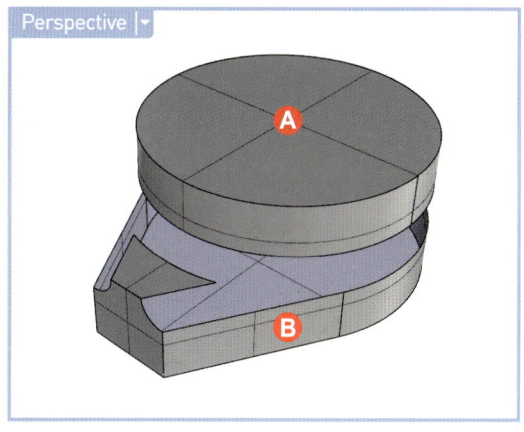

83. 메인2(15번째) > 가장자리 표시 명령어를 선택합니다.

84. 가장자리 표시할 서피스, 폴리서피스 또는 메쉬 선택: A, B 두 개체를 선택한 후 Enter

85. 아래와 같이 옵션을 설정합니다.

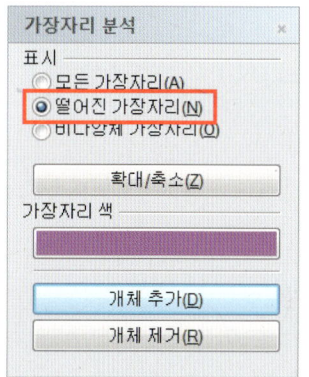

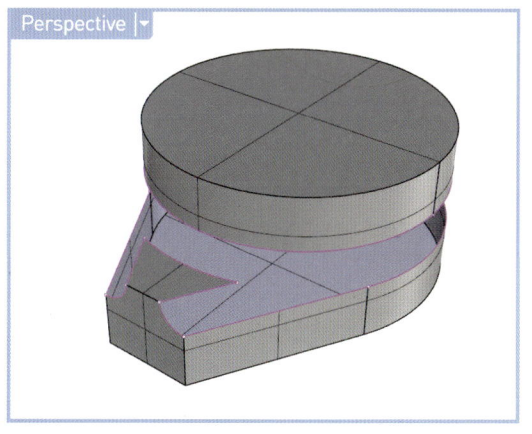

86. 왼쪽 그림처럼, 떨어진 가장자리는 분홍색으로 표시됩니다.

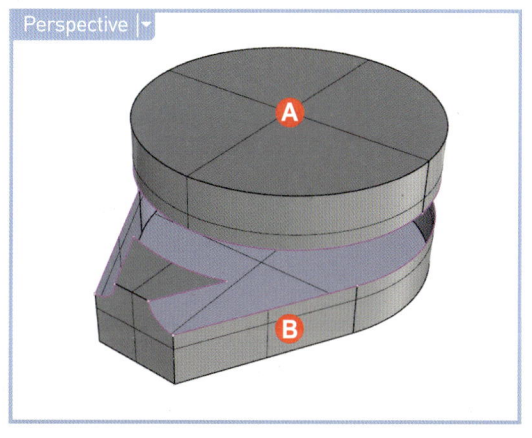

87. 불필요하게 분할된 가장자리는 병합(하나로 합쳐짐) 하도록 하겠습니다.

88. 메인2(15번째) > 가장자리 표시 > 모든 가장자리 병합 명령어를 선택합니다.

89. 서피스 또는 폴리서피스 선택: A, B 두 개체를 선택한 후 Enter

90. A, B 두 개체에 떨어진 가장자리가 모두 병합(하나로 합쳐짐) 되었습니다.

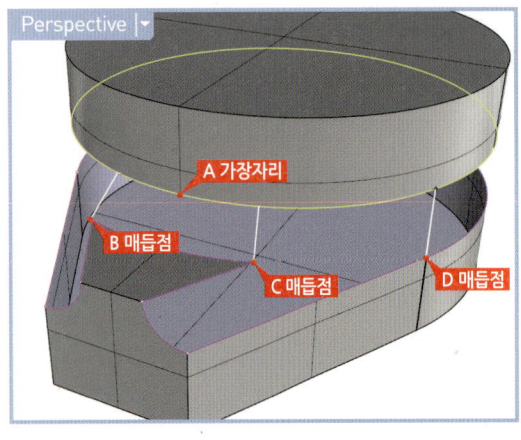

91. 이미 분할된 서피스 가장자리를 기준으로 가장자리를 분할하도록 하겠습니다.
92. 메인2(15번째) > 🗿 가장자리 표시 > 📐 가장자리 분할 명령어를 선택합니다.
93. 개체스냅에서 "매듭점" 체크합니다.
94. 분할할 가장자리 선택: A 가장자리를 선택합니다.
95. 가장자리를 분할할 점: B, C, D 3개의 매듭점을 순서대로 선택한 후 Enter
96. B, C, D 3개의 매듭점과 같은 위치에 있는 점을 기준으로 A 가장자리가 분할되었습니다.

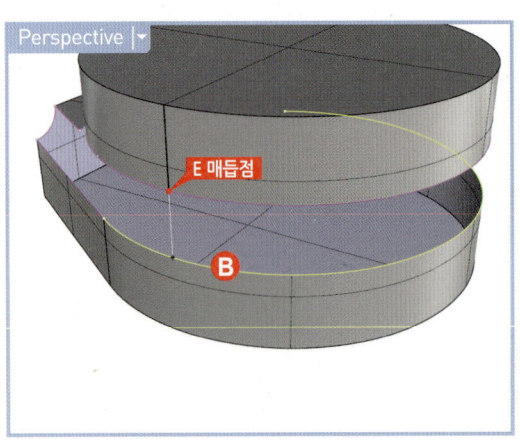

97. 📐 가장자리 분할 명령어를 선택합니다.
98. 분할할 가장자리 선택: B 가장자리를 선택합니다.
99. 가장자리를 분할할 점: E 매듭점을 선택한 후 Enter
100. E 매듭점과 같은 위치에 있는 점을 기준으로 B 가장자리가 분할되었습니다.

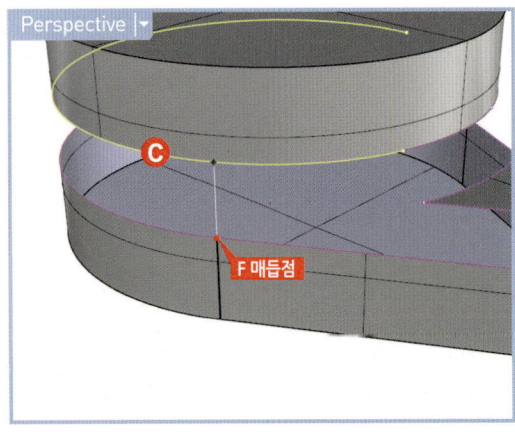

101. 📐 가장자리 분할 명령어를 선택합니다.
102. 분할할 가장자리 선택: C 가장자리를 선택합니다.
103. 가장자리를 분할할 점: F 매듭점을 선택한 후 Enter
104. F 매듭점과 같은 위치에 있는 점을 기준으로 C 가장자리가 분할되었습니다.

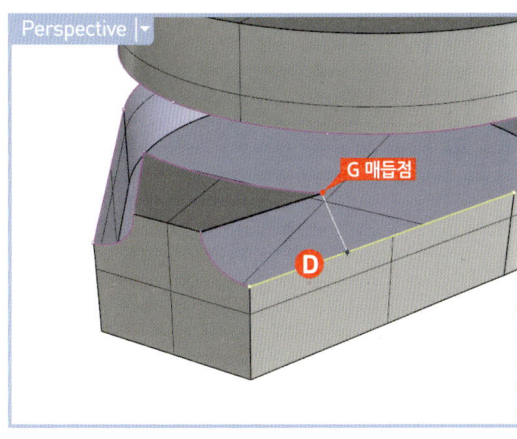

105. 　가장자리 분할 명령어를 선택합니다.
106. 분할할 가장자리 선택: D 가장자리를 선택합니다.
107. 가장자리를 분할할 점: G 매듭점을 선택한 후 Enter
108. G 매듭점과 같은 위치에 있는 점을 기준으로 D 가장자리가 분할되었습니다.

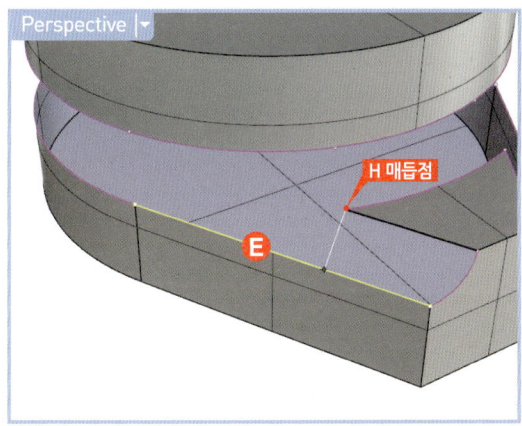

109. 　가장자리 분할 명령어 선택합니다.
110. 분할할 가장자리 선택: E 가장자리를 선택합니다.
111. 가장자리를 분할할 점: H 매듭점을 선택한 후 Enter
112. H 매듭점과 같은 위치에 있는 점을 기준으로 E 가장자리가 분할되었습니다.

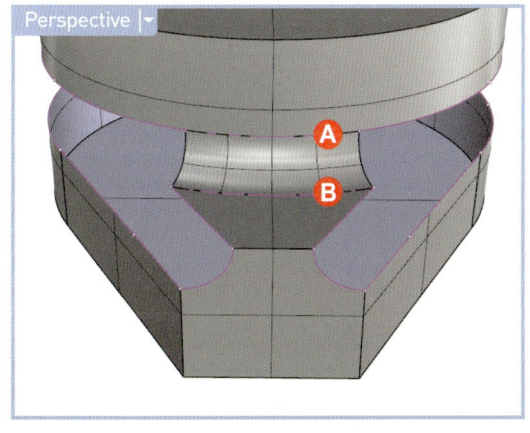

113. 메인2(6번째) > 　서피스 블렌드 명령어를 선택합니다.
114. 첫 번째 가장자리가 될 세그먼트 선택 ~ : A 가장자리를 선택합니다.
115. 두 번째 가장자리가 될 다음 세그먼트 선택 ~ : B 가장자리를 선택한 후 Enter

116. 아래와 같이 옵션을 설정합니다.

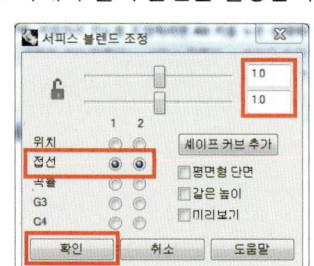

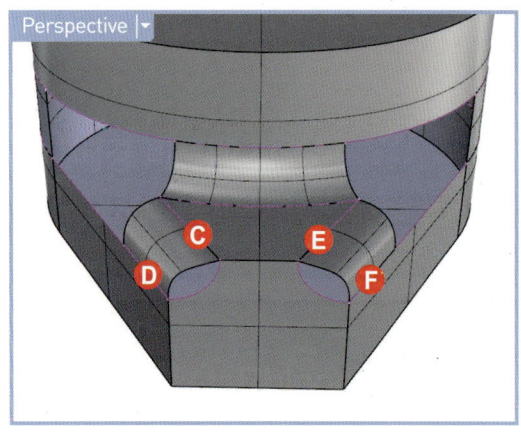

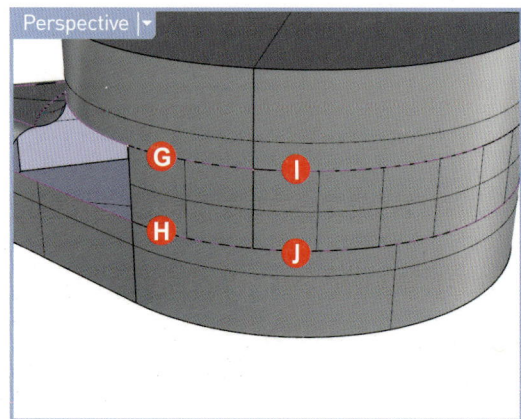

117. A, B 두 가장자리 사이에 서피스가 생성되었습니다.
118. 위와 같은 방법으로 위 아래로 서로 마주보는 분할된 서피스 가장자리끼리 서피스 블렌드 명령어를 사용하여 서피스를 만들어줍니다.

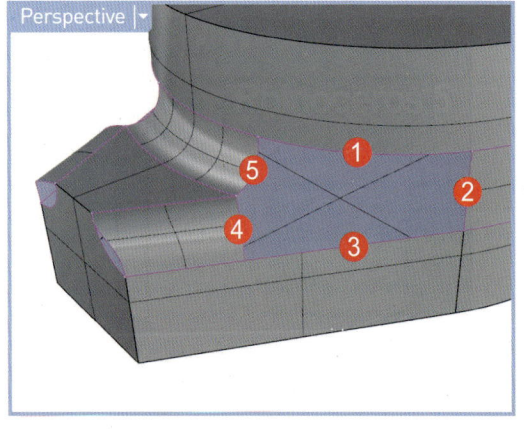

119. 왼쪽 그림처럼, 떨어진 가장자리를 매끄러운 곡률 서피스로 만들어 보도록 하겠습니다.
120. 떨어진 가장자리가 2개 또는 4개인 짝수라면 쉽게 서피스 블렌드 명령어로 서피스를 만들 수 있습니다.
121. 하지만, 왼쪽 그림처럼 떨어진 가장자리가 5개인 홀수라면 위 명령어만으로 서피스를 만들기에 애로사항이 많습니다.

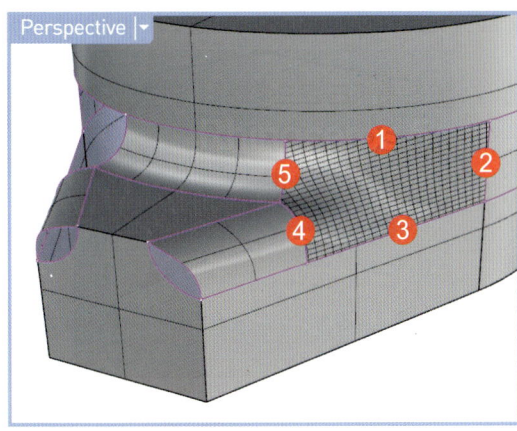

122. 떨어진 가장자리 개수와 상관없이 서피스를 만드는 패치 명령어로 서피스를 채워보도록 하겠습니다.

123. 메인1(6번째) > 패치 명령어를 선택합니다.

124. 서피스에 맞출 커브, 점, 점구름, 메쉬 선택: **5개**의 가장자리를 차례 대로 선택한 후 Enter

125. 아래와 같이 옵션을 설정합니다.

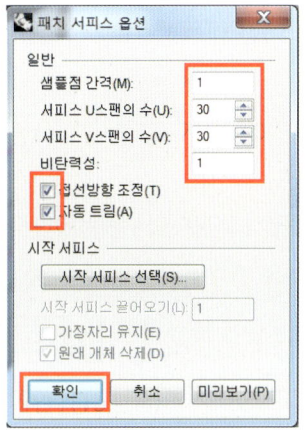

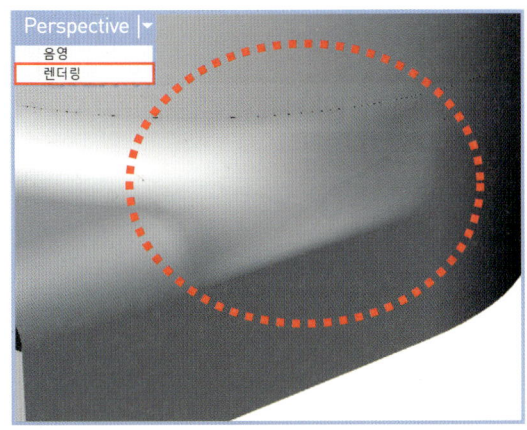

126. 떨어진 가장자리에 서피스가 만들어졌습니다. 하지만, 표시 모드를 **"렌더링"**으로 전환해서 보면 자연스러운 서피스가 아닌 울퉁불퉁한 서피스가 생성되었다는 것을 알 수 있습니다.

127. 패치 명령어는 유용하게 쓸 수 있는 명령어이지만, 떨어진 가장자리의 범위가 넓다면 가장자리의 곡률 방향으로 자연스러운 서피스를 만들기 어렵습니다.

128. 패치 명령어로 만든 울퉁불퉁한 서피스는 Delete 키를 눌러 삭제합니다.

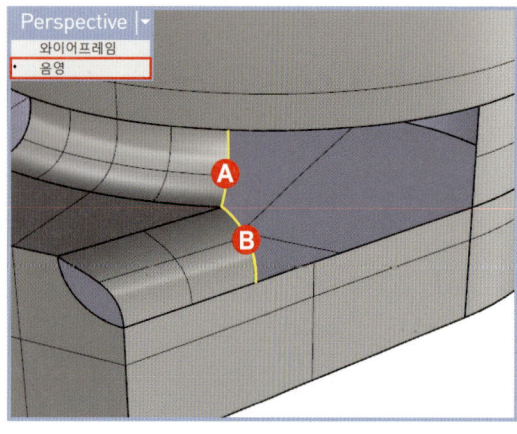

129. 이번에는 가장자리 복제 명령어와 2개 레일 스윕 명령어를 사용하여 매끄러운 곡률 서피스를 만들어 연결해 보도록 하겠습니다.

130. 우선, A, B 두 가장자리에서 2개의 커브를 복제하여 결합하겠습니다.

131. 메인1(8번째) > 가장자리 복제 명령어를 선택합니다.

132. 복제할 가장자리 선택 ~ : A 와 B 두 가장자리를 선택한 후 Enter

133. 선택한 가장자리에서 두 커브가 복제되고, 선택된 상태에서 바로 결합 명령어를 선택합니다.

134. 복제된 2개의 커브가 결합된 커브(C)가 생성되었습니다.

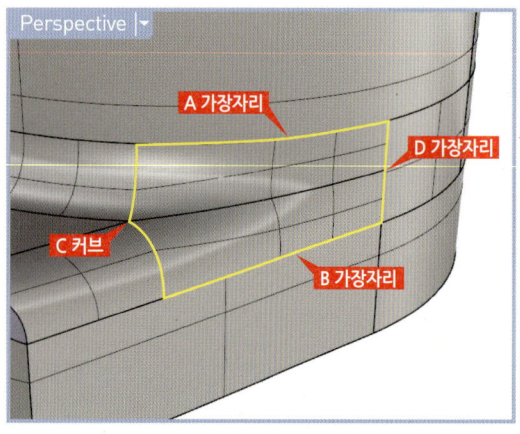

135. 메인1(6번째) > 2개 레일 스윕 명령어를 선택합니다.

136. 첫 번째 레일 선택 ~ : A 가장자리를 선택합니다.

137. 두 번째 레일 선택 : B 가장자리를 선택합니다.

138. 단면 커브 선택 (점(P)) : C 커브와 D 가장자리를 선택한 후 Enter

139. 아래와 같은 옵션을 설정합니다.

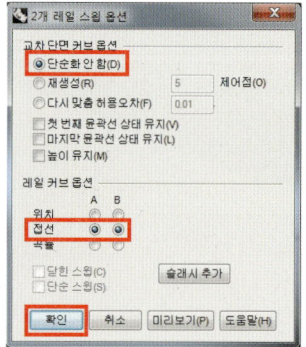

140. 벌어져있던 가장자리에 곡률 서피스가 생성되었습니다.

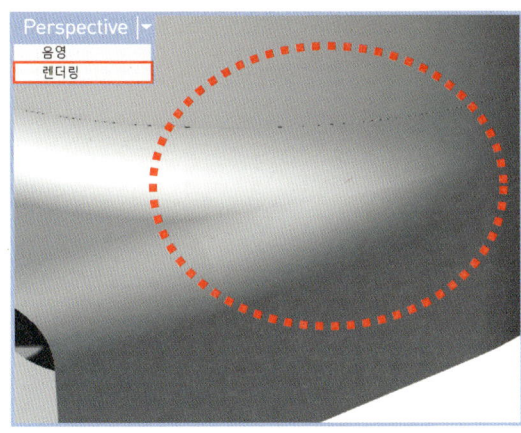

141. Perspective 뷰 모드를 "**렌더링**"으로 전환해서 보면 자연스러운 곡률 서피스가 만들어진 것을 확인할 수 있습니다.

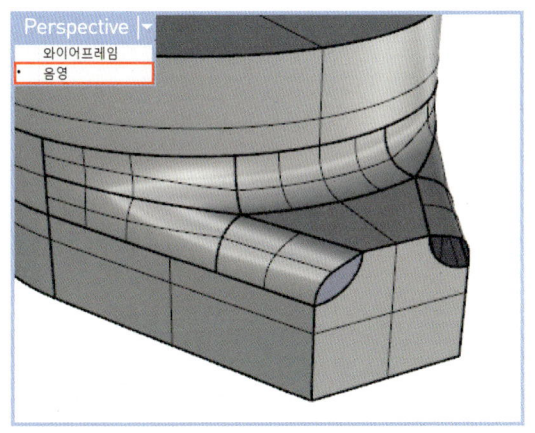

142. 반대편에도 위와 같은 방법으로 곡률 서피스를 만듭니다.

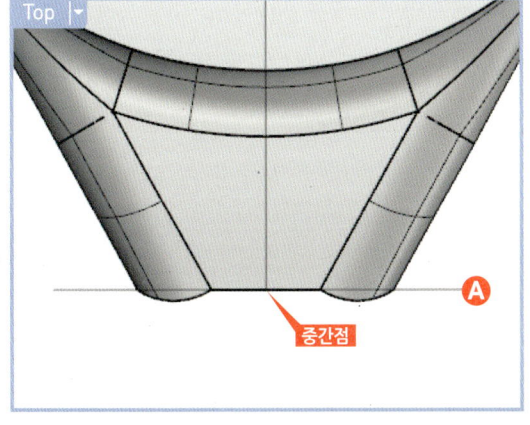

143. 메인1(2번째) > 선: 중간점에서 명령어를 선택합니다.
144. 개체 스냅에서 "**중간점**" 체크합니다.
145. 선의 중간~: Top 뷰에서 **중간점**을 선택합니다.
146. 선의 끝: **R5,0** Enter
147. 개체의 중간지점에 수평선(**A**)가 만들어졌습니다.

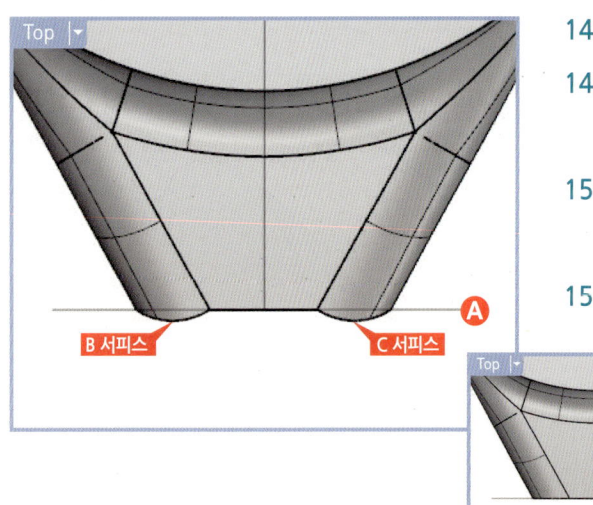

148. 메인1(10번째) > 트림 명령어를 선택합니다.
149. 절단 개체 선택 ~ : Top 뷰에서 A 커브를 선택한 후 Enter
150. 트림할 개체 선택 ~ : A커브 아래쪽에 있는 B, C 두 서피스를 선택한 후 Enter
151. 삐져나와 있던 서피스가 트림되었습니다.

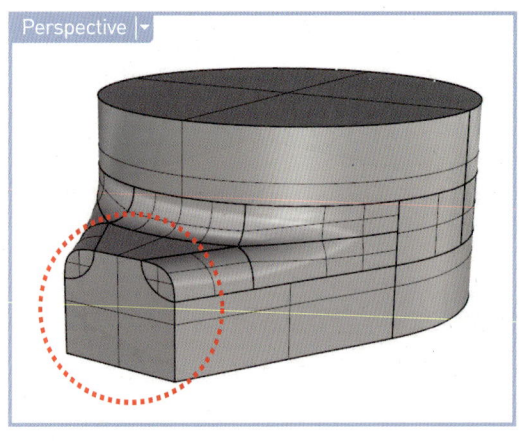

152. Ctrl +A 키를 눌러 개체 전부를 선택한 후 메인1(9번째) > 결합 명령어를 선택합니다.
153. 모든 개체가 결합되었습니다.
154. 메인2(7번째) > 평면형 구멍 끝막음 명령어를 선택합니다.
155. 끝막음할 서피스 또는 폴리서피스 선택: 개체를 선택한 후 Enter
156. 왼쪽 그림처럼, 떨어진 가장자리 사이에 평면형 서피스가 생성되어 끝막음 되었습니다.

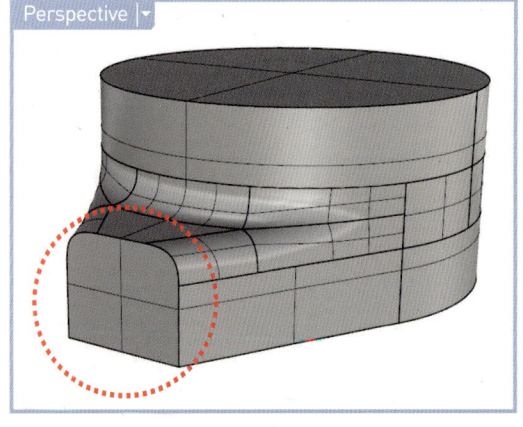

157. 마지막으로 동일 평면상의 서피스를 병합(하나로 합쳐짐)시켜 보도록 하겠습니다.
158. 메인2(7번째) > 동일 평면상의 모든 면 병합 명령어를 선택합니다.
159. 폴리서피스 선택: 개체를 선택한 후 Enter
160. 왼쪽 그림처럼, 평면이면서 똑같은 높이의 서피스가 한면으로 병합(하나로 합쳐짐) 되었습니다.
161. 완성

CHAPTER 04
모델링 만들기

01. 베이비 로션 용기
　1. 타원형 용기
　2. 나선형 입구
　3. 펌프형 캡

02. 커피 머신
　1. 드립 트레이 받침대
　2. 드립 트레이
　3. 커피 머신 측면
　4. 커피 머신 물통
　5. 커피 머신 전면
　6. 컵 받침대
　7. 캡슐 컨테이너
　8. 슬라이더
　9. 조작부
　10. 커피 추출구

BODY LOTION BOTTLE
3D MODELING

시작하기 전에 개체 별대로 레이어를 만들어 보도록 하겠습니다.
개체를 레이어로 정리하면 작업 진행이 보다 쉽고, 편리하며 작업시간을 줄일 수 있는 장점이 있습니다.

레이어 만들기

01. **표준툴바** > 레이어 편집 명령어를 선택합니다.

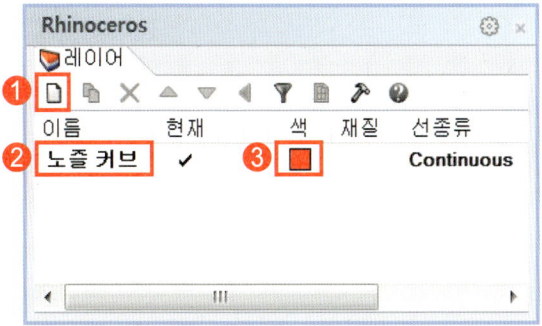

02. ❶ 번, 새 레이어를 선택합니다.
03. ❷ 번, 이름에 **"커브"** 를 입력합니다.
04. ❸ 번, 칼라칩을 눌러 **"빨강"** 색을 선택합니다.

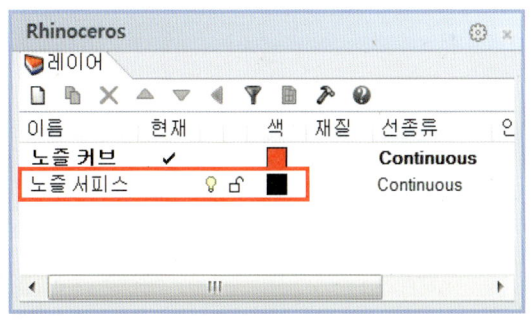

05. 위와 같은 방법으로 레이어를 하나 더 추가하여 이름에는 **"서피스"**, 색에는 **"검은색"** 으로 만들어줍니다.

BODY LOTION BOTTLE

타원형 용기 1

INSTRUCTION

- Ellipse: From cent
- Circle: center, radius
- Control point curve
- Mirror
- Sweep 2 rails
- Cap planar holes
- Polyline
- Arc: start, end, radius
- Loft
- Analyze direction
- Boolean differenc
- Ellipsoid: From center
- Variable radius fill
- Pipe: Flat cap
- Split
- Blend Surface
- Join

ELLIPSE CONTAINER / 4VIEW

Top

Front

Right

Perspective

타원형 용기 만들기

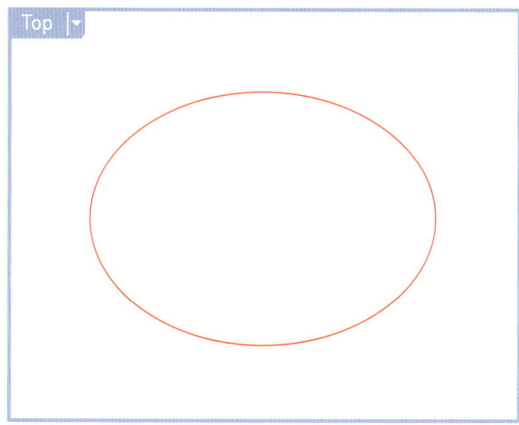

01. 상태 표시줄 > "**커브 레이어**"를 선택합니다.
02. 메인2(3번째) > **타원: 중심점에서** 명령어를 선택합니다.
03. **Top** 뷰에 마우스 커서를 올려놓습니다.
04. 타원 중심 ~ : **0,0** Enter
05. 첫 번째 축의 끝 ~ : **7,0** Enter
06. 두 번째 축의 끝 : **0,5** Enter
07. X축(가로) 14mm, Y축(세로) 10mm인 타원 커브가 만들어졌습니다.

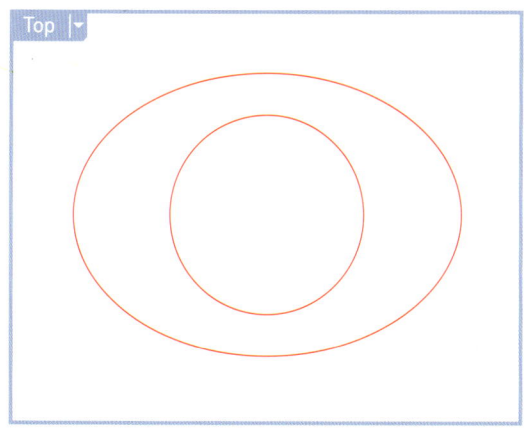

08. 메인1(3번째) > **원: 중심점, 반지름** 명령어를 선택합니다.
09. **Top** 뷰에 마우스 커서를 올려놓습니다.
10. 원의 중심 ~ : **0,0,38** Enter
11. 반지름 <3.5> ~ : **3.5** Enter
12. 타원 커브 안에 반지름 3.5mm 원 커브가 만들어졌습니다.

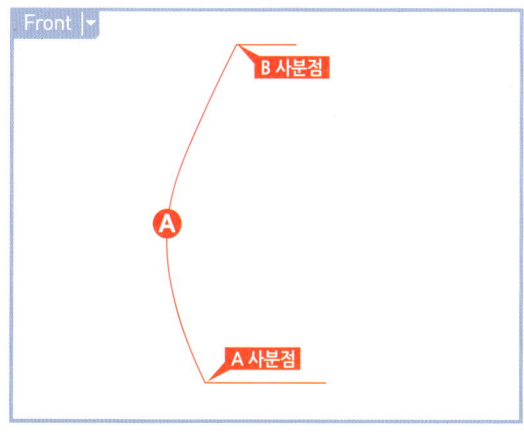

13. 개체 스냅에서 "**사분점**" 체크합니다.
14. 메인2(2번째) > **제어점 커브** 명령어를 선택합니다.
15. 커브의 시작 ~ : **Front** 뷰에서 **A 사분점**을 선택합니다.
16. **-10,6** Enter
17. **-12,14** Enter
18. **-11,22** Enter
19. **-8,29** Enter
20. **B 사분점**을 선택한 후 Enter
21. 커브(A)가 만들어졌습니다.

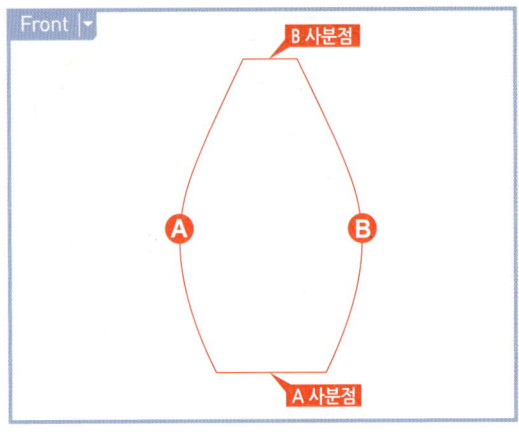

22. 메인2(13번째) > 미러 명령어를 선택합니다.
23. 미러 실행할 개체 선택: Front 뷰에서 A 커브를 선택한 후 Enter
24. 미러 평면의 시작 ~ : A 사분점을 선택합니다.
25. 미러 평면의 끝 복사(C)=예 : B 사분점을 선택합니다.
26. 대칭으로 커브(B)가 복사되었습니다.

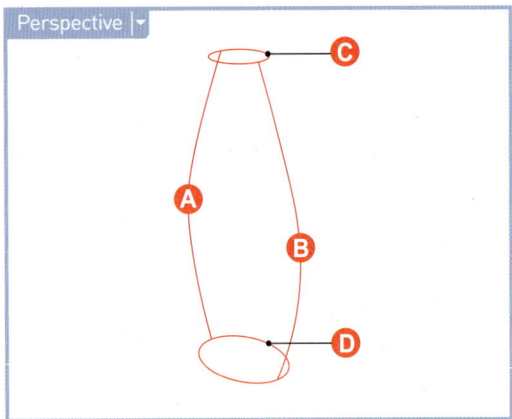

27. "서피스 레이어"를 선택합니다.
28. 메인1(6번째) > 2개 레일 스윕 명령어를 선택합니다.
29. 첫 번째 레일 선택 (가장자리_연속선택(C)): Perspective 뷰에서 A 커브를 선택합니다.
30. 두 번째 레일 선택: B 커브를 선택합니다.
31. 단면 커브 선택 (점(P)): C, D 두 커브를 모두 선택한 후 Enter Enter
32. 아래와 같이 옵션을 설정합니다.

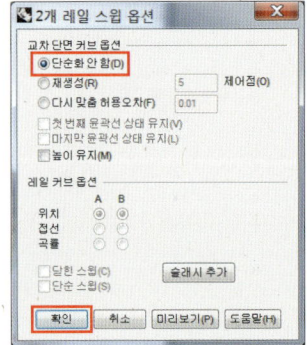

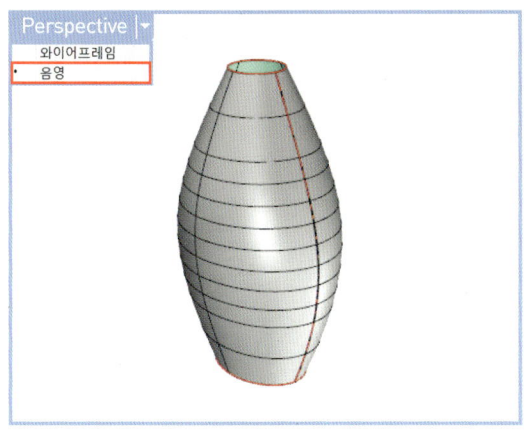

33. Perspective 뷰 모드를 "**음영**" 으로 변경합니다.
34. 2개 레일 (A, B)커브를 지나가는 2개의 단면 (C, D)커브 모양의 서피스가 만들어졌습니다.

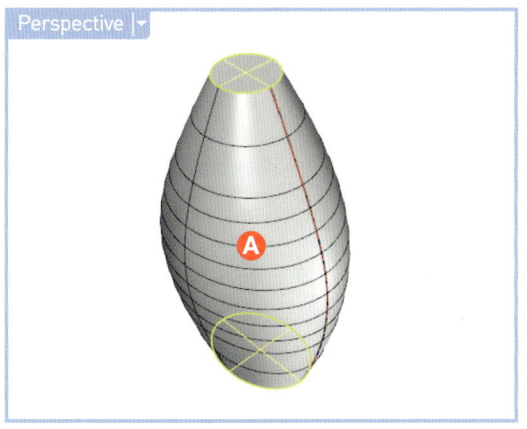

35. 메인2(7번째) > **평면형 구멍 끝막음** 명령어를 선택합니다.
36. 끝막음할 서피스 또는 폴리서피스 선택: Perspective 뷰에서 **A** 개체를 선택한 후 Enter
37. 열려있던 가장자리에 서피스가 채워지면서 결합된 솔리드가 되었습니다.

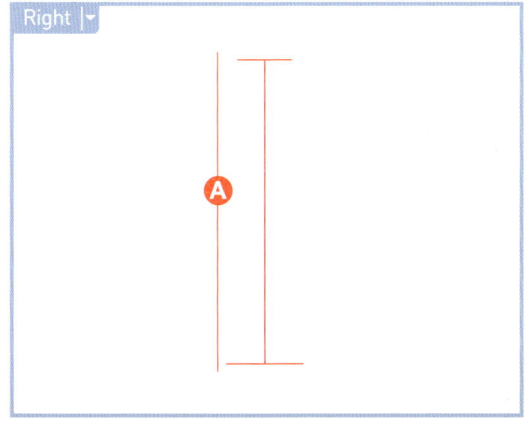

38. "**커브 레이어**"를 선택하고 서피스 레이어는 숨깁니다.
39. 메인1(2번째) > **폴리라인** 명령어를 선택합니다.
40. Right 뷰에 마우스 커서를 올려놓습니다.
41. 폴리라인의 시작 (닫힘_유지(P)=아니오): **-6,-1** Enter
42. **-6,39** Enter Enter
43. 직선 커브(**A**)가 만들어졌습니다.

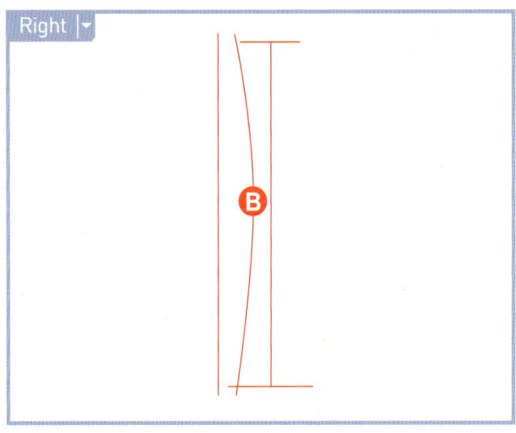

44. 메인1(4번째) > 호: 시작점, 끝점, 반지름 명령어를 선택합니다.
45. Right 뷰에 마우스 커서를 올려놓습니다.
46. 호의 시작: -4,-1,12 Enter
47. 호의 끝~: -4,39,12 Enter
48. 호의 반지름 및 방위~: R100<120 Enter
49. 반지름 100mm인 호 커브(B)가 만들어졌습니다.

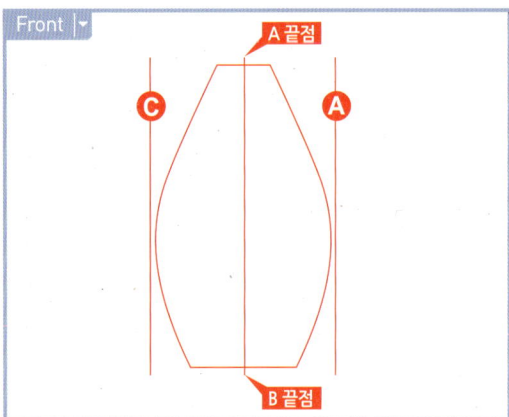

50. 개체 스냅에서 "끝점" 체크합니다.
51. 메인2(13번째) > 미러 명령어를 선택합니다.
52. 미러 실행할 개체 선택: Front 뷰에 A 커브를 선택한 후 Enter
53. 미러 평면의 시작~: A 끝점을 선택합니다.
54. 미러 평면의 끝 (복사(C)=예): B 끝점을 선택합니다.
55. 대칭으로 C 커브가 복사되었습니다.

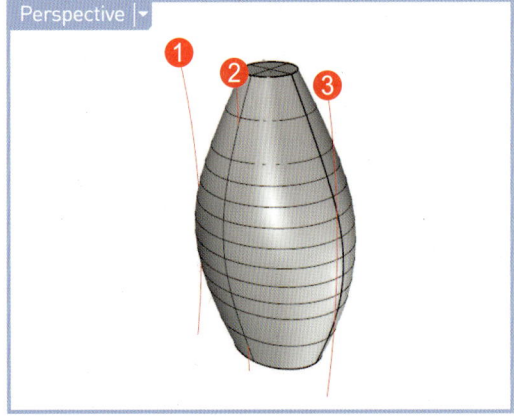

56. "서피스 레이어"를 선택합니다.
57. 메인1(6번째) > 로프트 명령어를 선택합니다.
58. 로프트할 커브 선택 (점(P)): Perspective 뷰에서 3개의 커브를 순서대로 선택한 후 Enter
59. 아래와 같이 옵션을 설정합니다.

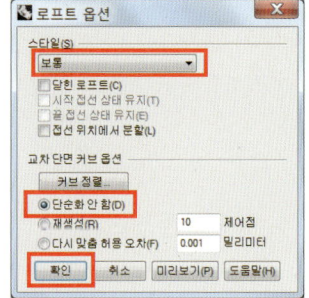

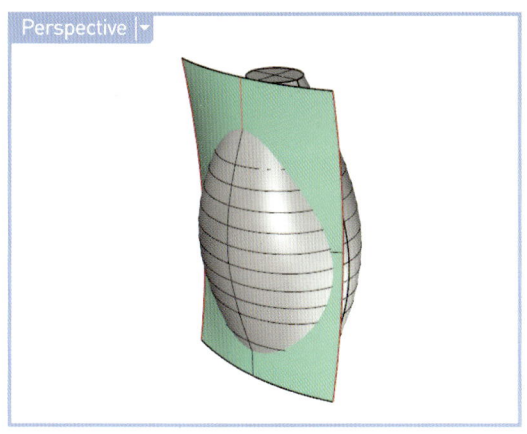

60. 서로 떨어져 있던 커브사이에 서피스가 생성되었습니다.

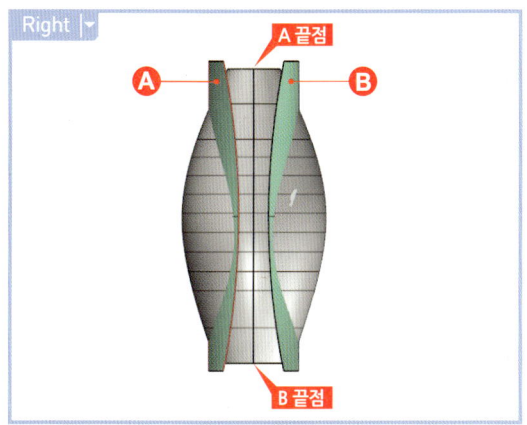

61. 개체 스냅에서 "끝점" 체크합니다.
62. 메인2(13번째) > 미러 명령어를 선택합니다.
63. 미러 실행할 개체 선택: Right 뷰에 A 서피스를 선택한 후 Enter
64. 미러 평면의 시작~ : A 끝점을 선택합니다.
65. 미러 평면의 끝 <복사(C)=예> : B 끝점을 선택합니다.
66. 대칭으로 B 서피스가 복사되었습니다.

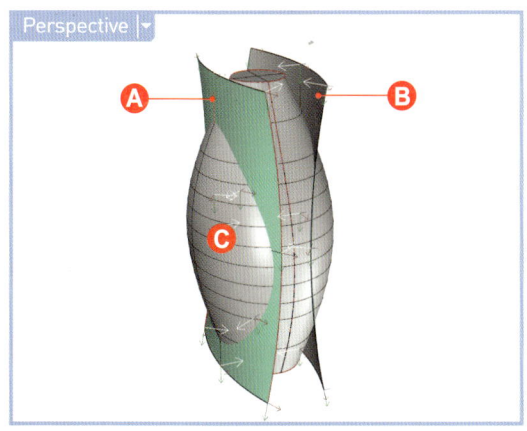

67. 왼쪽 그림처럼, 서피스 바깥쪽 방향을 두 서피스가 마주 보도록 변경합니다.
68. 메인2(15번째) > 방향 분석 명령어를 선택합니다.
69. 방향을 표시할 개체 선택: A, B 두 서피스를 선택한 후 Enter
70. 완료되면 Enter 키를 누르십시오 - 반전(F) : "반전" 선택하여 왼쪽 그림처럼, 두 서피스가 바깥쪽 방향이 서로 마주 볼 수 있도록 변경한 뒤 Enter
71. 메인2(7번째) > 부울 차집합 명령어 선택합니다.
72. 차집합을 계산할 원래 서피스 또는 폴리서피스 선택: Perspective 뷰에서 C 개체 선택한 후 Enter
73. 차집합 계산에 사용할 서피스 또는 폴리서피스 선택 (원래개체_삭제(D)=예) : A, B 두 개체를 동시에 선택한 후 Enter

213

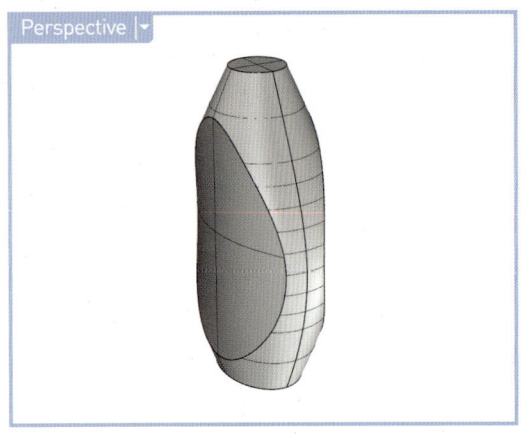

74. 첫 번째로 선택한 C 개체는 겹친 부분이 잘린 상태로 남겨져 있고, 두 번째로 선택한 A, B 두 서피스는 삭제되었습니다.

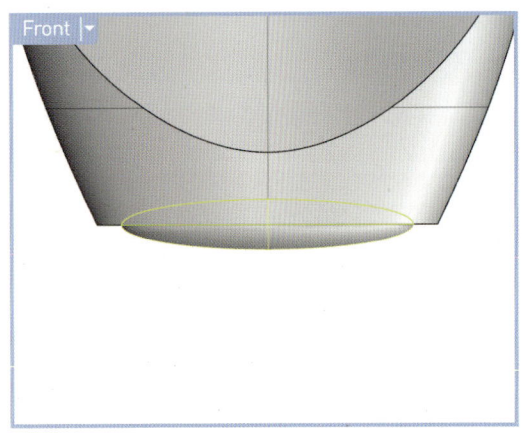

75. 메인1(7번째) > 타원체: 중심점에서 명령어를 선택합니다.
76. Front 뷰에 마우스 커서를 올려놓습니다.
77. 타원체 중심 ~ : 0,0 Enter
78. 첫 번째 축의 끝 ~ : 6,0 Enter
79. 두 번째 축의 끝 : R0,1 Enter
80. 세 번째 축의 끝 : 4 Enter
81. Front 뷰에서 X축 12mm, Z축 2mm, Y축 8mm인 타원형 솔리드가 생성되었습니다.

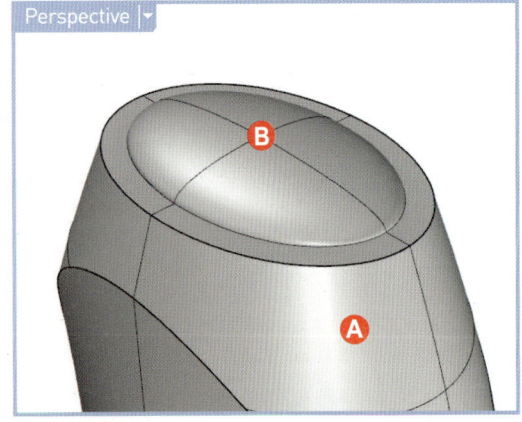

82. 왼쪽 그림처럼, Perspective 뷰에서 밑바닥이 위로 향할 수 있도록 화면을 돌려줍니다.
83. 메인2(7번째) > 부울 차집합 명령어를 선택합니다.
84. 차집합을 계산할 원래 서피스 또는 폴리서피스 선택: Perspective 뷰에서 A 개체를 선택한 후 Enter
85. 차집합 계산에 사용할 서피스 또는 폴리서피스 선택 (원래개체_삭제(D)=예): B 개체를 선택한 후 Enter

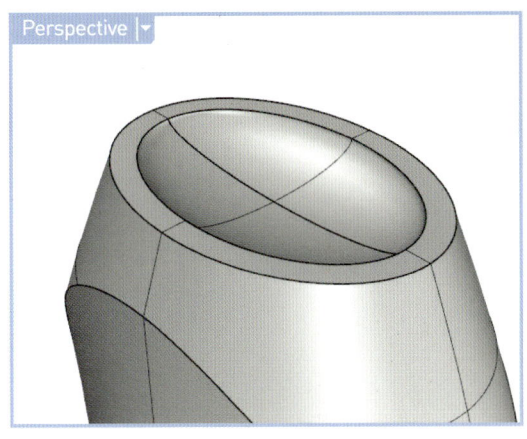

86. 첫 번째로 선택한 A 개체는 겹친 부분이 잘린 상태로 남겨져 있고, 두 번째로 선택한 B 개체는 삭제되었습니다.

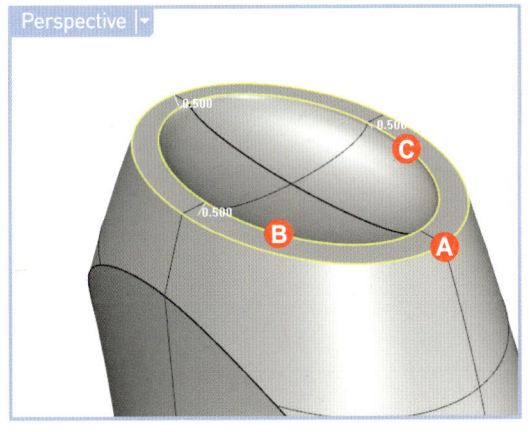

87. 메인2(7번째) > 가변 반지름 필릿 명령어를 선택합니다.
88. 필릿할 가장자리 선택 (반지름_표시(S)=예 다음_반지름(N)=0.5 ~): 0.5 Enter
89. 필릿할 가장자리 선택 ~ : A, B, C 3개의 가장자리를 선택한 후 Enter Enter

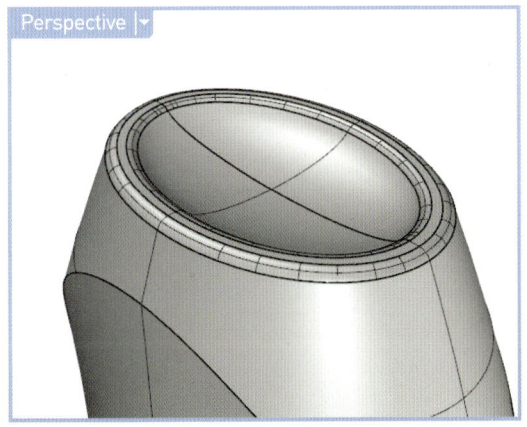

90. 선택한 서피스 가장자리에 반지름 필릿 0.5mm가 만들어졌습니다.

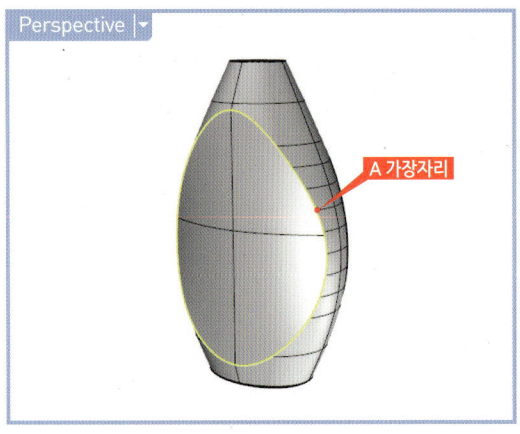

91. 메인1(7번째) > 파이프: 평평한 끝막음 명령어를 선택합니다.

92. 파이프의 중심이 될 커브 선택 ~ : **A 가장자리**를 선택합니다.

93. 닫힌 파이프의 반지름 <1.5> ~ : **1.5** 입력한 후 Enter Enter

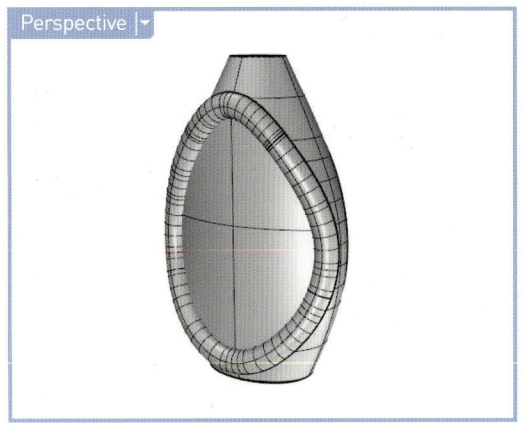

94. 선택한 가장자리에 반지름 필릿 1.5mm인 파이프가 만들어졌습니다.

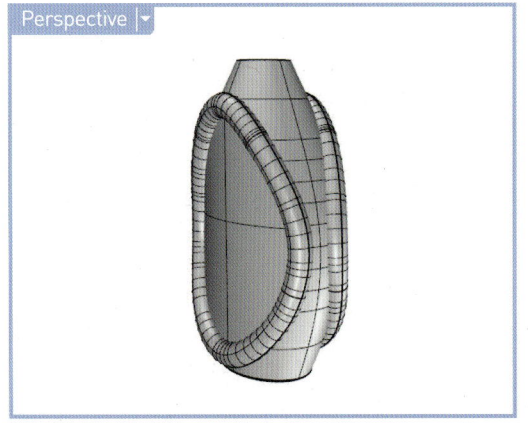

95. 반대편에 있는 가장자리도 위와 같은 방법으로 파이프를 만듭니다.

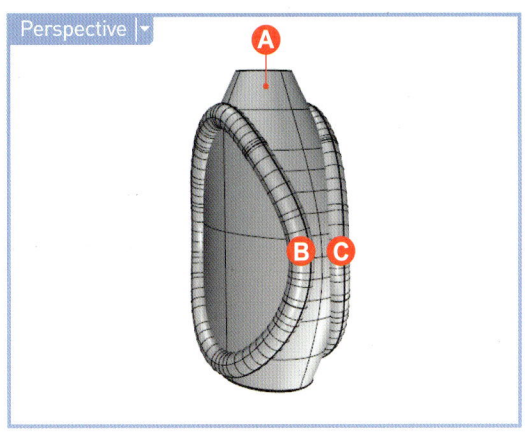

96. 메인2(10번째) > 분할 명령어를 선택합니다.
97. 분할할 개체 선택 (겸(P) 아이소커브(I)): A 개체를 선택한 후 Enter
98. 절단 개체 선택: B, C 2개의 파이프를 모두 선택한 후 Enter

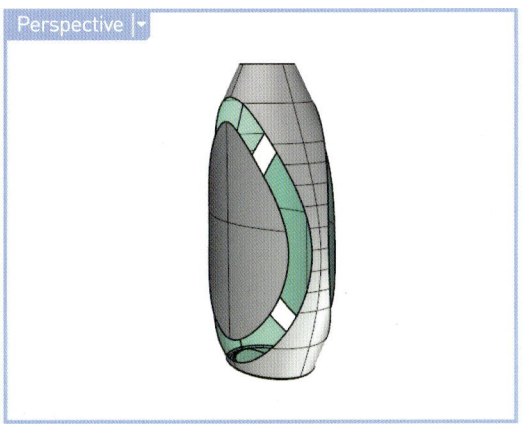

99. 2개의 파이프들을 선택한 후 Delete 키를 눌러 삭제합니다.
100. 왼쪽 그림과 같은 개체만 남을 수 있게 분할된 서피스도 Delete 키를 눌러 삭제합니다.

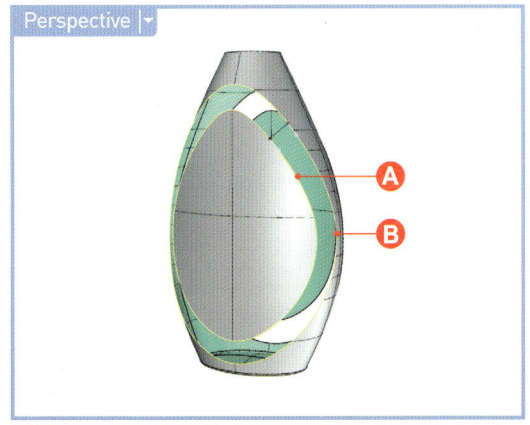

101. 메인2(6번째) > 서피스 블렌드 명령어를 선택합니다.
102. 첫 번째 가장자리가 될 세그먼트 선택 ~ : A, B 두 가장자리를 모두 선택한 후 Enter
103. 옵션 설정창에서 1~4번까지만 순서대로 선택합니다.

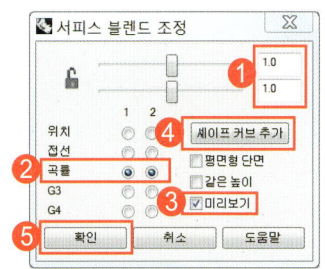

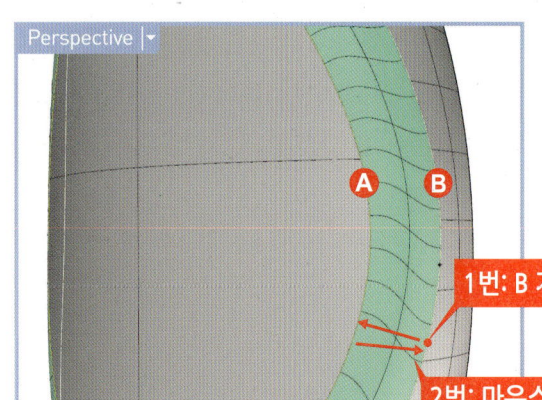

104. 개체 스냅에서 "점" 체크합니다.
105. ④ 세이프 커브 추가로 반듯한 곡률 서피스를 만들어 보도록 하겠습니다.
106. 세이프 커브 추가 방법은 왼쪽 그림과 같습니다.

1번: B 가장자리의 한 지점을 선택하여 "점"을 찍습니다.

2번: 마우스 커서를 A 가장자리 방향으로 옮겨다가 B 가장자리에 찍었던 "점"을 다시 찍습니다.

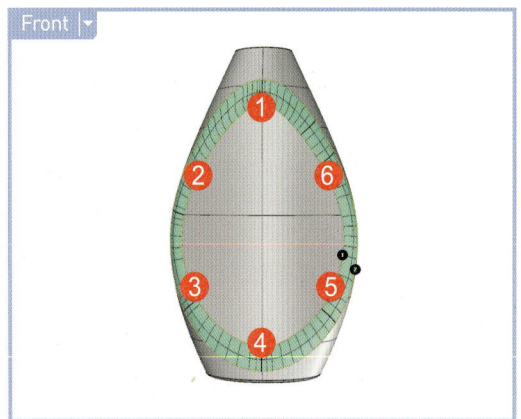

107. 위와 같은 방법으로 ❶~❻번 지점들을 세이프 커브 추가를 합니다.

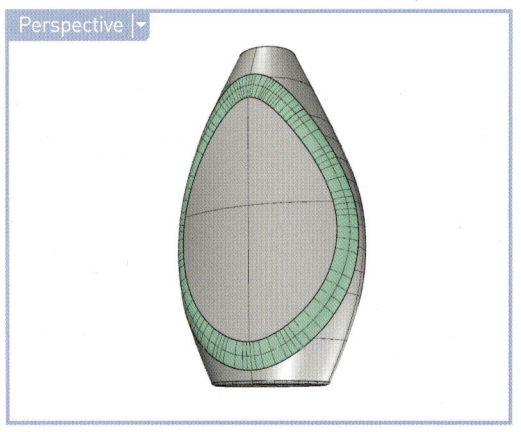

108. 세이프 커브 추가로 6개 지점 모두 다 선택한 뒤 서피스 블렌드 조정 옵션에서 ⑤확인 버튼을 누릅니다.
109. 왼쪽 그림처럼, 아이소커브가 반듯한 곡률 서피스가 만들어졌습니다.
110. 반대편에도 위와 같은 방법으로 서피스를 블렌딩합니다.

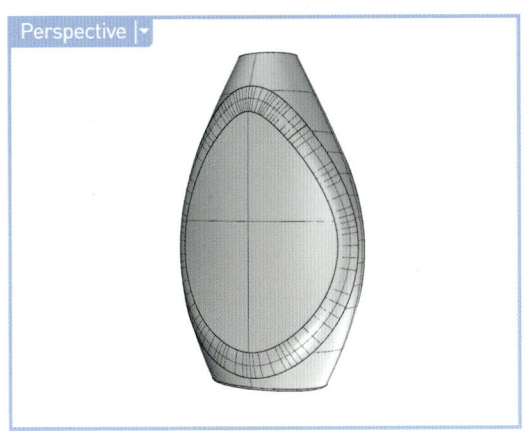

111. **Ctrl** + A 키를 눌러 모든 서피스를 선택한 후 메인1(9번째) > 결합 명령어를 선택합니다.

112. 선택된 서피스들이 결합하여 솔리드가 되었습니다.

BODY LOTION BOTTLE

나선형 입구

2

INSTRUCTION

- Circle: center, radius
- Extrude straight
- Boolean union
- Shell
- Helix
- Scale 1-D
- Pipe: Round caps

HELIX MOUTH OF CONTAINER / 4VIEW

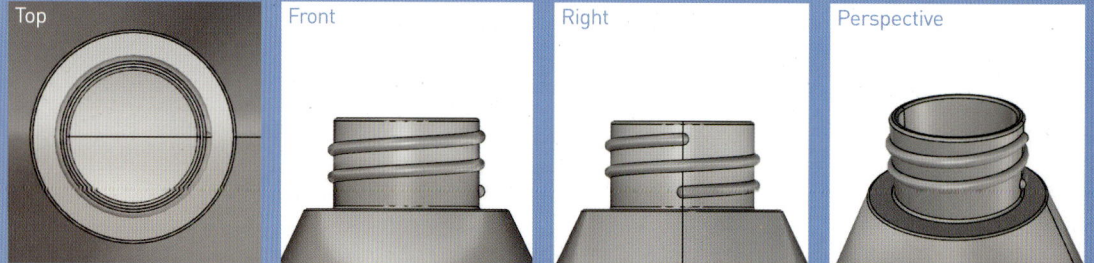

Top   Front   Right   Perspective

나선형 입구 만들기

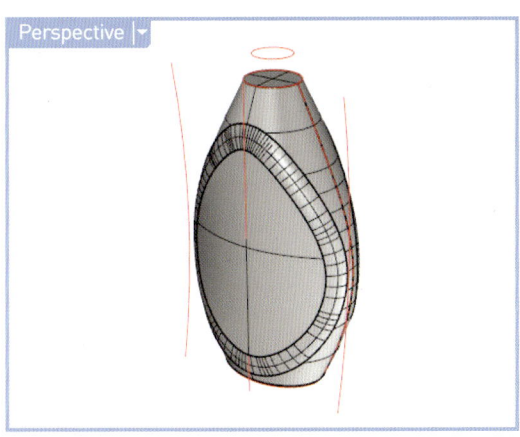

01. **"커브 레이어"**를 선택합니다.
02. 메인1(3번째) > 원: 중심점, 반지름 명령어를 선택합니다.
03. Perspective 뷰에 마우스 커서를 올려놓습니다.
04. 원의 중심 ~ : 0,0,41 Enter
05. 반지름 <2.5> ~ : 2.5 Enter
06. 반지름 2.5mm인 원 커브가 만들어졌습니다.

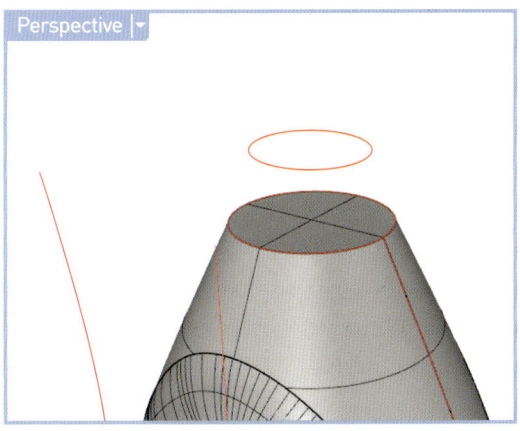

07. **"서피스 레이어"**를 선택합니다.
08. 메인1(6번째) > 직선 돌출 명령어를 선택합니다.
09. 돌출시킬 커브 선택: Perspective 뷰에서 원 커브를 선택한 후 Enter
10. 돌출 거리 <-5> (방향(D) 양쪽(B)=아니요 솔리드(S)=예 ~): **"양쪽(B)= 아니요"** 와 **"솔리드(S)=예"** 변경한 후 **-3** 입력한 후 Enter

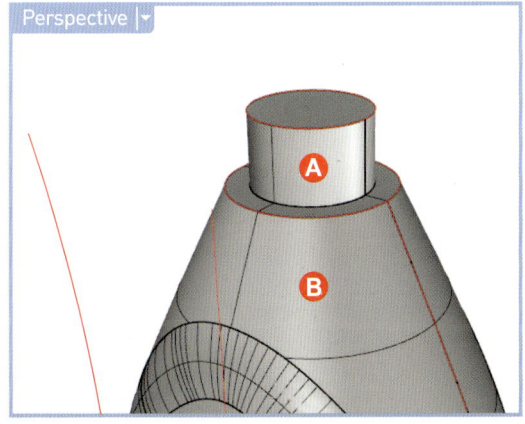

11. Z축 방향으로 -3mm인 원통형 솔리드가 만들어졌습니다.
12. 메인2(7번째) > 부울 합집합 명령어를 선택합니다.
13. 합집합을 적용할 서피스 또는 폴리서피스 선택: Perspective 뷰에서 **A, B** 두 개체를 선택한 후 Enter
14. 두 개체가 하나로 결합되었습니다.

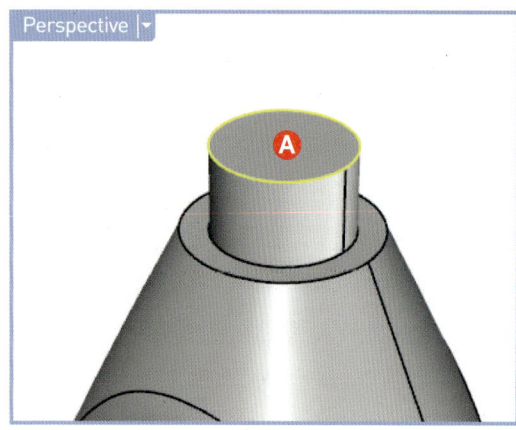

15. 메인2(7번째) > 쉘 명령어를 선택합니다.
16. 닫힌 폴리서피스에서 제거할 면을 선택합니다. ~ (두께(T)=0.3): 0.3 Enter
17. 닫힌 폴리서피스에서 제거할 면을 선택합니다 ~ : A 서피스를 선택한 후 Enter

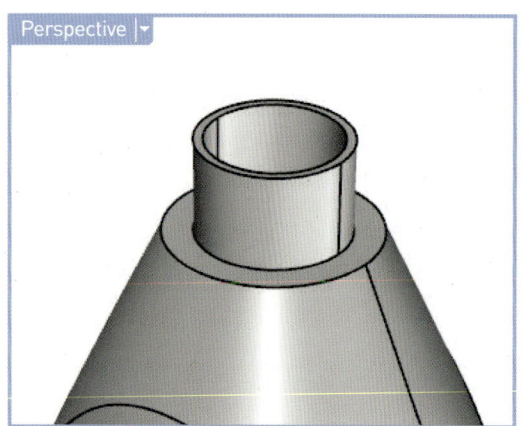

18. 선택한 A 서피스는 제거되고, 두께 0.3mm인 솔리드로 만들어졌습니다.

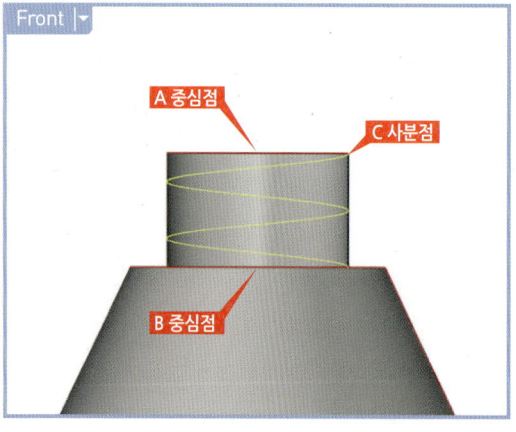

19. "커브 레이어"를 선택합니다.
20. 개체 스냅에서 "중심점"과 "사분점"을 체크합니다.
21. 메인2(2번째) > 나선 명령어를 선택합니다.
22. 축의 시작 (수직(V) 커브_주변(A)): Front 뷰에서 A 중심점을 선택합니다.
23. 축의 끝: B 중심점을 선택합니다.
24. 반지름 및 시작점 <2.5> (지름(D) 모드(M)=회전수 회전수(T)=2): "회전수(T)=2"로 변경한 뒤 C 사분점을 선택합니다.
25. 왼쪽 그림처럼, 나선형 커브가 만들어졌습니다.

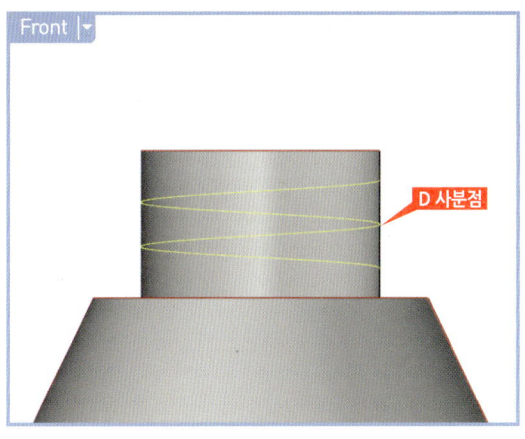

26. 메인1(15번째) 〉 1D 크기 조정 명령어를 선택합니다.
27. 크기 조정할 개체 선택: Front 뷰에서 **나선형 커브**를 선택한 후 Enter
28. 원점 [복사(C)=아니요]: **D 사분점**을 선택합니다.
29. 배율 또는 첫 번째 참조점 ~ : **R0,1.5** Enter
30. 두 번째 참조점 ~ : **0.9** Enter
31. Z축 방향으로 커브의 크기가 배수 배율로 10% 줄어들었습니다.

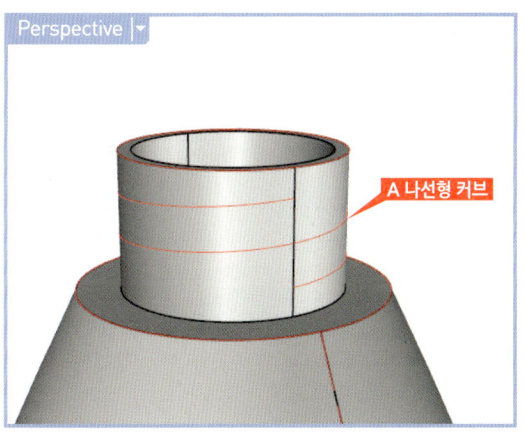

32. "서피스 레이어"를 선택합니다.
33. 메인1(7번째) 〉 파이프: 둥근 끝막음 명령어를 선택합니다.
34. 파이프의 중심이 될 커브 선택 ~ : Perspective 뷰에서 **A 나선형 커브**를 선택합니다.
35. 시작 반지름 <0.200> (지름(D) 두껍게(T)=아니요 끝막음(C)=둥글게 ~): **0.2** Enter
36. 끝 반지름 <0.200> ~ : **0.2** Enter Enter

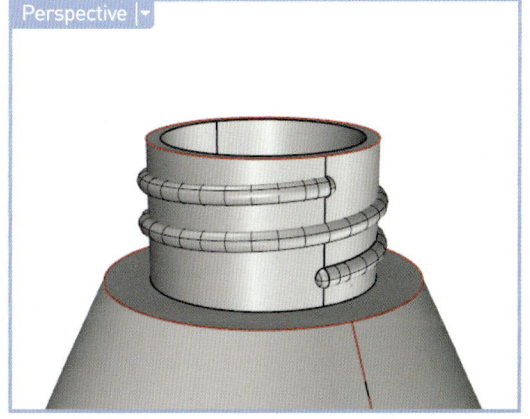

37. 나선형 커브의 경로를 따라 끝막음이 둥글고 반지름이 0.2mm인 파이프가 생성되었습니다.
38. 용기 본체가 완성되었습니다.

BODY LOTION BOTTLE

펌프형 캡

3

INSTRUCTION

- Duplicate edge
- Offset curves
- Extrude straight
- Control point curve
- Revolve
- Circle: center, radius
- Polyline
- Sweep 2 rails
- Boolean union
- Boolean differenc
- Shell
- Variable radius fill

PUMP SHAPHED CAP / 4VIEW

Top

Front

Right

Perspective

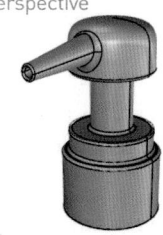

펌프형 캡 만들기

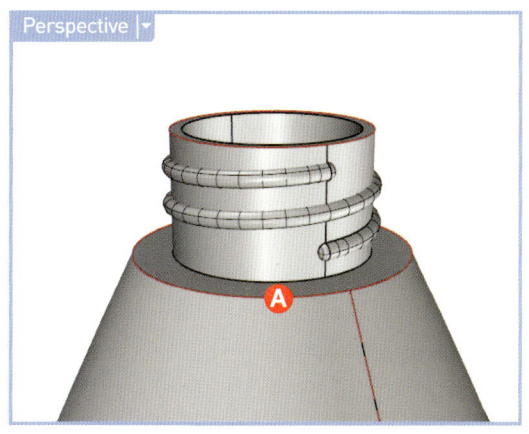

01. 메인1(6번째) > [직선 돌출] 명령어를 선택합니다.
02. [돌출시킬 커브 선택:] Perspective 뷰에서 원 커브(A)를 선택한 후 Enter
03. [돌출 거리 <4.5> (방향(D) 양쪽(B)=아니요 솔리드(S)=예):] "양쪽(B)=아니요" 와 "솔리드(S)=예" 변경한 뒤 4.5 입력한 후 Enter

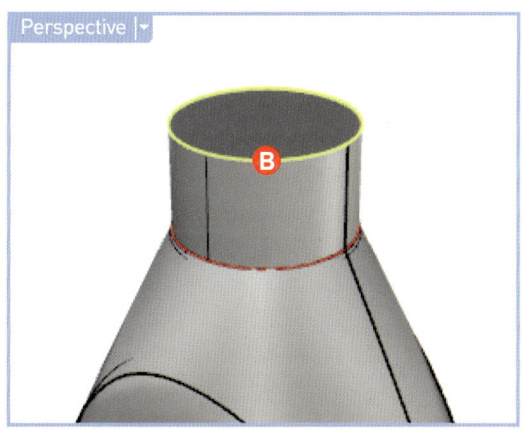

04. Z축 방향으로 높이가 4mm인 솔리드가 생성되었습니다.
05. "커브 레이어"를 선택합니다.
06. 메인1(8번째) > [가장자리 복제] 명령어를 선택합니다.
07. [복제할 가장자리 선택 (출력레이어(O)=현재레이어):] Perspective 뷰에서 B 가장자리를 선택한 후 Enter
08. 선택한 가장자리에서 복제된 커브가 만들어졌습니다.

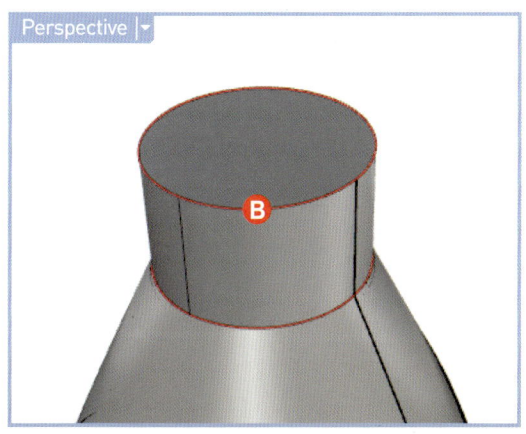

09. 메인2(5번째) > [커브 간격띄우기] 명령어 선택합니다.
10. [간격띄우기 실행할 커브 선택 ~ :] Perspective 뷰에서 복제된 B 커브를 선택합니다.
11. [간격띄우기할 쪽 (거리(D)=0.5 ~ :] 0.5 Enter
12. [간격띄우기할 쪽 (거리(D)=1 ~ :] 1.0 Enter

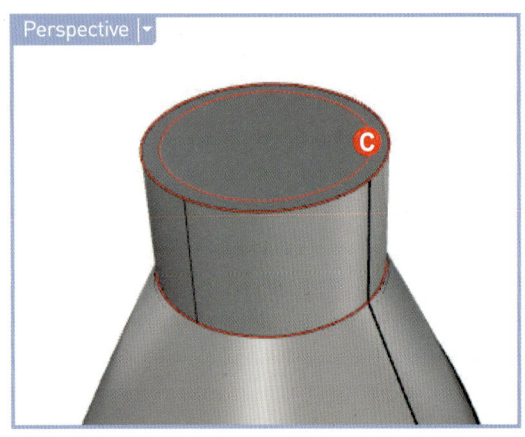

13. B 커브 안쪽으로 0.5mm 지점에 C 커브가 복사 되었습니다.

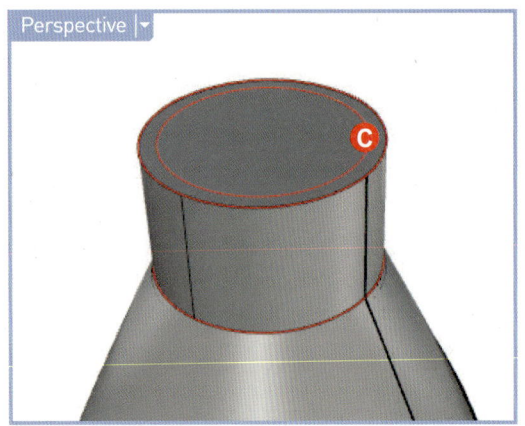

14. "서피스 레이어"를 선택합니다.
15. 메인1(6번째) > [직선 돌출] 명령어를 선택합니다.
16. [돌출시킬 커브 선택:] Perspective 뷰에서 C 커브를 선택한 후 Enter
17. [돌출 거리 <1.5> (방향(D) 양쪽(B)=아니요 솔리드(S)=예 -):] "양쪽(B)=아니요" 와 "솔리드(S)=예" 변경한 뒤 1.5 입력한 후 Enter

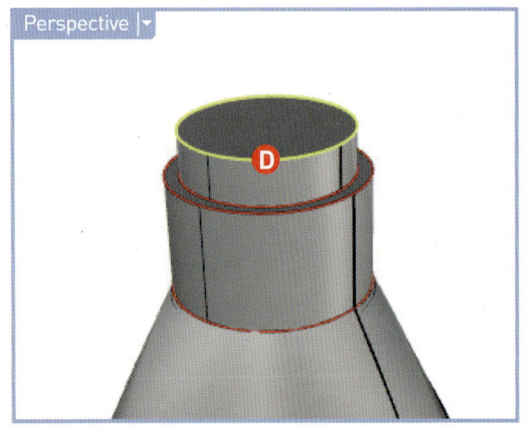

18. Z축 방향으로 높이 1.5mm인 솔리드가 생성 되었습니다.
19. "커브 레이어"를 선택합니다.
20. 메인1(8번째) > [가장자리 복제] 명령어를 선택합니다.
21. [복제할 가장자리 선택 ~ :] Perspective 뷰에서 D 가장자리를 선택한 후 Enter
22. 선택한 가장자리에 복제된 커브가 만들어졌습니다.

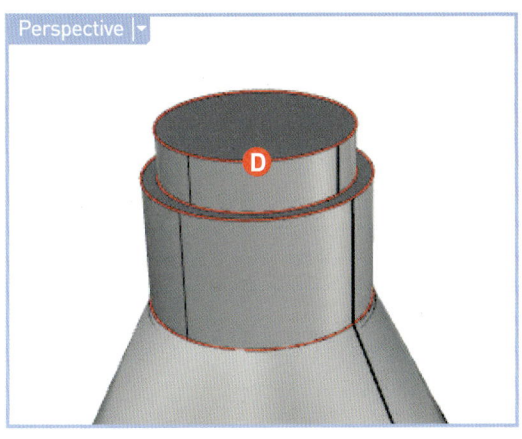

23. 메인2(5번째) > 커브 간격띄우기 명령어 선택합니다.
24. 간격띄우기 실행할 커브 선택 (거리(D)=1.3 ~): Perspective 뷰에서 D 커브를 선택합니다.
25. 간격띄우기할 쪽 (거리(D)=1.5 ~): 1.5 Enter
26. 간격띄우기할 쪽 ~ : 1.0 Enter

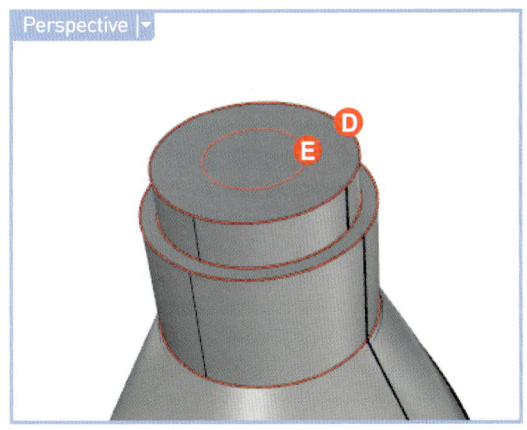

27. D 커브 안쪽으로 1.5mm 지점에 E 커브가 복사되었습니다.

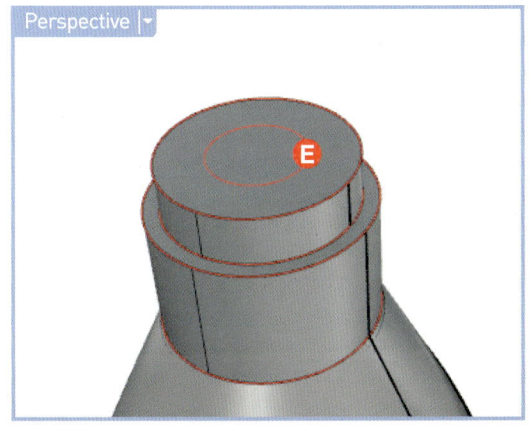

28. "서피스 레이어"를 선택합니다.
29. 메인1(6번째) > 직선 돌출 명령어를 선택합니다.
30. 돌출시킬 커브 선택: Perspective 뷰에서 E 커브를 선택한 후 Enter
31. 돌출 거리 <4> (방향(D) 양쪽(B)=아니요 솔리드(S)=예): "양쪽(B)=아니요" 와 "솔리드(S)=예" 변경한 뒤 4 입력한 후 Enter

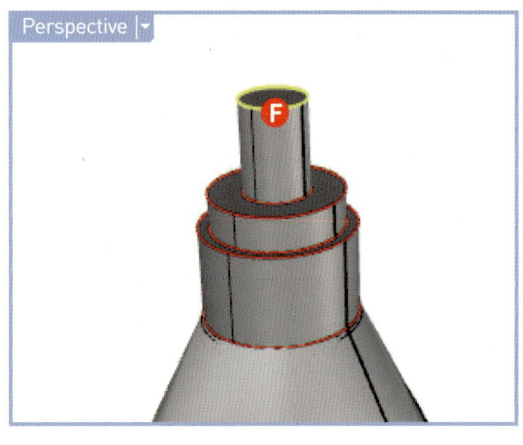

32. Z축 방향으로 높이가 4mm인 솔리드가 생성되었습니다.
33. "커브 레이어"를 선택합니다.
34. 메인1(8번째) > 가장자리 복제 명령어를 선택합니다.
35. 복제할 가장자리 선택 : Perspective 뷰에서 F 가장자리를 선택한 후 Enter
36. 선택한 가장자리에 복제된 커브가 만들어졌습니다.

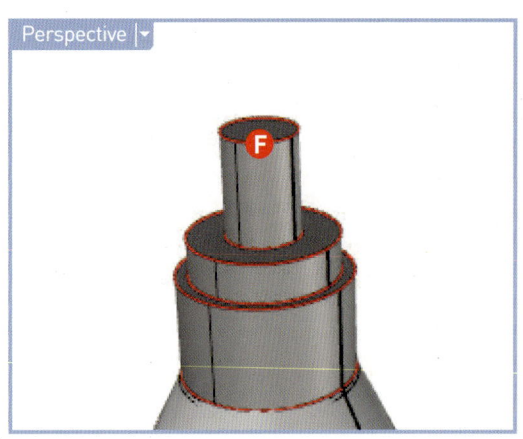

37. 메인2(5번째) > 커브 간격띄우기 명령어를 선택합니다.
38. 간격띄우기 실행할 커브 선택 ~ : Perspective 뷰에서 F 커브를 선택합니다.
39. 간격띄우기할 쪽 (거리(D)=1.5 ~): 1.5 Enter
40. 간격띄우기할 쪽 ~ : R0,-1 Enter

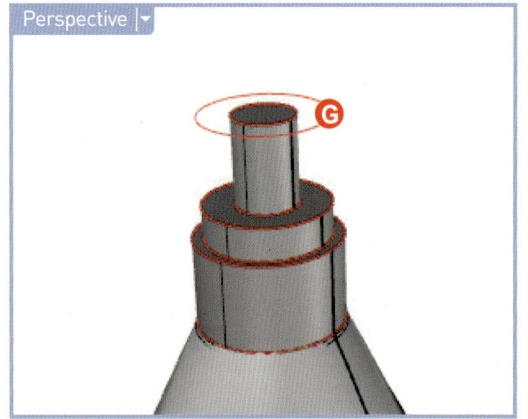

41. 선택한 커브에서 바깥쪽으로 1.5mm 지점에 G 커브가 복사되었습니다.

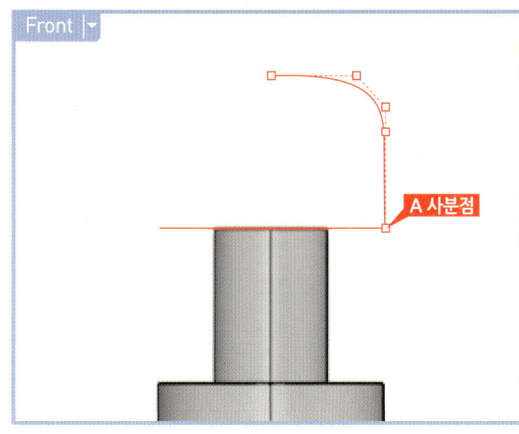

42. 개체 스냅에서 "끝점" 과 "사분점" 체크합니다.
43. 메인2(2번째) > 제어점 커브 명령어를 선택합니다.
44. 커브의 시작 (차수(D)=3 닫힘_유지(P)=아니요): Front 뷰에서 A 사분점을 선택합니다.
45. 3,50 Enter
46. 3,50.62 Enter
47. 2.25,51.46 Enter
48. 0,51.46 Enter Enter
49. 왼쪽 그림과 같은 커브(B)가 만들어졌습니다.

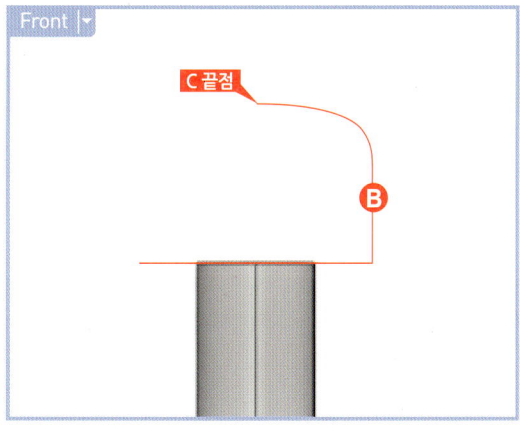

50. "서피스 레이어"를 선택합니다.
51. 메인1(6번째) > 회전 명령어를 선택합니다.
52. 회전시킬 커브 선택: Front 뷰에서 B 커브를 선택한 후 Enter
53. 회전축의 시작: C 끝점을 선택합니다.
54. 회전축의 끝 ~ : R0,1 Enter
55. 시작 각도 <0> ~ : 0 Enter
56. 회전 각도 <360> ~ : 360 Enter

57. 선택한 커브가 360도 회전하여 윗면이 둥글게 처리된 원통 모양의 서피스가 생성되었습니다.

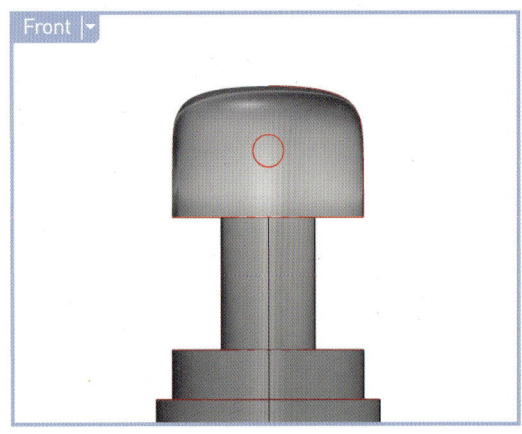

58. "커브 레이어"를 선택합니다.
59. 메인1(3번째) > ⊙ 원: 중심점, 반지름 명령어를 선택합니다.
60. Front |▼ 뷰에 마우스 커서를 올려놓습니다.
61. 원의 중심 ~ : 0,49.5,8 Enter
62. 반지름 <0.5> ~ : 0.5 Enter
63. 반지름 0.5mm인 원 커브가 만들어졌습니다.

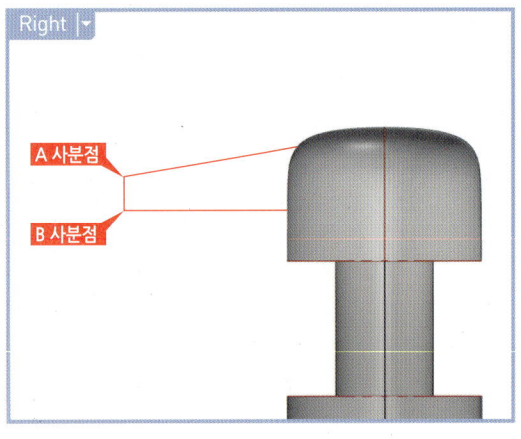

64. 개체 스냅에서 "사분점" 체크합니다.
65. 메인1(2번째) > 폴리라인 명령어를 선택합니다.
66. 폴리라인의 시작 (닫힘_유지(P)=아니요): Right |▼ 뷰에서 A 사분점을 선택합니다.
67. 폴리라인의 다음 점 ~ : -2,51 Enter Enter
68. 폴리라인 명령어를 선택합니다.
69. 폴리라인의 시작 (닫힘_유지(P)=아니요): Right |▼ 뷰에서 B 사분점을 선택합니다.
70. 폴리라인의 다음 점 ~ : -2,49 Enter Enter
71. 샴푸 분사구 모양의 커브가 만들어졌습니다.

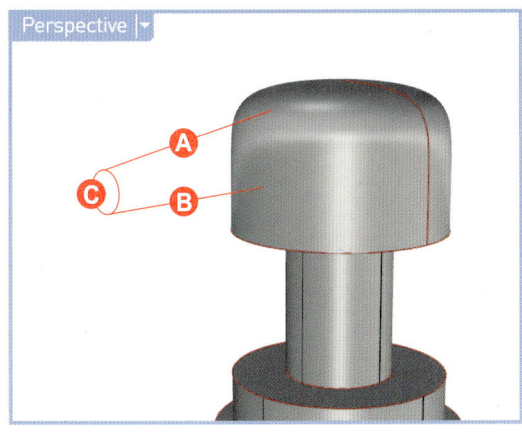

72. "서피스 레이어"를 선택합니다.
73. 메인1(6번째) > [2개 레일 스윕] 2개 레일 스윕 명령어를 선택합니다.
74. [첫 번째 레일 선택 (가장자리_연속선택(C)):] Perspective 뷰에서 A 커브를 선택합니다.
75. [두 번째 레일 선택:] B 커브를 선택합니다.
76. [단면 커브 선택 (점(P)):] C 커브를 선택한 후 Enter Enter
77. 아래와 같이 옵션을 설정합니다.

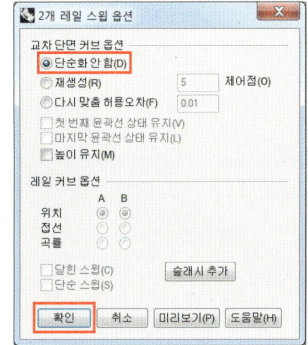

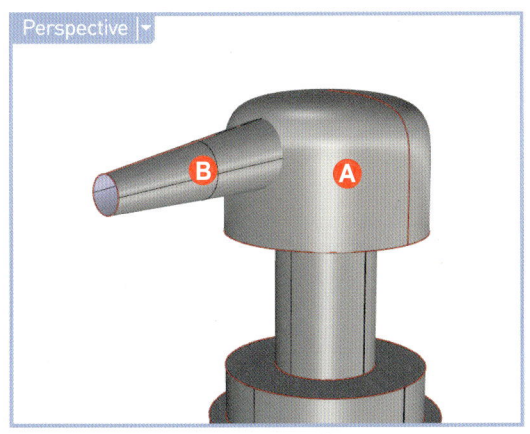

78. 2개 레일 (A, B)커브에 지나가는 단면 (C)커브 모양의 서피스가 만들어졌습니다.
79. 메인2(7번째) > [평면형 구멍 끝막음] 평면형 구멍 끝막음 명령어를 선택합니다.
80. [끝막음할 서피스 또는 폴리서피스 선택:] Perspective 뷰에서 A 와 B 두 개체를 선택한 후 Enter

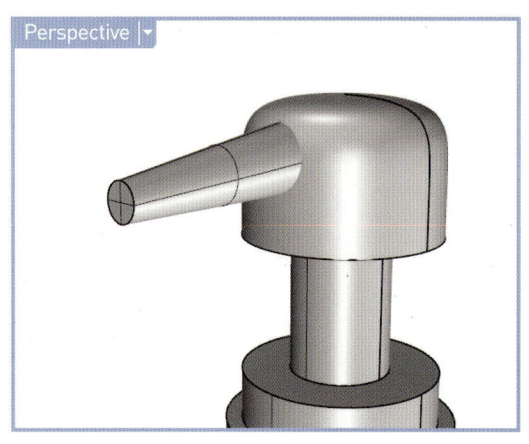

81. 열려져있던 가장자리가 채워져 결합된 솔리드가 되었습니다.

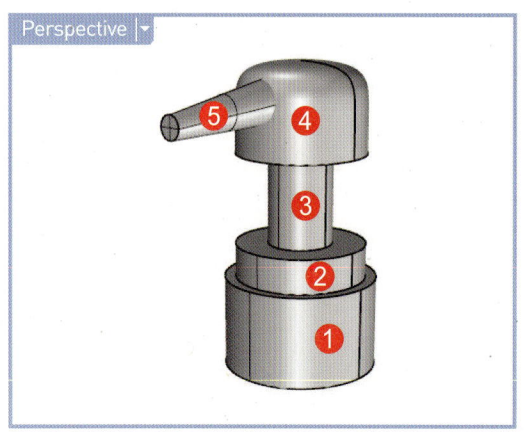

82. 왼쪽 그림에 있는 개체만 남겨놓고 나머지 개체는 숨겨둡니다.
83. 메인2(7번째) > `부울 합집합` 명령어를 선택합니다.
84. `합집합을 적용할 서피스 또는 폴리서피스 선택:` `Perspective` 뷰에서 ❶~❺번 개체들을 전부 선택한 후 Enter
85. 하나의 결합된 솔리드로 생성되었습니다.

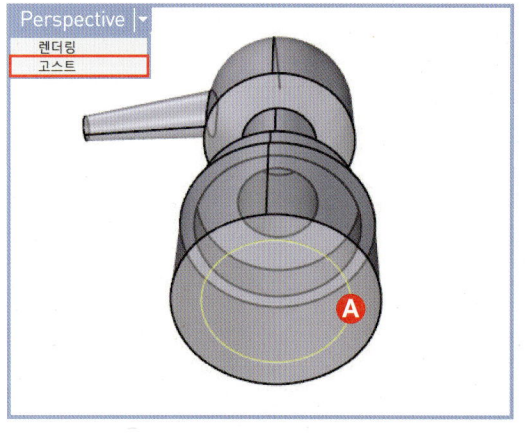

86. "커브 레이어"를 선택합니다.
87. `Perspective` 뷰모드를 "고스트"로 변경합니다.
88. 메인1(3번째) > `원: 중심점, 반지름` 명령어를 선택합니다.
89. `Perspective` 뷰에 마우스 커서를 올려놓습니다.
90. `원의 중심 ~:` 0,0,38 Enter
91. `반지름 <2.5> ~:` 2.5 Enter
92. 개체 바닥면에 반지름 2.5mm인 원 커브(A)가 만들어졌습니다.

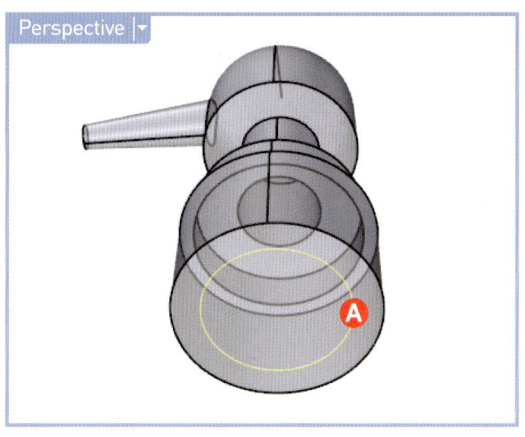

93. "서피스 레이어"를 선택합니다.
94. 메인1(6번째) > 직선 돌출 명령어를 선택합니다.
95. 돌출시킬 커브 선택: Perspective 뷰에서 원 커브(A)를 선택한 후 Enter
96. 돌출 거리 <3.5> (방향(D)) 양쪽(B)=아니요 솔리드(S)=예: "양쪽(B)=아니요" 와 "솔리드(S)=예" 변경한 뒤 3.5 입력한 후 Enter

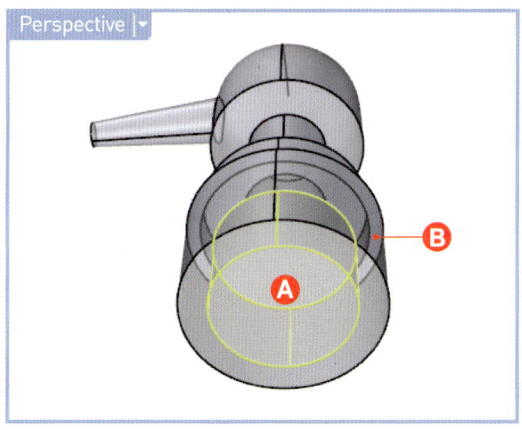

97. Z 축 방향으로 높이 3.5mm인 솔리드가 만들어졌습니다.
98. 메인2(7번째) > 부울 차집합 명령어를 선택합니다.
99. 차집합을 계산할 원래 서피스 또는 폴리서피스 선택: Perspective 뷰에서 B 개체를 선택한 후 Enter
100. 차집합 계산에 사용할 서피스 또는 폴리서피스 선택 (원래개체_삭제(D)=예): A 개체를 선택한 후 Enter

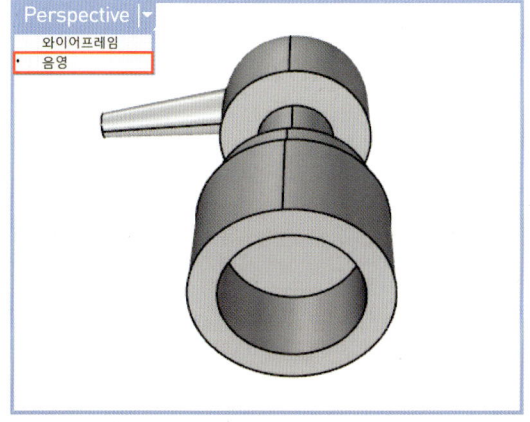

101. Perspective 뷰 모드를 "음영"으로 변경합니다.
102. 첫 번째로 선택한 B 개체는 겹친 부분이 잘린 상태로 남겨져 있고, 두 번째로 선택한 A 개체는 삭제되었습니다.
103. 뚜껑 아랫부분에 깊이 3.5mm인 홈이 파였습니다.

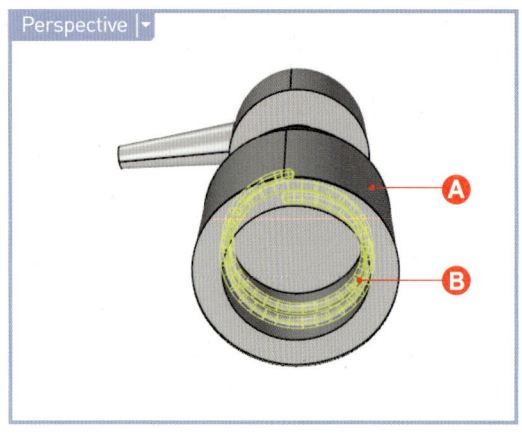

104. 왼쪽 그림처럼, 용기 본체에서 만들었던 나선형 파이프 개체를 불러옵니다.

105. 파이프 개체(B)를 선택한 후 Ctrl + C 키를 눌러 복사합니다.

106. 메인2(7번째) > 부울 차집합 명령어를 선택합니다.

107. 차집합을 계산할 원래 서피스 또는 폴리서피스 선택: Perspective 뷰에서 A 개체를 선택한 후 Enter

108. 차집합 계산에 사용할 서피스 또는 폴리서피스 선택 원래개체_삭제(D)=예: B 파이프 개체를 선택한 후 Enter

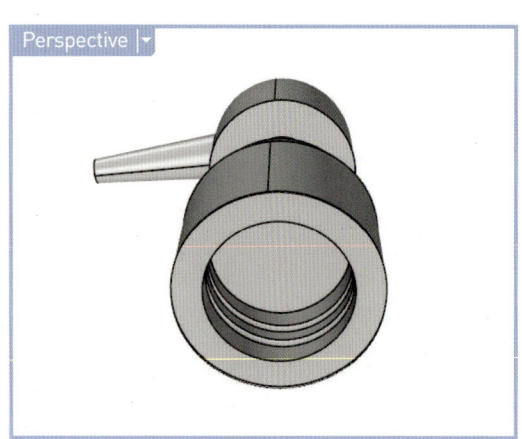

109. 파인 홈 부분에 나선형 모양이 새겨졌습니다.

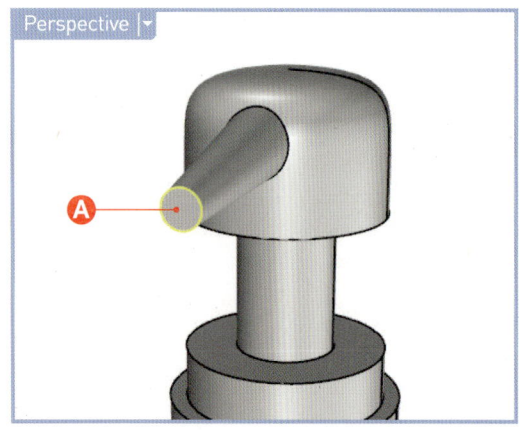

110. 메인2(7번째) > 쉘 명령어를 선택합니다.

111. 닫힌 폴리서피스에서 제거할 면을 선택합니다. ~ (두께(T)=0.2): 0.2 Enter

112. 닫힌 폴리서피스에서 제거할 면을 선택합니다 ~ : Perspective 뷰에서 A 서피스를 선택한 후 Enter

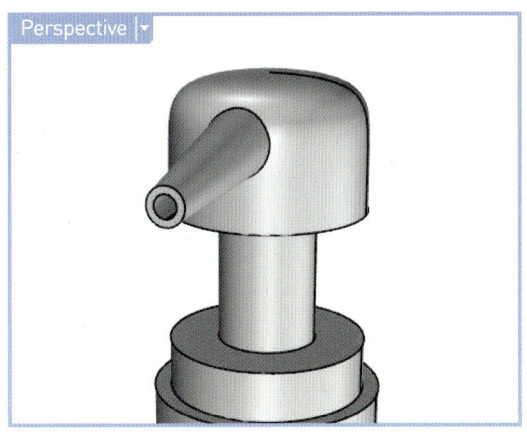

113. 선택한 A 서피스는 제거되고, 두께 0.2mm 인 솔리드가 되어 분사구에 구멍이 생성되었습니다.

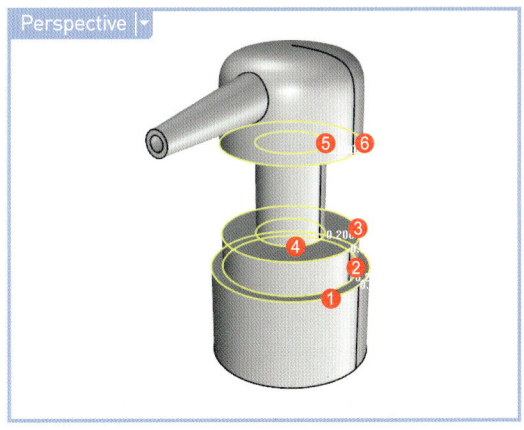

114. 메인2(7번째) > 가변 반지름 필릿 명령어 선택합니다.
115. 필릿할 가장자리 선택 (반지름_표시(S)=예 다음_반지름(N)=0.2 ~ : **0.2** `Enter`
116. 필릿할 가장자리 선택 ~ : Perspective 뷰에서 **1~6번** 가장자리를 모두 선택한 후 `Enter` `Enter`

117. 선택한 가장자리에 반지름 필릿 0.2mm가 생성되었습니다.

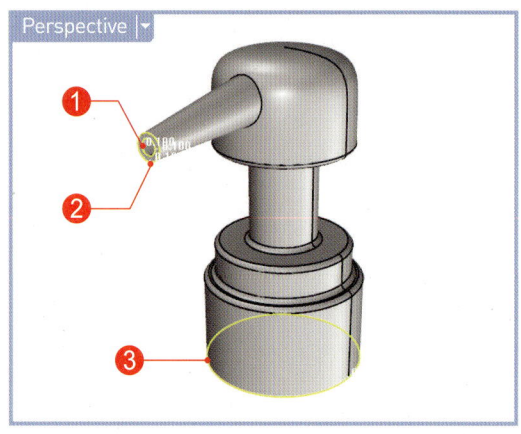

118. 메인2(7번째) > 가변 반지름 필릿 명령어 선택합니다.

119. 필릿할 가장자리 선택 (반지름_표시(S)=예 다음_반지름(N)=0.1 ~ : **0.1** Enter

120. 필릿할 가장자리 선택 ~ : Perspective 뷰에서 **1~3번** 가장자리를 모두 선택한 후 Enter Enter

121. 선택한 가장자리에 반지름 필릿 0.1mm가 생성되었습니다.

122. 메인2(7번째) > 가변 반지름 필릿 명령어를 선택합니다.

123. 필릿할 가장자리 선택 (반지름_표시(S)=예 다음_반지름(N)=0.5 ~): **0.5** Enter

124. 필릿할 가장자리 선택 ~ : Perspective 뷰에서 **A** 가장자리를 선택한 후 Enter Enter

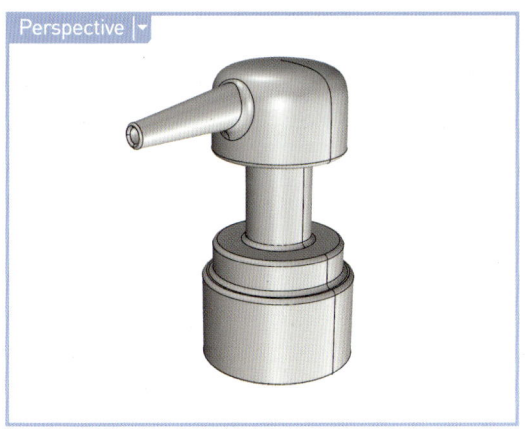

125. 선택한 가장자리에 반지름 필릿 0.5mm가 생성되었습니다.

126. 모든 가장자리에 반지름 필릿이 적용되었습니다.

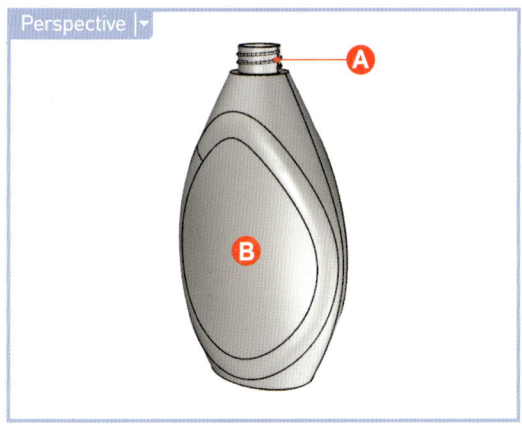

127. 왼쪽 그림에 있는 개체만 남겨놓고 나머지 개체는 숨겨둡니다.

128. Ctrl + V 키를 눌러 나선형 파이프(A)개체를 붙여놓기 합니다.

129. 메인2(7번째) > 부울 합집합 명령어를 선택합니다.

130. 합집합을 적용할 서피스 또는 폴리서피스 선택: Perspective 뷰에서 A, B 두 개체를 선택한 후 Enter

131. 선택한 두개체가 하나로 합쳐졌습니다.

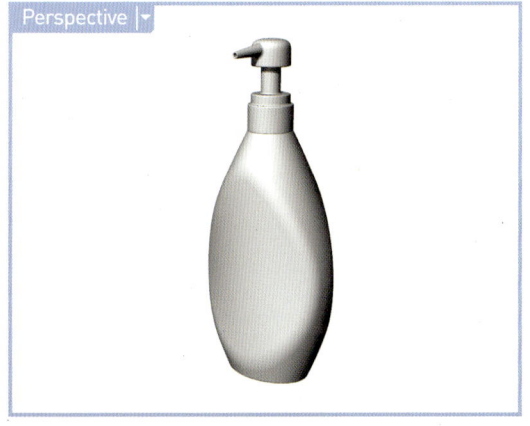

132. 숨겼던 모든 개체를 불러옵니다.

133. 용기와 펌프형 캡이 모두 완성되었습니다.

COFFEE MACHINE

3D MODELING

3D Modeling: Nespresso CitiZ
www.nespresso.com

3D 모델링의 전체 모양을 한 번에 만들기는
상당히 어렵습니다. 보다 빠르고, 쉽게 만들기
위해서는 Part 별로 나눠서 만드는 것이
처음 배우는 분들에게 유리합니다.
그렇다고 해서 너무 작게 세분화하여
Part 별로 나누어 만들려고 한다면
이 또한 상당히 어렵습니다.

커피 머신을 Part 별로 나눈다면 아래 그림처럼
나눌 수 있습니다.

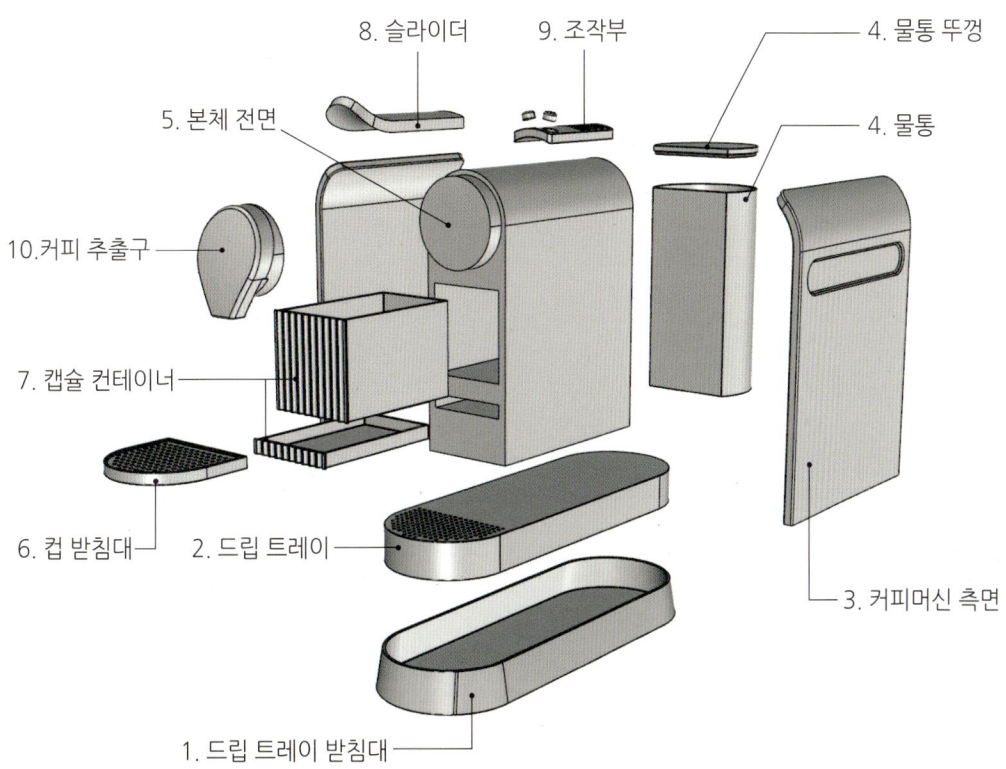

COFFEE MACHINE

드립 트레이

1

INSTRUCTION

- Rectangle: Corner to corn
- Circle tangent to 3 curves
- Trim
- Join
- Offset curves
- Loft
- Cap planar holes
- Shell
- Variable radius fill

DRIP TRAY / 4VIEW

Top

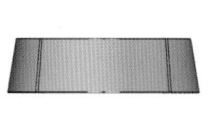

Front

Right

Perspective

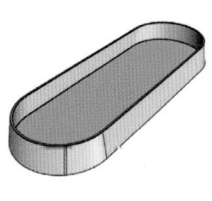

드립 트레이 받침대 만들기

시작하기 전에 커브(빨간색)와 서피스(검은색) 두 개의 레이어를 먼저 만들고 시작합니다.

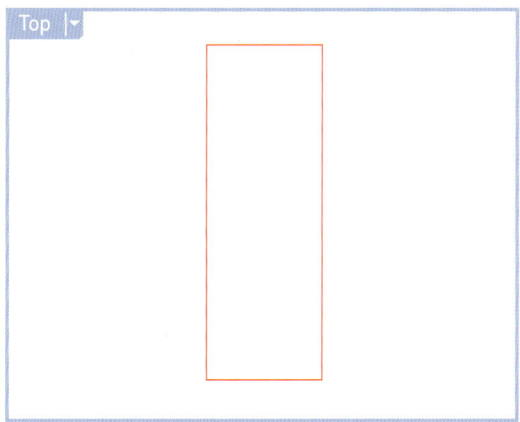

01. "커브 레이어"를 선택합니다.
02. 메인2(4번째) > 직사각형: 모서리에서 모서리로 명령어를 선택합니다.
03. Top 뷰에 마우스 커서를 올려놓습니다.
04. 직사각형의 첫 번째 모서리 ~ : -11,-10 Enter
05. 다른 모서리 또는 길이 ~ : 11,53 Enter
06. 직사각형 선이 만들어졌습니다.

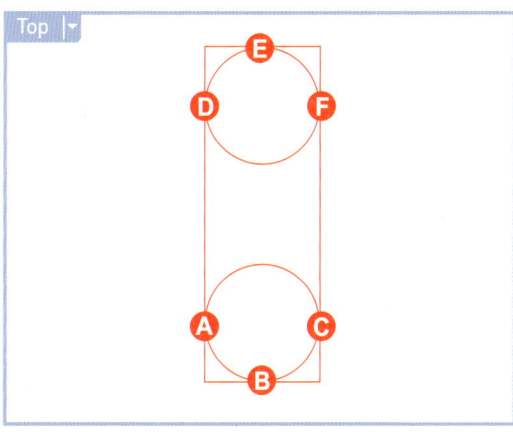

07. 메인1(3번째) > 3 커브에 접합는 원 명령어를 선택합니다.
08. 첫 번째 접하는 커브 (점(P)): A, B, C 세지점을 선택합니다.
09. D, E, F 세지점에도 위와 같은 방법으로 원 커브를 만들어줍니다.

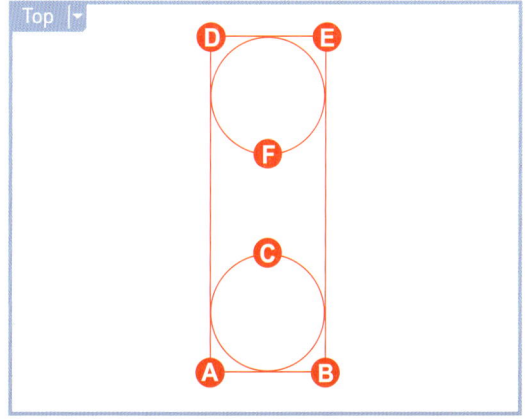

10. 메인1(10번째) > 트림 명령어를 선택합니다.
11. 절단 개체 선택 ~ : Ctrl + A 키를 눌러 커브 전부를 선택한 후 Enter
12. 트림할 개체 선택 ~ : A ~ F 지점에 있는 커브를 선택한 뒤 Enter

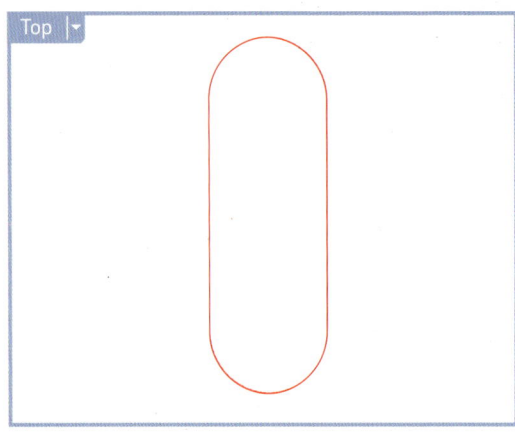

13. 왼쪽 그림처럼, 깔끔하게 트림되었습니다.
14. `Ctrl` + A키를 눌러 커브 전부를 선택한 뒤 메인1(9번째) > 결합 명령어를 선택합니다.
15. 선택된 모든 커브가 하나로 결합되었습니다.

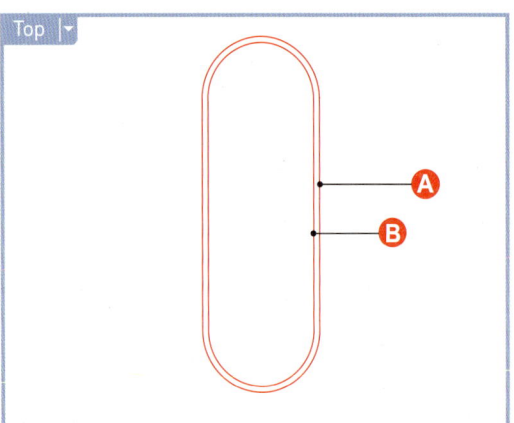

16. 메인2(5번째) > 커브 간격띄우기 명령어 선택합니다.
17. `간격띄우기 실행할 커브 선택 ( 거리(D)=1.0 ~ ):` `Top` 뷰에서 A 커브를 선택합니다.
18. `간격띄우기할 쪽 ( 거리(D)=1 ~ ):` **1** `Enter`
19. `간격띄우기할 쪽 ( 거리(D)=1 ~ ):` **1<10** `Enter`
20. 커브 안쪽으로 거리 1mm 위치에 커브(B)가 만들어졌습니다.

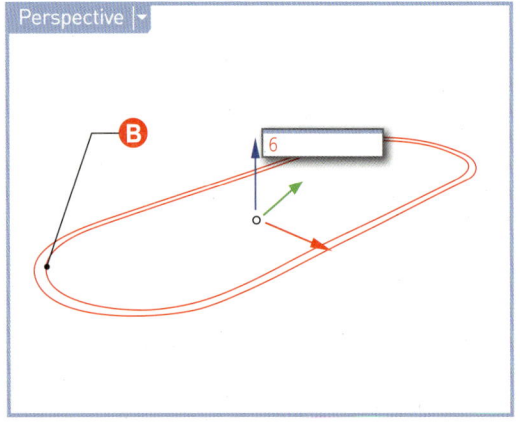

21. "검볼" 위젯를 켭니다.
22. `Perspective` 뷰에서 안쪽 B 커브를 선택합니다.
23. **파란색 화살표**를 눌러 숫자 기입란에 **6** 입력한 후 `Enter`

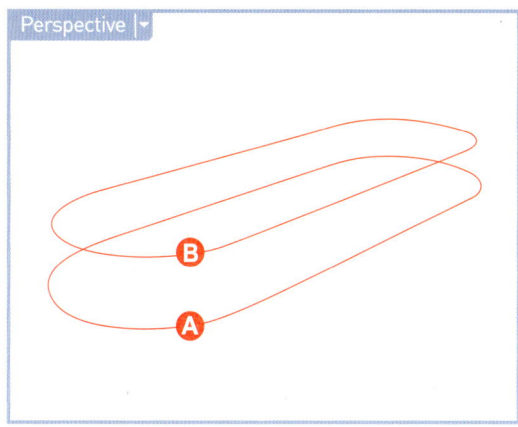

24. 선택한 커브가 Z축 방향으로 6mm 이동하였습니다.
25. "서피스 레이어"를 선택합니다.
26. 메인1(6번째) > 로프트 명령어를 선택합니다.
27. 로프트할 커브 선택 (점(P)): A, B 두 커브를 선택한 뒤 Enter Enter
28. 아래와 같이 옵션을 설정합니다.

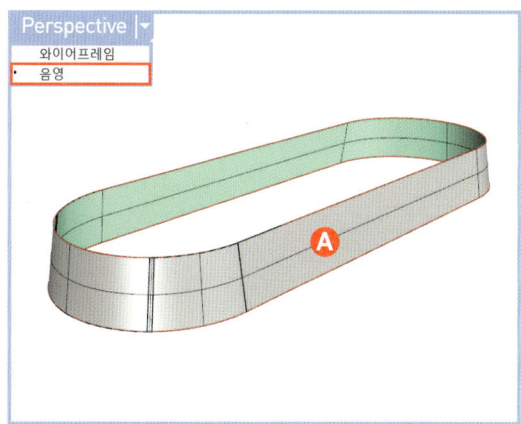

29. 두 커브 사이에 서피스가 만들어졌습니다.
30. 메인2(7번째) > 평면형 구멍 끝막음 명령어를 선택합니다.
31. 끝막음할 서피스 또는 폴리서피스 선택: A 서피스를 선택한 후 Enter

32. 위, 아래 모두 열려져있던 가장자리에 서피스가 채워지면서 솔리드가 생성되었습니다.
33. 메인2(7번째) > 쉘 명령어를 선택합니다.
34. 닫힌 폴리서피스에서 제거할 면을 선택합니다. 적어도 한 면은 선택되지 않은 상태로 놔두어야 합니다 두께(T)=0.5 : 0.5 Enter
35. 닫힌 폴리서피스에서 제거할 면을 선택합니다. ~ : B 서피스를 선택한 후 Enter

36. 선택한 B 서피스는 제거되고, 두께 0.5mm인 솔리드가 생성되었습니다.

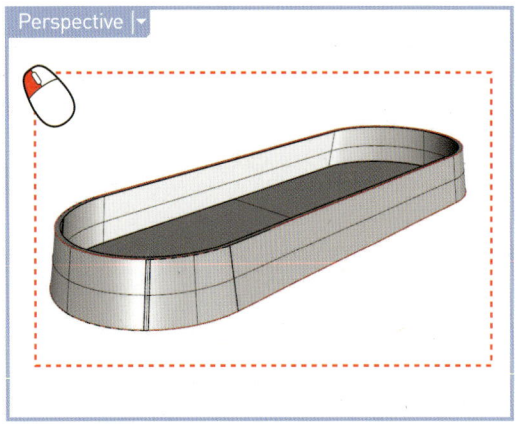

37. 메인2(7번째) > 가변 반지름 필릿 명령어를 선택합니다.
38. 필릿할 가장자리 선택 (반지름_표시(S)=예 다음_반지름(N)=0.1): **0.1** Enter
39. 필릿할 가장자리 선택 ~ : 왼쪽 그림처럼, 마우스 좌 클릭 누른 상태로 좌측 상단에서 우측 하단으로 마우스 드래그하여 전체 **가장자리**를 선택한 후 Enter Enter

40. 모든 가장자리에 반지름 필릿 0.1mm가 만들어졌습니다.

COFFEE MACHINE
드립 그리드
2

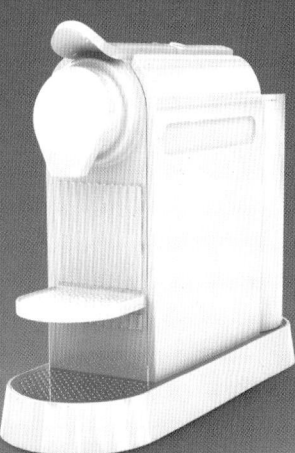

INSTRUCTION
- Offset curves
- Extrude straight
- Shell
- Circle: center, radius
- Rectangular array
- Boolean differenc
- Variable radius fill

DRIP GRID / 4VIEW

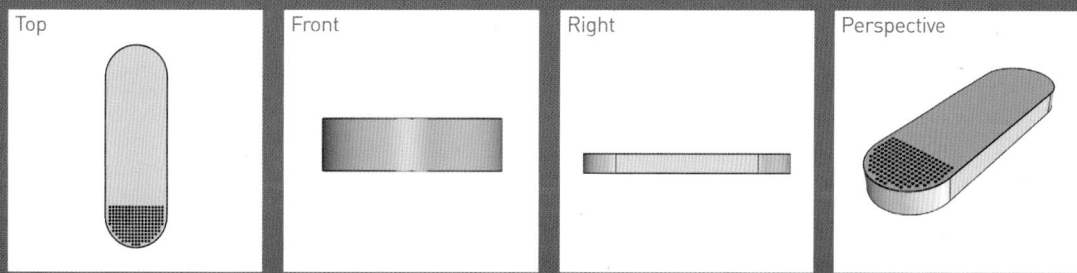

Top | Front | Right | Perspective

드립 트레이 만들기

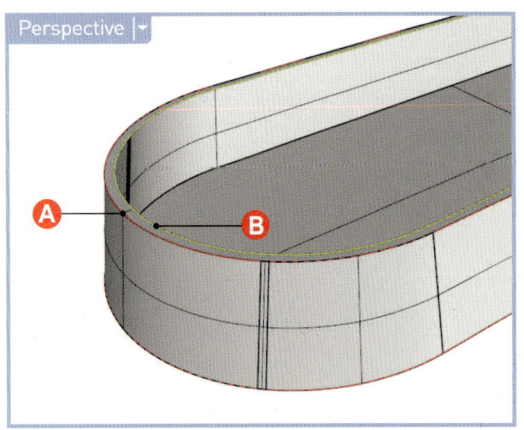

01. "커브 레이어"를 선택합니다.
02. 메인2(5번째) > 커브 간격 띄우기 명령어를 선택합니다.
03. 간격띄우기할 쪽 거리(D)=0.5 ~ : 0.5 Enter
04. 간격띄우기할 쪽 (거리(D)=0.5 ~ : Perspective 뷰에서 A 커브를 선택한 후 0.5,1 Enter
05. 커브 안쪽으로 0.5mm 위치에 커브(B)가 만들어졌습니다.

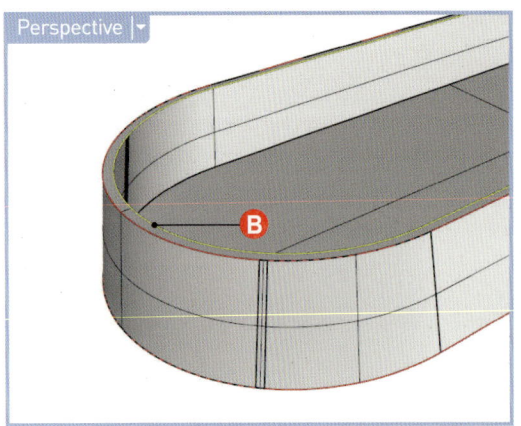

06. "서피스 레이어"를 선택합니다.
07. 메인1(6번째) > 직선 돌출 명령어를 선택합니다.
08. 돌출시킬 커브 선택: B 커브를 선택한 후 Enter
09. 돌출 거리 <-5.5> (방향(D) 양쪽(B)=아니요 솔리드(S)=예): "양쪽(B)=아니요" 와 "솔리드(S)=예" 변경한 뒤 -5.5 입력한 후 Enter

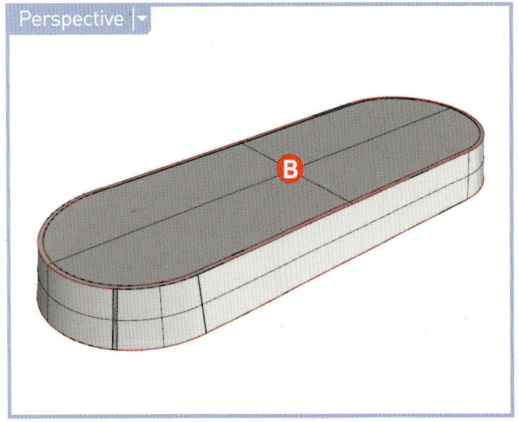

10. Z축 방향으로 -5.5mm인 솔리드가 만들어졌습니다.
11. B 개체를 선택한 뒤 표준툴바 > 개체 숨기기 > 선택 반전과 개체 숨기기 명령어를 선택합니다.
12. 선택한 B 개체를 제외한 모든 개체는 숨겨졌습니다.

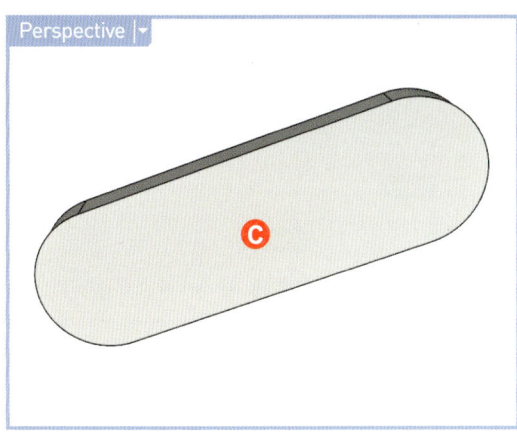

13. Perspective 뷰에서 개체의 바닥면이 위로 향할 수 있도록 화면을 돌려줍니다.

14. 메인2(7번째) > 쉘 명령어를 선택합니다.

15. 닫힌 폴리서피스에서 제거할 면을 선택합니다. 적어도 한 면은 선택되지 않은 상태로 놔두어야 합니다. 두께(T)=0.3 : 0.3 Enter

16. 닫힌 폴리서피스에서 제거할 면을 선택합니다. ~ : 바닥면 C 서피스를 선택한 후 Enter

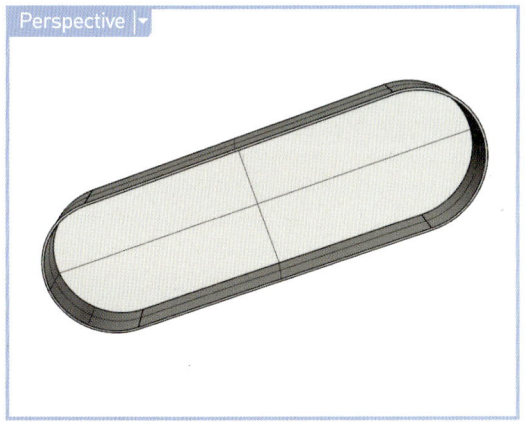

17. 선택한 C 서피스는 제거되고, 두께 0.3mm인 솔리드가 만들어졌습니다.

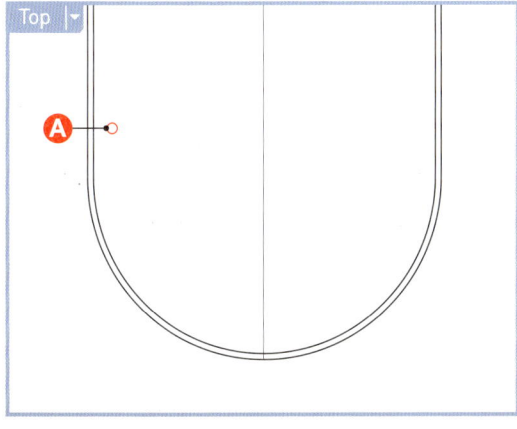

18. "커브 레이어"를 선택합니다.

19. 메인1(3번째) > 원: 중심점, 반지름 명령어를 선택합니다.

20. Top 뷰에 마우스 커서를 올려놓습니다.

21. 원의 중심 ~ : -8,3.5 Enter

22. 반지름 <0.200> ~ : 0.2 Enter

23. 반지름 0.2mm인 원 커브(A)가 만들어졌습니다.

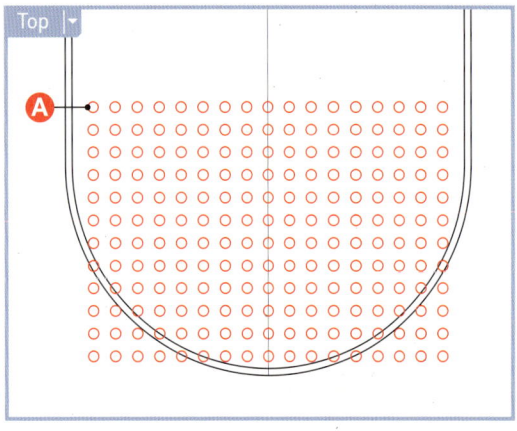

24. 메인1(16번째) > 직사각형 배열 명령어를 선택합니다.
25. 배열할 개체 선택: Top 뷰에서 A 원 커브 선택한 후 Enter
26. X 방향의 수 <17>: 17 Enter
27. Y 방향의 수 <12>: 12 Enter
28. Z 방향의 수 <1>: 1 Enter
29. 단위 셀 또는 X 간격 ~: 1 Enter
30. Y 간격 또는 첫 번째 참조점 ~: -1 Enter Enter
31. X축(가로) 방향으로 17개, Y축(세로) 방향으로 12개의 원 커브가 배열되었습니다.

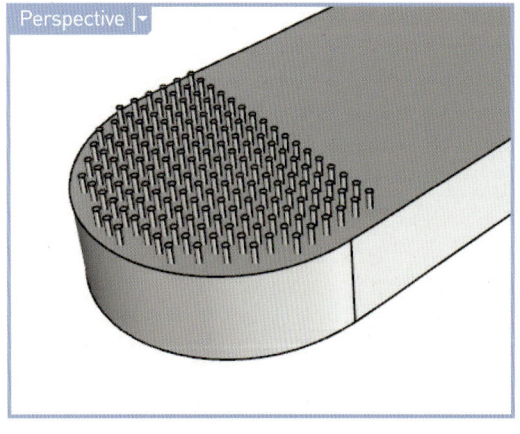

32. Delete 키를 사용하여 왼쪽 그림에서의 원 커브를 제외한 나머지 원 커브들을 삭제합니다.

33. "서피스 레이어"를 선택합니다.
34. 메인1(6번째) > 직선 돌출 명령어 선택합니다.
35. 돌출시킬 커브 선택: Top 뷰에 배열된 원 커브들을 전부 선택한 후 Enter
36. 돌출 거리 <7> (방향(D) 양쪽(B)=아니요 솔리드(S)=예 ~): "양쪽(B)=아니요" 와 "솔리드(S)=예" 변경한 후 7입력한 후 Enter
37. Z축 방향으로 7mm 길이만큼 솔리드가 만들어졌습니다.

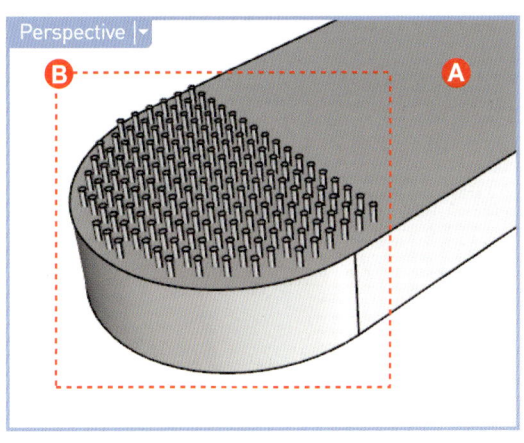

38. 메인2(7번째) > ⬤ 부울 차집합 명령어를 선택합니다.

39. `차집합을 계산할 원래 서피스 또는 폴리서피스 선택:` `Perspective |▼` 뷰에서 **A** 개체를 선택한 후 `Enter`

40. `차집합 계산에 사용할 서피스 또는 폴리서피스 선택` `원래개체_삭제(D)=예`:
B 개체들을 전부 선택한 후 `Enter`

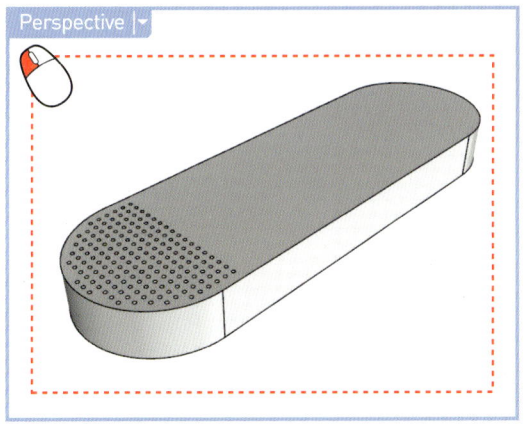

41. 메인2(7번째) > ⬛ 가변 반지름 필릿 명령어 선택합니다.

42. `필릿할 가장자리 선택 ( 반지름_표시(S)=예 다음_반지름(N)=0.1 )`: **0.1** `Enter`

43. `필릿할 가장자리 선택 ~` : 왼쪽 그림처럼, `Perspective |▼` 뷰에서 전체 **가장자리**를 마우스 좌 클릭 누른 상태로 좌측 상단에서 우측 하단으로 드래그하여 선택한 후 `Enter` `Enter`

44. 모든 가장자리에 반지름 필릿 0.1mm가 만들어졌습니다.

COFFEE MACHINE

커피머신
측면

3

INSTRUCTION

- Rectangle: Corner to corn
- Circle tangent to 3 curves
- Trim
- Join
- Extrude straight
- Offset curves
- Boolean differenc
- Polyline
- Cap planar holes
- Mirror
- Variable radius fill

COFFEE MACHINE SIDE / 4VIEW

Top
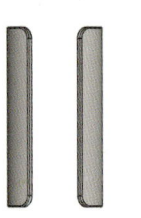

Front
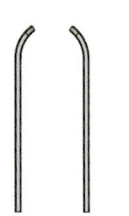

Right
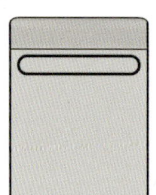

Perspective
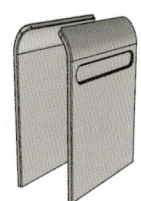

커피 머신 측면 만들기

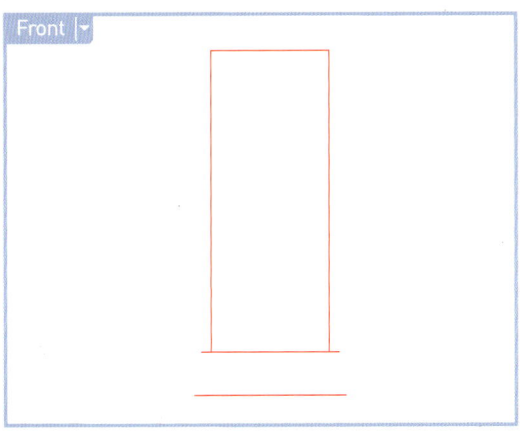

01. "커브 레이어"를 선택합니다.
02. 메인2(4번째) > 직사각형: 모서리에서 모서리로 명령어를 선택합니다.
03. Front 뷰에 마우스 커서를 올려놓습니다.
04. 직사각형의 첫 번째 모서리 ~ : -8.5,6,-5 Enter
05. 다른 모서리 또는 길이 ~ : 8.5,48,-5 Enter
06. 직사각형 선이 만들어졌습니다.

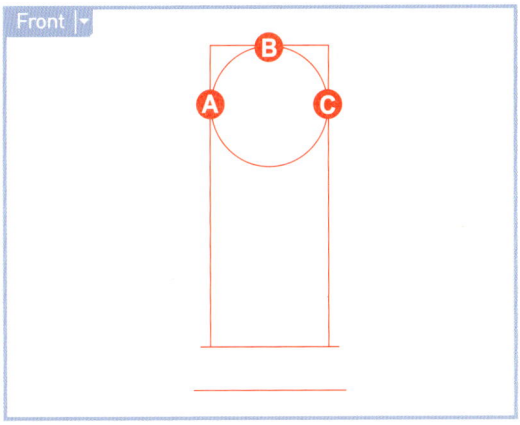

07. 메인1(3번째) > 3 커브에 접합는 원 명령어를 선택합니다.
08. 첫 번째 접하는 커브 (점(P)): A, B, C 세지점을 선택합니다.
09. 세 지점에 접하는 원 커브가 만들어졌습니다.

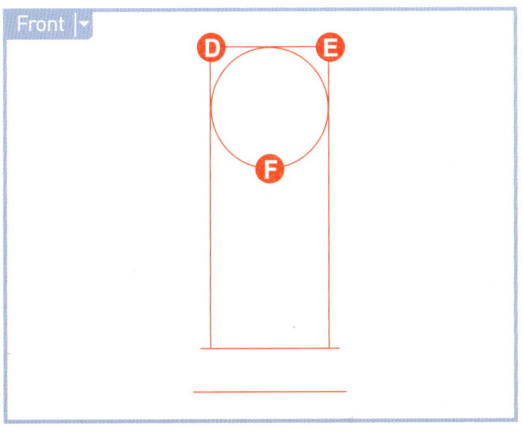

10. 메인1(10번째) > 트림 명령어를 선택합니다.
11. 절단 개체 선택 ~ : Ctrl +A키를 눌러 커브 전부를 선택한 후 Enter
12. 트림할 개체 선택 ~ : D, E, F 세지점에 있는 커브를 선택한 후 Enter

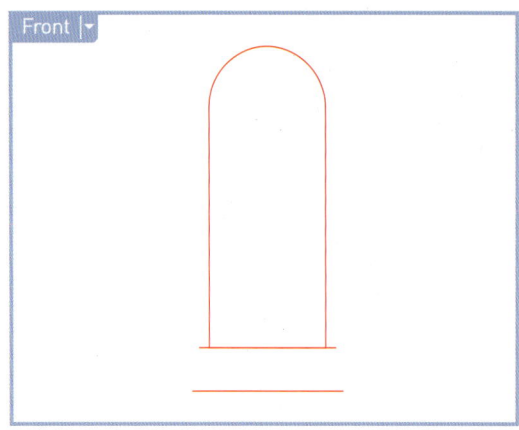

13. 왼쪽 그림처럼, 깔끔하게 트림되었습니다.
14. `Ctrl` + A 키를 눌러 커브 전부를 선택한 후 메인1(9번째) > 결합 명령어를 선택합니다.
15. 선택된 모든 커브가 결합되었습니다.

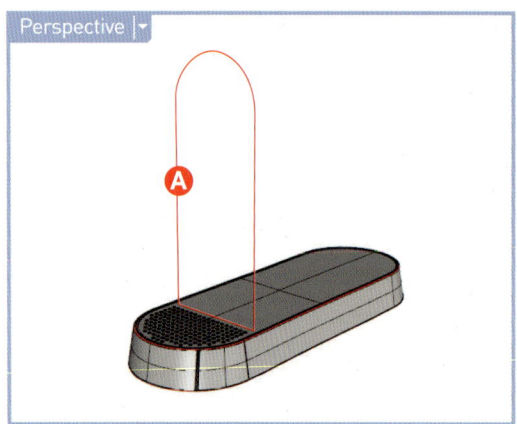

16. "서피스 레이어"를 선택합니다.
17. 메인1(6번째) > 직선 돌출 명령어를 선택합니다.
18. 돌출시킬 커브 선택: Perspective 뷰에서 A 커브 선택한 후 `Enter`
19. 돌출 거리 <7> (방향(D) 양쪽(B)=아니요 솔리드(S)=예): "양쪽(B)=아니요" 와 "솔리드(S)=예" 변경한 후 31.5 입력한 후 `Enter`

20. Y축 방향으로 31.5mm인 솔리드가 생성되었습니다.

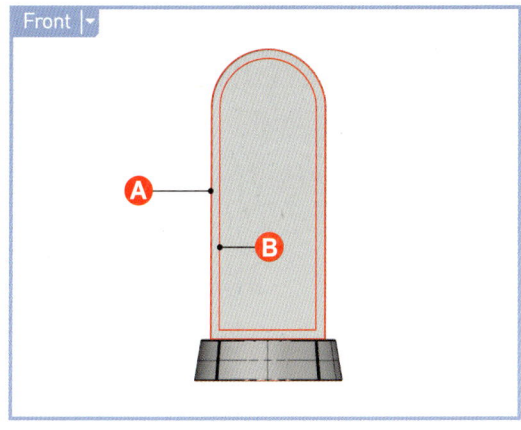

21. "커브 레이어"를 선택합니다.
22. 메인2(5번째) > 커브 간격띄우기 명령어를 선택합니다.
23. 간격띄우기 실행할 커브 선택 (거리(D)=1.3 ~): Front 뷰에서 A 커브를 선택합니다.
24. 간격띄우기할 쪽 (거리(D)=1.3 ~): 1.3 Enter
25. 간격띄우기할 쪽 (거리(D)=1.3 ~): 1.3,10 Enter
26. A 커브 안쪽으로 1.3mm 위치에 커브(B)가 만들어졌습니다.

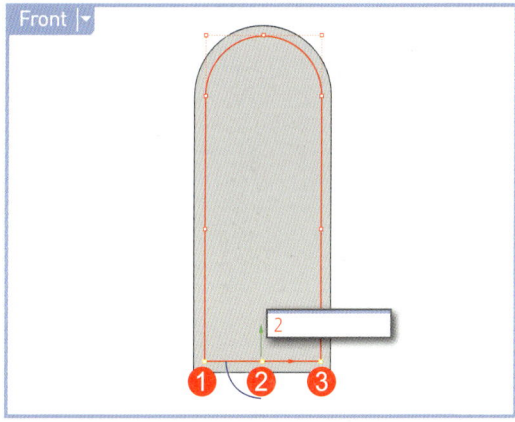

27. B 커브를 선택한 후 F10 키를 눌러 제어점을 켭니다.
28. "검볼" 위젯를 켭니다.
29. 1, 2, 3번 제어점를 모두 선택합니다.
30. 검볼 녹색 화살표를 눌러 숫자 기입란에 -2 입력한 후 Enter
31. 제어점이 Z축 방향으로 -2mm 이동하였습니다.

32. "서피스 레이어"를 선택합니다.
33. F11 키를 눌러 제어점을 끕니다.
34. 메인1(6번째) > 직선 돌출 명령어를 선택합니다.
35. 돌출시킬 커브 선택: Perspective 뷰에서 B 커브를 선택한 후 Enter
36. 돌출 거리 <35> (방향(D) 양쪽(B)=아니요 솔리드(S)=예): "양쪽(B)=아니요" 와 "솔리드(S)=예" 변경한 후 35입력한 후 Enter
37. Y축 방향으로 35mm인 솔리드가 생성되었습니다.

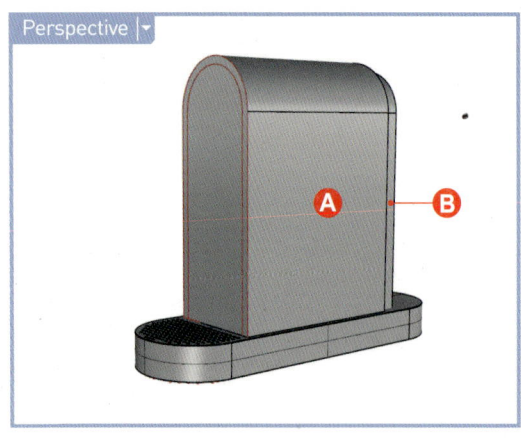

38. 메인2(7번째) > 부울 차집합 명령어를 선택합니다.

39. 차집합을 계산할 서피스 또는 폴리서피스 선택: Perspective 뷰에서 A 개체를 선택한 후 Enter

40. 차집합 계산에 사용할 서피스 또는 폴리서피스 선택 (원래개체_삭제(D)=예): B 개체를 선택한 후 Enter

41. 첫번째로 선택한 A 개체는 겹친 부분이 잘린 상태로 남겨져 있고, 두번째로 선택한 B 개체는 삭제되었습니다.

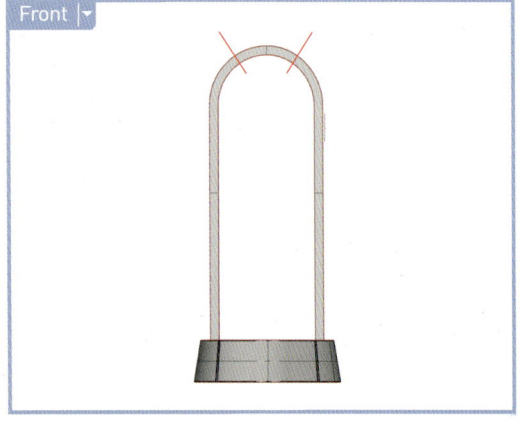

42. "커브 레이어"를 선택합니다.
43. 메인1(2번째) > 폴리라인 명령어를 선택합니다.
44. Front 뷰에 마우스 커서를 올려놓습니다.
45. 폴리라인의 시작 (닫힘_유지(P)=아니요): -3,44 Enter
46. -7,50 Enter Enter
47. 폴리라인 명령어를 선택합니다.
48. 폴리라인의 시작 (닫힘_유지(P)=아니요): 3.44 Enter
49. 7,50 Enter Enter
50. 두 개의 선이 만들어졌습니다.

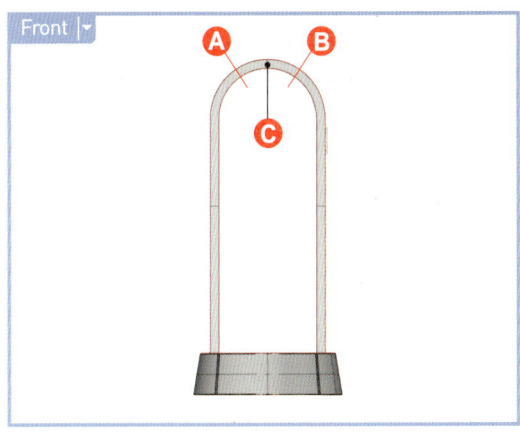

51. 메인1(10번째) > 트림 명령어를 선택합니다.
52. 절단 개체 선택 ~ : A, B 두 커브를 선택한 후 Enter
53. 트림할 개체 선택 ~ : C 지점의 폴리서피스를 선택한 후 Enter

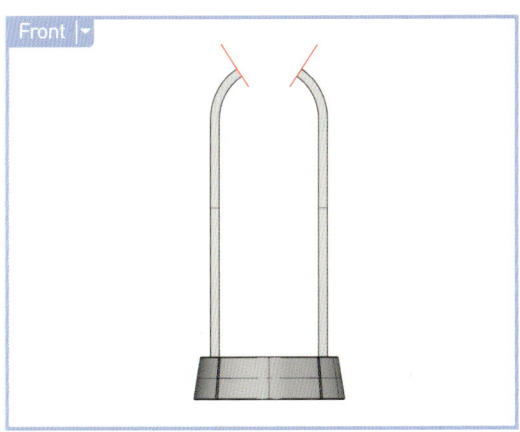

54. 왼쪽 그림처럼, 선택한 C 지점에 폴리서피스는 삭제되었습니다.

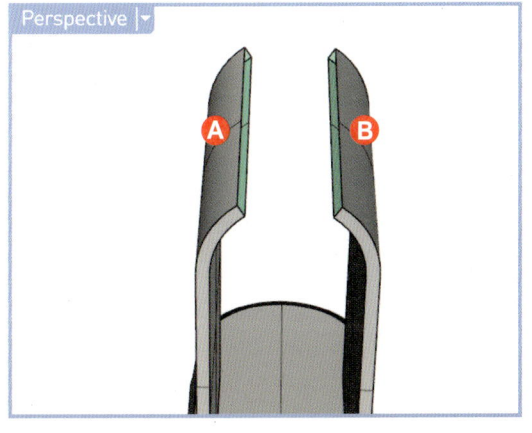

55. 메인2(7번째) > 평면형 구멍 끝막음 명령어를 선택합니다.
56. 끝막음할 서피스 또는 폴리서피스 선택: Perspective 뷰에서 A, B 두 개체를 선택한 후 Enter

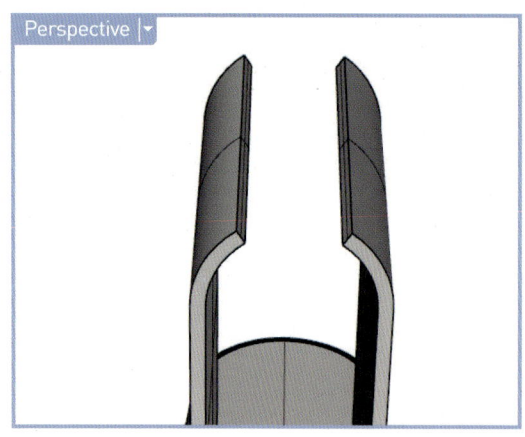

57. 열려진 가장자리에 서피스가 채워지고 결합된 솔리드가 되었습니다.

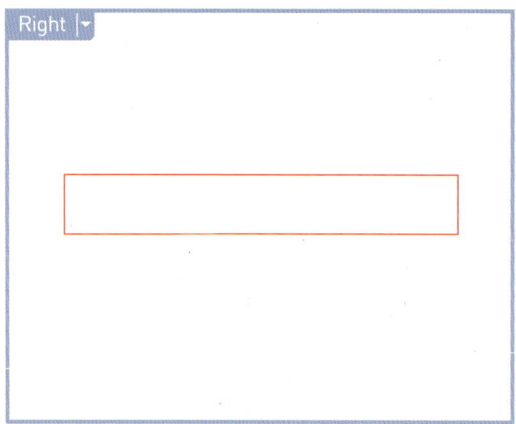

58. 메인2(4번째) > ▢ 직사각형: 모서리에서 모서리로 명령어를 선택합니다.
59. Right |▼ 뷰에 마우스 커서를 올려놓습니다.
60. 직사각형의 첫 번째 모서리 ~ : **7,34,9** Enter
61. 다른 모서리 또는 길이 ~ : **34.5,38,9** Enter
62. 직사각형 선이 만들어졌습니다.

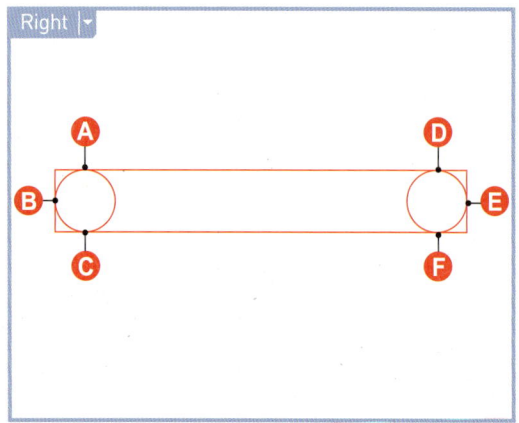

63. 메인1(3번째) > ◯ 3 커브에 접합는 원 명령어를 선택합니다.
64. 첫 번째 접하는 커브 (점(P)) : **A, B, C** 세지점을 선택합니다.
65. **D, E, F** 세지점에도 위와 같은 방법으로 원 커브를 만들어 줍니다.

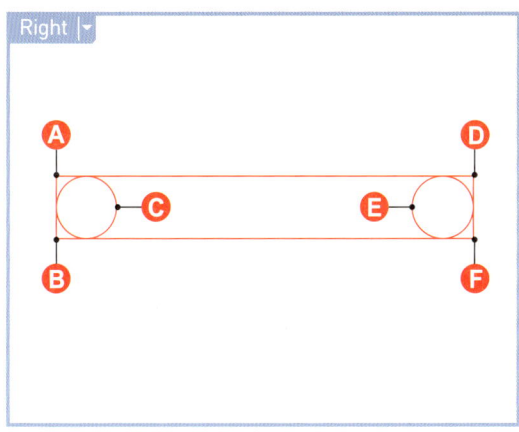

66. 메인1(10번째) > 트림 명령어를 선택합니다.
67. 절단 개체 선택 ~: Ctrl +A 키를 눌러 **커브** 전부를 선택한 후 Enter
68. 트림할 개체 선택 ~: **A ~ F** 지점에 있는 커브를 선택한 후 Enter

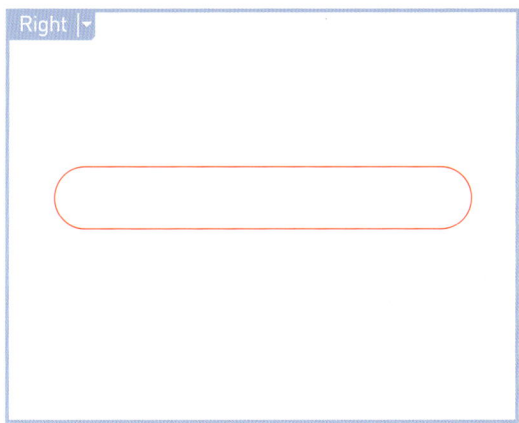

69. 왼쪽 그림처럼, 깔끔하게 트림되었습니다.
70. Ctrl +A 키를 눌러 **커브** 전부를 선택한 후 메인1(9번째) > 결합 명령어를 선택합니다.
71. 선택된 모든 커브가 결합되었습니다.

72. "**서피스 레이어**"를 선택합니다.
73. 메인1(6번째) > 직선 돌출 명령어를 선택합니다.
74. 돌출시킬 커브 선택: Perspective 뷰에서 **A** 커브를 선택한 후 Enter
75. 돌출 거리 <-1> (방향(D) 양쪽(B)=아니요 솔리드(S)=예): "**양쪽(B)= 아니요**" 와 "**솔리드(S)=예**" 변경한 뒤 **-1**입력한 후 Enter

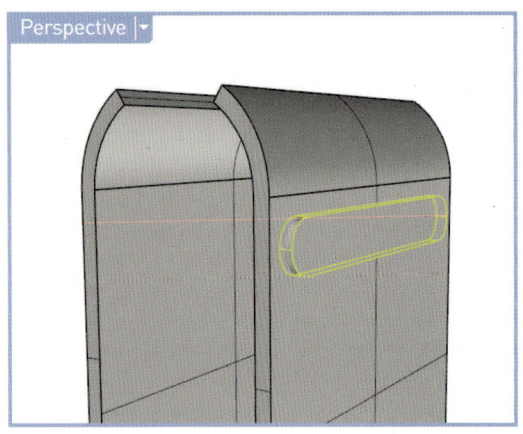

76. 선택한 A 커브에서 X축 방향으로 -1mm 돌출된 솔리드가 만들어졌습니다.

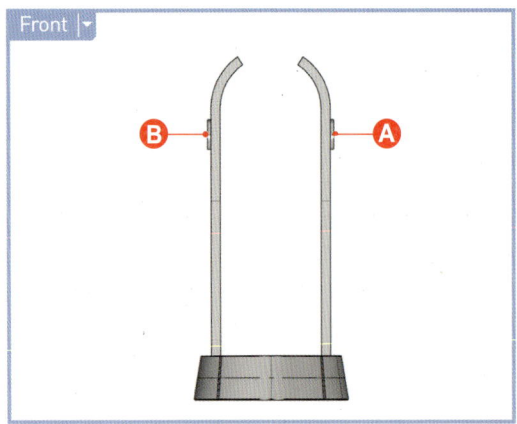

77. 메인2(13번째) > 미러 명령어를 선택합니다.
78. 미러 실행할 개체 선택: Front 뷰에서 A 개체를 선택한 후 Enter
79. 미러 평면의 시작 ~ : 0,0 Enter
80. 미러 평면의 끝 (복사(C)=예): 0,1 Enter
81. 대칭으로 B 개체가 복사되었습니다.

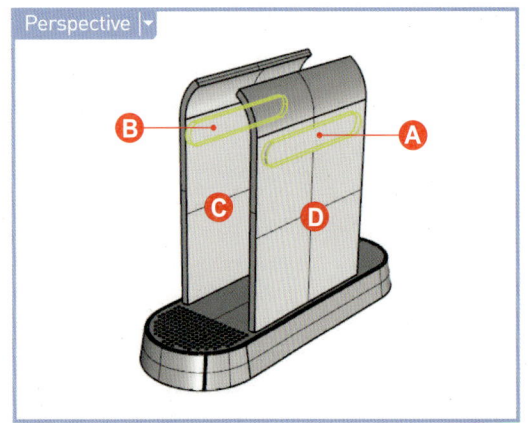

82. 메인2(7번째) > 부울 차집합 명령어를 선택합니다.
83. 차집합을 계산할 원래 서피스 또는 폴리서피스 선택: Perspective 뷰에서 C, D 두 개체를 동시에 선택한 후 Enter
84. 차집합 계산에 사용할 서피스 또는 폴리서피스 선택 (원래개체_삭제(D)=예): A, B 두 개체를 선택한 후 Enter

85. 첫 번째로 선택한 C, D 두 개체는 겹친 부분이 잘린 상태로 남겨져 있고, 두 번째로 선택한 A, B 두 개체는 삭제되었습니다.

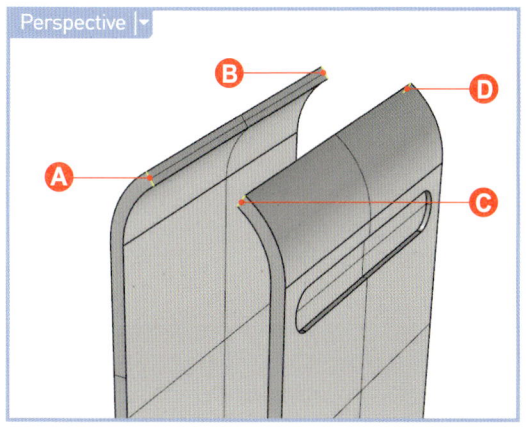

86. 메인2(7번째) > 가변 반지름 필릿 명령어를 선택합니다.
87. 필릿할 가장자리 선택 (반지름_표시(S)=예 다음_반지름(N)=2): 2 Enter
88. 필릿할 가장자리 선택 ~ : A, B, C, D 4개의 가장자리를 선택한 후 Enter Enter

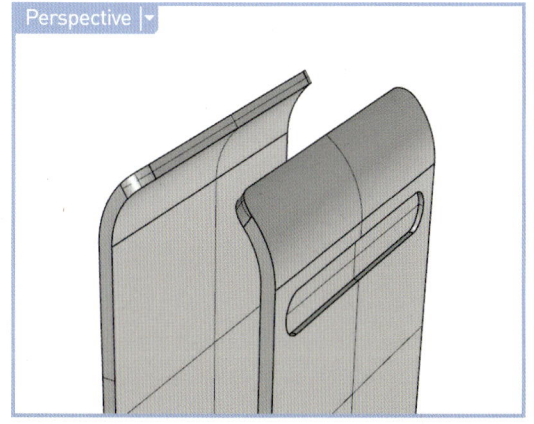

89. 선택한 4개의 가장자리에 반지름 필릿 2mm가 만들어졌습니다.

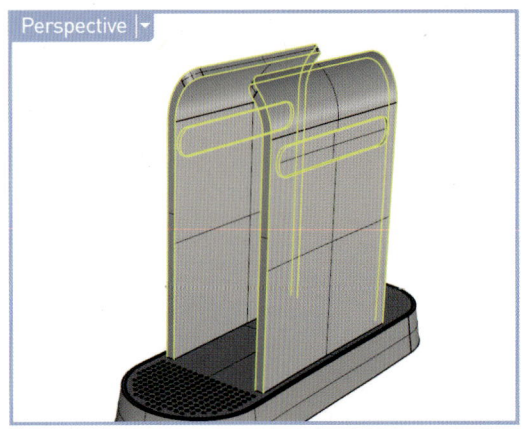

90. 메인2(7번째) > 가변 반지름 필릿 명령어를 선택합니다.

91. `필릿할 가장자리 선택 ( 반지름_표시(S)=예 다음_반지름(N)=0.2 ~ ):` **0.2** `Enter`

92. `필릿할 가장자리 선택 ~ :` 왼쪽 그림에서 **노랑색**으로 지정된 가장자리를 전부 선택한 후 `Enter` `Enter`

93. 선택한 가장자리에 반지름 필릿 0.2mm가 만들어졌습니다.

COFFEE MACHINE

커피머신 물통 4

INSTRUCTION

- Circle: center, radius
- Polyline
- Trim
- Join
- Copy
- Loft
- Cap planar holes
- Shell
- Extrude straight
- Offset curves
- Boolean union
- Variable radius fill

WATER TANK / 4VIEW

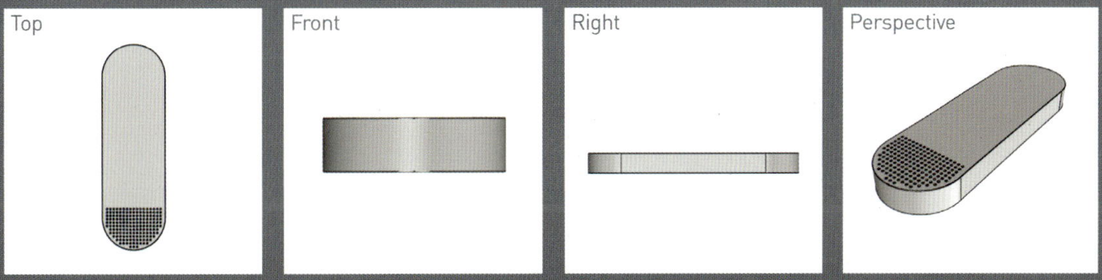

Top

Front

Right

Perspective

커피머신 물통 만들기

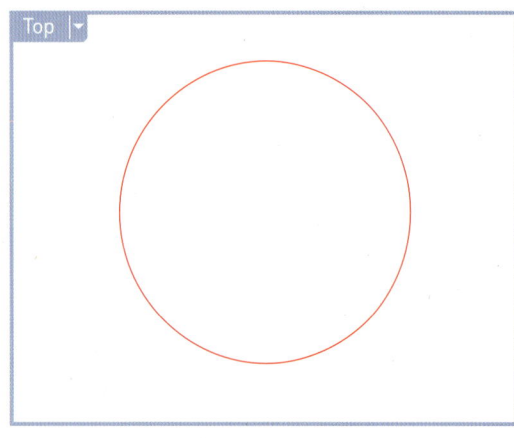

01. "커브 레이어"를 선택합니다.
02. 메인1(3번째) > 원: 중심점, 반지름 명령어를 선택합니다.
03. Top 뷰에 마우스 커서를 올려놓습니다.
04. 원의 중심 ~ : 0,41.5,6 Enter
05. 반지름 <9.000> ~ : 9 Enter
06. 반지름이 9mm인 원 커브가 만들어졌습니다.

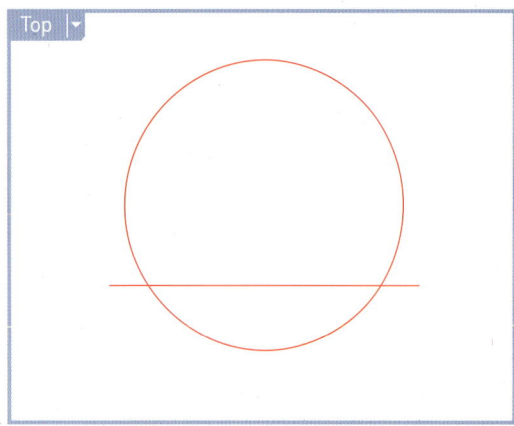

07. 메인1(2번째) > 폴리라인 명령어를 선택합니다.
08. Top 뷰에 마우스 커서를 올려놓습니다.
09. 폴리라인의 시작 (닫힘_유지(P)=아니요): -10,36.5,6 Enter
10. 10,36.5,6 Enter Enter
11. 원 커브에 지정된 부분을 지나는 선이 만들어졌습니다.

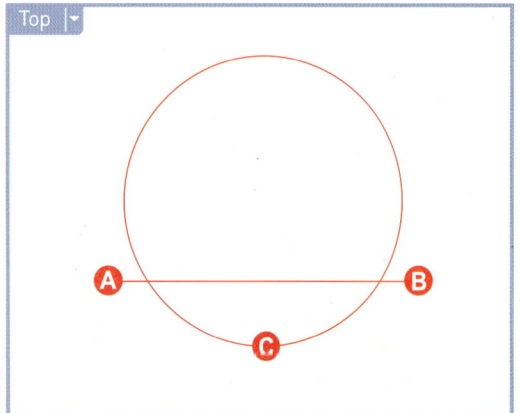

12. 메인1(10번째) > 트림 명령어를 선택합니다.
13. 절단 개체 선택 ~ : 원 커브와 선을 선택한 후 Enter
14. 트림할 개체 선택 ~ : A, B, C 세지점에 있는 커브를 선택한 후 Enter

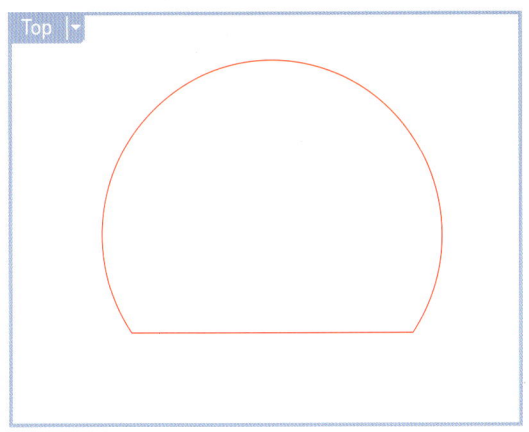

15. 왼쪽 그림처럼, 깔끔하게 트림되었습니다.
16. **두 개**의 커브를 동시에 선택한 후 결합 명령어를 선택합니다.
17. 선택된 두 커브가 하나의 커브(A)로 결합되었습니다.

18. 메인1(14번째) > 복사 명령어를 선택합니다.
19. 복사할 개체 선택: Perspective |▼ 뷰에서 A 커브를 선택한 후 Enter
20. 복사의 기준점 ~ : 0,0 Enter
21. 복사할 위치의 점: 0,0,34 Enter Enter
22. Z축 방향으로 높이 34mm에 커브(B)가 만들어졌습니다.

23. "서피스 레이어"를 선택합니다.
24. 메인1(6번째) > 로프트 명령어를 선택합니다.
25. 로프트할 커브 선택(점(P)): A, B 두 커브를 선택한 후 Enter Enter
26. 아래와 같이 옵션을 설정합니다.

27. 선택한 두 커브 사이에 서피스가 생성되었습니다.

28. 메인2(7번째) > 평면형 구멍 끝막음 명령어를 선택합니다.

29. 끝막음할 서피스 또는 폴리서피스 선택: A 서피스를 선택한 후 Enter

30. 열려진 가장자리에 서피스가 채워지면서 솔리드가 되었습니다.

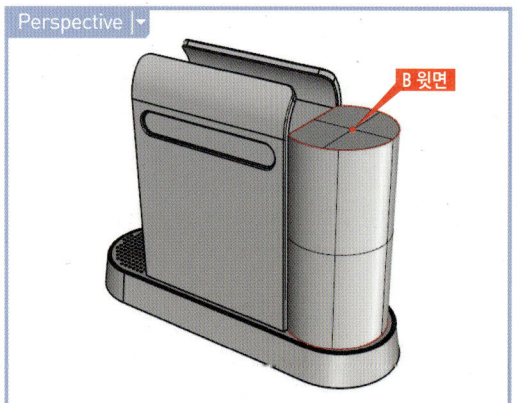

31. 메인2(7번째) > 쉘 명령어를 선택합니다.

32. 닫힌 폴리서피스에서 제거할 면을 선택합니다. 적어도 한 면은 선택되지 않은 상태로 놔두어야 합니다(두께(T)=0.3): 0.3 Enter

33. 닫힌 폴리서피스에서 제거할 면을 선택합니다. ~ : B 윗면을 선택한 후 Enter

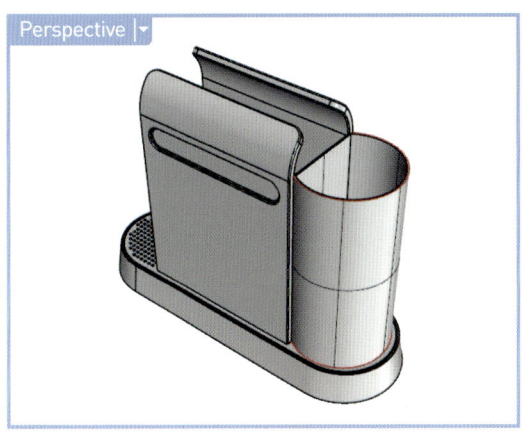

34. 선택한 서피스는 제거되고, 두께 0.3mm인 솔리드가 만들어졌습니다.

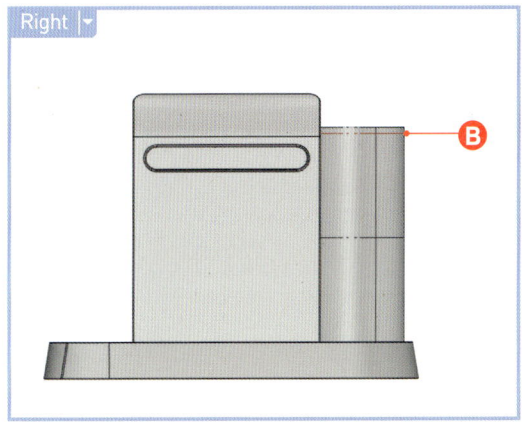

35. 메인1(6번째) > 직선 돌출 명령어를 선택합니다.
36. 돌출시킬 커브 선택: Right 뷰에서 B 커브를 선택한 후 Enter
37. 돌출 거리 <1> (방향(D) 양쪽(B)=아니요 솔리드(S)=예 ~): "양쪽(B)=아니요" 와 "솔리드(S)=예" 변경한 뒤 1 입력한 후 Enter
38. Z축 방향으로 높이 1mm인 솔리드가 만들어졌습니다.

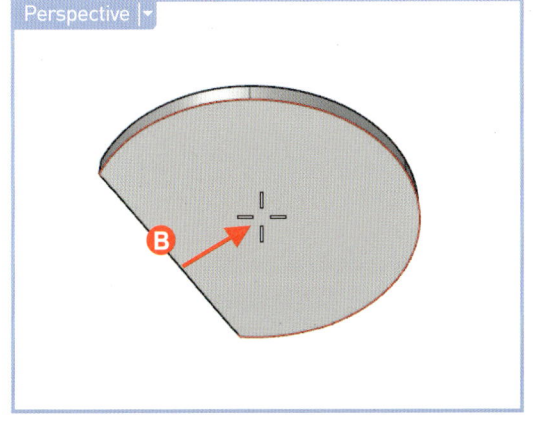

39. "커브 레이어"를 선택합니다.
40. 왼쪽 그림처럼, 방금전에 직선돌출 명령어로 만든 개체와 커브(B)만 남기고 모든 개체들은 숨깁니다.
41. 메인2(5번째) > 커브 간격띄우기 명령어를 선택합니다.
42. 간격띄우기 실행할 커브 선택 (거리(D)=0.3 ~): Perspective 뷰에서 B 커브를 선택합니다.
43. 간격띄우기할 쪽 (거리(D)=0.3 ~ : 0.3 Enter
44. 간격띄우기할 쪽 (거리(D)=0.3 ~ : 왼쪽 그림처럼 화살표 방향으로 마우스 커서를 옮긴 다음 마우스 좌클릭합니다.

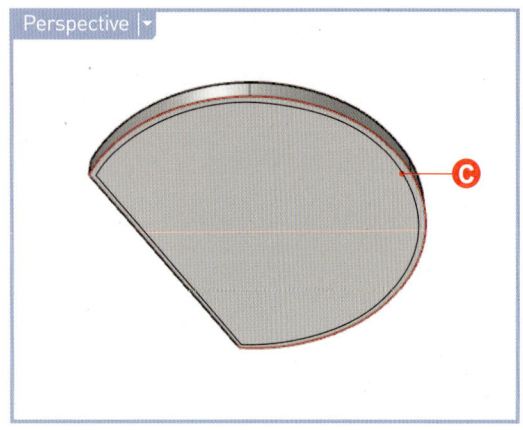

45. B커브 안쪽 0.3mm 거리에 커브(C)가 복사되었습니다.

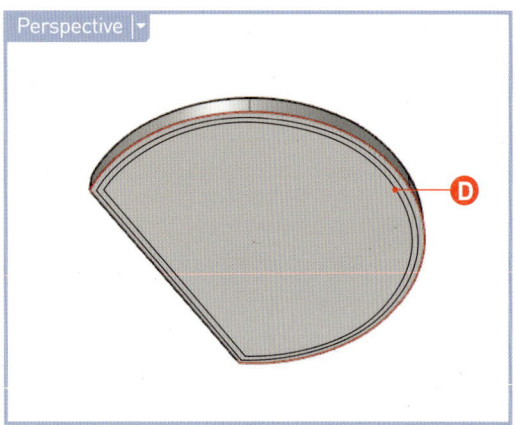

46. 위와 같은 방법으로 C 커브 안쪽 0.3mm 거리에 커브(D)를 만듭니다.

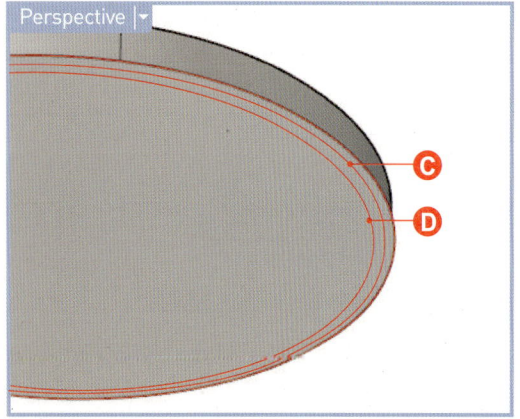

47. "서피스 레이어"를 선택합니다.
48. 메인1(6번째) > 직선 돌출 명령어를 선택합니다.
49. 돌출시킬 커브 선택: Perspective 뷰에서 C, D 두 커브를 선택한 후 Enter
50. 돌출 거리 <-0.5> (방향(D) 양쪽(B)=아니요 솔리드(S)=예): "양쪽(B)=아니요" 와 "솔리드(S)=예" 변경한 뒤 -0.5입력한 후 Enter

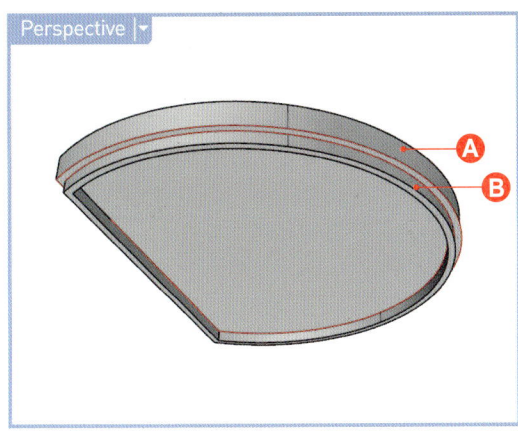

51. Z축 방향으로 -0.5mm인 솔리드가 만들어졌습니다.
52. 메인2(7번째) > 부울 합집합 명령어를 선택합니다.
53. 합집합을 적용할 서피스 또는 폴리서피스 선택: Perspective 뷰에서 A, B 두 개체를 선택한 후 Enter
54. 선택한 두 개체가 결합하였습니다.

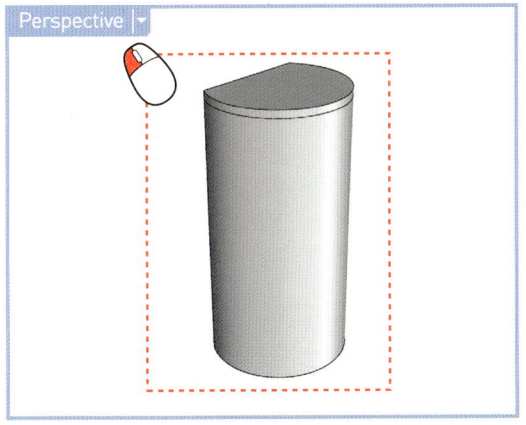

55. 왼쪽 그림처럼, 물통과 뚜껑 두개체만 남겨놓고 숨깁니다.
56. 메인2(7번째) > 가변 반지름 필릿 명령어를 선택합니다.
57. 필릿할 가장자리 선택 (반지름_표시(S)=예 다음_반지름(N)=0.1): 0.1 Enter
58. 필릿할 가장자리 선택 ~ : Perspective 뷰에서 두 개체의 전체 가장자리를 마우스 좌 클릭 누른 상태로 좌측 상단에서 우측 하단으로 드래그하여 선택한 후 Enter Enter

59. 선택한 가장자리에 반지름 필릿 0.1mm가 생성되었습니다.

COFFEE MACHINE

커피머신
전면

5

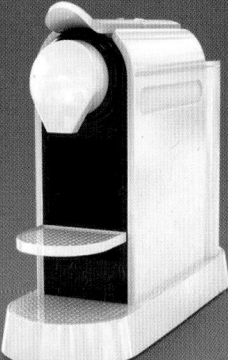

INSTRUCTION
- Extrude straight
- Circle: center, radius

COFFEE MACHINE FRONT / 4VIEW

Top	Front	Right	Perspective
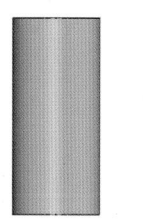	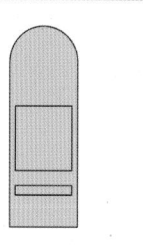	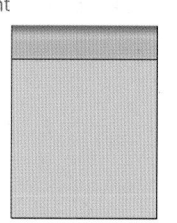	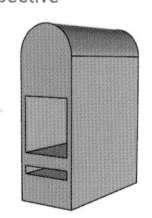

커피머신 전면 만들기

01. 왼쪽 그림처럼, 숨겼던 개체들을 불러옵니다.
02. "**커브 레이어**"를 선택합니다.
03. 안쪽 A 커브를 선택한 후 F10 키를 눌러 커브의 제어점 표시를 켭니다.

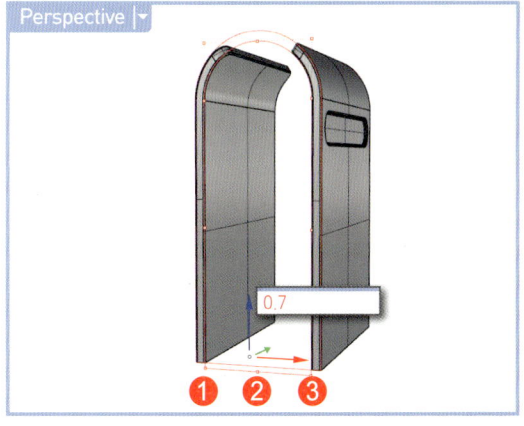

04. "**검볼**" 위젯를 켭니다.
05. 선택한 커브의 아래쪽 **1, 2, 3** 세개의 제어점을 모두 선택한 후, 검볼 **파란색 화살표**를 눌러 숫자 기입란에 **0.7** 입력한 후 Enter

06. Z축 방향으로 0.7mm 이동하였습니다.
07. F11 키를 눌러 제어점을 끕니다.

08. "서피스 레이어"를 선택합니다.

09. 메인1(6번째) 〉 직선 돌출 명령어를 선택합니다.

10. 돌출시킬 커브 선택: Perspective 뷰에서 A 커브를 선택한 후 Enter

11. 돌출 거리 <31.5> (방향(D) 양쪽(B)=아니요 솔리드(S)=예): "양쪽(B)=아니요" 와 "솔리드(S)=예" 변경한 뒤 31.5 입력한 후 Enter

12. Y축 방향으로 31.5mm인 솔리드가 만들어졌습니다

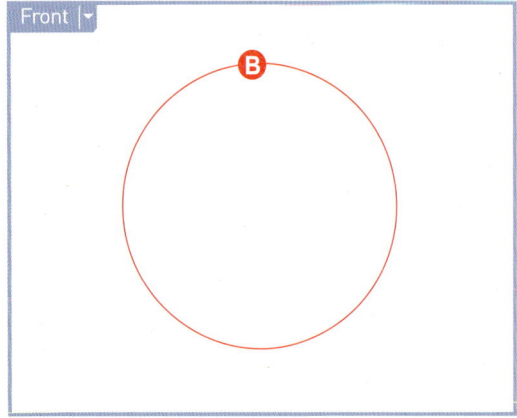

13. "커브 레이어"를 선택합니다.

14. 메인1(3번째) 〉 원: 중심점, 반지름 명령어를 선택합니다.

15. Front 뷰에 마우스 커서를 올려놓습니다.

16. 원의 중심 ~: 0,39.5,-2.5 Enter

17. 반지름 <6.500> ~: 6.5 Enter

18. 반지름 6.5mm인 원 커브(B)가 만들어졌습니다.

19. "서피스 레이어"를 선택합니다.

20. 메인1(6번째) 〉 직선 돌출 명령어를 선택합니다.

21. 돌출시킬 커브 선택: Perspective 뷰에서 B 원 커브를 선택한 후 Enter

22. 돌출 거리 <2.5> (방향(D) 양쪽(B)=아니요 솔리드(S)=예): "양쪽(B)=아니요" 와 "솔리드(S)=예"로 변경한 뒤 2.5 입력한 후 Enter

23. Y축 방향으로 2.5mm 돌출된 솔리느(C)가 생성되었습니다.

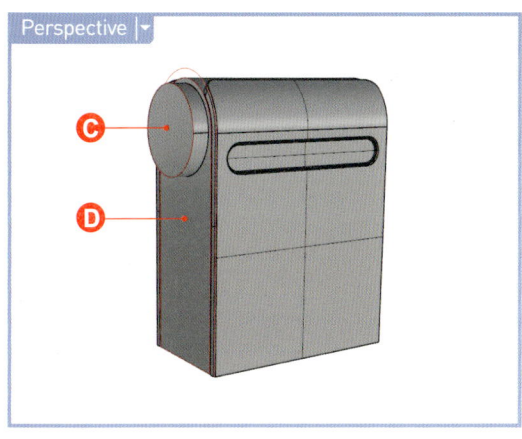

24. 메인2(7번째) > [아이콘]부울 합집합 명령어를 선택합니다.

25. [합집합을 적용할 서피스 또는 폴리서피스 선택:] Perspective 뷰에서 C, D 두 개체를 동시에 선택한 후 Enter 선택한 두 개체가 결합하였습니다.

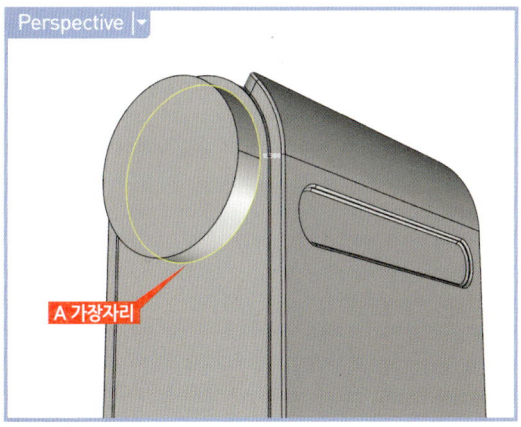

26. 메인2(7번째) > [아이콘]가변 반지름 필릿 명령어를 선택합니다.

27. [필릿할 가장자리 선택 (반지름_표시(S)=예 다음_반지름(N)=0.3):] 0.3 Enter

28. [필릿할 가장자리 선택 ~ :] Perspective 뷰에서 A 가장자리를 선택한 후 Enter Enter

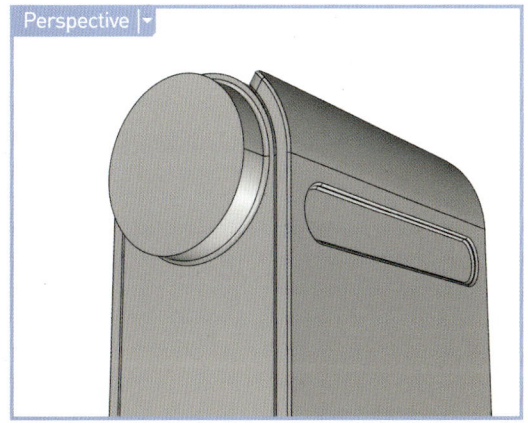

29. 선택한 가장자리에 반지름 필릿 0.3mm가 생성되었습니다.

COFFEE MACHINE

컵 받침대

6

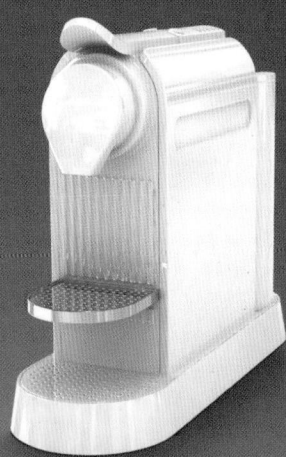

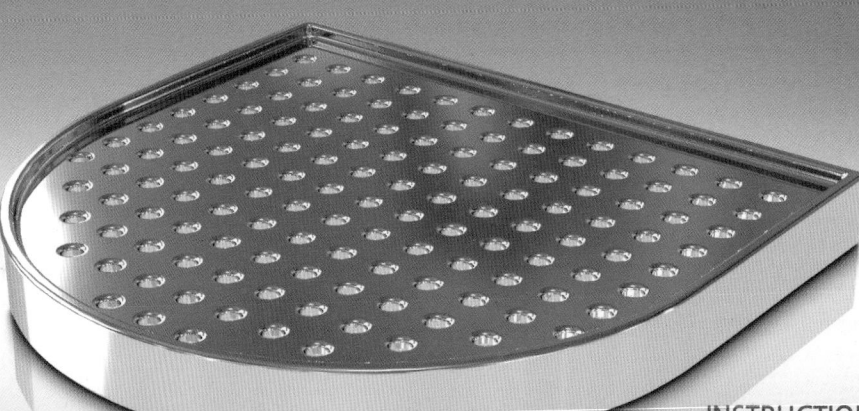

INSTRUCTION

- Rectangle: Corner to corn
- Circle tangent to 3 curves
- Trim
- Join
- Extrude straight
- Offset curves
- Boolean differenc
- Shell
- Variable radius fill

CUP HOLDER / 4VIEW

Top · Front · Right · Perspective

컵 받침대 만들기

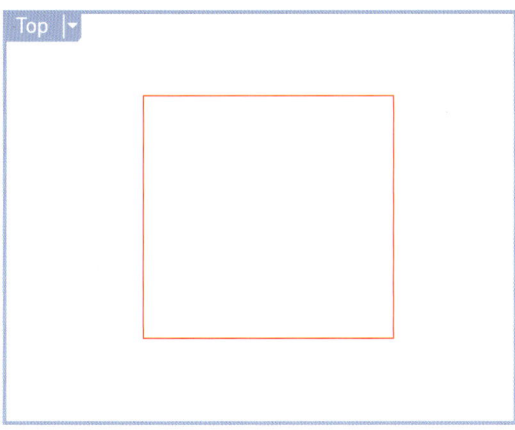

01. 모든 개체들을 숨깁니다.
02. "커브 레이어"를 선택합니다.
03. 메인2(4번째) > 직사각형: 모서리에서 모서리로 명령어를 선택합니다.
04. Top 뷰에 마우스 커서를 올려놓습니다.
05. 직사각형의 첫 번째 모서리 (3점(P) ~): -7.2,5,17 Enter
06. 다른 모서리 또는 길이 ~ : 7.2,-8.5,17 Enter
07. 사각형 선이 만들어졌습니다.

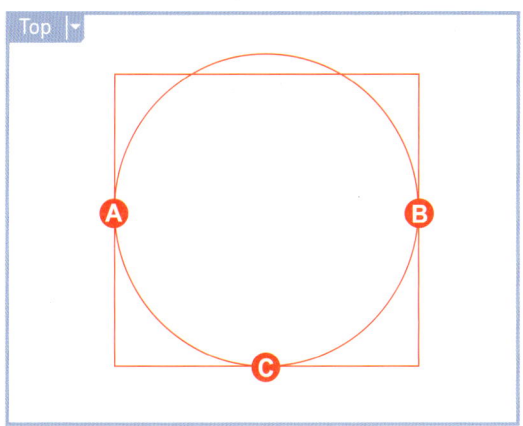

08. 메인1(3번째) > 3 커브에 접합는 원 명령어를 선택합니다.
09. 첫 번째 접하는 커브 (점(P)): A, B, C 세지점을 선택합니다.
10. 3개의 접하는 지점에 원 커브가 만들어졌습니다.

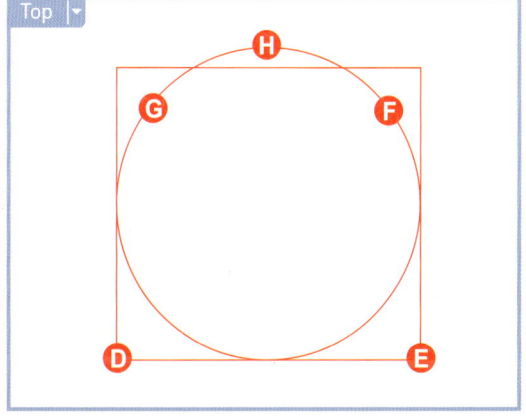

11. 메인1(10번째) > 트림 명령어를 선택합니다.
12. 절단 개체 선택 ~ : 왼쪽 그림에 있는 **사각형 선과 원 커브**를 선택한 후 Enter
13. 트림할 개체 선택 ~ : D ~ H 지점에 있는 커브들을 선택한 후 Enter

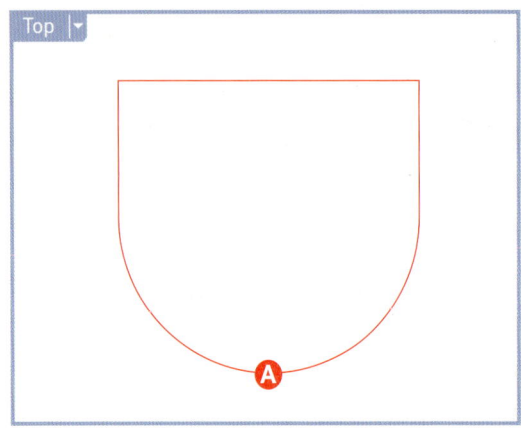

14. 왼쪽 그림처럼, 깔끔하게 트림되었습니다.
15. 두 개의 커브를 동시에 선택한 뒤 결합 명령어를 선택합니다.
16. 선택한 두 개의 커브가 하나의 커브(A)로 결합되었습니다.

17. "서피스 레이어"를 선택합니다.
18. 메인1(6번째) > 직선 돌출 명령어를 선택합니다.
19. 돌출시킬 커브 선택: A 커브를 선택한 후 Enter
20. 돌출 거리 <-1.5> (방향(D) 양쪽(B)=아니오 솔리드(S)=예 ~): "양쪽(B)=아니오" 와 "솔리드(S)=예" 변경한 뒤 -1.5 입력한 후 Enter
21. Z축 방향으로 -1.5mm 솔리드가 생성되었습니다.

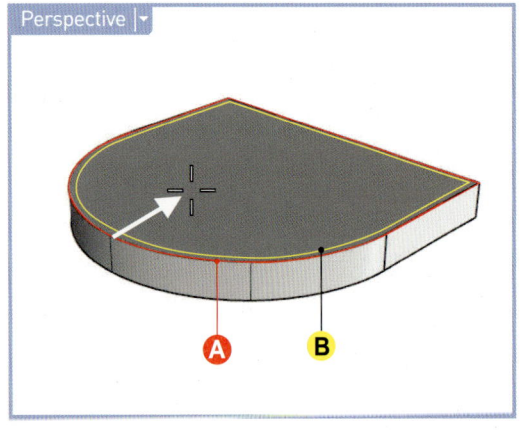

22. "커브 레이어"를 선택합니다.
23. 메인2(5번째) > 커브 간격띄우기 명령어를 선택합니다.
24. 간격띄우기 실행할 커브 선택 (거리(D)=0.3 ~): Perspective 뷰에서 A 커브를 선택한 뒤 0.3 입력한 후 Enter
25. 간격띄우기할 쪽 (거리(D)=0.3 ~ : 왼쪽 그림처럼 마우스 커서를 안쪽으로 옮겨놓고 마우스 좌 클릭 합니다.
26. 커브 안쪽 0.3mm 거리에 커브(B)가 복사되었습니다.

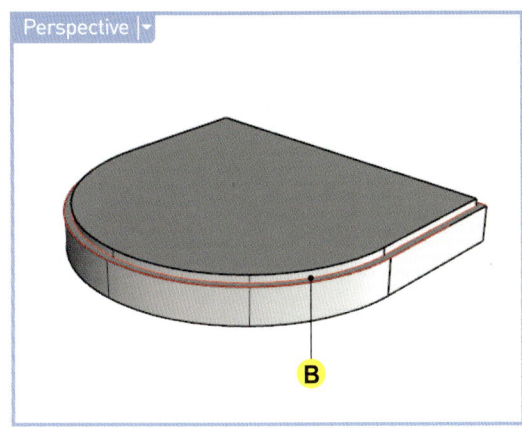

27. "서피스 레이어"를 선택합니다.
28. 메인1(6번째) > 직선 돌출 명령어를 선택합니다.
29. 돌출시킬 커브 선택: Perspective 뷰에서 B 커브를 선택한 후 Enter
30. 돌출 거리 <0.3> (방향(D) 양쪽(B)=예 솔리드(S)=예 ~): "양쪽(B)=예"와 "솔리드(S)=예" 변경한 뒤 0.3 입력한 후 Enter
31. Z축 위아래 양쪽 방향으로 총 길이 6mm 솔리드가 만들어졌습니다.

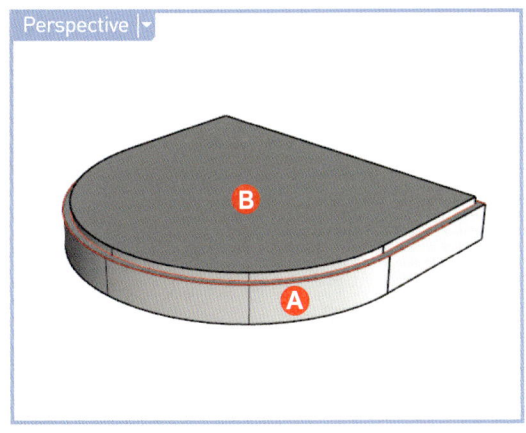

32. 메인2(7번째) > 부울 차집합 명령어를 선택합니다.
33. 차집합을 계산할 원래 서피스 또는 폴리서피스 선택: Perspective 뷰에서 A 개체를 선택한 후 Enter
34. 차집합 계산에 사용할 서피스 또는 폴리서피스 선택 원래개체_삭제(D)=예: B 개체를 선택한 후 Enter

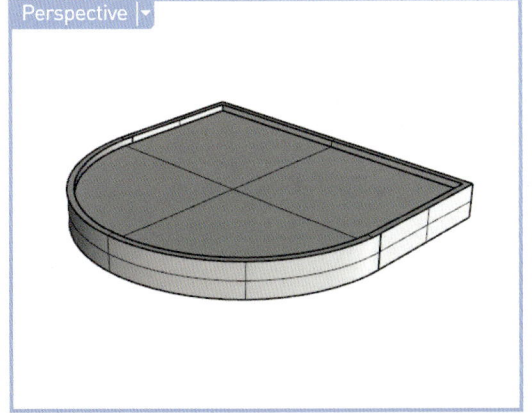

35. 첫 번째로 선택한 A 개체는 겹친 부분이 잘린 상태로 남겨져 있고, 두 번째로 선택한 B 개체는 삭제되었습니다.

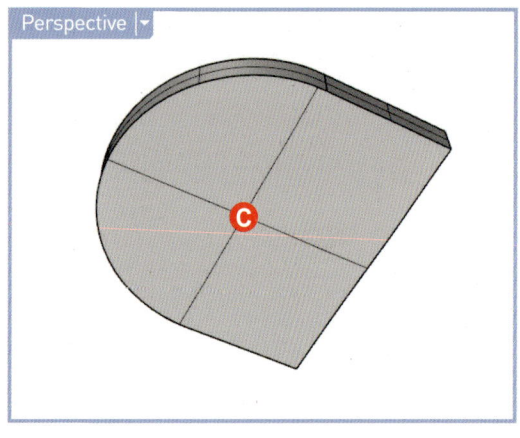

36. Perspective 뷰 공간에서 바닥면을 볼 수 있도록 마우스 우 클릭을 누른 상태로 아래 방향으로 돌려봅니다.

37. 메인2(7번째) > 쉘 명령어를 선택합니다.

38. 닫힌 폴리서피스에서 제거할 면을 선택합니다. 적어도 한 면은 선택되지 않은 상태로 놔두어야 합니다 (두께(T)=0.3): 0.3 Enter

39. 닫힌 폴리서피스에서 제거할 면을 선택합니다 ~ : 바닥면의 C 서피스 선택한 후 Enter

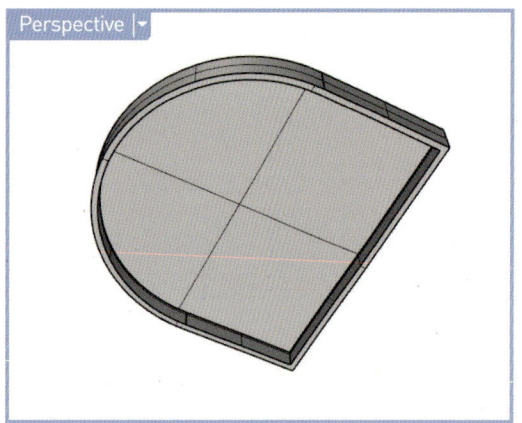

40. 선택한 C 서피스는 제거되고, 두께 0.3mm 인 솔리드가 생성되었습니다.

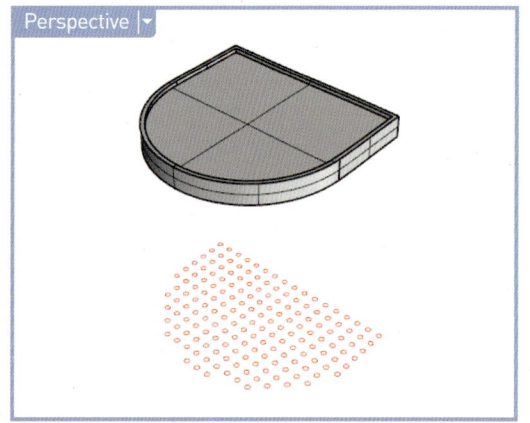

41. 왼쪽 그림처럼, 두 개체들만 남겨놓고 나머지는 모두 숨깁니다.

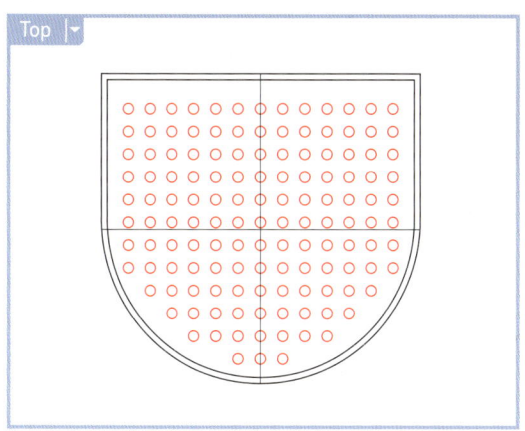

42. Delete 키를 사용하여 왼쪽 그림에서의 원 커브를 제외한 나머지 원 커브들을 삭제합니다.

43. 메인1(6번째) > 직선 돌출 명령어를 선택합니다.

44. 돌출시킬 커브 선택: Top 뷰에 배열된 **원 커브**들을 전부 선택한 후 Enter

45. 돌출 거리 <20> (방향(D)) 양쪽(B)=아니요 솔리드(S)=예 : "**양쪽(B)= 아니요**" 와 "**솔리드(S)=예**" 변경한 후 **20**입력한 후 Enter

46. Z축 방향으로 20mm 길이만큼 솔리드가 생성되었습니다.

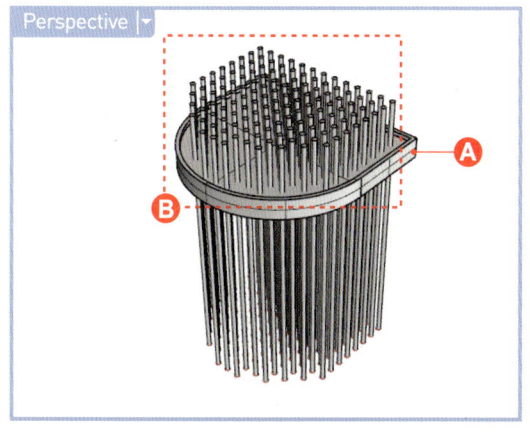

47. 메인2(7번째) > 부울 차집합 명령어를 선택합니다.

48. 차집합을 계산할 원래 서피스 또는 폴리서피스 선택: Perspective 뷰에서 **A** 개체를 선택한 후 Enter

49. 차집합 계산에 사용할 서피스 또는 폴리서피스 선택 (원래개체_삭제(D)=예): **B** 개체들을 모두 선택한 후 Enter

50. 서로 겹쳐있는 개체들은 삭제되었습니다.

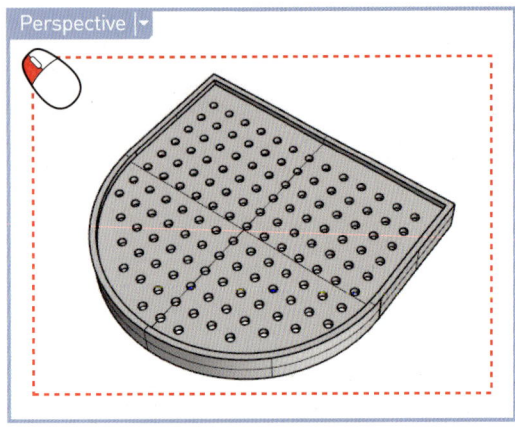

51. 메인2(7번째) > 가변 반지름 필릿 명령어를 선택합니다.

52. 필릿할 가장자리 선택 (반지름_표시(S)=예 다음_반지름(N)=0.1 ~): **0.1** Enter

53. 필릿할 가장자리 선택 ~ : 왼쪽 그림처럼, Perspective 뷰에서 개체의 전체 **가장자리**를 마우스 좌 클릭 누른 상태로 좌측 상단에서 우측 하단으로 드래그하여 선택한 후 Enter Enter

54. 모든 가장자리에 반지름 필릿 0.1mm가 생성되었습니다.

55. 모든 개체들을 숨깁니다.

COFFEE MACHINE

캡슐 컨테이너

7

INSTRUCTION

- Extrude straight
- Boolean differenc
- Shell
- Extrude face
- Circle: center, radius
- Variable radius fill
- Merge all coplanar faces
- Rectangle: Corner to corn

CAPSULE CONTAINER / 4VIEW

Top	Front	Right	Perspective
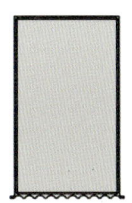		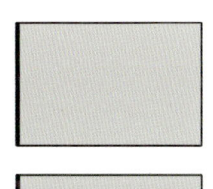	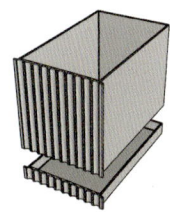

커피 머신 전면의 수납공간과 캡슐 컨테이너 만들기

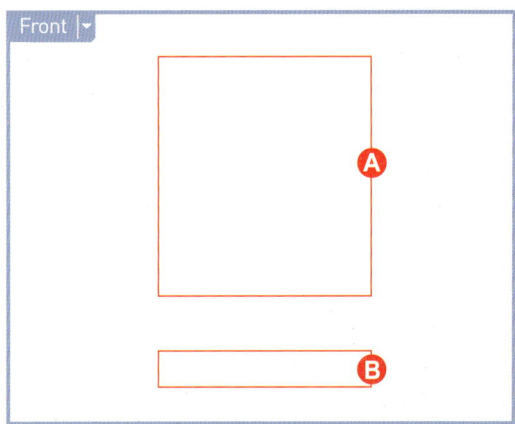

01. "**커브 레이어**"를 선택합니다.
02. 메인2(4번째) > 직사각형: 모서리에서 모서리로 명령어를 선택합니다.
03. Front 뷰에 마우스 커서를 올려놓습니다.
04. 직사각형의 첫 번째 모서리 (3점(P) ~ : -6,30.5,-5 Enter
05. 다른 모서리 또는 길이 ~ : 6,17.5,-5 Enter
06. 직사각형 커브(A)가 만들어졌습니다.
07. 직사각형: 모서리에서 모서리로 명령어를 선택합니다.
08. 직사각형의 첫 번째 모서리 (3점(P) ~ : -6,14.5,-5 Enter
09. 다른 모서리 또는 길이 ~ : 6,12.5,-5 Enter
10. 직사각형 커브(B)가 만들어졌습니다.

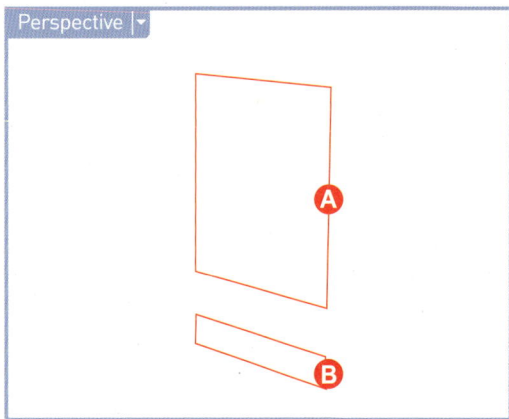

11. "**서피스 레이어**"를 선택합니다.
12. 메인1(6번째) > 직선 돌출 명령어를 선택합니다.
13. 돌출시킬 커브 선택: Perspective 뷰에서 A, B 두 커브를 선택한 후 Enter
14. 돌출 거리 <20> (방향(D) 양쪽(B)=아니요 솔리드(S)=예 ~): "**양쪽(B)=아니요**" 와 "**솔리드(S)=예**" 변경한 뒤 20 입력한 후 Enter

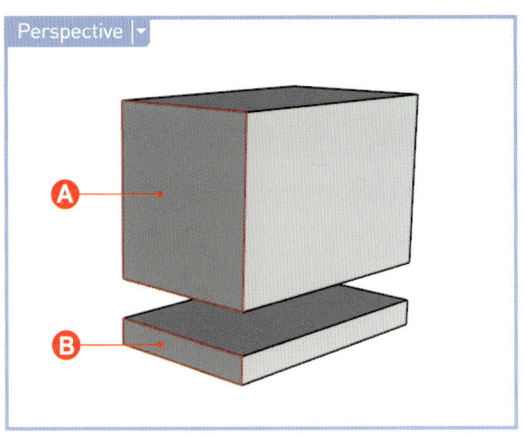

15. Y축 방향으로 20mm인 솔리드(A, B)가 생성 되었습니다.

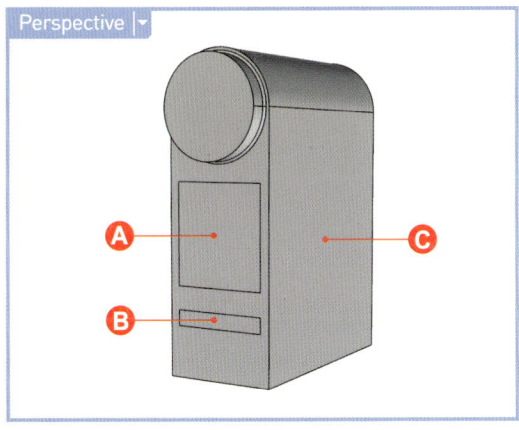

16. 왼쪽 그림처럼 A, B, C 3개의 개체만 남겨놓고 모두 숨깁니다. **(C개체: 커피머신 전면)만 불러오도록 합니다.**

17. A, B 두 개체를 동시에 선택한 후 Ctrl + C 키를 눌러 복사합니다.

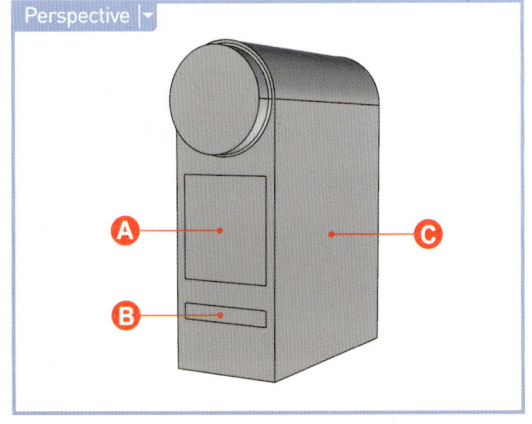

18. 메인2(7번째) > 부울 차집합 명령어를 선택합니다.

19. 차집합을 계산할 원래 서피스 또는 폴리서피스 선택: 뷰에서 C 개체를 선택한 후 Enter

20. 차집합 계산에 사용할 서피스 또는 폴리서피스 선택 (원래개체_삭제(D)=예): A, B 두개체들을 선택한 후 Enter

21. 캡슐 컨테이너를 넣을 수 있는 수납공간이 만들어졌습니다.
22. 표준툴바 > 개체숨기기 명령어를 선택하여 C 개체를 숨깁니다.

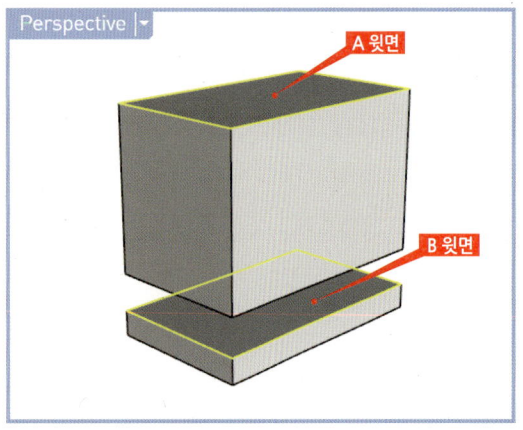

23. Ctrl +V 키를 눌러 A, B 두 개체을 붙여놓기 합니다.
24. 메인2(7번째) > 쉘 명령어를 선택합니다.
25. 닫힌 폴리서피스에서 제거할 면을 선택합니다. 적어도 한 면은 선택되지 않은 상태로 놔두어야 합니다 (두께(T)=0.3): 0.3 Enter
26. 닫힌 폴리서피스에서 제거할 면을 선택합니다 ~ : A, B 윗면 두 개의 서피스들을 선택한 후 Enter

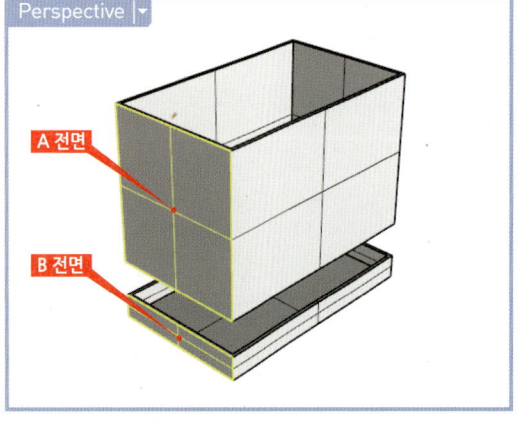

27. 선택한 A, B 윗면 두 개의 서피스는 제거되고, 두께 0.3mm인 솔리드가 생성되었습니다.
28. 메인2(7번째) > 면 돌출 명령어를 선택합니다.
29. 돌출시킬 서피스 선택: A, B 전면 두 개의 서피스를 선택한 후 Enter
30. 돌출 거리 <-0.3> (방향(D) 양쪽(B)=아니요 솔리드(S)=예 원래개체_삭제(L)=예): "양쪽(B)=아니요" 와 "솔리드(S)=예" 와 "원래개체_삭제(L)=예" 변경한 뒤 -0.3 입력한 후 Enter

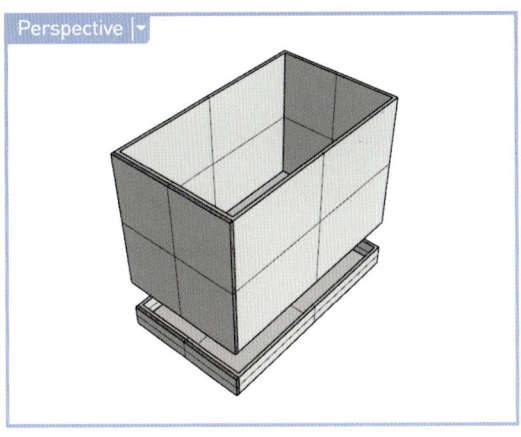

31. A, B 전면 두 개의 서피스는 Y축 방향으로 0.3mm만큼 돌출되었습니다.

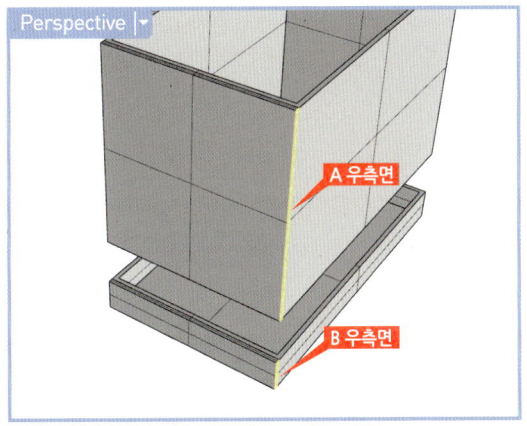

32. 메인2(7번째) > 면 돌출 명령어를 선택합니다.
33. 돌출시킬 서피스 선택: **A, B 우측면** 두 개의 서피스들을 선택한 후 **Enter**
34. 돌출 거리 <0.5> (방향(D) 양쪽(B)=아니요 솔리드(S)=예 원래개체_삭제(L)=예 ~):
 "**양쪽(B)=아니요**" 와 "**솔리드(S)=예**" 와 "**원래개체_삭제(L)=예**" 변경한 뒤 **0.5** 입력한 후 **Enter**
35. 선택한 A, B 우측면 두 개의 서피스는 X축 방향으로 0.5mm만큼 돌출되었습니다.

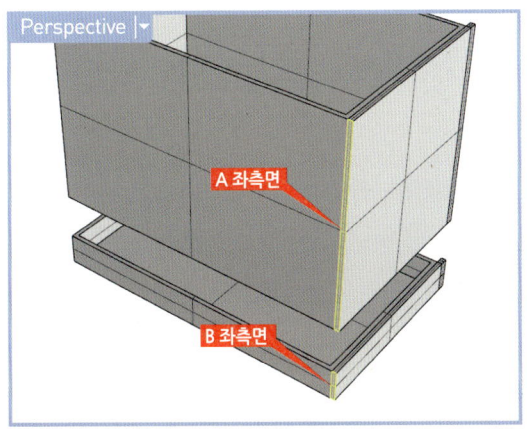

36. 반대편에 있는 **A, B 좌측면** 두 개의 서피스도 위와 같은 방법으로 **-0.5mm** 돌출시켜줍니다.

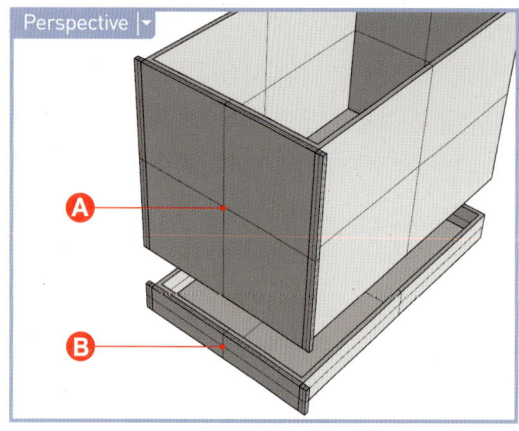

37. 메인2(7번째) > ![icon] 동일 평면상의 모든 면 병합 명령어를 선택합니다.

38. `폴리서피스 선택`: **A, B** 두 개체들을 선택한 후 **Enter**

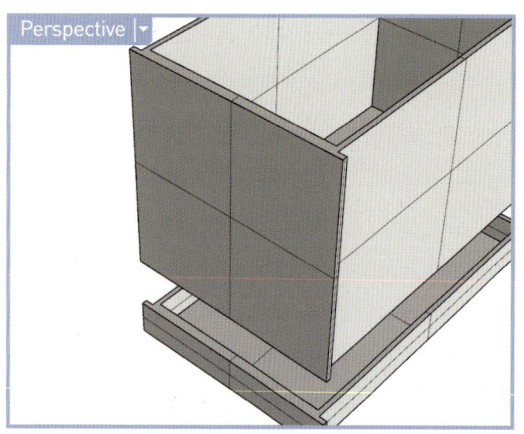

39. 선택한 두 면이 평면이면서 같은 높이이므로 한 면으로 병합(하나로 합쳐짐) 되었습니다.

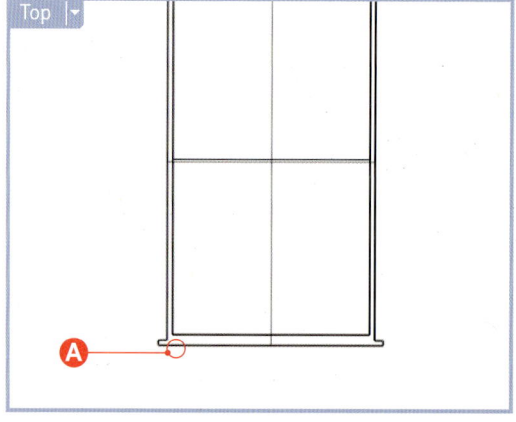

40. "**커브 레이어**"를 선택합니다.

41. 메인1(3번째) > ![icon] 원: 중심점, 반지름 명령어를 선택합니다.

42. `Top` 뷰에 마우스 커서를 올려놓습니다.

43. `원의 중심 ( 변형가능(D) 수직(V) 2점(P) ~ :` **-5.5,4.5** **Enter**

44. `반지름 <0.500> ~ :` **0.5** **Enter**

45. 반지름 0.5mm인 원 커브**(A)**가 만들어졌습니다.

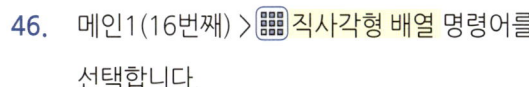

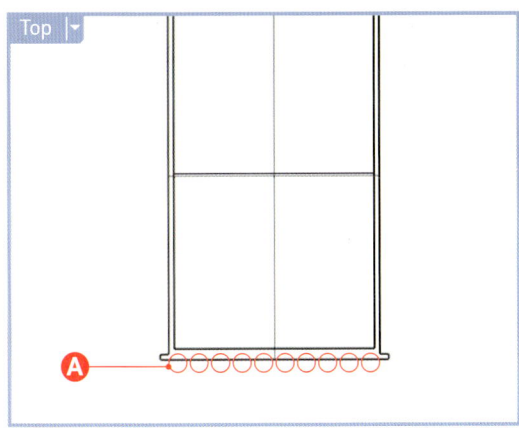

46. 메인1(16번째) > 직사각형 배열 명령어를 선택합니다.
47. 배열할 개체 선택: Top 뷰에서 원 커브(A)를 선택한 후 Enter
48. X 방향의 수 <17>: 10 Enter
49. Y 방향의 수 <12>: 1 Enter
50. Z 방향의 수 <1>: 1 Enter
51. X 간격 또는 첫 번째 참조점 (~ X방향의_수(X)=10): 1.22 Enter Enter
52. X축 방향으로 10개의 원 커브가 배열되었습니다.

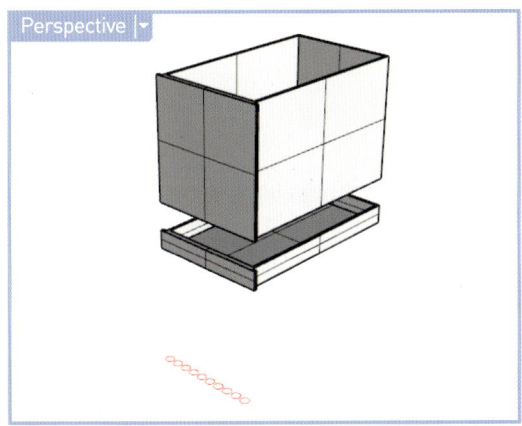

53. "서피스 레이어"를 선택합니다.
54. 메인1(6번째) > 직선 돌출 명령어를 선택합니다.
55. 돌출시킬 커브 선택: Top 뷰에 배열된 원 커브들을 전부 선택한 후 Enter
56. 돌출 거리 <33> (방향(D) 양쪽(B)=아니요 솔리드(S)=예): "양쪽(B)=아니요" 와 "솔리드(S)=예" 변경한 후 33입력한 후 Enter

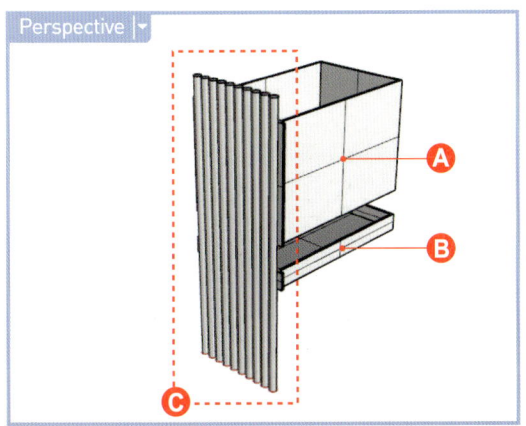

57. Z축 방향으로 33mm인 솔리드가 만들어졌습니다.
58. 메인2(7번째) > 부울 차집합 명령어를 선택합니다.
59. 차집합을 계산할 원래 서피스 또는 폴리서피스 선택: Perspective 뷰에서 A, B 두 개체를 선택한 후 Enter
60. 차집합 계산에 사용할 서피스 또는 폴리서피스 선택 (원래개체_삭제(D)=예): C 개체들을 전부 선택한 후 Enter

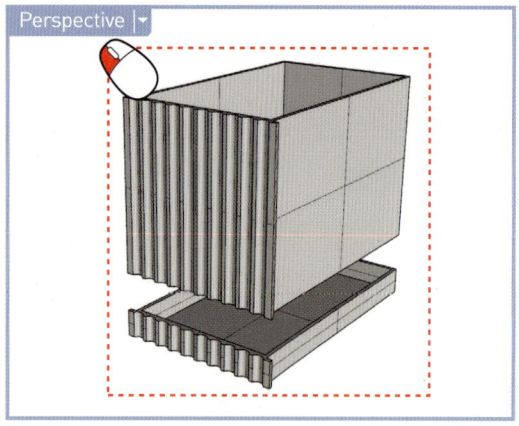

61. 메인2(7번째) > 🔲 가변 반지름 필릿 명령어 선택합니다.

62. ┃ 필릿할 가장자리 선택 (반지름_표시(S)=예 다음_반지름(N)=0.1) : 0.1 `Enter`

63. ┃ 필릿할 가장자리 선택 (반지름_표시(S)=예 다음_반지름(N)=0.1 ~) :

    왼쪽 그림처럼, `Perspective |▼` 뷰에서 개체의 전체 **가장자리**를 마우스 좌 클릭 누른 상태로 좌측 상단에서 우측 하단으로 드래그하여 선택한 후 `Enter` `Enter`

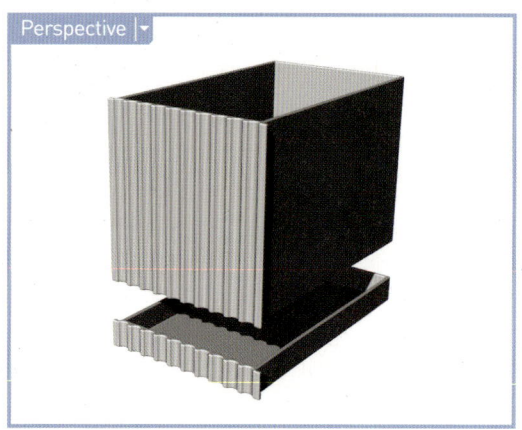

64. 모든 가장자리에 반지름 필릿 0.1mm가 생성되었습니다.

COFFEE MACHINE
슬라이더
8

INSTRUCTION
- Polyline
- Trim
- Join
- Extrude straight
- Extrude face
- Analyze direction
- Boolean differenc
- Variable radius fill
- Bend
- Rectangle: Corner to corn
- Cap planar holes

SLIDER / 4VIEW

Top	Front	Right	Perspective
			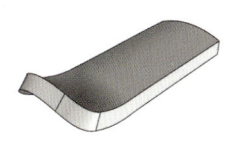

슬라이더 만들기

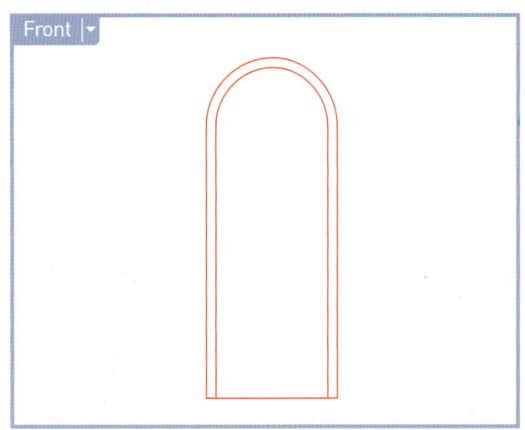

01. Front 뷰에서 왼쪽 그림과 같이 두 개의 커브만 남겨놓고 모두 숨깁니다.

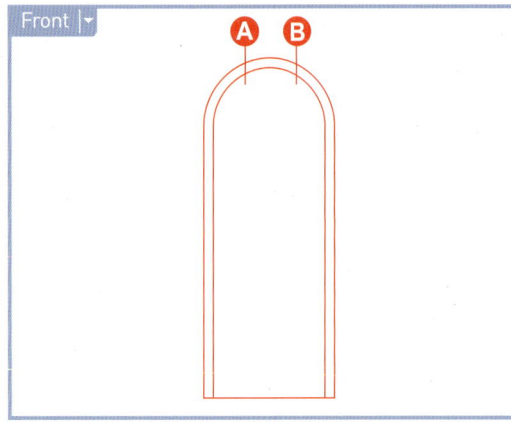

02. "커브 레이어"를 선택합니다.
03. 메인1(2번째) > 폴리라인 명령어를 선택합니다.
04. Front 뷰에 마우스 커서를 올려놓습니다.
05. 폴리라인의 시작 (닫힘_유지(P)=아니요): -3.5,44,-5 Enter
06. -3.5,49,-5 Enter Enter
07. 폴리라인 명령어를 선택합니다.
08. 폴리라인의 시작 (닫힘_유지(P)=아니요): 3.5,44,-5 Enter
09. 3.5,49,-5 Enter Enter
10. A, B 두 개의 선이 만들어졌습니다.

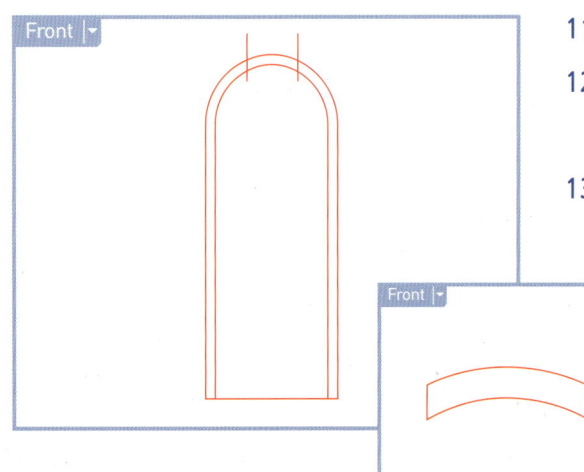

11. 메인1(10번째) > 트림 명령어를 선택합니다.
12. 절단 개체 선택 ~ : 왼쪽 그림에 있는 **4개**의 커브를 전부 선택한 후 Enter
13. 트림할 개체 선택 ~ : 아래 그림과 같은 커브만 남을 수 있도록 트림합니다.

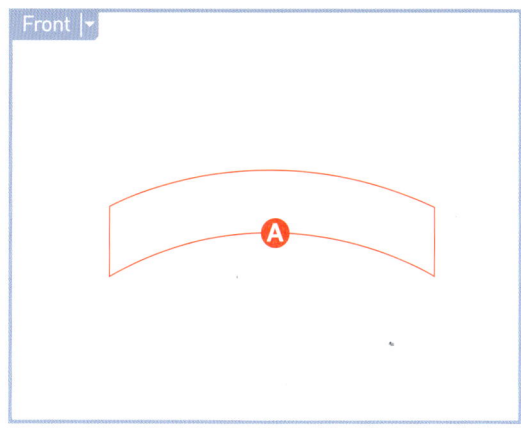

14. 트림 완료된 4개의 커브를 모두 선택한 후 메인1(9번째) > 결합 명령어를 선택합니다.
15. 선택된 4개의 커브가 결합되었습니다.

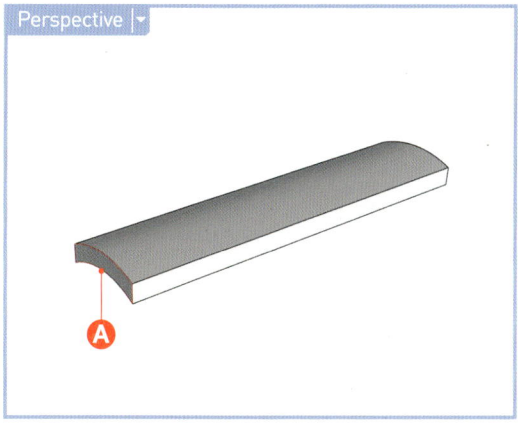

16. "서피스 레이어"를 선택합니다.
17. 메인1(6번째) > 직선 돌출 명령어를 선택합니다.
18. 돌출시킬 커브 선택: Perspective 뷰에서 A 커브를 선택한 후 Enter
19. 돌출 거리 <31.5> (방향(D) 양쪽(B)=아니요 솔리드(S)=예): "양쪽(B)=아니요" 와 "솔리드(S)=예" 변경한 후 31.5입력한 후 Enter
20. Y축 방향으로 31.5mm인 솔리드가 만들어졌습니다.

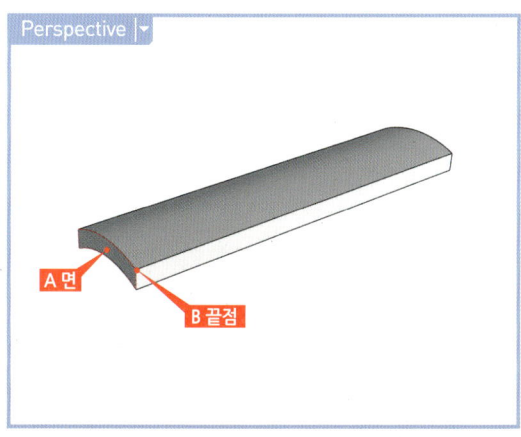

21. 개체스냅에서 "끝점" 체크합니다.
22. 메인2(7번째) > 면 이동 명령어를 선택합니다.
23. 면 선택: Perspective 뷰에서 A 면을 선택한 후 Enter
24. 이동의 기준점 ~ : B 끝점을 선택합니다.
25. 점까지 ~ : R0,-7,0 Enter

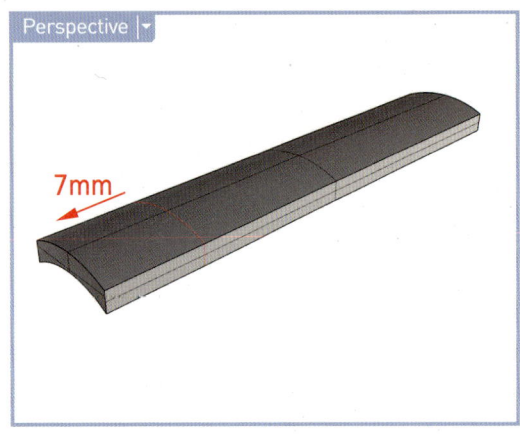

26. 선택한 A면이 Y축 방향으로 7mm만큼 늘어 났습니다.

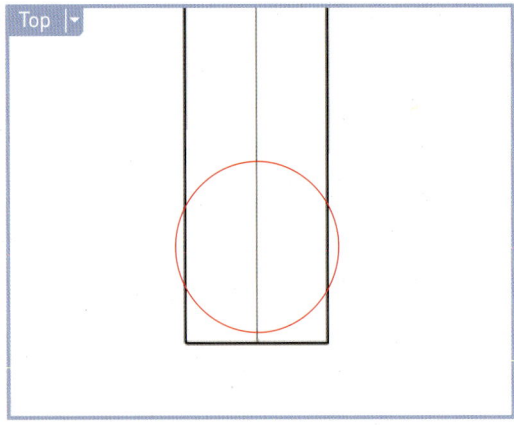

27. "커브 레이어"를 선택합니다.
28. 메인1(3번째) > 원: 중심점, 반지름 명령 어를 선택합니다.
29. Top 뷰에 마우스 커서를 올려놓습니다.
30. 원의 중심 ~ : 0,2.5,50 Enter
31. 반지름 <4.000> ~ : 4 Enter
32. 반지름 4mm인 원커브가 만들어졌습니다.

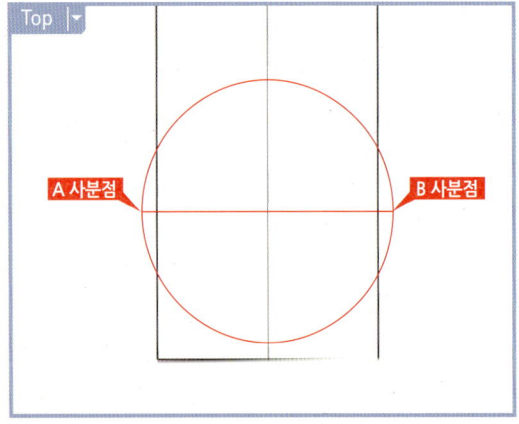

33. 개체스냅에서 "사분점" 체크합니다.
34. 메인1(2번째) > 폴리라인 명령어를 선택 합니다.
35. 폴리라인의 시작 (닫힘_유지(P)=아니요): A 사분점을 선택합니다.
36. 폴리라인의 다음 점 ~ : B 사분점을 선택한 후 Enter
37. A, B 두 개의 사분점 지점을 지나가는 직선 커브가 생성되었습니다.

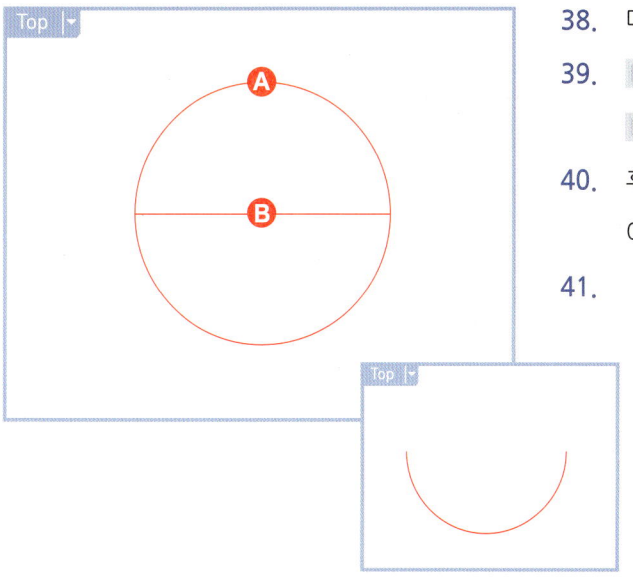

38. 메인1(10번째) > 트림 명령어를 선택합니다.
39. 절단 개체 선택 ~ : **원 커브**와 **직선**을 선택한 후 Enter

    트림할 개체 선택 ~ : **A, B** 두 지점을 순서대로 선택한
40. 후 Enter

    아래 그림처럼, 깔끔하게 트림되었습니다.
41.

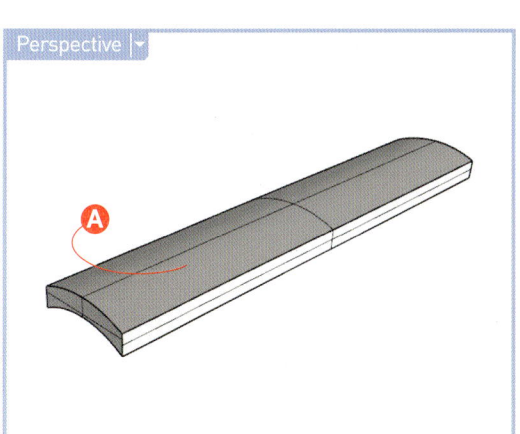

42. "**서피스 레이어**"를 선택합니다.
43. 메인1(6번째) > 직선 돌출 명령어를 선택합니다.
44. 돌출시킬 커브 선택: Perspective 뷰에서 **A**커브를 선택한 후 Enter
45. 돌출 거리 <31.5> (방향(D) 양쪽(B)=아니요 솔리드(S)=예 ~): "**양쪽(B)= 아니요**" 변경한 후 **-5** 입력한 후 Enter
46. Z축 방향으로 -5mm인 서피스가 생성되었습니다.

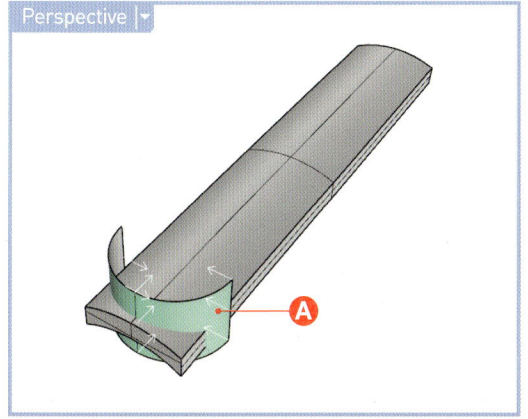

47. 왼쪽 그림처럼, 서피스 바깥쪽 방향을 오른쪽으로 향하도록 변경하겠습니다.
48. 메인2(15번째) > 방향 분석 명령어를 선택합니다.
49. 방향을 표시할 개체 선택: **A** 서피스를 선택한 후 Enter
50. 완료되면 Enter 키를 누르십시오 (U반전(U) V반전(V) UV교환(S) **반전(F)**): "**반전**"을 선택하여 왼쪽 그림처럼, 서피스 바깥쪽 방향이 오른쪽으로 바라볼 수 있게 반전한 뒤 Enter

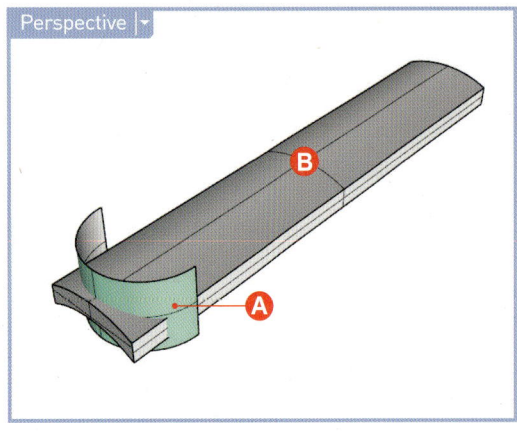

51. 메인2(7번째) > ⬤ 부울 차집합 명령어를 선택합니다.

52. 차집합을 계산할 원래 서피스 또는 폴리서피스 선택: Perspective |▼
    뷰에서 B 개체를 선택한 후 Enter

53. 차집합 계산에 사용할 서피스 또는 폴리서피스 선택 원래개체_삭제(D)=예:
    A 개체를 선택한 후 Enter

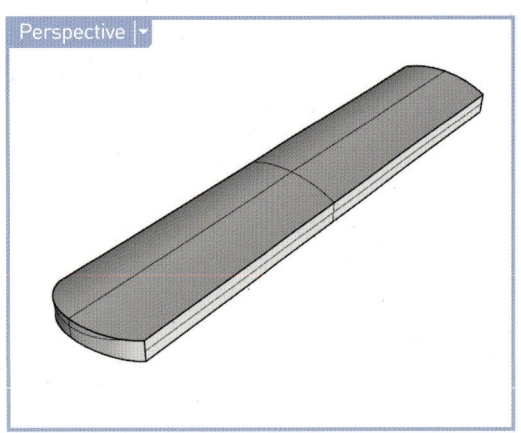

54. 첫 번째로 선택한 B 개체는 겹친 부분이 잘린 상태로 남겨져 있고, 두 번째로 선택한 A 개체는 삭제되었습니다.

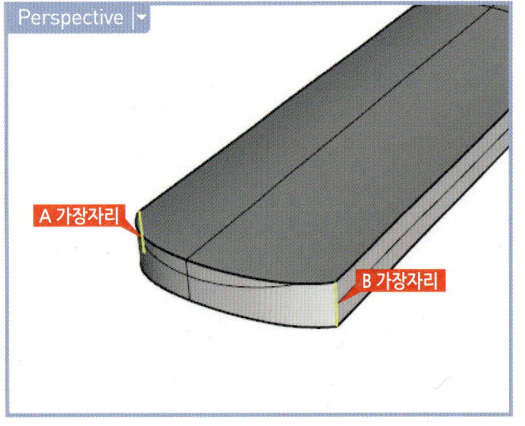

55. 메인2(7번째) > ⬤ 가변 반지름 필릿 명령어를 선택합니다.

56. 필릿할 가장자리 선택 (반지름_표시(S)=예 다음_반지름(N)=3 ~): 3 Enter

57. 필릿할 가장자리 선택 (반지름_표시(S)=예 다음_반지름(N)=3 ~): A, B 두 가장자리를 선택한 후 Enter Enter

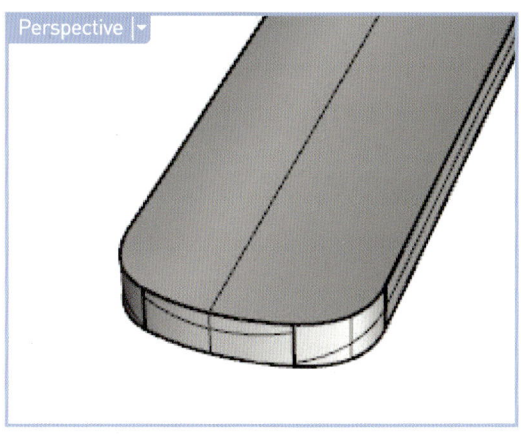

58. 선택한 두 가장자리에 반지름 필릿 3mm가 생성되었습니다.

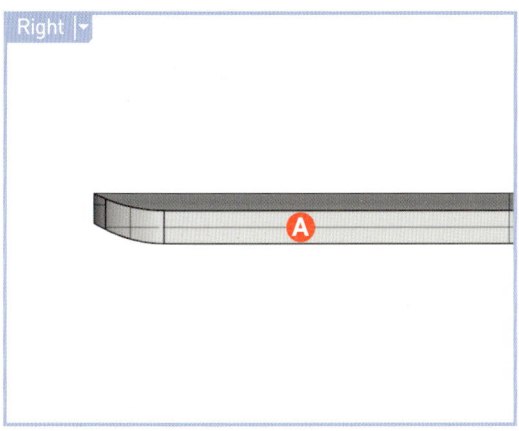

59. 메인2(13번째) > 구부리기 명령어를 선택합니다.
60. 구부릴 개체 선택: Right 뷰에서 A 개체 선택한 후 Enter
61. 스파인의 시작: 5,48 Enter
62. 스파인의 끝: -1.5,48 Enter
63. 구부리기의 통과점 (복사(C)=아니요~: -1,50.5 Enter

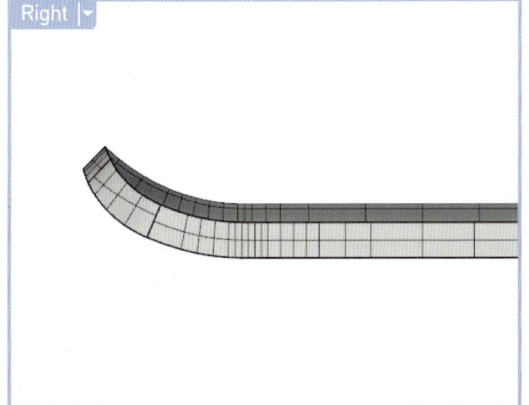

64. 개체가 지정한 범위 안에서 구부러졌습니다.

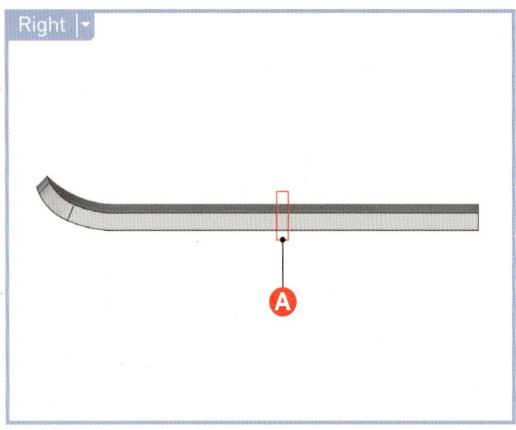

65. "커브 레이어"를 선택합니다.
66. 메인2(4번째) > ▭ 직사각형: 모서리에서 모서리로 명령어를 선택합니다.
67. Right 뷰에 마우스 커서를 올려놓습니다.
68. 직사각형의 첫 번째 모서리 ~ : 19,45 Enter
69. 다른 모서리 또는 길이 ~ : 20,49 Enter
70. 개체의 중간지점에 직사각형 선(A)이 만들어졌습니다.

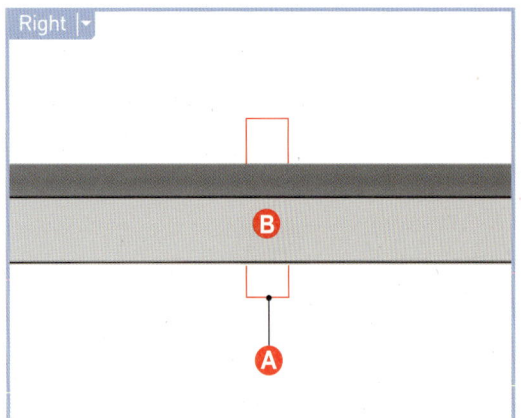

71. 메인1(10번째) > 트림 명령어를 선택합니다.
72. 절단 개체 선택 ~ : Right 뷰에서 A 커브를 선택한 후 Enter
73. 트림할 개체 선택 (선_연장(E)=아니요 가상_교차점(A)=예): B 지점의 폴리서피스를 선택한 후 Enter

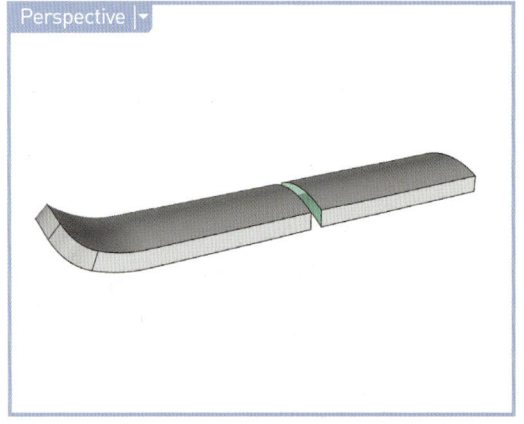

74. 왼쪽 그림처럼, 솔리드의 한 부분(B 지점)이 절단(트림) 되었습니다.

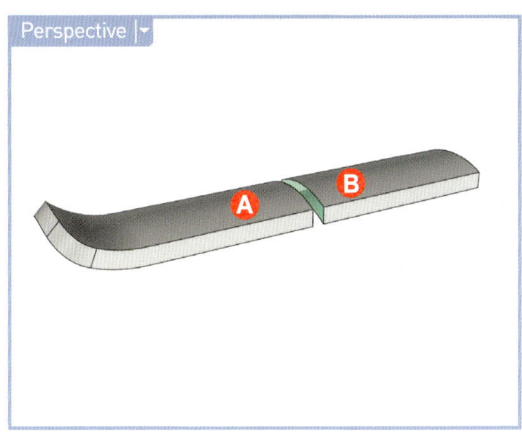

75. 메인2(7번째) > 평면형 구멍 끝막음 명령어를 선택합니다.

76. 끝막음할 서피스 또는 폴리서피스 선택: Perspective 뷰에서 A, B 두 개체를 모두 선택한 후 Enter

77. 열려져있던 가장자리에 서피스가 채워지면서 결합된 솔리드가 되었습니다.

COFFEE MACHINE

조작부

9

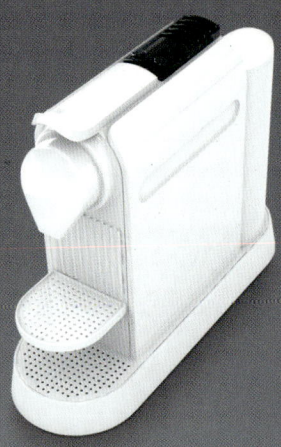

INSTRUCTION

- Rectangle: Corner to corn
- Circle tangent to 3 curves
- Trim
- Join
- Project
- Rectangular array
- Split
- Extrude straight
- Area centroid
- Boolean differenc
- Line: Surface normal
- Circle: center, radius
- Move
- Offset curves
- Variable radius fill
- Mirror

COFFEE BUTTONS / 4VIEW

Top

Front
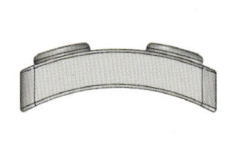

Right

Perspective
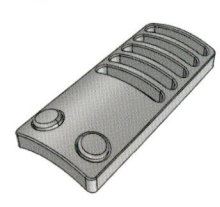

조작부 만들기

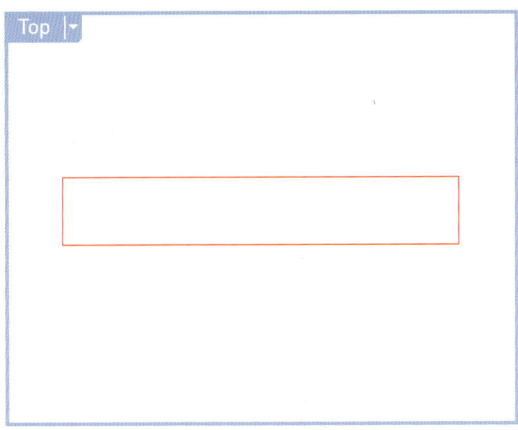

01. **"커브 레이어"** 를 선택합니다.
02. 메인2(4번째) > 직사각형: 모서리에서 모서리로 명령어를 선택합니다.
03. Top 뷰에 마우스 커서를 올려놓습니다.
04. 직사각형의 첫 번째 모서리 (3점(P) ~): **-3,35,50** Enter
05. 다른 모서리 또는 길이 ~ : **3,36,50** Enter
06. 직사각형 선이 만들어졌습니다.

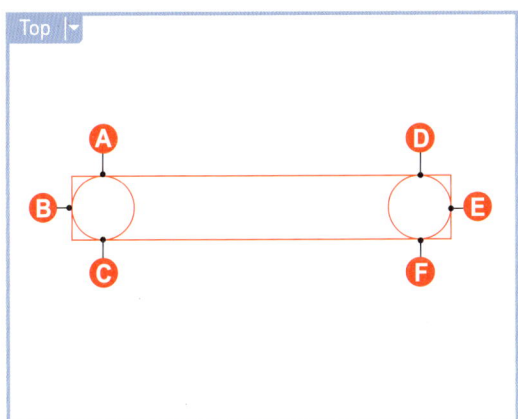

07. 메인1(3번째) > 3 커브에 접합는 원 명령어를 선택합니다.
08. 첫 번째 접하는 커브 (점(P)): **A, B, C** 세지점을 선택합니다.
09. **D, E, F** 세지점에도 위와 같은 방법으로 원 커브를 만들어줍니다.

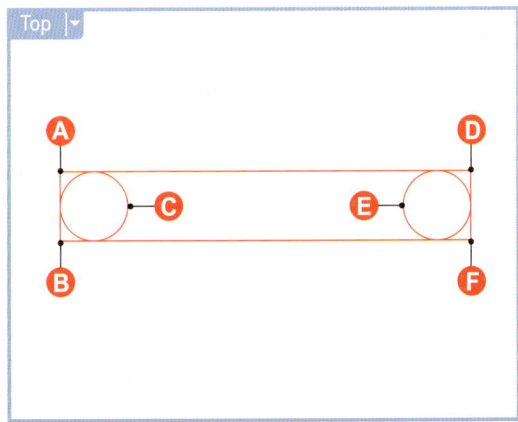

10. 메인1(10번째) > 트림 명령어를 선택합니다.
11. 절단 개체 선택 ~ : **Ctrl** +**A** 키를 눌러 커브 전부를 선택한 후 Enter
12. 트림할 개체 선택 ~ : **A ~ F** 지점에 있는 커브들을 선택한 후 Enter

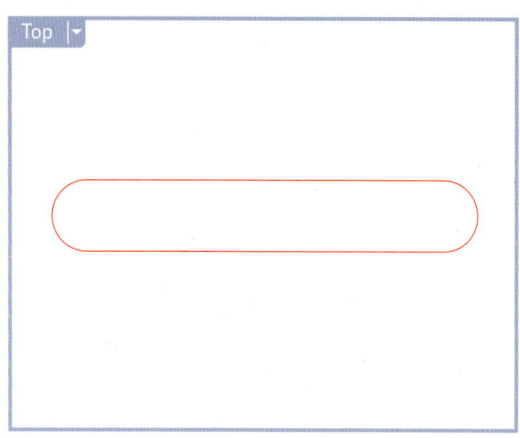

13. 왼쪽 그림처럼, 깔끔하게 트림되었습니다.
14. 트림된 커브를 전부 선택한 후 결합 명령어를 선택합니다.
15. 선택된 모든 커브가 결합되었습니다.

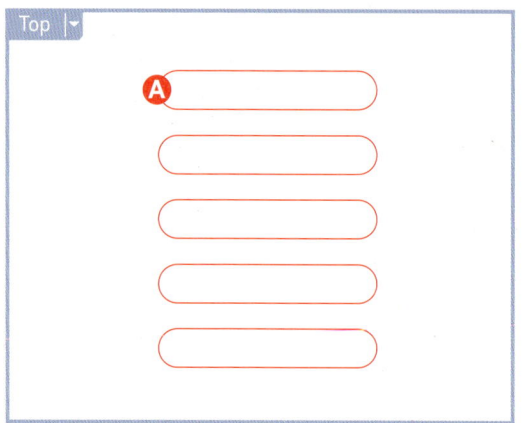

16. 메인1(16번째) > 직사각형 배열 명령어를 선택합니다.
17. 배열할 개체 선택: Top 뷰에서 A 커브를 선택한 후 Enter
18. X 방향의 수 <1>: 1 Enter
19. Y 방향의 수 <5>: 5 Enter
20. Z 방향의 수 <1>: 1 Enter
21. X 간격 또는 첫 번째 참조점 ~ : -1.7 Enter Enter
22. 왼쪽 그림처럼, Y축 방향으로 5개의 커브가 배열되었습니다.

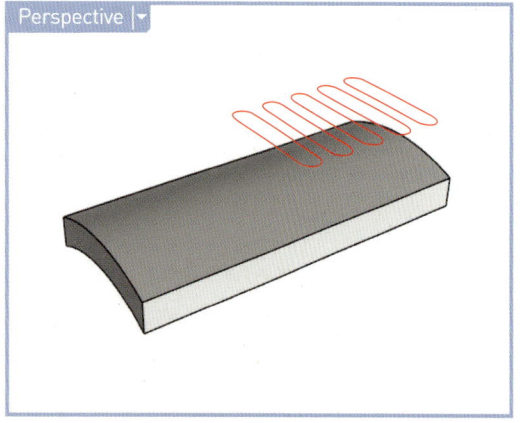

23. 왼쪽 그림과 같이 커브와 솔리드 개체만 남겨놓고 모두 숨깁니다.
24. "서피스 레이어"를 선택합니다.
25. 메인1(6번째) > 직선 돌출 명령어를 선택합니다.
26. 돌출시킬 커브 선택: Perspective 뷰에서 5개의 커브를 모두 선택한 후 Enter
27. 돌출 거리 <-5> (방향(D) 양쪽(B)=아니요 솔리드(S)=예 ~): "양쪽(B)=아니요" 와 "솔리드(S)=예" 변경한 후 -5 입력한 후 Enter

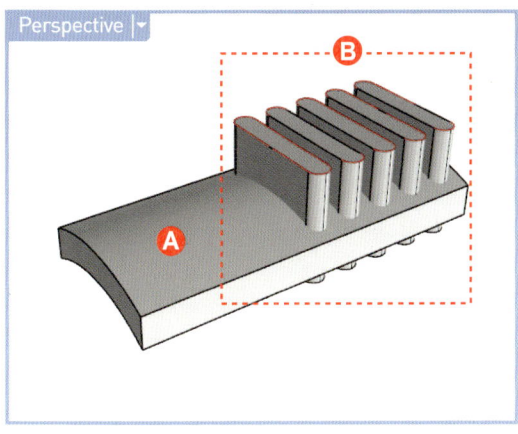

28. Z축 방향으로 -5mm인 솔리드가 생성되었습니다.
29. 메인2(7번째) 〉 ⊙부울 차집합 명령어를 선택합니다.
30. ▯차집합을 계산할 원래 서피스 또는 폴리서피스 선택: Perspective |▼ 뷰에서 A 개체를 선택한 후 Enter
31. ▯차집합 계산에 사용할 서피스 또는 폴리서피스 선택 (원래개체_삭제(D)=예): B 개체들을 전부 선택한 후 Enter

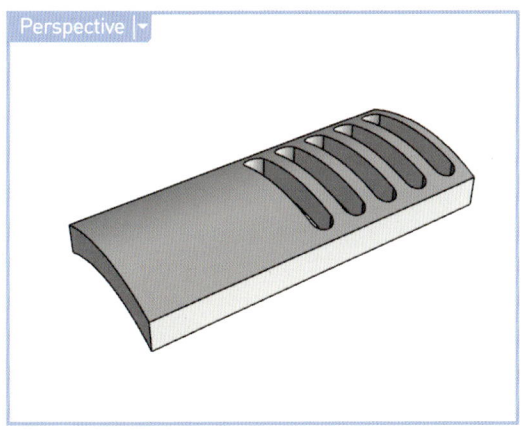

32. 첫 번째로 선택한 A 개체는 겹친 부분이 잘린 상태로 남겨져 있고, 두 번째로 선택한 B 개체들은 삭제되었습니다.

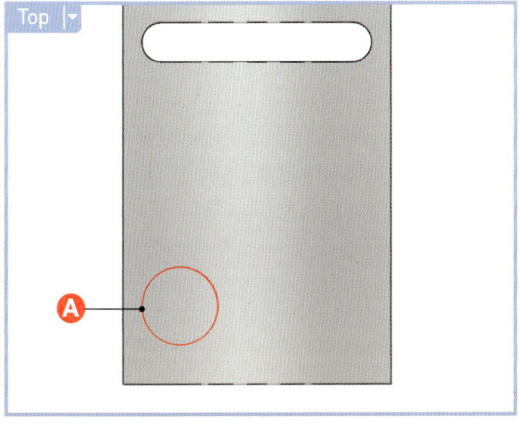

33. "커브 레이어"를 선택합니다.
34. 메인1(3번째) 〉 ⊙원: 중심점, 반지름 명령어를 선택합니다.
35. Top |▼ 뷰에 마우스 커서를 올려놓습니다.
36. ▯원의 중심 ~: -2,22,50 Enter
37. ▯반지름 <1.000> ~: 1 Enter
38. 반지름 1mm인 원 커브(A)가 만들어졌습니다.

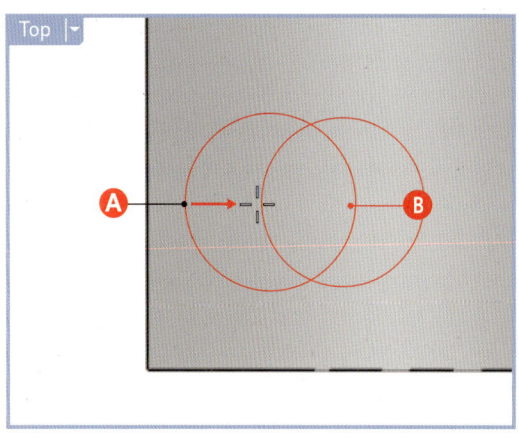

39. 메인2(5번째) > 커브 간격띄우기 명령어를 선택합니다.
40. 간격띄우기 실행할 커브 선택 (거리(D)=1.3 ~): Top 뷰에서 커브(A)를 선택합니다.
41. 간격띄우기할 쪽 (거리(D)=0.05 ~): 0.05 Enter
42. 간격띄우기할 쪽 (거리(D)=0.05 ~): 0.05<10 Enter
43. A 커브 안쪽 0.05mm 거리에 커브(B)가 만들어졌습니다.

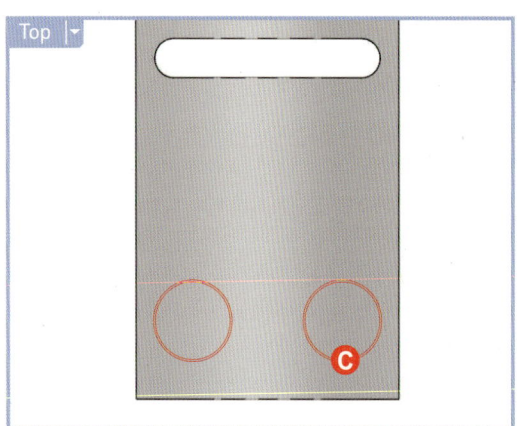

44. 메인2(13번째) > 미러 명령어를 선택합니다.
45. 미러 실행할 개체 선택: Top 뷰에서 A, B 두 커브를 선택한 후 Enter
46. 미러 평면의 시작 ~ : 0,0 Enter
47. 미러 평면의 끝 복사(C)=예 : 0,1 Enter
48. 대칭으로 2개의 커브(C)가 복사되었습니다.

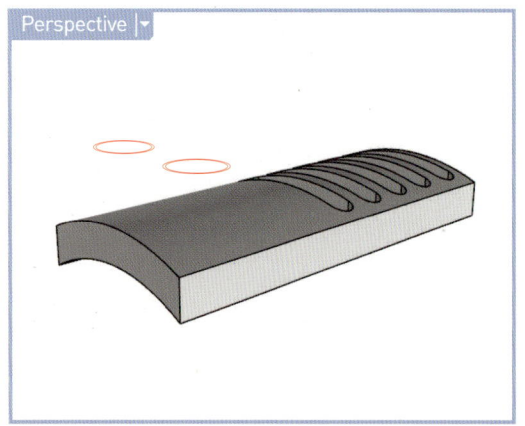

49. Perspective 뷰에서 보시면 왼쪽 그림처럼, 서피스와 커브가 서로 떨어져 있는 것을 볼 수 있습니다.
50. 커브를 폴리서피스에 투영하여 커브를 서피스 위에 올려놓도록 하겠습니다.

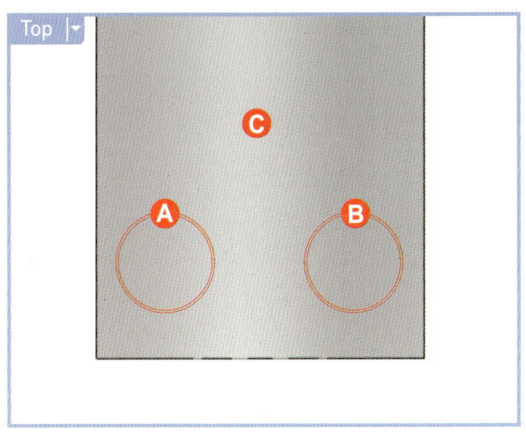

51. 메인1(8번째) > ![icon] 커브 투영 명령어를 선택합니다.

52. `투영할 커브와 점 선택 ( 느슨하게(L)=아니요 ~ ):` `Top |▼` 뷰에서 A, B 원 커브(4개)를 모두 선택한 후 Enter

53. `투영처가 될 서피스, 폴리서피스, 메쉬 선택 ( 느슨하게(L)=아니요` `원래개체_삭제(D)=예`

    `출력레이어(O)=원래개체의_레이어 ):` "**원래개체_삭제(D)=예**" 로 변경한 뒤 C 개체를 선택한 후 Enter

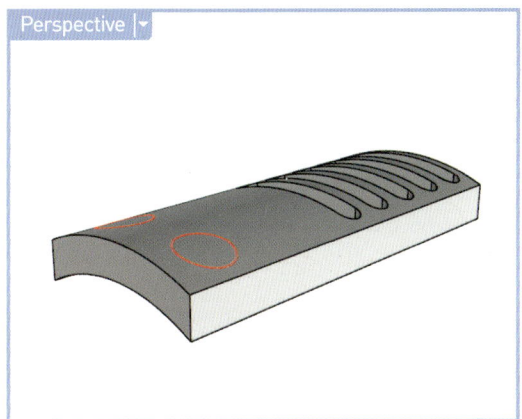

54. 선택한 커브(4개)들이 폴리서피스에 투영되었습니다.

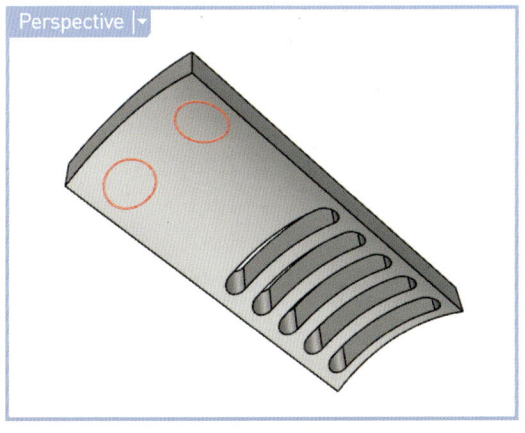

55. `Perspective |▼` 뷰에서 바닥면을 볼 수 있도록 마우스 우 클릭을 누른 상태로 뷰를 돌려봅니다.

56. 밑면에 투영된 커브들을 선택한 후 Delete 키를 눌러 삭제합니다.

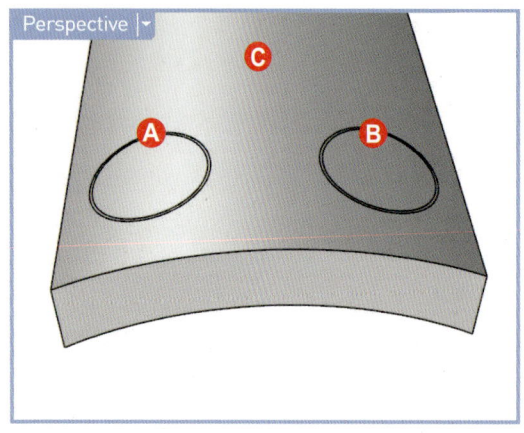

57. 메인2(10번째) > 분할 명령어를 선택합니다.
58. 분할할 개체 선택 (점(P) 아이소커브(I)): C 개체를 선택한 후 Enter
59. 절단 개체 선택: A, B 원 커브(4개)를 선택한 후 Enter
60. 원커브 모양대로 서피스가 분할되었습니다.

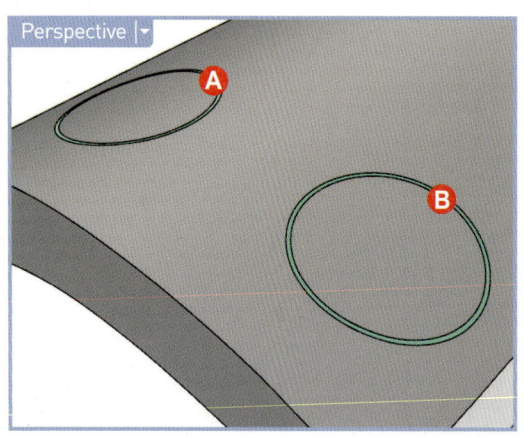

61. 분할된 얇은 A, B 두 서피스를 선택한 후 Delete 키를 눌러 삭제합니다.

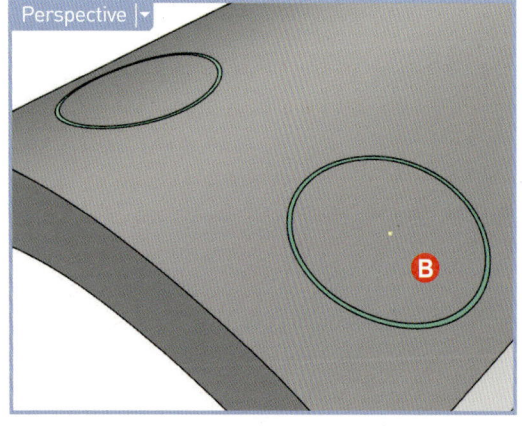

62. 메인2(15번째) > 면적 중심 명령어를 선택합니다.
63. 면적 중심을 계산할 서피스, 폴리서피스, 메쉬 또는 닫힌 평면형 커브 선택:
    B 서피스를 선택한 후 Enter
64. 선택한 B 서피스 중심에 점이 만들어졌습니다.
    * 점은 서피스에 가려져 있어 보이지 않을 수 있습니다.

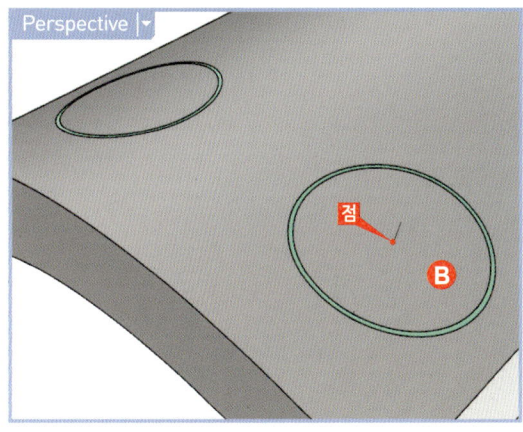

65. 개체스냅에서 **"점"** 체크합니다.
66. 메인1(2번째) > [아이콘]**선: 서피스 법선** 명령어를 선택합니다.
67. [법선을 지정할 서피스 또는 폴리서피스 선택 (트림_무시(I)=아니요):] **B** 서피스를 선택합니다.
68. [선의 시작:] **점**을 선택합니다.
69. [선의 끝 (양쪽(B)):] **0.3** Enter
70. 곡률 서피스의 수직 방향으로 0.3mm 선이 만들어졌습니다.

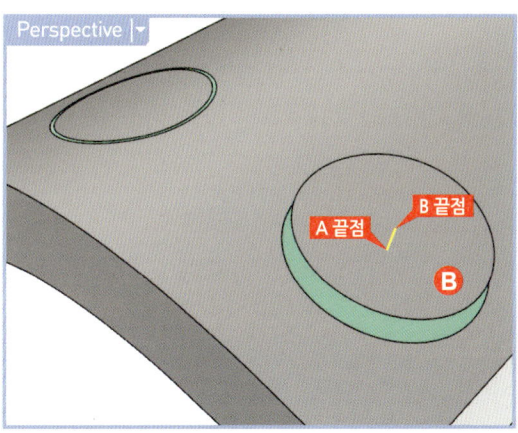

71. 개체스냅에서 **"끝점"** 체크합니다.
72. 메인2(13번째) > [아이콘]**이동** 명령어를 선택합니다.
73. [이동시킬 개체 선택:] **B** 서피스를 선택한 후 Enter
74. [이동의 기준점 (수직(V)=아니요):] **A 끝점**을 선택합니다.
75. [이동의 기준점 새 위치:] **B 끝점**을 선택합니다.
76. 선택한 B 서피스가 B 끝점 위치로 이동하였습니다.

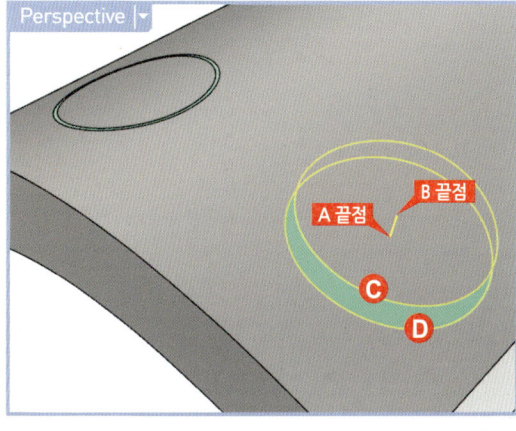

77. **"서피스 레이어"**를 선택합니다.
78. 메인1(6번째) > [아이콘]**직선 돌출** 명령어를 선택합니다.
79. [돌출시킬 커브 선택:] **C, D** 두 가장자리를 선택한 후 Enter
80. [돌출 거리<1> (**방향(D)** 양쪽(B)=아니요 솔리드(S)=예):] **"양쪽(B)=아니요"** 와 **"솔리드(S)=예"** 변경한 뒤 **"방향"**을 선택합니다.
81. [방향의 기준점 ~ :] **B 끝점**을 선택합니다.
82. [방향의 두 번째 점 ~ :] **A 끝점**을 선택합니다.
83. [돌출 거리 <1> ~ :] **1** Enter

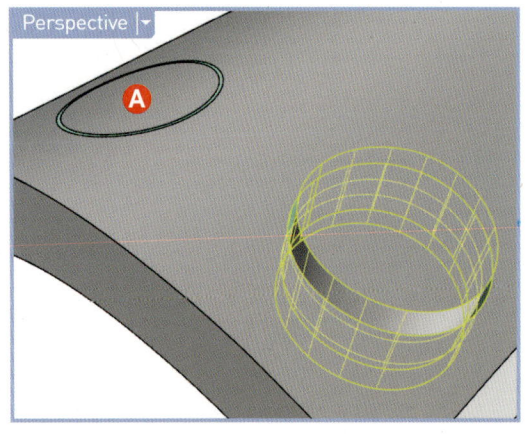

84. 왼쪽 그림처럼, 선택한 두 가장자리에서 아래 방향으로 1mm 서피스가 돌출되었습니다.
85. A 서피스를 선택한 후 Delete 키를 눌러 삭제합니다.

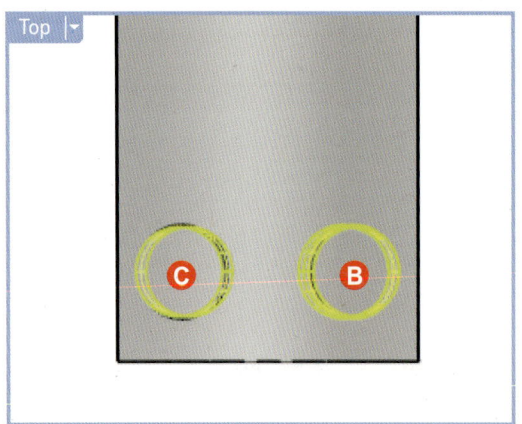

86. 메인2(13번째) > 미러 명령어를 선택합니다.
87. 미러 실행할 개체 선택: Top 뷰에서 B 개체(3개)들을 선택한 후 Enter
88. 미러 평면의 시작 (3점(P) ~ : 0,0 Enter
89. 미러 평면의 끝 복사(C)=예 : 0,1 Enter
90. 대칭으로 3개의 개체(C)들이 복사되었습니다.

91. Ctrl +A 키를 눌러 왼쪽 그림에 있는 개체들을 전부를 선택한 후 결합 명령어를 선택합니다.
92. 선택된 모든 개체들이 결합되었습니다.

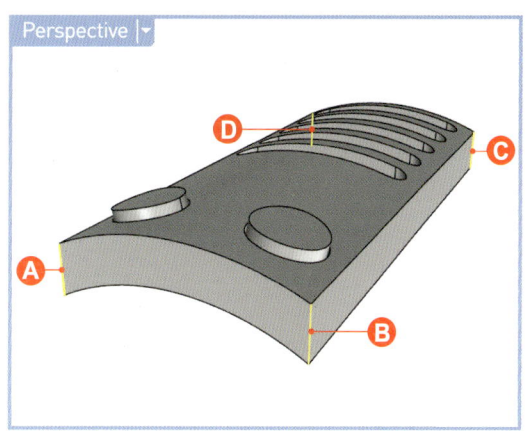

93. 메인2(7번째) > 가변 반지름 필릿 명령어를 선택합니다.
94. 필릿할 가장자리 선택 (반지름_표시(S)=예 다음_반지름(N)=0.5): **0.5** Enter
95. 필릿할 가장자리 선택 ~ : **A, B, C, D** 4개의 가장자리를 선택한 후 Enter Enter

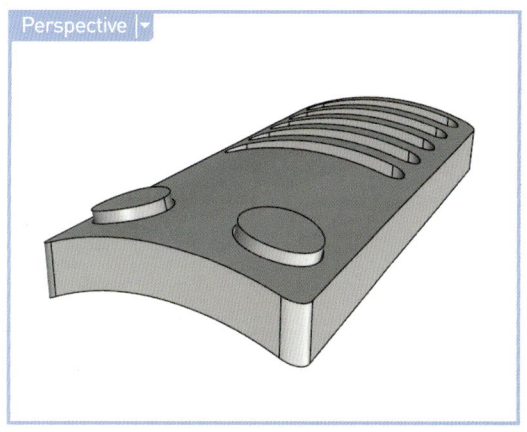

96. 선택한 4개의 가장자리에 반지름 필릿 0.5mm 가 생성되었습니다.

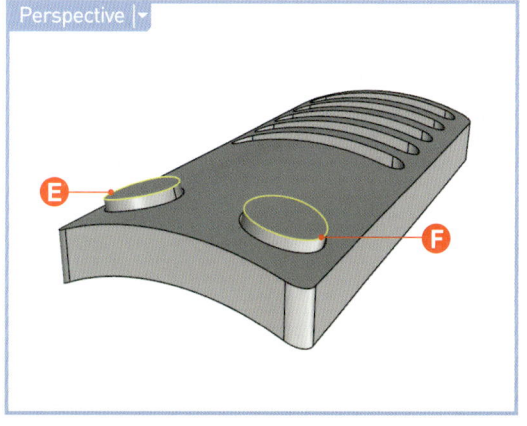

97. 메인2(7번째) > 가변 반지름 필릿 명령어를 선택합니다.
98. 필릿할 가장자리 선택 (반지름_표시(S)=예 다음_반지름(N)=0.2): **0.2** Enter
99. 필릿할 가장자리 선택 ~ : **E, F** 두 개의 가장자리를 선택한 후 Enter Enter

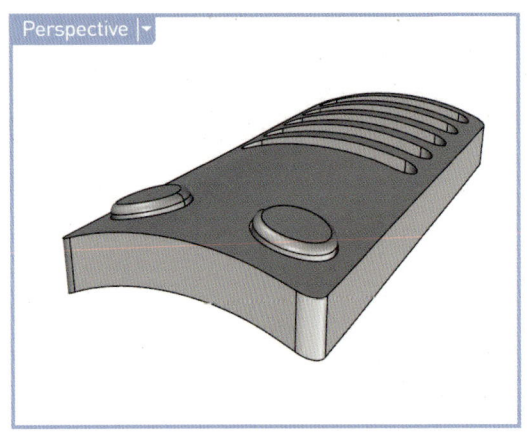

100. 선택한 두 개의 가장자리에 반지름 필릿 0.5mm 가 생성되었습니다.

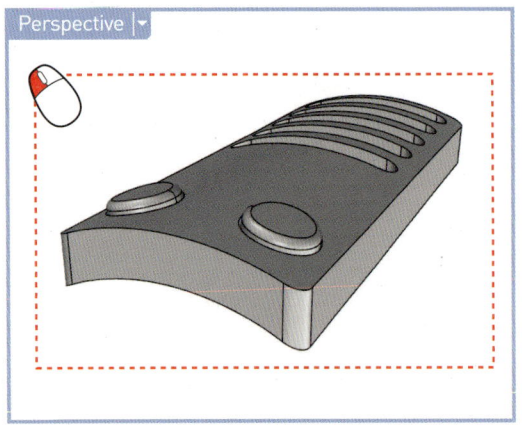

101. 메인2(7번째) > 가변 반지름 필릿 명령어 를 선택합니다.

102. 필릿할 가장자리 선택 (반지름_표시(S)=예 다음_반지름(N)=0.1): **0.1** Enter

103. 필릿할 가장자리 선택 ~ : 마우스 좌 클릭 누른 상태로 좌측 상단에서 우측 하단으로 마우스 드래그 하여 전체 **가장자리**를 선택한 후 Enter Enter

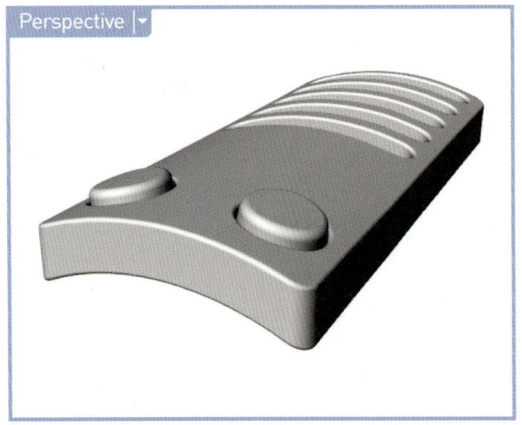

104. 선택된 가장자리에 반지름 필릿 0.1mm가 생성되었습니다.

COFFEE MACHINE

커피 추출구

10

INSTRUCTION

- Circle: center, radius
- Line: from midpoi
- Polyline
- Trim
- Join
- Extrude straight
- Arc: start, end, radius
- Copy
- Loft
- Create solid
- Extract surface
- Split
- Boolean union
- Variable radius fill
- Pipe: Flat cap
- Extend surface
- Show edges
- Merge all edge
- Split edge
- Blend Surface
- Patch
- Cap planar holes
- Merge all coplanar faces

COFFEE OUTLET / 4VIEW

Top

Front
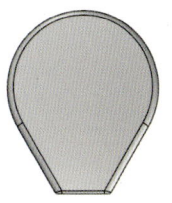

Right

Perspective
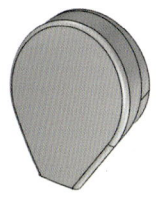

커피 추출구 만들기

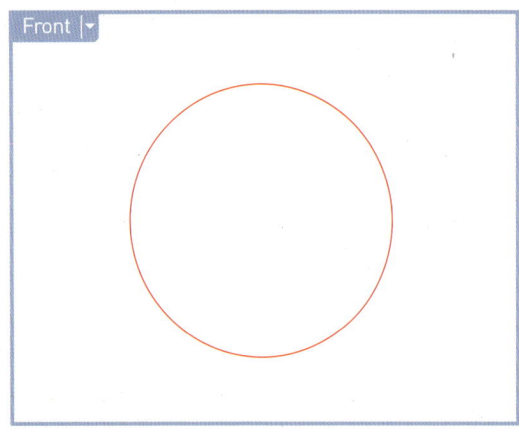

01. "커브 레이어"를 선택합니다.
02. 메인1(3번째) > 원: 중심점, 반지름 명령어를 선택합니다.
03. Front 뷰에 마우스 커서를 올려놓습니다.
04. 원의 중심 ~ : 0,39.5,3.5 Enter
05. 반지름 <5.500> ~ : 5.5 Enter
06. 반지름 5.5mm인 원 커브가 만들어졌습니다.

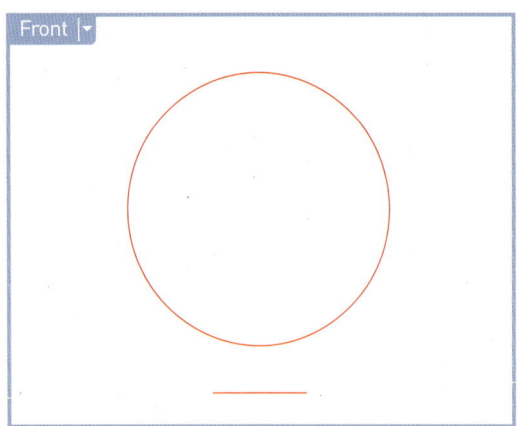

07. 메인1(2번째) > 선: 중간점에서 명령어를 선택합니다.
08. Front 뷰에 마우스 커서를 올려놓습니다.
09. 선의 중간 (법선(N) 각도(A) ~ : 0,32,3.5 Enter
10. 선의 끝: R2,0 Enter
11. 총 길이 4mm인 선이 만들어졌습니다.

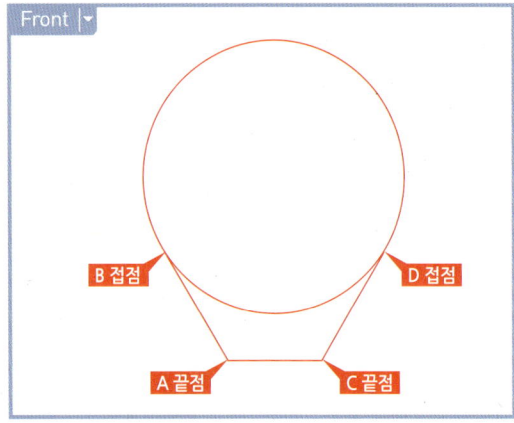

12. 개체스냅에서 "끝점" 과 "접점"을 체크합니다.
13. 메인1(2번째) > 폴리라인 명령어를 선택합니다.
14. 폴리라인의 시작 (닫힘_유지(P)=아니요): A 끝점을 선택합니다.
15. 폴리라인의 다음 점 (닫힘_유지 ~ : B 접점을 선택한 후 Enter
16. 폴리라인 명령어 선택합니다.
17. 폴리라인의 시작 (닫힘_유지(P)=아니요): C 끝점을 선택합니다.
18. 폴리라인의 다음 점 (닫힘_유지 ~ : D 접점을 선택한 후 Enter
19. 왼쪽 그림처럼 끝점과 접점을 이어주는 선이 만들어졌습니다.

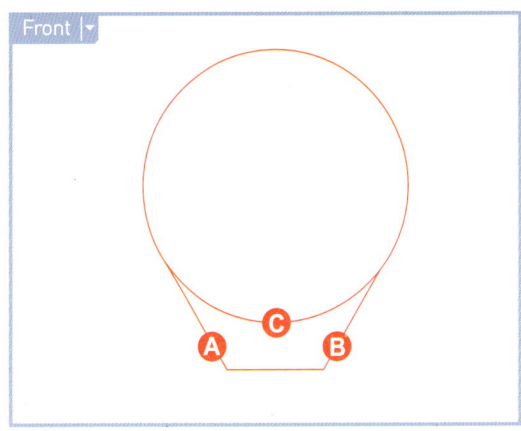

20. 메인1(10번째) > 트림 명령어를 선택합니다.
21. 절단 개체 선택 ~ : A, B 두 커브를 동시에 선택한 후 Enter
22. 트림할 개체 선택 ~ : C 지점에 있는 커브를 선택한 후 Enter

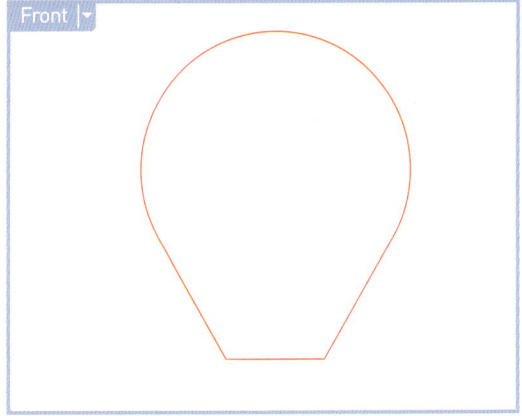

23. 왼쪽 그림처럼, 깔끔하게 트림되었습니다.
24. 트림된 커브를 전부 선택한 후 결합 명령어를 선택합니다.
25. 선택된 모든 커브가 결합되었습니다.

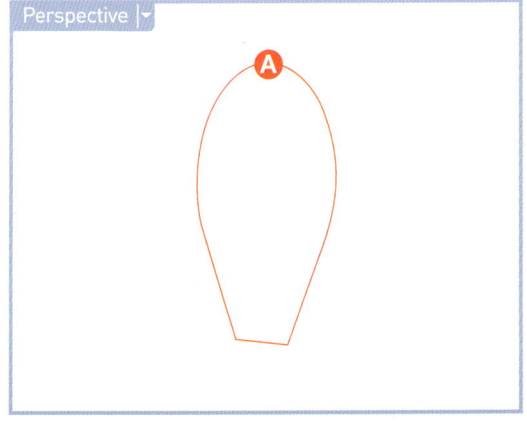

26. "서피스 레이어"를 선택합니다.
27. 메인1(6번째) > 직선 돌출 명령어를 선택합니다.
28. 돌출시킬 커브 선택: Perspective 뷰에서 A 커브를 선택한 후 Enter
29. 돌출 거리 <7> (방향(D) 양쪽(B)=아니요 솔리드(S)=예): "양쪽(B)=아니요" 와 "솔리드(S)=예" 변경한 뒤 7 입력한 후 Enter

30. Y축 방향으로 7mm인 솔리드가 만들어졌습니다.

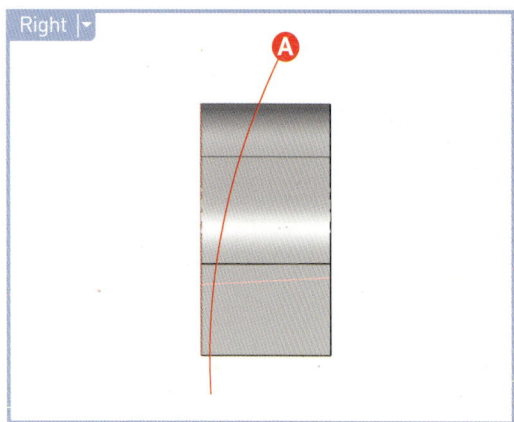

31. "커브 레이어"를 선택합니다.
32. 메인1(4번째) > 호: 시작점, 끝점, 반지름 명령어를 선택합니다.
33. Right 뷰에 마우스 커서를 올려놓습니다.
34. 호의 시작: -3,30 Enter
35. 호의 끝~: 1,48 Enter
36. 호의 반지름 및 방위~: R35<30 Enter
37. 반지름 35mm인 호 커브(A)가 만들어졌습니다.

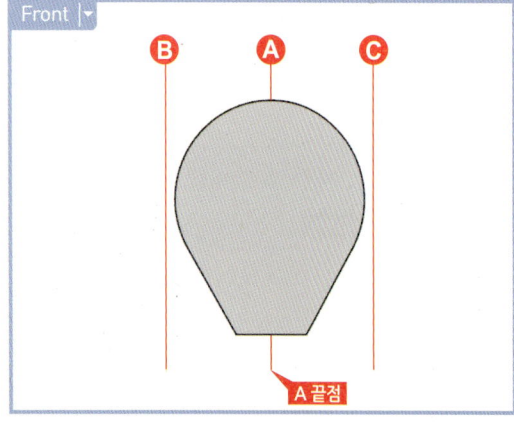

38. 개체스냅에서 "끝점" 선택합니다.
39. 메인1(14번째) > 복사 명령어를 선택합니다.
40. 복사할 개체 선택: Front 뷰에서 A 커브를 선택한 후 Enter
41. 복사의 기준점 (수직(V)=아니요 원래_위치(I)): A 끝점을 선택합니다.
42. 복사할 위치의 점: R-6,0,-0.5 Enter
43. 복사할 위치의 점: R6,0,-0.5 Enter Enter
44. 왼쪽 그림처럼 B, C 두 커브가 복사되었습니다.

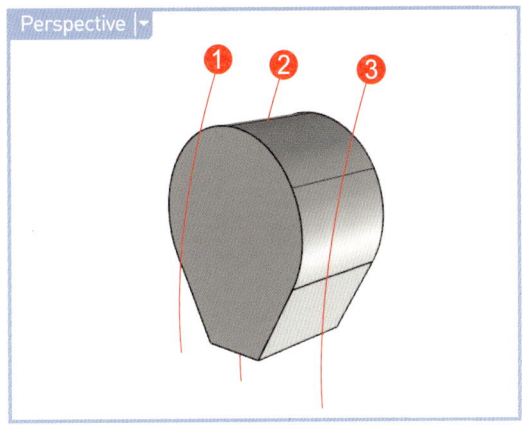

45. "서피스 레이어"를 선택합니다.
46. 메인1(6번째) > 로프트 명령어를 선택합니다.
47. 로프트할 커브 선택(점(P)): 1, 2, 3 세개의 커브를 선택한 후 Enter
48. 아래와 같이 옵션을 설정합니다.

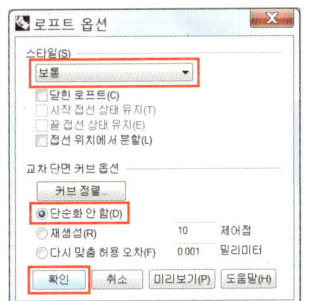

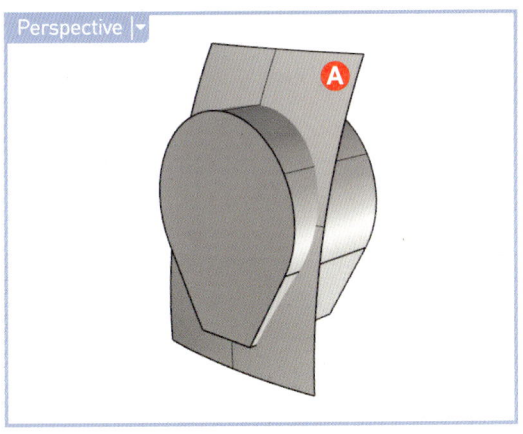

49. 선택한 3개의 커브 범위 안으로 새로운 서피스(A)가 생성되었습니다.

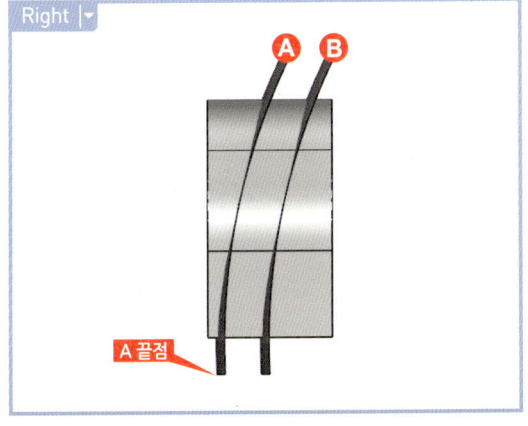

50. 개체스냅에서 "끝점" 선택합니다.
51. 메인1(14번째) > 복사 명령어를 선택합니다.
52. 복사할 개체 선택: Right 뷰에서 A 서피스를 선택한 후 Enter
53. 복사의 기준점(수직(V)=아니요 원래_위치(I)): A 끝점을 선택합니다.
54. 복사할 위치의 점: R2.5,0 Enter Enter
55. 서피스(B)가 복사되었습니다.

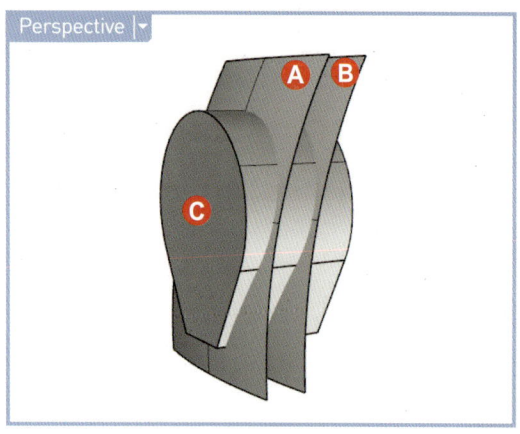

56. 메인2(7번째) > 솔리드 만들기 명령어를 선택합니다.

57. 하나의 닫힌 폴리서피스로 만들기 ~ (원래개체_삭제(D)=예): "**원래개체_삭제(D)=예**" 로 변경한뒤 A, B, C 3개의 개체를 선택한 후 Enter

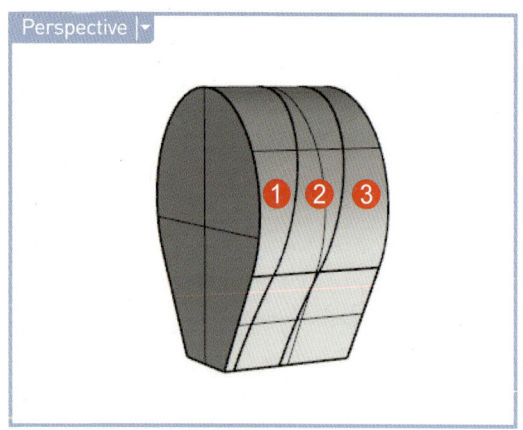

58. 왼쪽 그림처럼, 각각 개별로 3개의 솔리드가 만들어졌습니다.

59. **1, 3** 두 개체를 선택한 후 Delete 키를 눌러 삭제합니다.

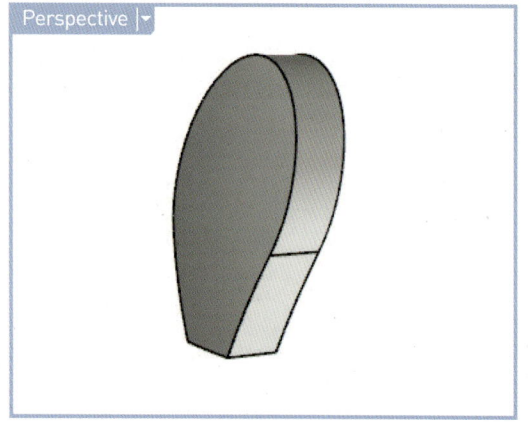

60. 가운데 **개체(2)** 하나만 남았습니다.

61. 휘어진 모양의 커피 추출구 부분이 완성되었습니다.

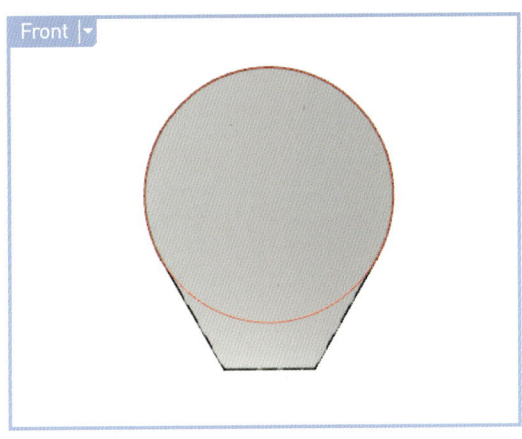

62. "커브 레이어"를 선택합니다.
63. 메인1(3번째) > 원: 중심점, 반지름 명령어를 선택합니다.
64. Front 뷰에 마우스 커서를 올려놓습니다.
65. 원의 중심 ~ : 0,39.5,-2.5 Enter
66. 반지름 <9.000> ~ : 5.5 Enter
67. 개체 뒷쪽에 반지름 5.5mm인 원커브(다음 단계의 A커브)가 생성되었습니다.

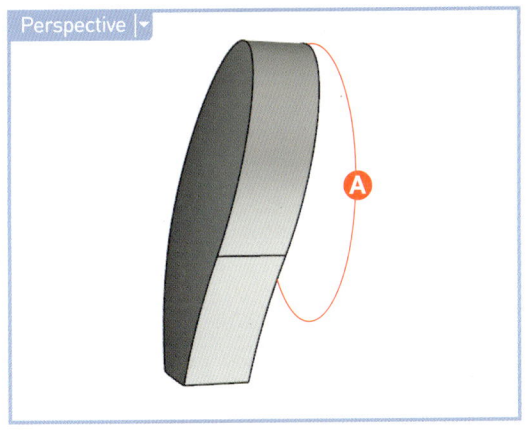

68. "서피스 레이어"를 선택합니다.
69. 메인1(6번째) > 직선 돌출 명령어를 선택합니다.
70. 돌출시킬 커브 선택: Perspective 뷰에서 A 커브를 선택한 후 Enter
71. 돌출 거리 <-6> (방향(D) 양쪽(B)=아니요 솔리드(S)=예): "양쪽(B)=아니요" 와 "솔리드(S)=예" 변경한 후 -6 입력한 후 Enter

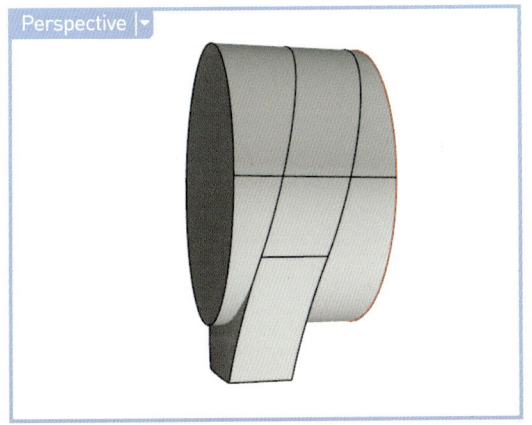

72. Y축 방향으로 -6mm인 솔리드가 생성되었습니다.

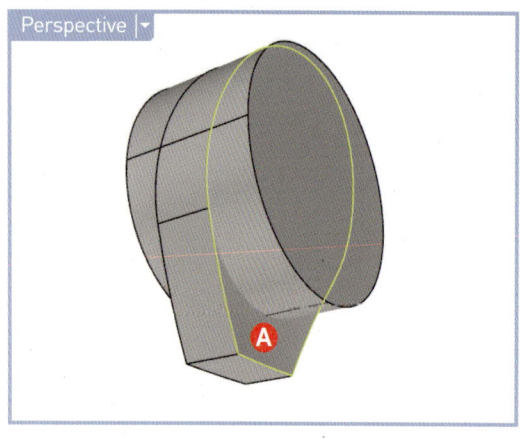

73. 메인2(9번째) > 서피스 추출 명령어를 선택합니다.
74. 추출할 서피스 선택 ~ : 뒤면에 A 서피스를 선택한 후 Enter
    선택한 A 서피스만 분해되었습니다.

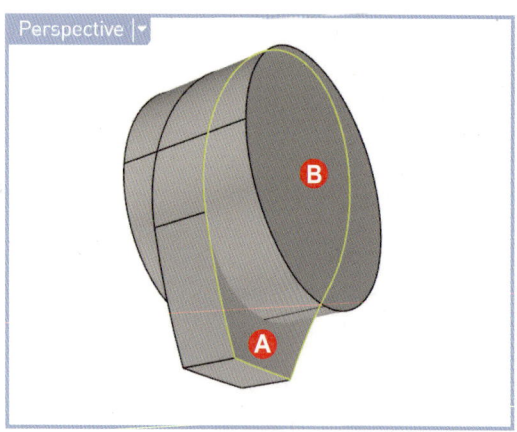

75. 메인2(10번째) > 분할 명령어를 선택합니다.
76. 분할할 개체 선택 (점(P) 아이소커브(I)): B 개체를 선택한 후 Enter
77. 절단 개체 선택: A 서피스를 선택한 후 Enter
78. A 서피스 모양으로 B 개체가 분할 되었습니다.

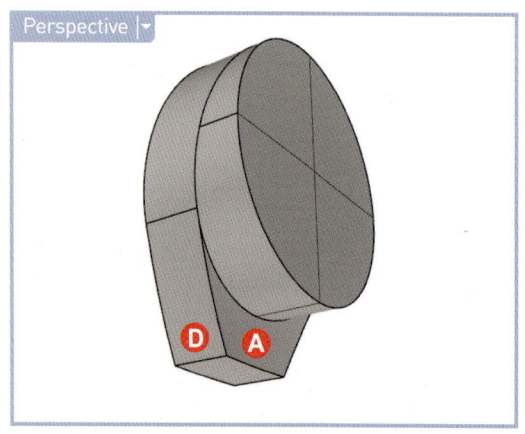

79. 왼쪽 그림과 같은 개체만 남을 수 있도록 분할된 개체는 삭제합니다.
80. 메인1(9번째) > 결합 명령어를 선택합니다.
81. 결합할 개체 선택: A, D 두 개체들을 선택합니다.
82. 선택한 두 개체가 결합되었습니다.

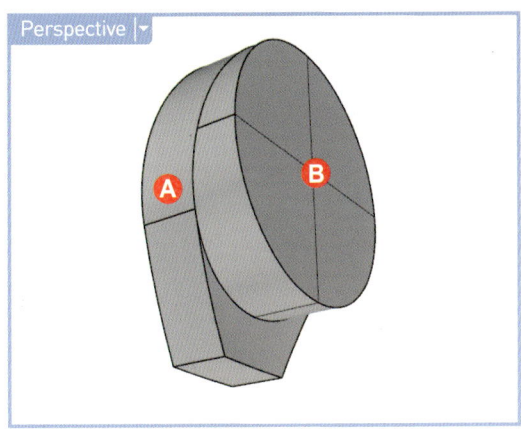

83. 메인2(7번째) > 부울 합집합 명령어를 선택합니다.
84. 합집합을 적용할 서피스 또는 폴리서피스 선택: **A, B** 두 개체들을 선택한 후 **Enter**
85. 선택한 두 개체가 결합되어 하나의 솔리드가 생성되었습니다.

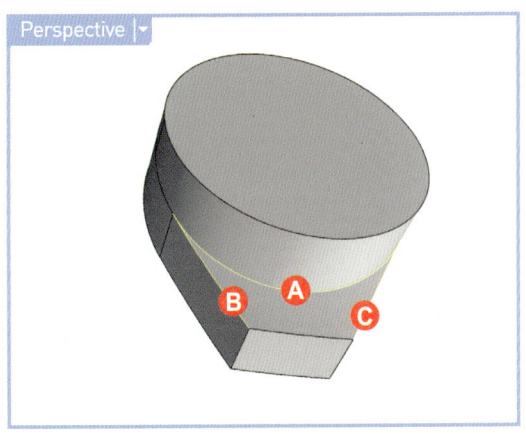

86. 메인2(7번째) > 가변 반지름 필릿 명령어를 선택합니다.
87. 필릿할 가장자리 선택 (반지름_표시(S)=예 다음_반지름(N)=0.5~): **0.5 Enter**
88. 필릿할 가장자리 선택 ~: **A, B, C** 3개의 가장자리들을 동시에 선택한 후 **Enter** **Enter**

89. 선택한 3개의 가장자리에 반지름 필릿이 정상적으로 만들어지지 않습니다.
90. 서로 만나는 가장자리 끝부분에서는 벌어질 수 밖에 없습니다.
91. **Ctrl** +Z 키를 눌러 가변 반지름 필릿 명령어를 실행하기 전으로 돌아갑니다.

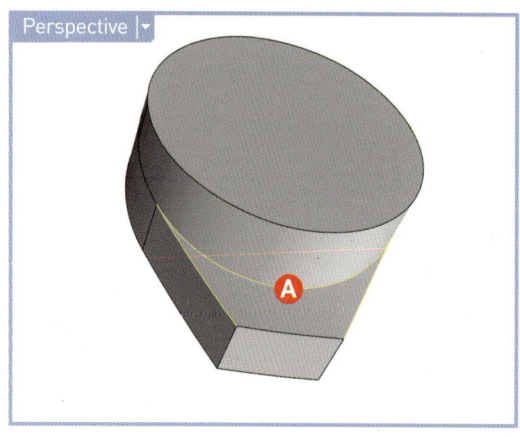

92. 메인1(7번째) > 파이프: 평평한 끝막음 명령어를 선택합니다.

93. 파이프의 중심이 될 커브 선택 (가장자리_연속선택(C) 다중_커브(M)): **A** 가장자리를 선택합니다.

94. 시작 반지름 <0.500> (지름(D) 두껍게(T)=아니요 끝막음(C)=평평하게): "**끝막음(C)=평평하게**" 변경한 뒤 **0.5** 입력한 후 Enter x 3

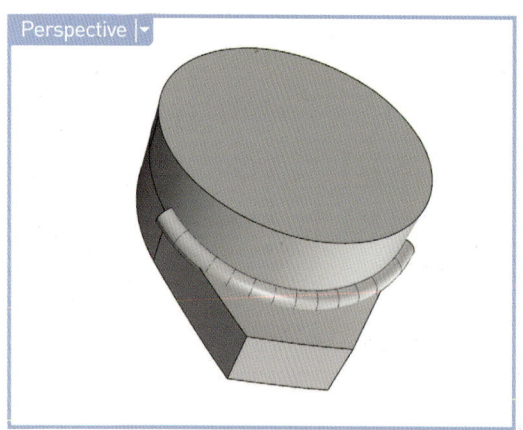

95. 선택한 A 가장자리에 반지름 0.5mm인 파이프 모양의 솔리드가 만들어졌습니다.

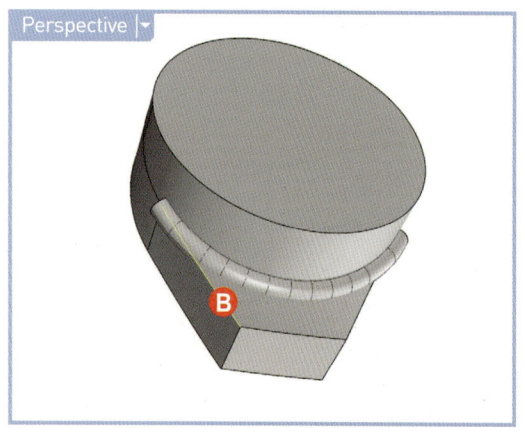

96. 메인1(7번째) > 파이프: 평평한 끝막음 명령어를 선택합니다.

97. 파이프의 중심이 될 커브 선택 (가장자리_연속선택(C) 다중_커브(M)): **B** 가장자리를 선택합니다.

98. 시작 반지름 <0.500> (지름(D) 두껍게(T)=아니요 끝막음(C)=없음): "**끝막음(C)=없음**" 변경한 뒤 **0.5** 입력한 후 Enter x 3

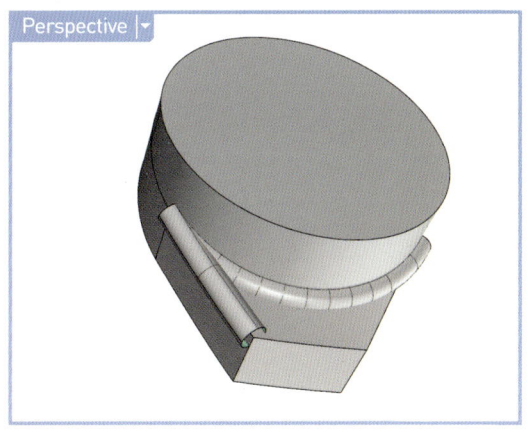

99. 선택한 B 가장자리에 반지름 0.5mm인 파이프 모양의 서피스가 만들어졌습니다.

100. 설정에서 **"끝막음(C)=없음"**을 선택하였으므로 솔리드가 아닌 서피스가 만들어졌습니다.

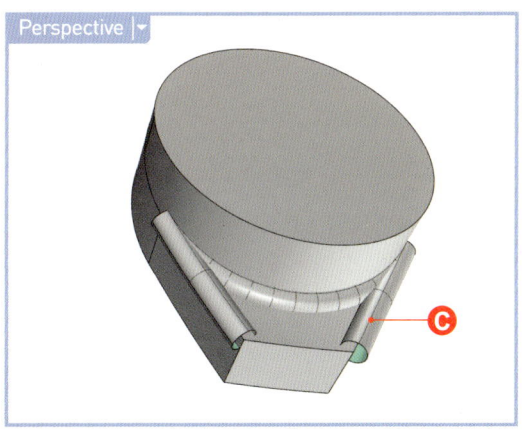

101. C 가장자리에도 위와 같은 방법으로 끝막음 이 없는 0.5mm 파이프 서피스를 만들어줍니다.

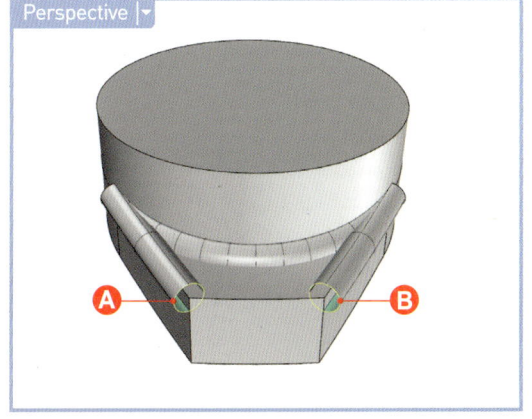

102. 메인2(6번째) 〉 서피스 연장 명령어를 선택합니다.

103. 연장할 서피스의 가장자리 선택 (종류(T)=매끄럽게): A 가장자리를 선택합니다.

104. 연장 배율 <1.000>: 1 Enter

105. 서피스 연장 명령어를 선택합니다.

106. 연장할 서피스의 가장자리 선택 (종류(T)=매끄럽게): B 가장자리를 선택합니다.

107. 연장 배율 <1.000>: 1 Enter

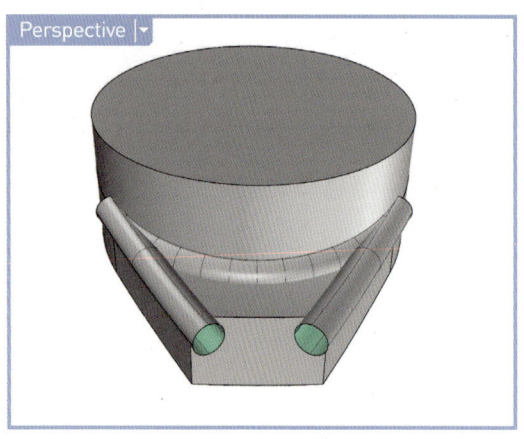

108. 선택한 각각의 가장자리에서 서피스가 1mm 씩 연장되었습니다.

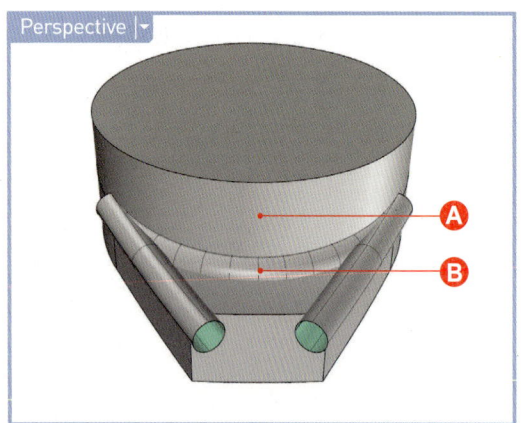

109. 메인2(10번째) > 분할 명령어를 선택합니다.
110. 분할 개체 선택 (점(P) 아이소커브(I)): A 개체를 선택한 후 Enter
111. 절단 개체 선택: B 개체를 선택한 후 Enter
112. A 개체가 분할되었습니다.

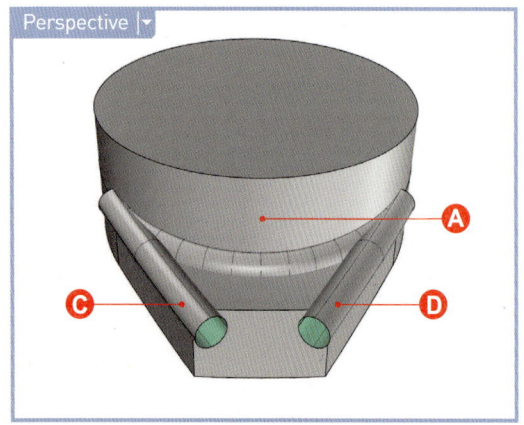

113. 메인2(10번째) > 분할 명령어를 선택합니다.
114. 분할 개체 선택 (점(P) 아이소커브(I)): A 개체 선택한 후 Enter
115. 절단 개체 선택: C, D 두 개체를 선택한 후 Enter
116. 다시 한번 A 개체가 분할되었습니다.

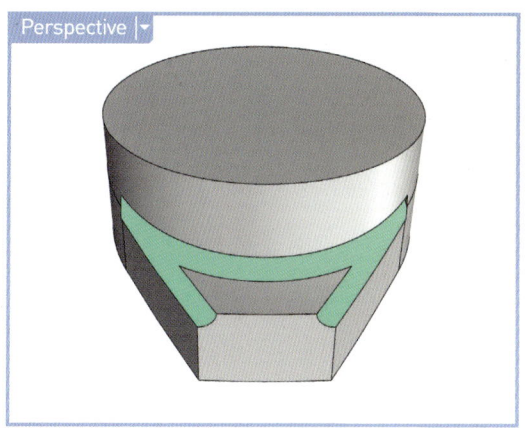

117. 3개의 파이프들을 선택한 후 Delete 키를 눌러 삭제합니다.

118. 왼쪽 그림과 같은 개체만 남을 수 있게 분할된 서피스도 Delete 키를 눌러 삭제합니다.

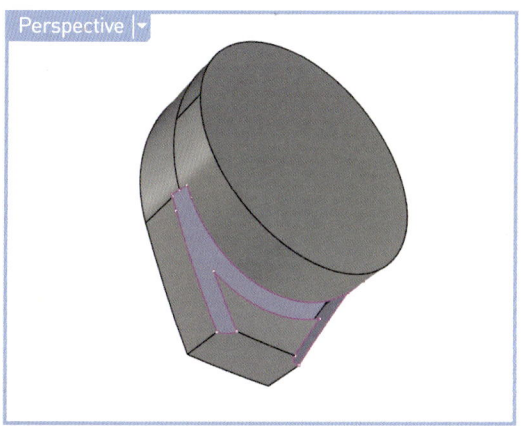

119. 메인2(15번째) > 가장자리 표시 명령어를 선택합니다.

120. 가장자리 표시할 서피스, 폴리서피스 또는 메쉬 선택: Perspective 뷰에서 개체를 선택한 후 Enter

121. 아래와 같이 옵션을 설정합니다.

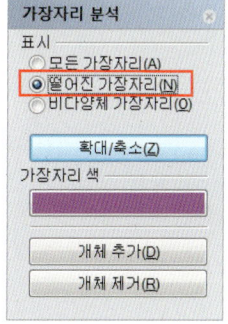

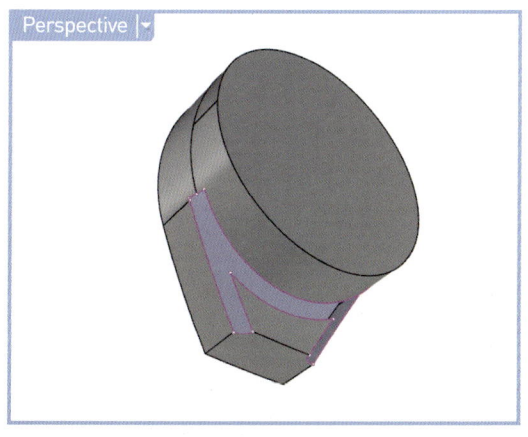

122. 메인2(15번째) > 가장자리 표시 > 모든 가장자리 병합 명령어를 선택합니다.

123. 서피스 또는 폴리서피스 선택: 개체를 선택한 후 Enter

124. 가장자리의 시작점과 끝점 사이에 나누어져있던 가장자리가 모두 병합(하나로 합쳐짐)되었습니다.

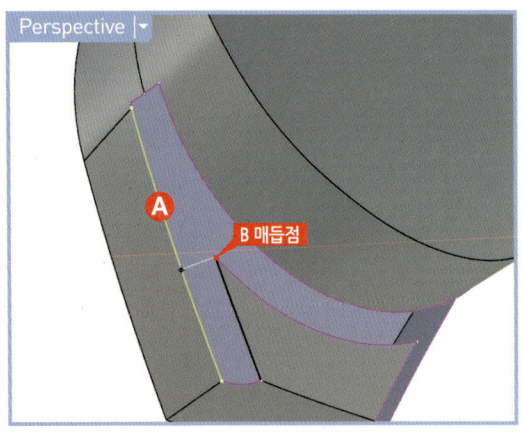

125. 개체스냅에서 **"매듭점"** 체크합니다.
126. 메인2(15번째) > 가장자리 표시 > 가장자리 분할 명령어를 선택합니다.
127. 분할할 가장자리 선택: A 가장자리를 선택합니다.
128. 가장자리를 분할할 점: 마우스 커서를 B 매듭점 지점으로 옮겨 선택한 뒤 Enter
129. A 가장자리에 B 매듭점과 같은 위치에 가장자리가 분할 되었습니다.

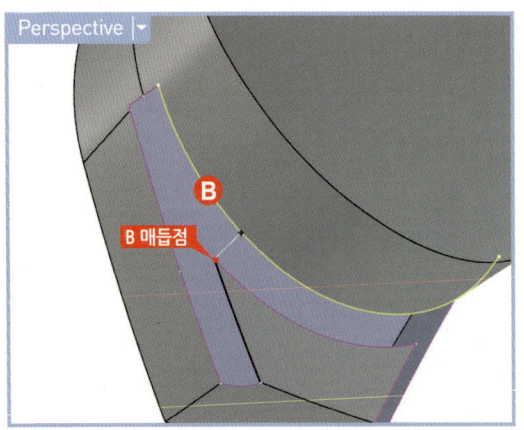

130. 가장자리 분할 명령어를 선택합니다.
131. 분할할 가장자리 선택: B 가장자리를 선택합니다.
132. 가장자리를 분할할 점: 마우스 커서를 B 매듭점 지점으로 옮겨 선택한 뒤 Enter
133. B 가장자리에 B 매듭점과 같은 위치에 가장자리가 분할 되었습니다.

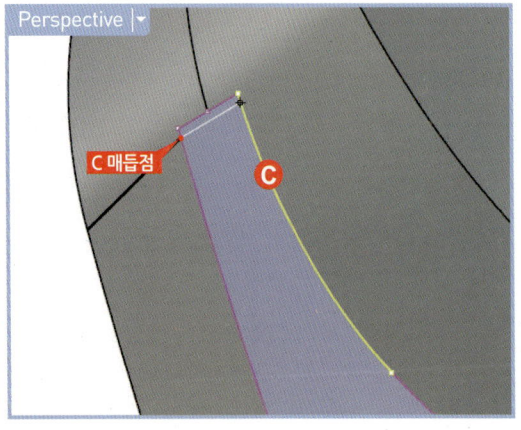

134. 가장자리 분할 명령어를 선택합니다.
135. 분할할 가장자리 선택: C 가장자리를 선택합니다.
136. 가장자리를 분할할 점: 마우스 커서를 C 매듭점 지점으로 옮겨 선택한 뒤 Enter
137. C 가장자리에 C 매듭점과 같은 위치에 가장자리가 분할 되었습니다.

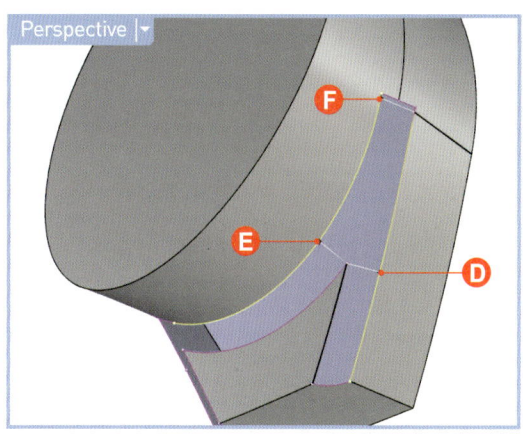

138. 반대편에도 위와 같은 방법으로 D, E, F 세 지점에 가장자리를 분할합니다.

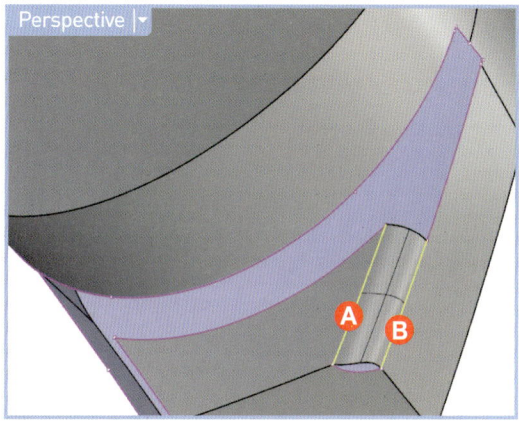

139. 메인2(6번째) > 서피스 블렌드 명령어를 선택합니다.

140. 첫 번째 가장자리가 될 세그먼트 선택 ~ : A 가장자리를 선택합니다.

141. 첫 번째 가장자리가 될 다음 세그먼트 선택. 완료되면 Enter 키를 누르십시오 ~ :

B 가장자리를 선택한 후 Enter

142. 아래와 같이 옵션 설정을 맞춰줍니다.

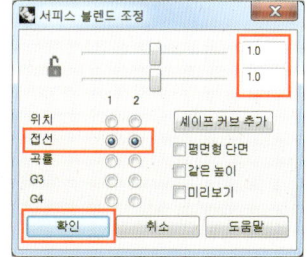

143. A, B 두 가장자리에 블렌드가 만들어졌습니다.

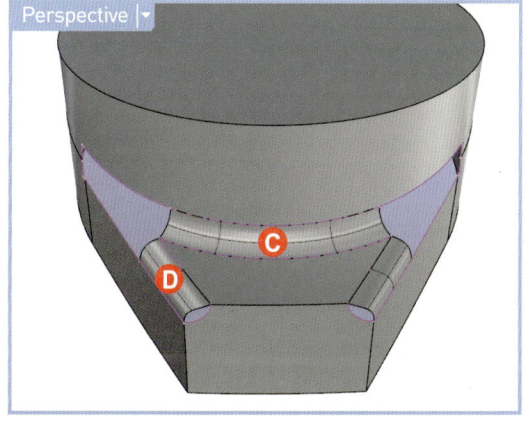

144. 위와 같은 방법으로 C, D 두 지점에도 서피스 블렌드를 만듭니다.

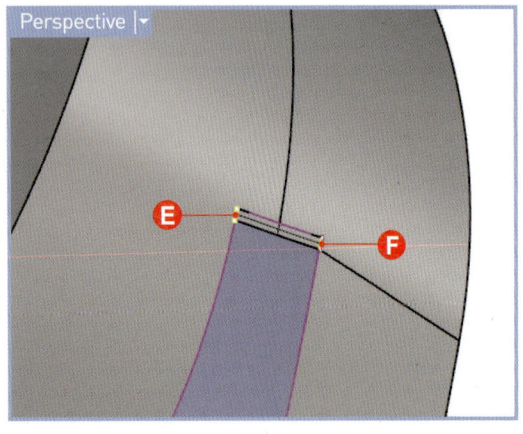

145. 메인2(6번째) > 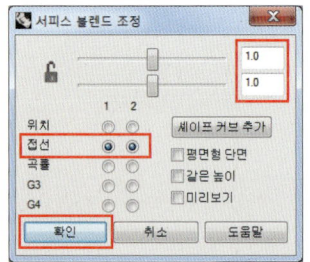 서피스 블렌드 명령어를 선택합니다.

146. `첫 번째 가장자리가 될 세그먼트 선택 ~ :` **E 가장자리** 선택합니다.

147. `첫 번째 가장자리가 될 다음 세그먼트 선택. 완료되면 Enter 키를 누르십시오 ~ :` **F 가장자리** 선택한 후 **Enter**

148. 아래와 같이 옵션을 설정합니다.

149. **E, F** 두 가장자리에 블렌드가 만들어졌습니다.

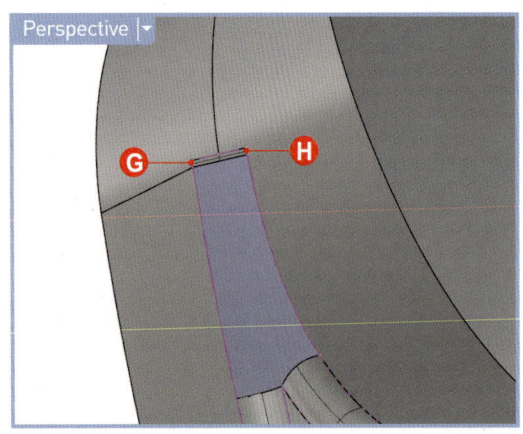

150. 위와 같은 방법으로 **G, H** 두 지점에도 서피스 블렌드를 만듭니다.

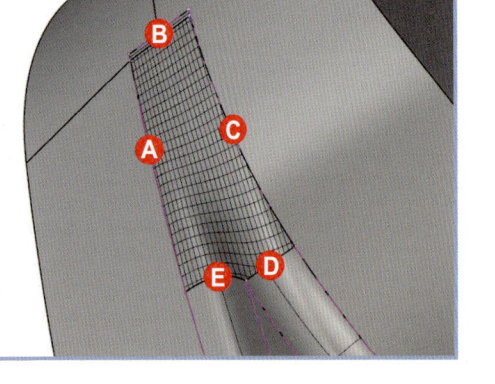

151. 메인1(6번째) > 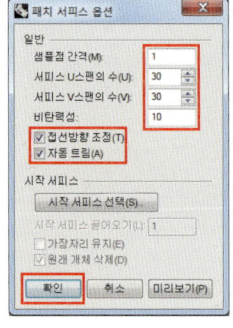 패치 명령어를 선택합니다.

152. `서피스에 맞출 커브, 점, 점구름, 메쉬 선택 :` **A, B, C, D, E** 5개의 가장자리를 선택한 후 **Enter**

153. 아래와 같이 옵션을 설정합니다.

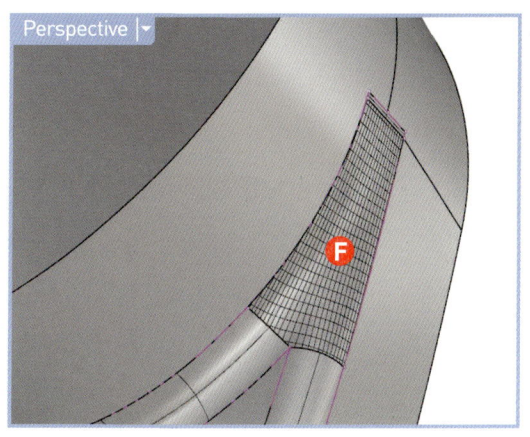

154. 반대편에 있는 F 지점도 위와 같은 패치 명령어로 서피스를 만듭니다.

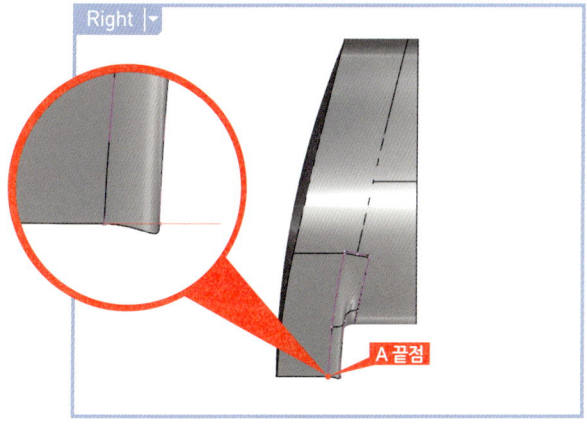

155. "커브 레이어"를 선택합니다.
156. 개체 스냅에서 "끝점" 체크합니다.
157. 메인1(2번째) > 폴리라인 명령어 선택합니다.
158. 폴리라인의 시작 (닫힘_유지(P)=아니요) : Right 뷰에서 A 끝점을 선택합니다.
159. 폴리라인의 다음 점 (닫힘_유지 ~ : R1,0 Enter Enter
160. Y축 방향으로 1mm 선(A)이 만들어졌습니다.

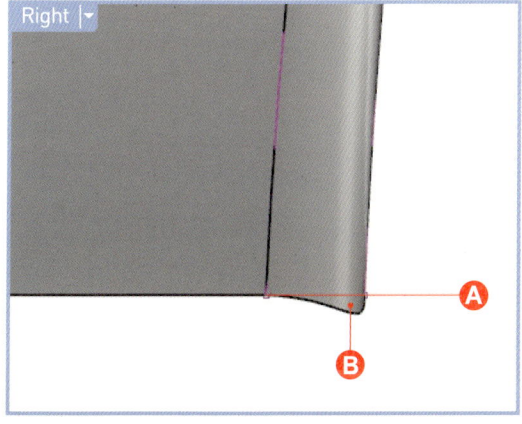

161. 메인1(10번째) > 트림 명령어를 선택합니다.
162. 절단 개체 선택 ~ : A 커브를 선택한 후 Enter
163. 트림할 개체 선택 ~ : B 지점에 있는 두개의 서피스들을 선택한 뒤 Enter
164. A 선 밑에 있는 두개의 서피스가 삭제되었습니다.

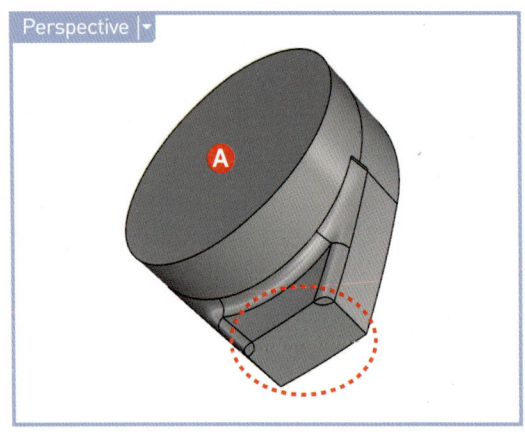

165. 왼쪽에 그림에 있는 모든 개체를 선택한 후 결합 명령어를 누릅니다.
166. 선택된 모든 개체들이 결합되었습니다.
167. 메인2(7번째) > 평면형 구멍 끝막음 명령어를 선택합니다.
168. 끝막음할 서피스 또는 폴리서피스 선택: A 개체 선택한 후 Enter
169. 열려져있던 가장자리가 서피스로 채워져 결합된 솔리드가 되었습니다.

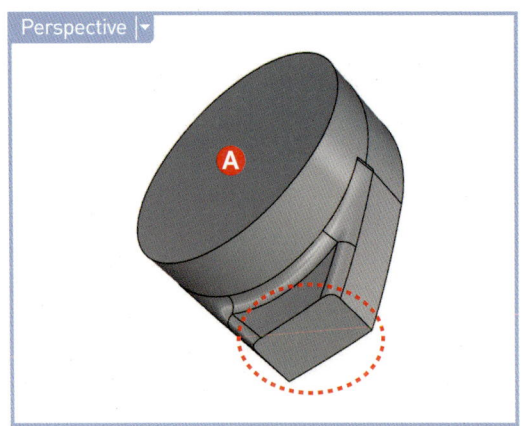

170. 메인2(7번째) > 동일 평면 상의 모든 면 병합 명령어를 선택합니다.
171. 폴리서피스 선택: A 개체를 선택한 후 Enter
172. 밑면에 나뉘어있던 서피스가 한면으로 병합되었습니다.

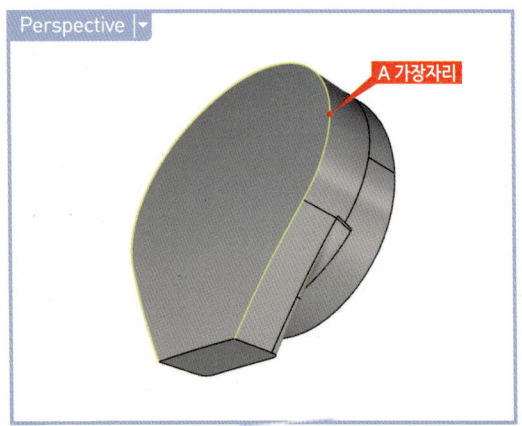

173. 메인2(7번째) > 가변 반지름 필릿 명령어를 선택합니다.
174. 필릿할 가장자리 선택 (반지름_표시(S)=예 다음_반지름(N)=0.5 ~ : 0.5 Enter
175. 필릿할 가장자리 선택 ~: 여러 개로 나뉘어진 A 가장자리 부분들을 전부 선택한 후 Enter Enter

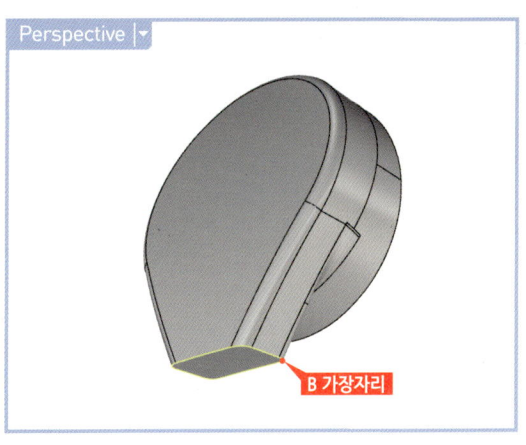

176. 선택한 가장자리에 반지름 필릿 0.5mm가 생성되었습니다.
177. 메인2(7번째) > 가변 반지름 필릿 명령어를 선택합니다.
178. 필릿할 가장자리 선택 (반지름_표시(S)=예 다음_반지름(N)=0.2 ~ : **0.2** `Enter`
179. 필릿할 가장자리 선택 ~ : 여러 개로 나누어진 **B 가장자리** 부분들을 전부 선택한 후 `Enter` `Enter`

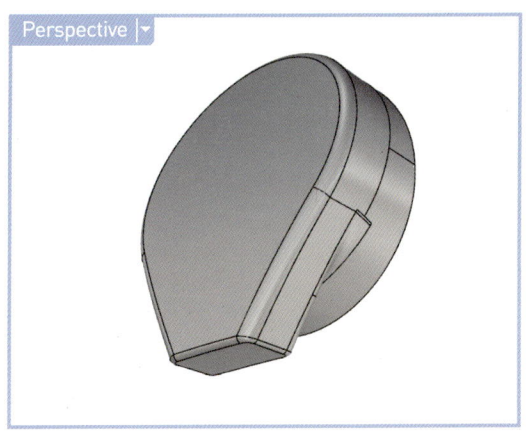

180. 선택한 가장자리에 반지름 필릿 0.2mm가 생성되었습니다.

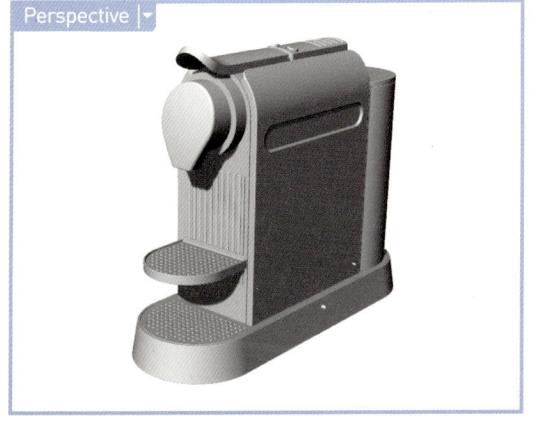

181. 커브를 제외한 모든 서피스 개체들을 불러옵니다.
182. 완성

CHAPTER 05
V-ray for Rhino

01. V-Ray For Rhino 매뉴얼 알아보기

02. V-Ray Material Editor 의 레이어 알아보기

03. 렌더링 적용할 개체 만들기

04. V-Ray 주변 환경 기본 세팅 값 불러오기

05. 칼라와 반사도 재질 입혀보기

06. 구 개체에 빛 넣기

07. 이미지 맵핑하기

08. 투명 재질 만들기

09. 투명 재질에 칼라 넣기

V-Ray For Rhino 메뉴얼 알아보기

- **V-Ray Material Editor** 브이레이 재질편집툴
- **V-Ray Options** 브이레이 옵션툴
- **Show V-Ray Frame Buffe** 완성된 렌더링 이미지를 다시 한번 보여줄 수 있는 명령어
- **Render** 렌더링
- **RT Render** 일정 부분만 선택해서 렌더링
- **Add V-Ray Infinite Plane** 무한대 평면 바닥면
- **Add Sunlight System** 햇빛을 조절하는 툴
- **Create Rectangular Light** 조명툴
- **V-Ray Proxy** 프록시로 만들 메시를 만드는 기능
- **About V-Ray for Rhinoceros** 라이노 브이레이 사이트맵

V-Ray Material Editor 의 레이어 알아보기

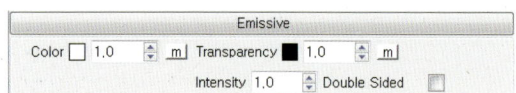

Emissive Layer (빛 방출)

- **Color** : 빛 칼라 지정
- **Transparency** : 투명도 조절
  (검은색: 불투명 / 흰색: 투명)
- **Intensity** : 빛의 세기조절

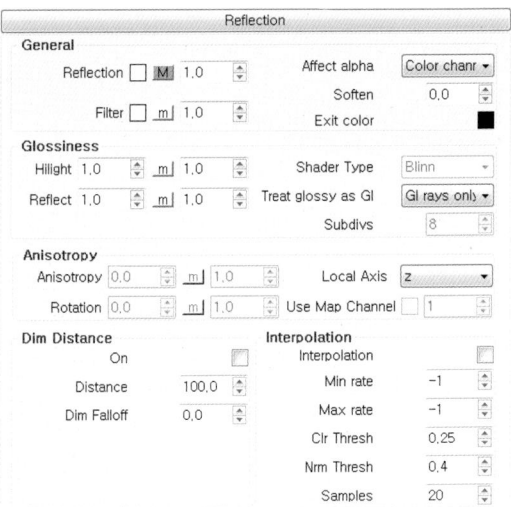

Reflection Layer (반사도)

General (기본 설정)

- **Reflection** : RGB 모드상에 빛의 반사도
- **Filter** : 반사되는 빛의 칼라 지정
- **Affect alpha** : RGB 칼라의 빛으로 칼라를 설정
- **Soften** : 반사되는 표면을 부드럽게 처리
- **Exit color** :

Glossiness (광택 효과)

- **Hilight** : 가장 밝은 부분에 광택 효과 조절
- **Reflect** : 반사되는 부분에 광택 효과 조절
- **Shader Type** : BRDF의 타입을 결정합니다.
  반사 광택이 반사색보다 다를 때 영향을 줍니다.
- **Treat glossy as GI** : 광택 있는 광선들을 GI 광선들로 둔갑한다.
- **Subdivs** : 번들번들한 광택 효과 조절

Anisotropy (빛 굴절 기능)

- **Anisotropy** : 빛의 굴절률 조절
- **Rotation** : 빛의 굴절 방향 조절
- **Local Axis** : Anisotropy 축의 방향 설정
- **Use Map Channel** :

Dim Distance (빛의 거리 조절)

- **On** : 반사되는 광택을 희미하게 보여주는 기능
- **Distance** : 거리 비례
- **Dim Falloff** : 희미하게 떨어져 있는 광선의 반지름

Interpolation (반들반들한 광택의 효과 조절 기능)

- **사이트맵 참고** : http://docs.chaosgroup.com/display

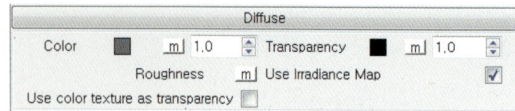

Diffuse Layer (칼라 지정 / 투명도 조절 / 이미지 맵핑)

- **Color** : 칼라 지정
- **Transparency** : 투명도 조절

    (검은색: 불투명 / 흰색: 투명)

- **Roughness** : 표면의 거친 직물 표현
- **Use Irradiance Map** : 바라보는 뷰에서 빛이

    골고루 생성되는 기능 (항상 체크)

- **Use color texture as transparency** :

    투명도가 적용이 안되고, 불투명으로 재질로

    만들어집니다. (체크 X)

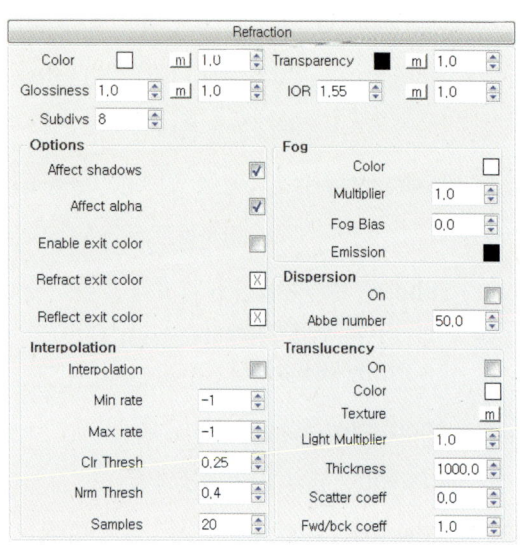

Refraction Layer

(투명 재질에 칼라 지정 / 이미지 맵핑 / 굴절률)

- **Color** : 굴절색 지정 (투명 재질에 칼라를 입

    힐 수 있습니다.)

- **Glossiness** : 광택의 거친 면과 반들반들한

    면을 조절합니다. (수치가 낮을

    수록 면이 거칠어집니다.)

- **Subdivs** : 광택이 있는 재질의 굴절률을

    조절합니다.

- **Transparency** : Color에서 지정한 칼라톤을

    조절합니다.

- **IOR** : 굴절률 조절

Options (선택)

- **Affect shadows** : 투명한 개체의 그림자 표현
- **사이트맵 참고** : http://docs.chaosgroup.

    com/display

* Dispersion / Interpolation / Translucency 는 아래의 사이트
맵을 참고하길 바랍니다.
http://docs.chaosgroup.com/display

Fog (선명도)

- **Color** : 투명 개체의 칼라 채도 조절
- **Multiplier** : 수치가 높을수록 칼라 채도가

    높아집니다.

- **Fog Bias** : 투명 개체를 더 얇게 보여주는

    효과를 보여줍니다.

- **Emission** : 빛의 방출 제어해 줍니다.

렌더링 적용할 개체 만들기

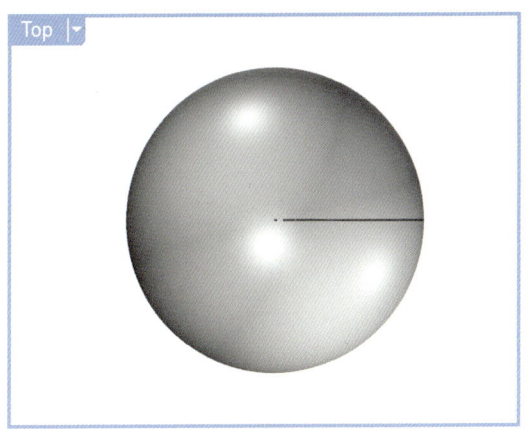

01. 메인1(7번째) > 구: 중심점, 반지름 명령어를 선택합니다.
02. Top 뷰에 마우스 커서를 올려놓습니다.
03. 구의 중심(2점(P) ~): 0,0,8.3 Enter
04. 반지름 <6.000>(지름(D) 방위(O) 원주(C) 면적(A)): 10 Enter
05. 반지름 10mm인 구 개체가 만들어졌습니다.

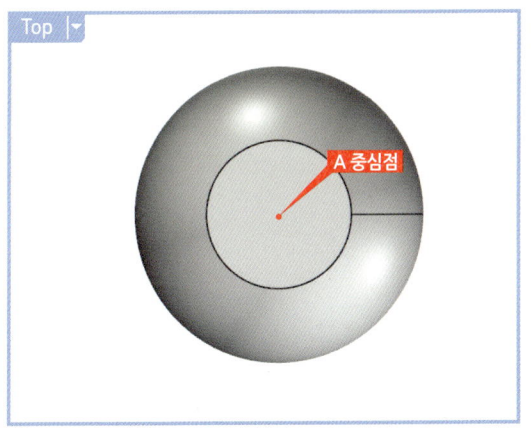

06. 개체스냅에서 "중심점" 체크합니다.
07. 메인1(7번째) > 원통 명령어를 선택합니다.
08. 원통의 밑면(방향_제한(D)=수직 ~): Top 뷰에서 A 중심점을 선택합니다.
09. 반지름 <5.000>(지름(D) 원주(C) 면적(A)): 5 Enter
10. 원통의 끝 <15.000>(방향_제한(D)=수직 양쪽(A)=예): "양쪽=예" 변경한 뒤 15 입력한 후 Enter
11. 반지름 5mm, 총 길이 30mm인 원통 솔리드가 만들어졌습니다.

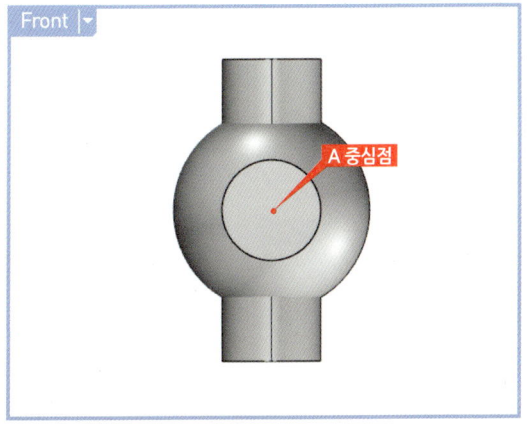

12. 메인1(7번째) > 원통 명령어를 선택합니다.
13. 원통의 밑면(방향_제한(D)=수직 ~): Front 뷰에서 A중심점을 선택합니다.
14. 반지름 <5.000>(지름(D) 원주(C) 면적(A)): 5 Enter
15. 원통의 끝 <15.000>(방향_제한(D)=수직 양쪽(A)=예): "양쪽=예" 변경한 뒤 15 입력한 후 Enter
16. 반지름 5mm, 총 길이 30mm인 원통 솔리드가 만들어졌습니다.

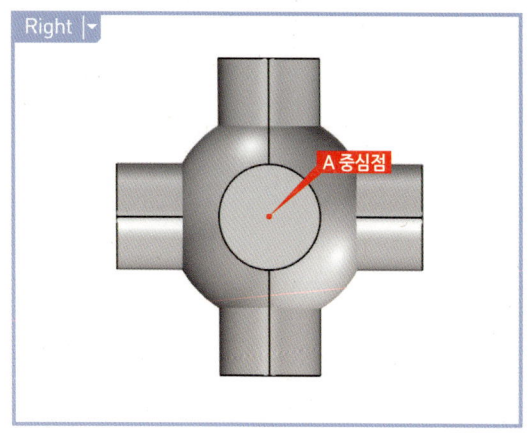

17. 메인1(7번째) > 원통 명령어를 선택합니다.
18. `원통의 밑면 ( 방향_제한(D)=수직 ~ :` `Right` 뷰에서 A 중심점 을 선택합니다.
19. `반지름 <5.000> ( 지름(D) 원주(C) 면적(A) ):` 5 Enter
20. `원통의 끝 <15.000> ( 방향_제한(D)=수직 양쪽(A)=예 ):` "양쪽=예" 변경한 뒤 15 입력한 후 Enter
21. 반지름 5mm, 총 길이 30mm인 원통 솔리드가 만들어졌습니다.

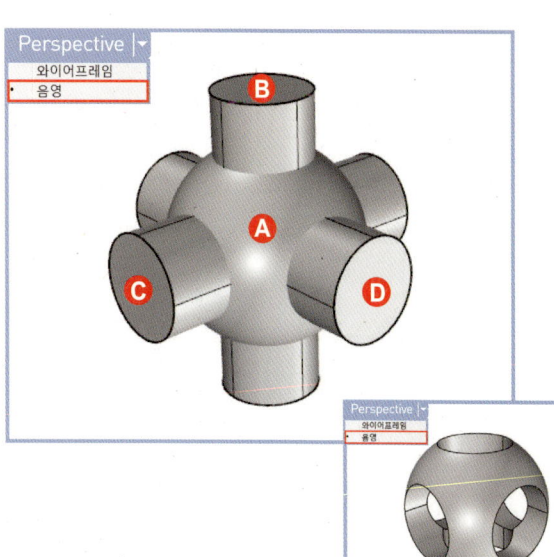

22. 메인2(7번째) > 부울 차집합 명령어를 선택합니다.
23. `차집합을 계산할 원래 서피스 또는 폴리서피스 선택:` `Perspective` 뷰 에서 A 개체를 선택한 후 Enter
24. `차집합 계산에 사용할 서피스 또는 폴리서피스 선택 원래개체_삭제(D)=예 :` B, C, D 3개의 개체를 모두 선택한 후 Enter
25. 왼쪽 그림처럼, A 개체는 겹친 부분이 잘린 상 태로 남겨져 있고, 두 번째로 선택한 B, C, D 3개의 개체는 삭제되었습니다.

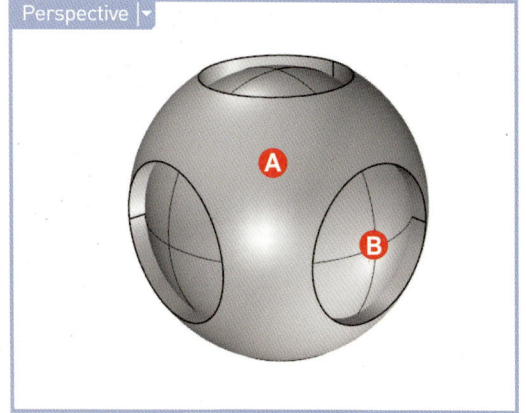

26. 메인1(7번째) > 구: 중심점, 반지름 명령어 를 선택합니다.
27. `Perspective` 뷰에 마우스 커서를 올려놓습니다.
28. `구의 중심 ( 2점(P) ~ ):` 0,0,8.3 Enter
29. `반지름 <6.000> ~ :` 9 Enter
30. A 개체 안에 반지름 9mm인 구 개체(B)가 만 들어졌습니다.

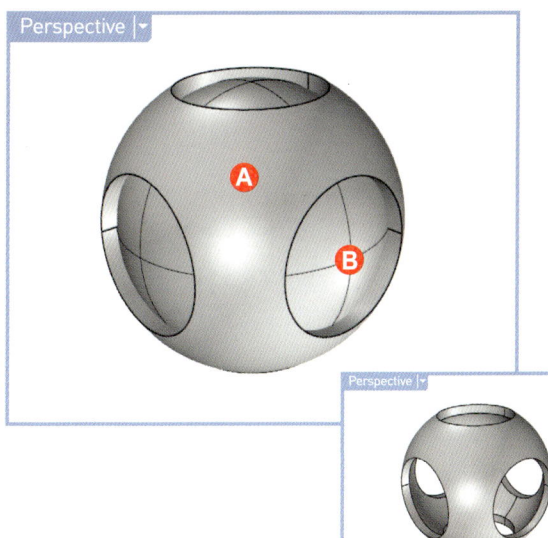

31. 메인2(7번째) > 부울 차집합 명령어를 선택합니다.

32. 차집합을 계산할 원래 서피스 또는 폴리서피스 선택: Perspective 뷰에서 A 개체를 선택한 후 Enter

33. 차집합 계산에 사용할 서피스 또는 폴리서피스 선택 (원래개체_삭제(D)=예): B 개체를 선택한 후 Enter

34. 왼쪽 그림처럼, A 개체는 겹친 부분이 잘린 상태로 남겨져 있고, 두 번째로 선택한 B 개체는 삭제되었습니다.

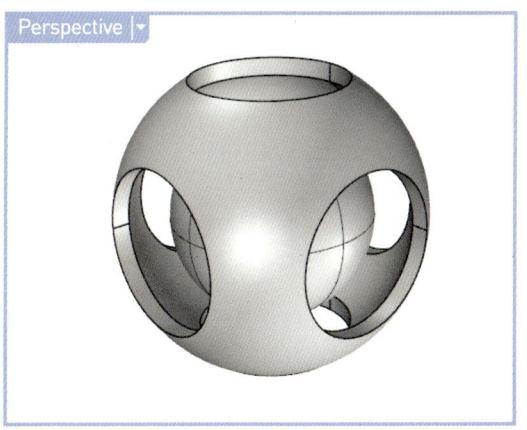

35. 메인1(7번째) > 구: 중심점, 반지름 명령어를 선택합니다.

36. Perspective 뷰에 마우스 커서를 올려놓습니다.

37. 구의 중심 (2점(P) ~): 0,0,8.3 Enter

38. 반지름 <6.000> (지름(D) 방위(O) 원주(C) 면적(A)): 6.5 Enter

39. A 개체 안에 반지름 6.5mm인 구개체가 만들어졌습니다.

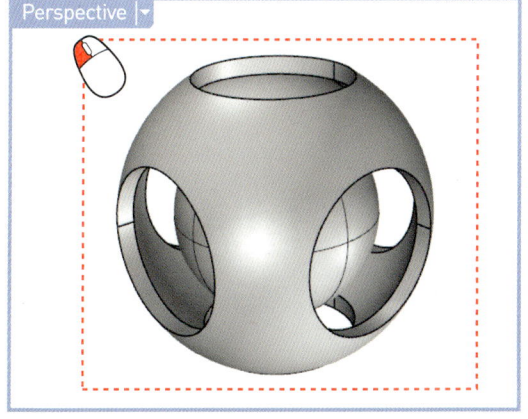

40. 메인2(7번째) > 가변 반지름 필릿 명령어 선택합니다.

41. 필릿할 가장자리 선택 (반지름_표시(S)=예 다음_반지름(N)=0.5 ~): 0.5 Enter

42. 필릿할 가장자리 선택 ~ : Perspective 뷰에서 마우스 좌 클릭 누른 상태로 좌측 상단에서 우측 하단으로 마우스 드래그하여 전체 가장자리를 선택한 후 Enter Enter

43. 선택된 모든 가장자리에 반지름 필릿 0.5mm 가 만들어졌습니다.
44. 렌더링 할 모델 개체 완성

45. 아래의 그림과 같이 상단에 있는 **메뉴 > ❶ 렌더링 > ❷ 현재 렌더러 > ❸ V-Ray for Rhino** 메뉴를 선택합니다.

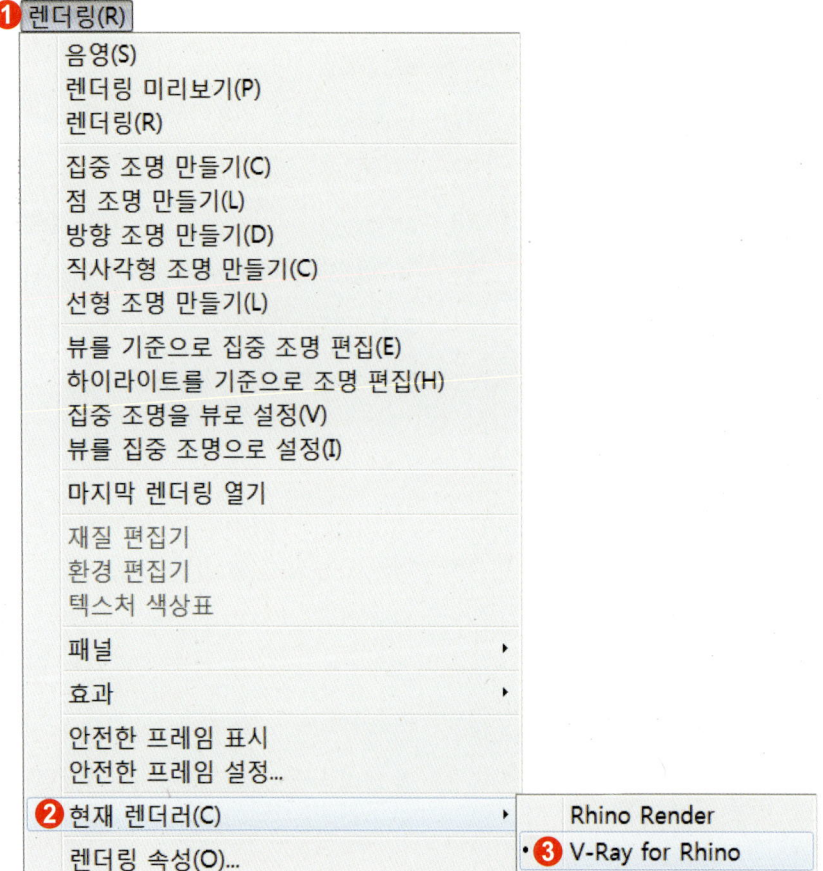

*V-Ray for Rhino를 실행하려면 별도로 구입하여 설치하여야 합니다.

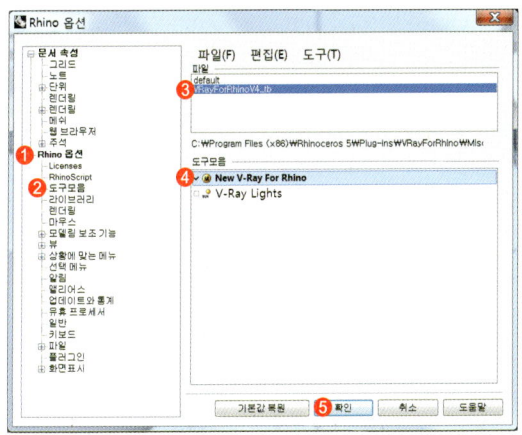

46. 표준툴바 > 옵션 > ❶ Rhino 옵션 > ❷ 도구모음 > ❸ VRayForRhinoV4_tb > ❹ New V-Ray For Rhino 선택한 후 ❺ 확인 눌러줍니다.

47. 아래의 그림과 같은 New V-Ray For Rhino 도구함이 나타납니다.

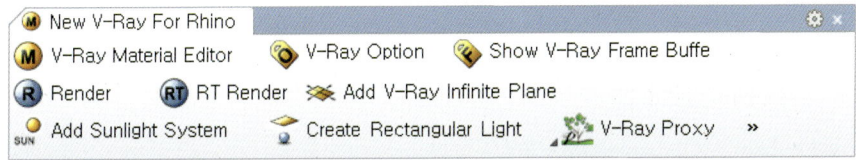

V-Ray 주변 환경 기본 세팅 값 불러오기

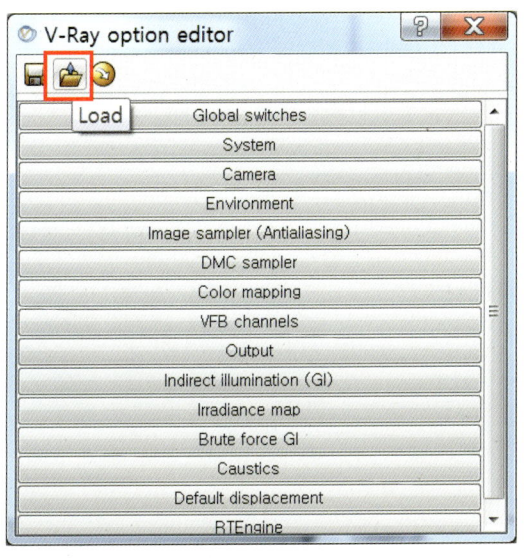

01. V-Ray Option 명령어를 선택합니다.
02. 왼쪽과 같은 창이 나타납니다.
03. Load 선택합니다.

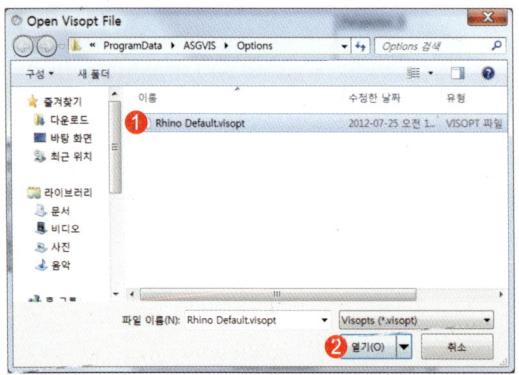

04. **Open Visopt File** 〉 ❶ Rhino Default.visopt 선택한 후 ❷ **열기** 누릅니다.

05. V-Ray 주변 환경이 기본 설정값으로 세팅되었습니다.

Rhino Default.visopt 파일을 못 찾을 경우에는 아래의 주소로 들어가 찾아냅니다.
로컬 디스크(C:) 〉 ProgramData 〉 ASGVIS 〉 Options

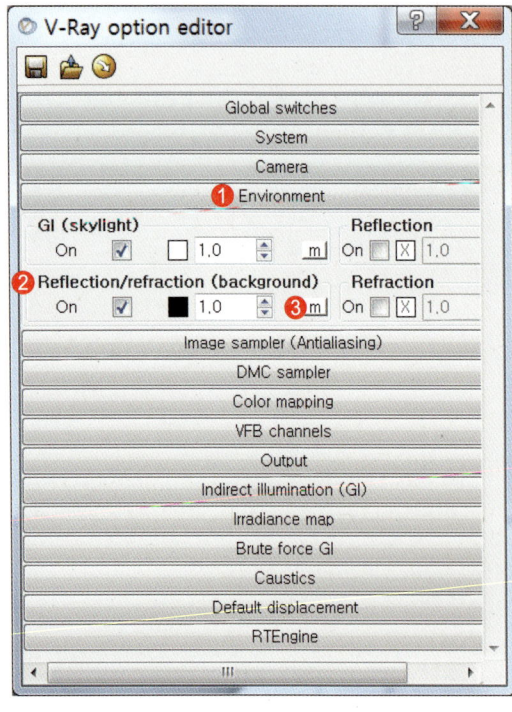

06. 렌더링 할 개체에 사실적인 빛이 비추어진 효과를 주기로 하겠습니다.

07. **V-Ray option editor** 창에서 ❶ **Environmet** 〉 ❷ **Reflection/refraction (background)** ❸ m 선택합니다.

08. **V-Ray textrue editor** 창에서 **None** 〉 ❶**TexBitmap** 를 선택하면, **Open Bitmap File** 창에서 〉 **HDR** 〉 ❷**kitchen.hdr** 환경 이미지 맵을 선택한 후 ❸**열기**를 누릅니다.

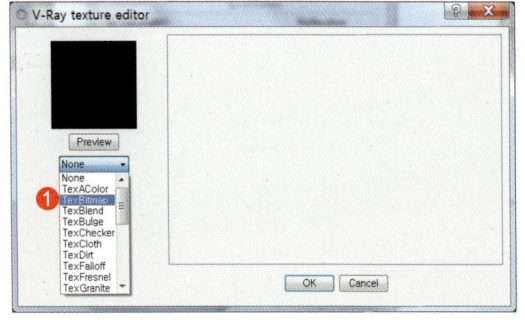 

High Dynamic Range Image(.hdr) 파일은 구글 검색어에서 "**vray hdri download free**"로 찾으세요.

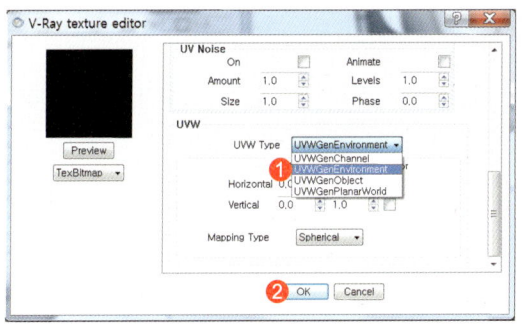

09. V-Ray textrue editor 창에서 UVW 〉 ❶ UVW GenEnvironment 를 선택한 후 ❷ OK 누릅니다.

10. 개체가 놓여있는 주변 환경이 위에서 선택한 조건(빛이 반사되는 주방)으로 설정됩니다.

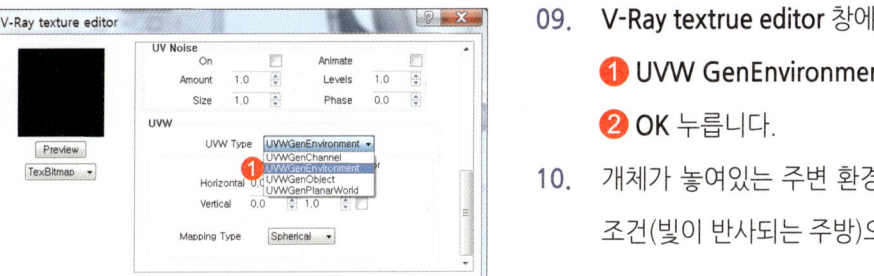

11. 렌더링 할 이미지 사이즈를 선택합니다.

12. V-Ray option editor 창에서 ❶ Output 〉 ❷ 1024 x 768로 선택한 후 창을 닫아줍니다.

  * A4 사이즈로 출력할 때는 1280 x 960 이상으로 선택하여야 이미지가 깨지지 않고 출력됩니다.

13. 이로써 V-Ray 주변 환경이 갖춰졌습니다.

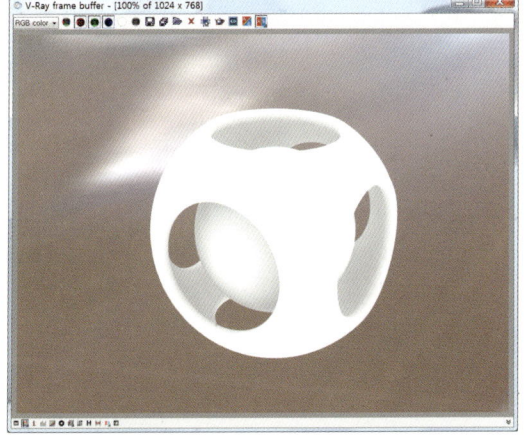

14. `Perspective` 뷰를 선택한 뒤 ®Render 명령어를 선택하면 `Perspective` 뷰 전체가 3차원으로 이미지화됩니다.

15. 현재는 주변 환경 설정만 불러온 상태이기 때문에 바닥면이 없고, 재질이 입혀지지 않아 개체는 흰색으로 밖에 보이지 않습니다.

칼라와 반사도 재질 입혀보기

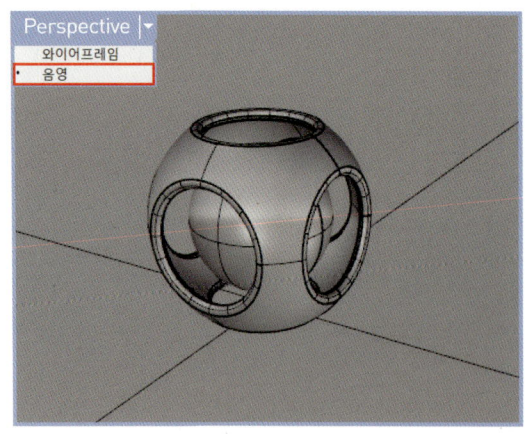

01. 이제부터 개체에 재질을 입혀 사실적인 이미지로 만들어 보도록 하겠습니다.
02. 우선 개체를 올려놓을 바닥면을 만들겠습니다.
03. **Add V-Ray Infinite Plane** 명령어를 선택합니다.
04. X, Y, Z 축 0지점에 무한대 바닥면이 생성되었습니다. 바닥면, 구멍 뚫린 구와 중앙에 있는 구 개체 이렇게 3개의 개체가 있습니다.

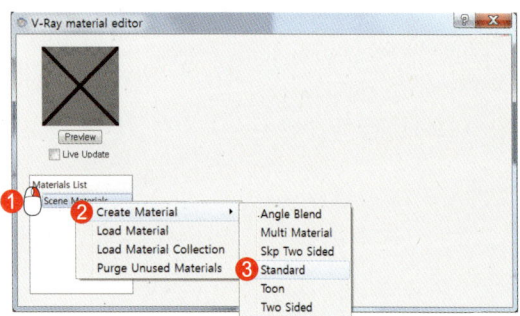

05. 각 개체마다 재질 레이어를 만들도록 하겠습니다.
06. **V-Ray material editor** 명령어를 선택합니다.
07. 왼쪽 그림과 같은 창이 나타납니다.
08. ❶ **Scene Material** (마우스 우 클릭) 〉 ❷ **Create Material** 〉 ❸ **Standard**를 선택합니다.

09. 새 레이어 **DefaultMaterial** 가 만들어졌습니다.
10. 새로 만들어진 레이어는 현재 **Diffuse(칼라/투명도/맵핑)**라는 레이어 하나만 적용되어 있습니다.
11. 라이노 브이레이 재질 레이어에는 크게 4가지가 있으며, 개체 재질의 특성에 맞게 레이어를 적용시키면 됩니다.
12. 우선, **Reflection(반사도)** 레이어를 추가시켜 보도록 하겠습니다.
13. ❶ **DefaultMaterial**(마우스 우 클릭) 〉 ❷ **Create Layer** 〉 ❸ **Reflection** 레이어를 선택합니다.
14. **Reflection(반사도)** 레이어가 추가되었습니다.

생성된 레이어의 삼각형 아이콘을 누르면
현재 레이어를 볼 수 있습니다.

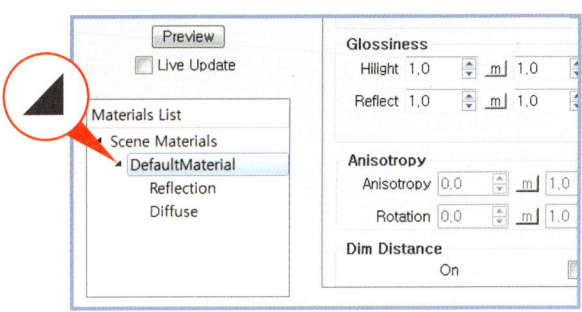

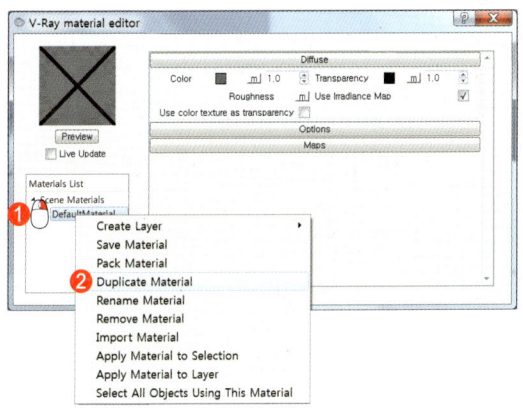

15. ❶ DefaultMaterial(마우스 우 클릭) >
    ❷ Duplicate Material를 선택합니다.
16. DefaultMaterial_1 레이어가 복사되었습니다.
17. 15.번과 같은 방법으로 DefaultMaterial_2
    를 추가합니다.
18. 총 3개의 DefaultMaterial 가 만들어졌습니다.

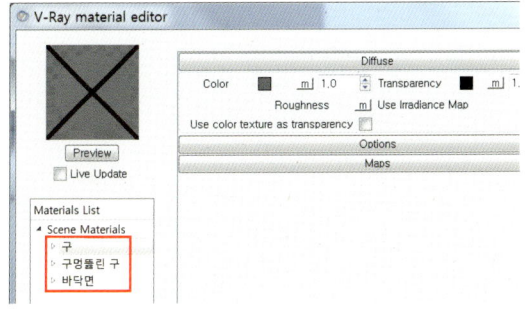

19. 왼쪽 그림과 같이 각각 DefaultMaterial 에
    구 재질, 구멍 뚫린 구 재질, 바닥면 재질로
    이름을 변경합니다.

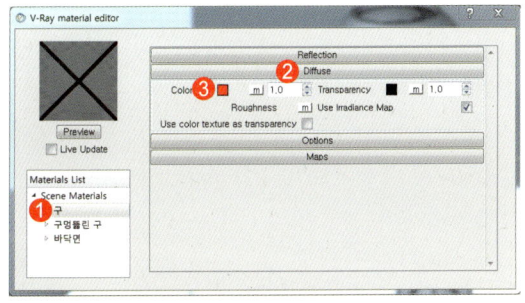

20. ❶ 구 재질 > ❷ Diffuse(칼라/투명도/맵핑) >
    ❸ Color를 "빨간색"으로 선택합니다.

21. 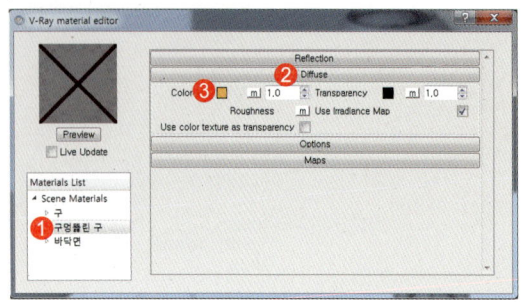 ❶구멍 뚫린 구 재질 〉❷Diffuse(칼라/투명도/맵핑) 〉❸Color를 "황금색" 으로 선택합니다.

22. 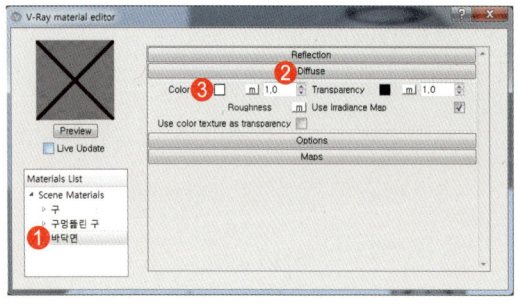 ❶바닥면 재질 〉❷Diffuse(칼라/투명도/맵핑) 〉❸ Color 를 "흰색"으로 선택합니다.

23. 현재 Reflection(반사도)는 기본 셋팅값이고 Diffuse(칼라/투명도/맵핑)는 칼라만 변경했습니다.
24. 변경한 레이어 재질을 각각의 개체에 적용하도록 하겠습니다.
25. `Perspective` 뷰 모드를 "렌더링"으로 변경합니다.

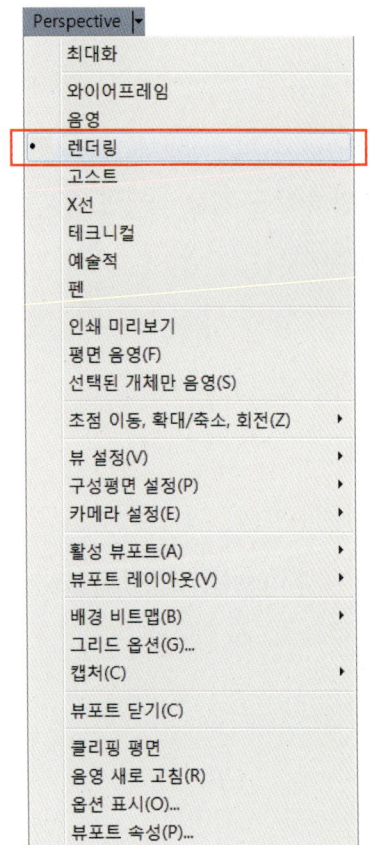

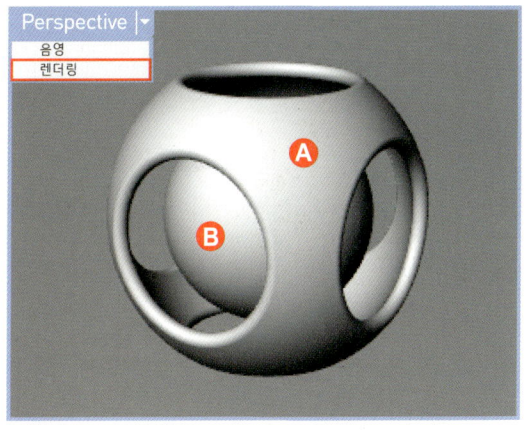

26. `Perspective |▼` 뷰에서 **구 개체(B)**를 선택하고 V-Ray material editor창에서 ❶ **구 재질**(마우스 우 클릭) > ❷ **Apply Material to Selection**를 선택합니다.

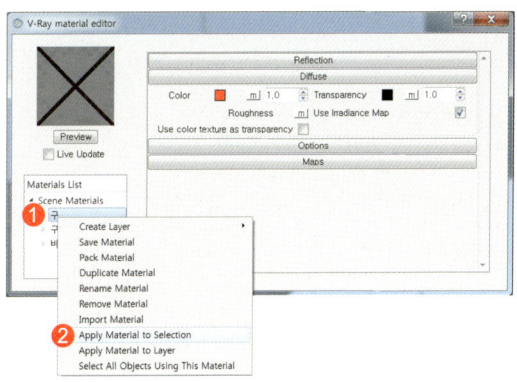

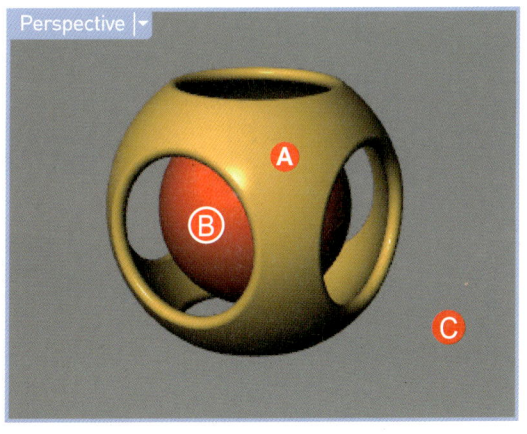

27. A, C 두 개체들도 위와 같은 방법으로 재질을 적용합니다.
28. A 개체는 "**구멍 뚫린 구 재질**"로 적용합니다.
29. C 바닥면은 "**바닥면 재질**"로 적용합니다.

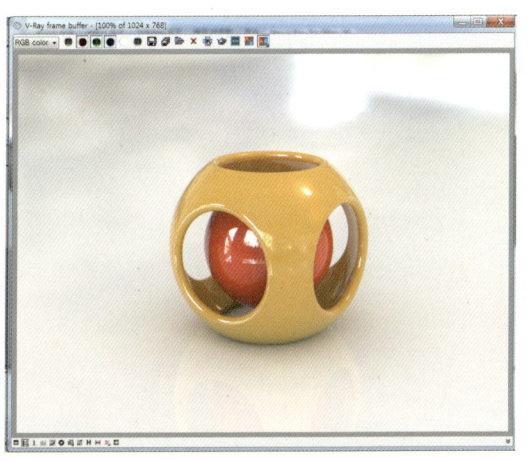

30. `Perspective |▼` 뷰를 선택한 뒤 ⓡ Render 명령어를 선택하면 `Perspective |▼` 뷰 전체가 3차원으로 이미지화됩니다.
31. 개체에 Diffuse(칼라/투명도/맵핑)와 Reflection(반사도) 재질이 입혀진 것을 볼 수 있습니다.

구 개체에 빛 넣기

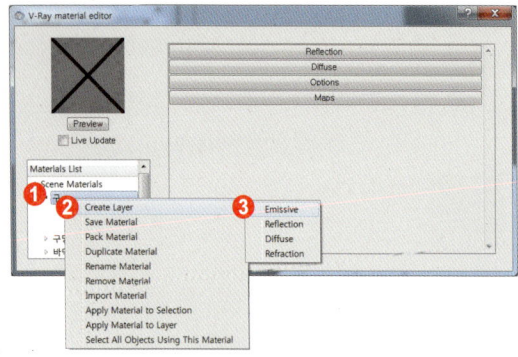

01. 구개체에 **Emissive(빛방출)** 레이어를 추가해 자체발광 효과를 나타내 보도록 하겠습니다.
02. **V-Ray material editor**창에서 ❶**구재질**(마우스 우 클릭) > ❷**Create Layer** > ❸**Emissive (빛 방출)**를 선택합니다.
03. **Emissive(빛 방출)** 레이어가 추가되었습니다.

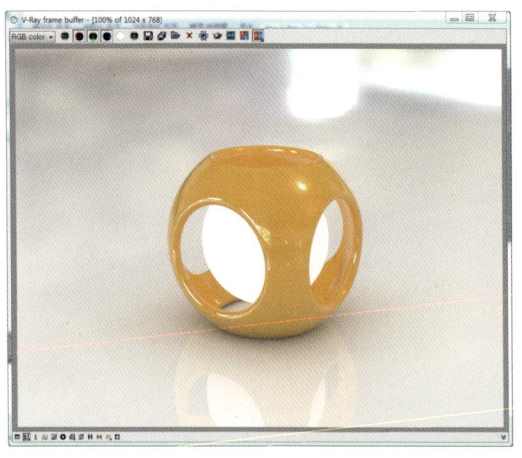

04. Perspective ▼ 뷰를 선택한 뒤 ®Render 명령어를 선택하면 Perspective ▼ 뷰 전체가 3차원으로 이미지화됩니다.
05. 안쪽의 구 개체에 흰색의 광원이 만들어졌습니다.

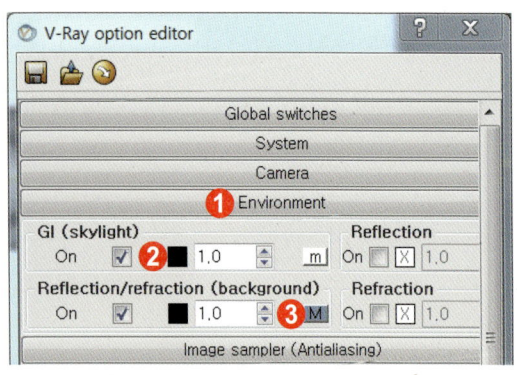

06. 개체가 더욱 부각될 수 있도록 주변 환경을 어둡게 만들어 보도록 하겠습니다.
07. **V-Ray option editor** 창에서 ❶**Environmet** > ❷**GI (skylight)** 칼라를 "**검은색**"으로 변경합니다. > ❸**Reflection/refraction (background)** 에 "**M**"을 선택합니다.

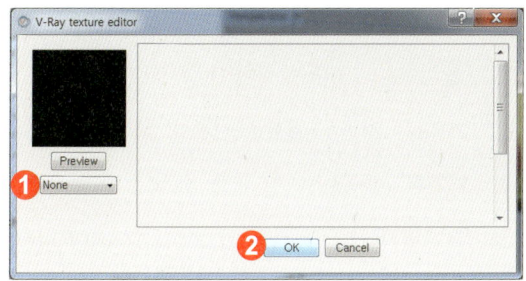

08. **V-Ray texture editor** 창에서 ①**None** 으로 변경한 뒤 ②**OK** 선택합니다.

09. 위 과정에서 "**None**"으로 변경했기 때문에 주변 환경 이미지 맵(키친.HDR)이 "삭제"되고 주변 빛이 없는 어두컴컴한 상태가 되었습니다.

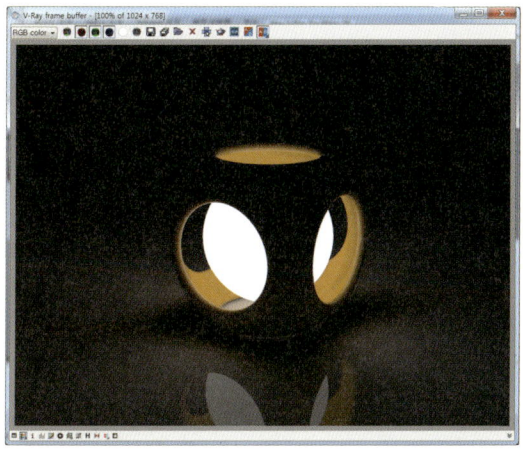

10. Perspective 뷰를 선택한 뒤 Render 명령어를 선택하면 Perspective 뷰 전체가 3차원으로 이미지화됩니다.

11. 왼쪽 그림과 같이 개체 주변에 밝기가 어두워졌고, 발광하는 구 개체의 빛이 선명하게 보입니다.

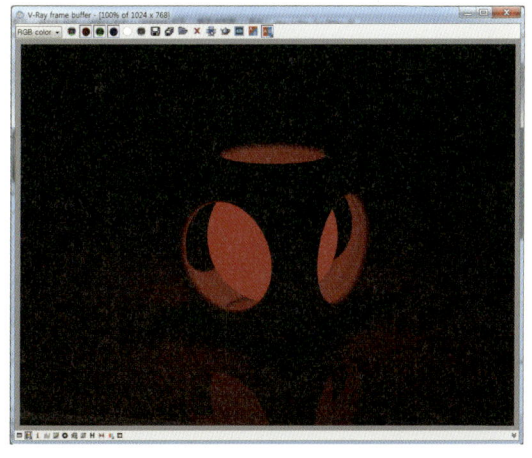

12. 이번에는 구 개체의 빛의 색과 세기를 조절하도록 하겠습니다.

13. **V-Ray material editor**창에서 ①**구 재질** > ②**Emissive** > ③**Color** 에서 "**빨간색**"으로 변경합니다 > ④**Intensity** 값을 "**0.5**"로 변경합니다.

14. Perspective 뷰를 선택한 뒤 Render 명령어를 선택하면 Perspective 뷰 전체가 3차원으로 이미지화됩니다.

15. 안쪽 구 개체의 빛 칼라는 빨간색으로 변경되고, 빛의 세기는 절반으로 줄어들었습니다.

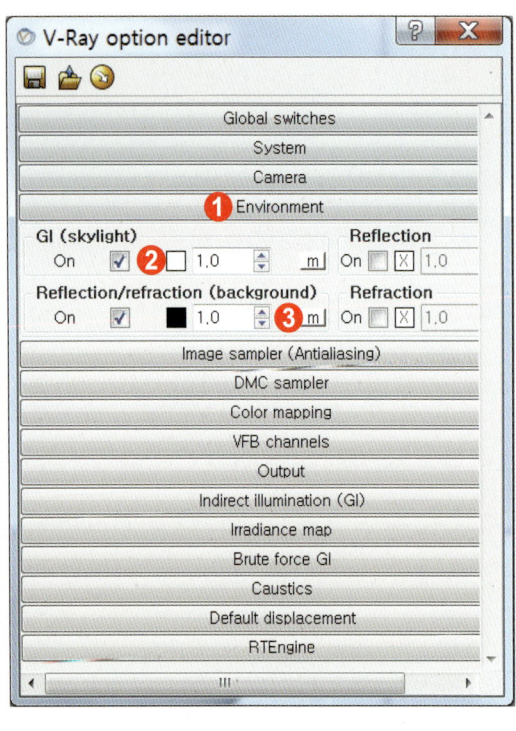

16. 주변 환경을 다시 밝게 돌려놓겠습니다.

17. V-Ray option 명령어를 선택합니다.

18. V-Ray option editor 창에서 ❶ Environmet > ❷ GI (skylight) 칼라를 "흰색"으로 변경합니다. > ❸ Reflection/refraction (background) 에 "M" 을 선택합니다.

19. V-Ray textrue editor 창에서 None > ❶ TexBitmap 를 선택하면, Open Bitmap File 창에서 > HDR > ❷ kitchen.hdr 환경 이미지 맵을 선택한 후 ❸ 열기를 누릅니다.

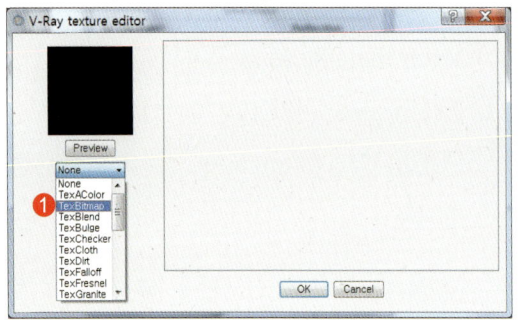  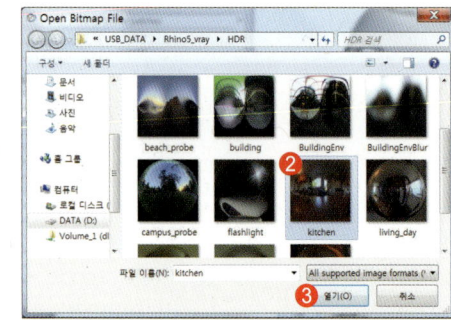

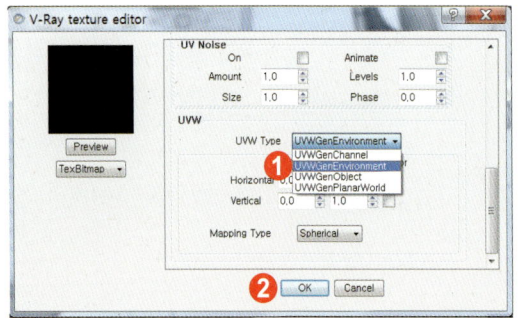

20. V-Ray texture editor 창에서 UVW > ❶ UVW GenEnvironment 로 선택한 후 ❷ OK 를 선택합니다.

21. 이로써 주변 환경이 밝아지게 V-Ray option 이 설정되었고 삭제되었던 환경 이미지 맵(키친.HDR)이 불러와졌습니다.

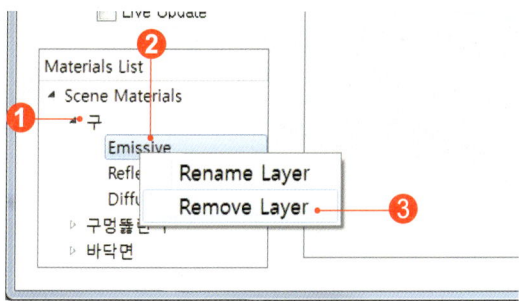

22. 구 개체의 **Emissive(빛 방출)** 레이어를 삭제하도록 하겠습니다.

23. **V-Ray material** 명령어를 선택합니다.

24. **V-Ray material editor** 창에서 ❶ **구 재질** > ❷ **Emissive**(마우스 우 클릭) > ❸ **Remove Layer**를 선택하여 삭제합니다.

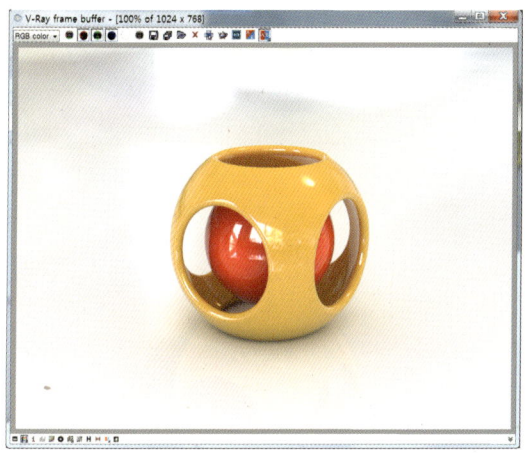

25. `Perspective` 뷰를 선택한 뒤 **Render** 를 선택합니다.

26. 왼쪽 그림처럼 개체의 주변 환경이 밝아지고, **Emissive(빛 방출)** 레이어가 없어진 상태를 확인 할 수 있습니다.

이미지 맵핑하기

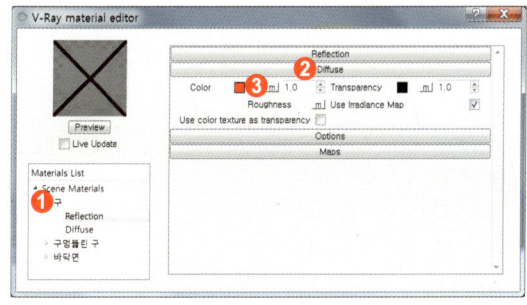

01. 이번에는 구 개체에 이미지를 입혀보도록 하겠습니다.

02. **V-Ray material** 명령어를 선택합니다.

03. **V-Ray material editor** 창에서 ❶ **구 재질** > ❷ **Diffuse(칼라/투명도/맵핑)** > **Color**의 ❸ **m** 를 선택합니다.

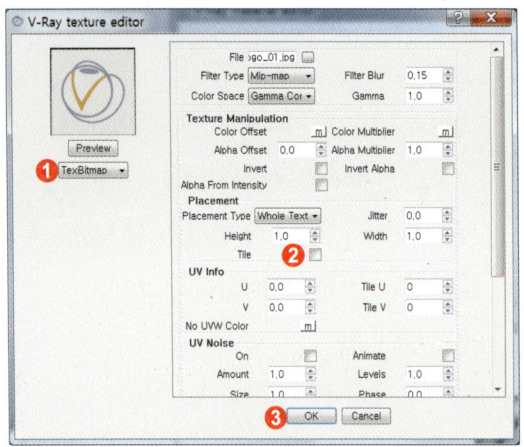

04. V-Ray texture editor 창에서 ① TexBitmap 를 선택합니다. 〉 Open Bitmap File 창에서 "원본 이미지" 이미지를 선택합니다. 〉 Placement 〉 ② Tile 체크를 풉니다. 〉 ③ OK 를 선택합니다.

05. 구 개체에 이미지(원본 이미지)가 입혀졌습니다.

〈예시〉

〈원본 이미지〉   〈원본의 검은색 이미지〉

포토샵을 이용하여 원본 이미지의 모양과 크기는 같고 색만 검정인 또 하나의 이미지(이하 "검은색 이미지")를 만들어 주시길 바랍니다.

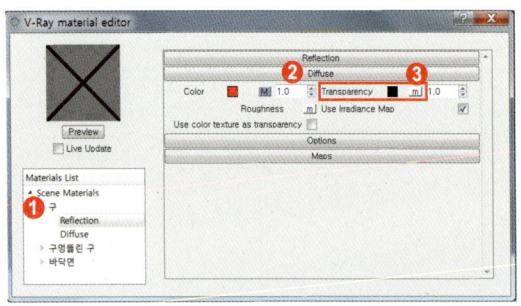

06. V-Ray material editor 창에서 ① 구 재질 〉 ② Diffuse 〉 Transparency 〉 ③ m 을 선택 합니다.

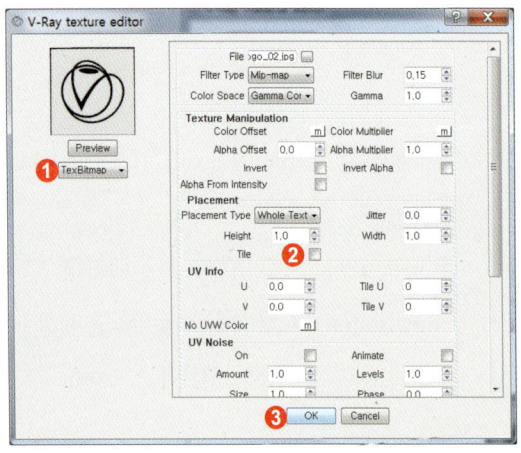

07. V-Ray texture editor 창에서 ① TexBitmap 를 선택합니다. 〉 Open Bitmap File 창에서 "검은색 이미지"를 선택합니다. 〉 Placement 〉 ② Tile 체크를 풉니다. 〉 ③ OK 를 선택합니다.

08. 원본 이미지 밑에 받쳐줄 "검은색 이미지"가 불러와졌습니다.

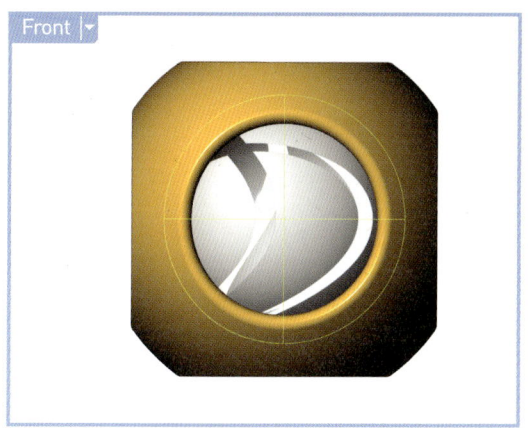

09. Front |▼ 뷰 모드를 "렌더링" 모드로 변경합니다.
10. 구 개체에 이미지가 입혀진 것을 볼 수 있습니다.
11. 구 개체에 입혀진 이미지의 위치와 크기를 조절하도록 하겠습니다.

12. Front |▼ 뷰에서 구 개체를 선택합니다.
13. 표준 툴바에 있는 ◎개체속성 〉 ❶ 🎨텍스처 맵핑 〉 ❷ 🎨평면형 매핑 적용 선택합니다.
14. Front |▼ 뷰에 마우스 커서를 올려놓습니다.
15. 평면의 첫 번째 모서리 〈경계상자〉 ~ : **-3,7,12** Enter
16. 다른 모서리 또는 길이 (3점(P)): **3,7,4,6** Enter Enter

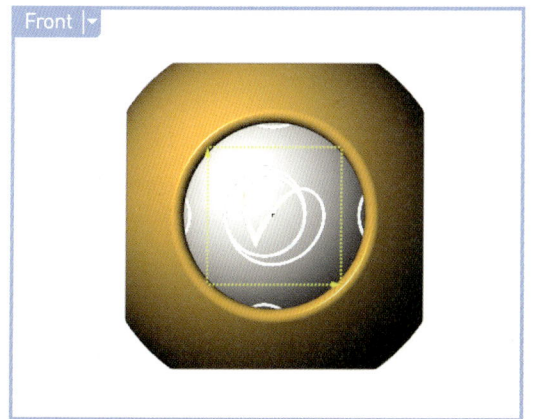

17. Front |▼ 뷰에서 구 개체를 선택한 후 🎨텍스처 맵핑 〉 🎨맵핑 표시 를 선택합니다.
18. 왼쪽 그림처럼, 구 개체에 입혀진 이미지의 위치와 크기를 확인할 수 있습니다.

19. `Perspective |▼` 뷰를 선택한 뒤 `®Render` 를 선택합니다.
20. 구 개체 중앙에 이미지가 입혀졌지만, 원본 이미지의 흰색 부분은 투명으로 표현되었습니다.

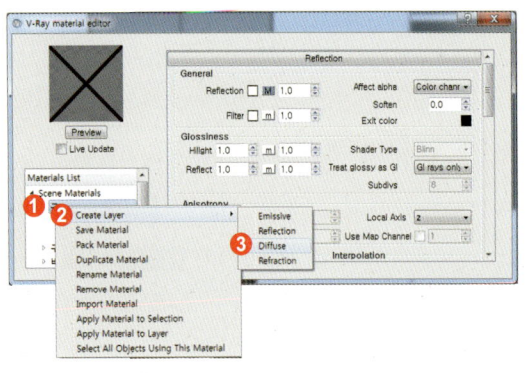

21. 투명해진 부분을 빨간색 불투명으로 변경하도록 하겠습니다.
22. 구 재질에 **Diffuse(칼라/투명도/맵핑)** 레이어를 하나 더 추가시켜 보도록 하겠습니다.
23. Ⓜ **V-Ray material** 명령어를 선택합니다.
24. **V-Ray material editor** 창에서 ❶**구재질**(마우스 우 클릭) 〉 ❷ **Create Layer** 〉 ❸ **Diffuse** 를 선택합니다.
25. **Diffuse_1** 레이어가 추가되었습니다.

26. **V-Ray material editor** 창에서 ❶ **구재질** 〉 ❷ **Diffus** 〉 ❸ **Transparency**에서 "**검은색**" 으로 변경합니다. 〉 ❹ **Diffus_1** 〉 ❺ **Color** 에서 "**빨간색**"으로 변경합니다. 〉 ❻ **Transparency**에서 "**검은색**"으로 변경합니다.
27. 투명해진 부분이 **Diffus_1의 Color(빨간색)과 Transparency(검정:불투명)**으로 채워졌습니다.

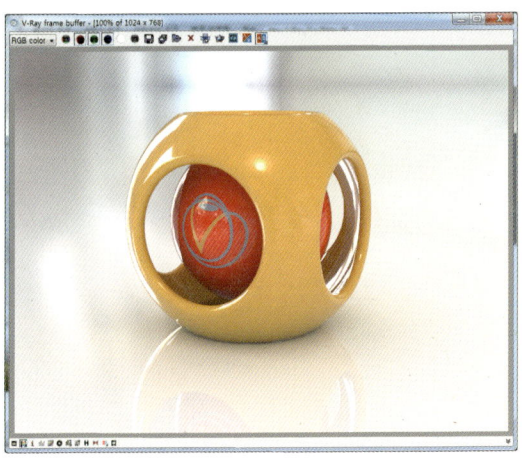

28. Perspective |▼ 뷰를 선택한 뒤 ⓡRender 를 선택합니다.
29. 투명했던 부분이 빨간색 불투명으로 바뀌었습니다.

투명재질 만들기

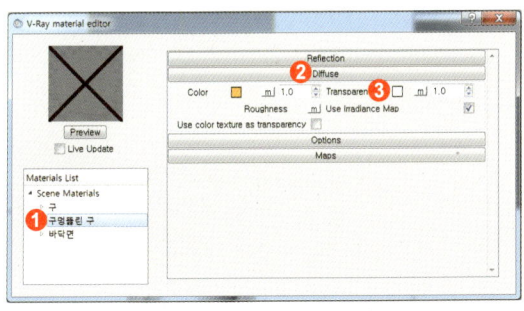

01. 구멍 뚫린 구 개체를 투명하게 만들어 보도록 하겠습니다.
02. **V-Ray material editor** 창에서 ❶ **구멍 뚫린 구 재질** > ❷ **Diffus** > ❸ **Transparency**에서 **"흰색"**으로 변경합니다.

03. Perspective |▼ 뷰를 선택한 뒤 ⓡRender 를 선택합니다.
04. 구멍 뚫린 구 개체가 투명해졌습니다.

투명재질에 칼라 넣기

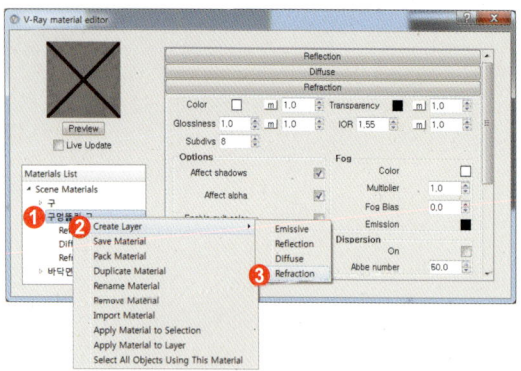

01. 투명해진 개체에 색을 입혀보도록 하겠습니다.
02. V-Ray material editor 창에서 ❶ **구멍 뚫린 구 재질**(마우스 우 클릭) > ❷ **Create Layer** > ❸ **Refraction**을 선택합니다.
03. Refraction(투명도 칼라/굴절률) 레이어가 추가되었습니다.

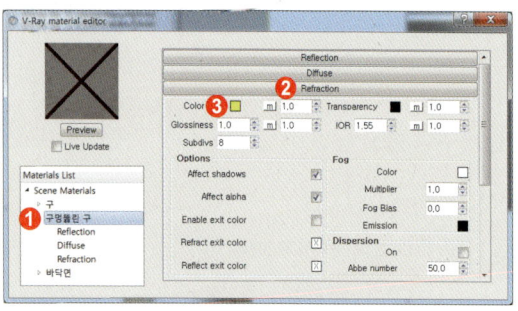

04. V-Ray material editor 창에서 ❶ **구멍 뚫린 구 재질** > ❷ **Refraction** > ❸ **Color**를 "노란색" 으로 변경합니다.

05. Perspective 뷰를 선택한 뒤 Render 를 선택합니다.
06. 구멍 뚫린 구 개체가 노란색 투명으로 변경되었습니다.
07. V-Ray 렌더링으로 최종적인 이미지가 완성되었습니다.

라이노5로 배우는
3D 프린팅
Rhino 5 3D printing as learning

초판 1쇄 인쇄   2016년 3월 10일
초판 1쇄 발행   2016년 3월 15일

저 자   정광섭
발행인   유미정
발행처   도서출판 청담북스
주 소   (우)10909 경기도 파주시 하우3길 100-15(야당동)
전 화   (031) 943-0424
팩 스   (031) 600-0424
등 록   제406-2009-000086호
정 가   25,000원
ISBN   978-89-94636-66-5 13000

※ 이 책은 저작권법에 따라 보호를 받는 저작물이므로 무단 전재나 복제를 금지하며,
   이 책 내용의 전부 또는 일부를 이용하려면 반드시 저작권자나 발행인의 서면동의를 받아야 합니다.

※ 잘못된 책은 구입하신 서점에서 바꾸어드립니다.